# PSYCHOLOGIE -
# INTELLIGENCE ARTIFICIELLE
# ET AUTOMATIQUE

 *PSYCHOLOGIE ET SCIENCES HUMAINES*

# psychologie intelligence artificielle et automatique

sous la direction de
C. Bonnet, J.M. Hoc
et G. Tiberghien

Traduction de Jean-Michel Hoc.

PIERRE MARDAGA, EDITEUR
2, GALERIE DES PRINCES, 1000 BRUXELLES

© Pierre Mardaga
37, rue de la Province, 4020 Liège
2, Galerie des Princes, 1000 Bruxelles
D. 1986-0024-16

# Préface
H.A. SIMON

Un travail scientifique passionnant et important ne se développe qu'à deux conditions : un problème significatif doit se présenter et des outils doivent être disponibles pour l'aborder. Certains problèmes nous ont accompagnés depuis que l'homme exerce sa curiosité et, pendant des siècles, ils ont fourni des centres d'intérêt de première importance à l'effort scientifique.

Un premier sujet d'investigation concerne la nature de la matière. La compréhension du substrat matériel du monde est une activité principale des physiciens. Les outils essentiels qui rendent leur travail possible sont les grands accélérateurs de particules.

Un second sujet a trait à la nature et à l'origine de l'univers. C'est le domaine de l'astronomie et de l'astrophysique. Ici, l'outil traditionnel d'investigation est le télescope, désormais rejoint par les radiotélescopes et les véhicules spatiaux.

Un troisième sujet porte sur la nature de la vie — c'est le domaine de la biologie moléculaire et des biochimistes. Pour l'aborder, tout un nouvel arsenal d'outils a été forgé, depuis les microscopes électroniques et les traceurs radioactifs jusqu'à l'ADN recombinant.

Un quatrième sujet d'investigation — celui auquel ce livre est consacré — est la nature de l'esprit, un problème qui concerne principalement les philosophes et les psychologues. Nous avons été longtemps embarrassés par la question de savoir comment la structure matérielle que nous appelons le cerveau peut entretenir les processus apparemment immatériels que nous appelons la pensée.

Jusqu'à une période récente — nous pouvons prendre la Seconde Guerre Mondiale comme limite approximative — l'étude de l'esprit était un domaine où la recherche scientifique n'était que modérément active et progressive. Elle s'est développée lentement, faute d'outils conceptuels et de techniques nécessaires à l'investigation des phénomènes complexes de la pensée. Avec l'introduction du calculateur électronique dans notre société et le développement corrélatif des idées sur le traitement de l'information et l'intelligence, nous avons maintenant ces outils. En conséquence, la science cognitive est devenue l'un des domaines réellement passionnants et dynamiques de la science contemporaine.

Les contributions à cet ouvrage représentent des investigations significatives sur l'esprit humain, conçu comme un système de traitement de l'information. En particulier, elles discutent des voies par lesquelles l'intelligence artificielle — le traitement de l'information sophistiqué et complexe réalisé par des ordinateurs — peut nous éclairer sur la nature de l'intelligence humaine.

Il n'est pas question ici d'une théorie psychologique spécifique unique, mais d'un point de vue sur la nature de l'esprit et d'un ensemble de techniques pour l'explorer. Les développements du courant du traitement de l'information en psychologie ont introduit une nouvelle manière d'aborder la nature de l'intelligence qui inclut: une comparaison des types d'intelligence manifestés respectivement par les ordinateurs et les êtres humains et une utilisation de l'ordinateur, convenablement programmé, pour simuler l'intelligence humaine. Bien qu'un grand progrès ait été réalisé dans cette exploration durant ce dernier quart de siècle, de nombreuses questions fondamentales restent ouvertes. Comme dans toute science les réponses aux questions génèrent de nouvelles questions.

Cet ouvrage examine de nombreuses facettes de la nouvelle psychologie du traitement de l'information et de ses relations avec l'intelligence artificielle, parmi lesquelles: la psychologie de la résolution de problèmes, la structure et l'organisation de la mémoire, la psychologie du langage et la perception. Pour les lecteurs qui ne sont pas encore très au fait de la psychologie du traitement de l'information, il fournira une introduction avertie et passionnante à ces nouvelles idées. Pour les lecteurs déjà familiers de ce domaine, il apportera une série de commentaires réfléchis sur les questions sous-jacentes, conceptuelles et méthodologiques, que l'on rencontre dans le développement des recherches en psychologie du traitement de l'information, tout en proposant également quelques réponses. Sa lecture m'a donné une image très séduisante de la vigoureuse activité de recherche qui se développe maintenant en France dans cette discipline difficile.

Herbert A. Simon
Carnegie-Mellon University
Le 1$^{er}$ novembre 1985

# Introduction
C. BONNET, J.M. HOC, G. TIBERGHIEN

En cherchant à expliciter des modèles de l'activité, la psychologie a souvent emprunté des concepts ou des formalisations à d'autres disciplines. Ces emprunts ont été à la source de la création de domaines de recherches, définis moins par les types d'activité examinés que par les concepts ou les formalisations adoptés. Il en est allé ainsi par exemple de la psychologie mathématique. La création de ces domaines se justifie par le fait que les formalisations empruntées ne sont pas directement conçues pour modéliser des activités psychologiques. Ainsi, un travail d'adaptation et d'enrichissement est souvent nécessaire, qui donne lieu à des recherches théoriques, à la manière de celles de la physique théorique, par exemple.

L'une des préoccupations actuelles de la psychologie cognitive est d'exprimer précisément des modèles de fonctionnement de l'activité et de les mettre en œuvre pour simuler le comportement. Cette simulation permet de déterminer si les hypothèses des modèles sont suffisantes et cohérentes pour reproduire le comportement observé.

L'idée de la simulation en psychologie n'est pas récente. On peut en trouver le prototype dans les recherches sur les modèles stochastiques d'apprentissage (Rouanet, 1967). Mais l'originalité des modèles actuels réside dans la recherche de langages formalisés pour exprimer des hypothèses psychologiques. Or, les mécanismes probabilistes choisis dans les modèles stochastiques n'exprimaient pas toujours très directement ces hypothèses, ce qui nécessitait de leur associer une interprétation. Par ailleurs, ces modèles n'avaient pas pour but de mimer les processus étudiés, mais de fournir un résumé de leurs productions. Néanmoins, les méthodes de validation empirique de ces modèles sont plus établies que celles des modèles actuels, sur lesquelles des recherches doivent être développées.

Dans cette expression d'hypothèses psychologiques pour leur simulation, l'automatique et l'informatique se présentent comme des disciplines attractives. Elles conçoivent à la fois des modèles formels de fonctionnement et des dispositifs matériels pour les mettre en œuvre. C'est le niveau qui est choisi pour analyser l'activité qui déterminera le type de modèle que l'on tentera de développer. La formalisation proposée par l'automatique sera plus appropriée pour une analyse de l'interface entre la psychologie et la physiologie, notamment dans l'étude fine des processus perceptifs et moteurs. On se tournera vers l'informatique pour exprimer des hypothèses sur les processus de traitement de l'information, qui ne visent pas à expliciter leurs mises en œuvre physiologiques.

Un atout important de ces disciplines, dans l'attraction qu'elles exercent sur la psychologie, réside en ce que les tâches qu'elles cherchent à faire réaliser par des systèmes artificiels sont aussi celles qu'exécute le système cognitif humain ou animal. Le terme même d'intelligence artificielle, qui dénomme une sous-discipline de l'informatique, est révélateur de cette préoccupation. L'informatique a d'abord été centrée sur des tâches, comme le calcul numérique par exemple, pour lesquelles on peut souvent trouver des procédures, dont l'exécution aboutit avec certitude au résultat, dans un temps raisonnable (c'est-à-dire des algorithmes). C'est le cas, par exemple, du calcul d'un bulletin de paie. Mais, en étudiant les algorithmes, l'informatique a pu aussi montrer leurs limites. La plupart des tâches réalisées par l'homme sortent de ces limites, soit qu'elles sont mal définies, soit que les algorithmes seraient trop lourds à mettre en œuvre.

Le diagnostic médical est un exemple typique d'une tâche mal définie, car il repose sur des connaissances scientifiques incomplètes. Les tâches pour lesquelles on pourrait exprimer des algorithmes impossibles à mettre en œuvre sont nombreuses. On peut se référer, par exemple, au jeu d'échecs. C'est une tâche combinatoire, en ce sens que l'ensemble des états et des coups possibles est fini. A tout moment, il est théoriquement possible de générer l'arbre des coups possibles, des réponses possibles de l'adversaire, des réponses à ces réponses, etc... aussi loin que l'on veut, pour choisir le meilleur coup. Mais l'exécution de l'algorithme ainsi esquissé prendrait des siècles de temps calcul à l'ordinateur le plus rapide dont on dispose actuellement.

Si l'homme parvient à réaliser ces tâches, c'est qu'il met en œuvre des procédures moins sûres, mais qui aboutissent rapidement à un résultat satisfaisant dans la majorité des cas : des heuristiques. Bien qu'une heuristique ne soit pas nécessairement de nature probabiliste, certains mécanismes probabilistes peuvent entrer dans sa composition. C'est à la construction de telles heuristiques que s'attache l'intelligence artificielle. On conçoit alors que la psychologie cognitive se soit particulièrement intéressée aux récents développements de l'intelligence artificielle. De même, certains informaticiens voient, dans les connaissances de la psychologie cognitive, une source d'information précieuse, pour orienter la conception de leurs systèmes d'intelligence artificielle.

Mais, si les emprunts s'effectuent dans les deux sens, les objectifs des uns et des autres ne sont pas les mêmes. Les formalisations de l'intelligence artificielle servent aux psychologues pour exprimer précisément leurs hypothèses sur le fonctionnement cognitif, mais le critère de pertinence de ces emprunts est la validité des modèles. Les connaissances psychologiques sur le fonctionnement cognitif sont utiles à l'informaticien, lorsqu'il cherche des heuristiques, mais son critère de pertinence est l'efficacité du système. D'ailleurs, la question de savoir si une telle efficacité sera obtenue par une reproduction pure et simple des heuristiques humaines est l'objet d'un large débat. D'un certain point de vue, on a fait mieux qu'un oiseau en inventant l'avion pour voler rapidement. Or l'avion ne se comporte pas comme un oiseau.

Une représentation claire de cet ecart entre les objectifs des uns et des autres est nécessaire pour éviter des confusions entre les disciplines. De telles confusions, que l'on rencontre fréquemment dans la littérature, risquent en effet de conduire à l'échec des interactions que l'on voit se développer largement, à l'heure actuelle, dans le courant des sciences cognitives. Ce courant rassemble d'autres disciplines que la psychologie et l'intelligence artificielle : la philosophie, les mathématiques, la logique, la linguistique, etc... Il s'agit de toutes ces disciplines dont les objets ont un rapport avec la connaissance. Le développement de leurs interactions a pris sa source en Amérique du Nord et il se répand maintenant assez largement (ainsi, en France, notamment dans l'Association pour la Recherche Cognitive).

C'est ce qui a conduit la Société Française de Psychologie à organiser un colloque sur le thème des « apports de l'intelligence artificielle et de l'automatique à la psychologie », à Grenoble, en mars 1983. L'objectif de ce colloque, qui rassemblait des psychologues et des psychophysiologistes, était de faire le point sur ces apports et de réfléchir à leur pertinence, pour le développement de la psychologie.

Cet ouvrage est issu des débats de ce colloque et constitue la première synthèse, en langue française, sur cette question. Il a été plus particulièrement conçu pour introduire l'étudiant à une littérature, désormais abondante, en lui donnant des instruments d'évaluation et de réflexion critique.

Néanmoins, dans ce genre de domaine, un ouvrage introductif qui se veut également synthétique ne peut entrer dans les détails des formalisations. Certaines contributions en donneront des aperçus, mais le lecteur plus directement intéressé par un domaine de recherche particulier aura intérêt à consulter quelques textes plus détaillés de la bibliographie. Il pourra ainsi se rendre compte plus précisément de la façon dont les notions qu'il rencontrera au fil de ce livre sont mises en œuvre dans des programmes informatiques.

Ce sont ces programmes et leurs performances qui assurent la précision et la cohérence des modèles, dont les contributions des auteurs de l'ouvrage ne livrent que les caractéristiques générales. Ces représentations formalisées sont dénommées par des termes techniques, dont le lecteur pourra trouver un index en fin d'ouvrage. Leur proximité avec le vocabulaire psychologique courant ne doit pas laisser penser qu'il ne s'agit que d'une terminologie un peu différente. Chacun d'entre eux se réfère à une architecture précise d'un programme susceptible de les mettre en œuvre.

L'un des aspects majeurs du courant des sciences cognitives se traduit par une intégration (voire une réintégration) des différentes fonctions cognitives, souvent étudiées séparément par la psychologie : apprentissage, mémoire, langage, etc... Néanmoins, pour des raisons didactiques évidentes, cet ouvrage est organisé en quatre parties, correspondant à de telles fonctions. Mais, en passant d'une partie à l'autre, le lecteur se rendra compte qu'elle ne sont pas indépendantes. Chacune, tout en étant centrée sur une fonction particulière, fera appel aux autres. C'est ainsi que l'on notera certaines redondances, particulièrement révélatrices de cette conception intégrée du système cognitif.

*
* *

La *première partie* de l'ouvrage est consacrée à la *résolution de problème* et aux processus d'acquisition. Historiquement, les modèles informatiques de la pensée ont d'abord été conçus pour rendre compte des stratégies de résolution de problème, dont la stratégie des fins et des moyens, la première à être modélisée (le «General Problem Solver» de Newell, Shaw et Simon, 1959). Cette partie porte également sur les processus d'acquisition de connaissances, dans la mesure où ils se déroulent souvent en liaison étroite avec la résolution de problèmes.

J. Mathieu propose une présentation synthétique des caractéristiques essentielles de ce courant. Il y décrit l'architecture générale des modèles, selon le paradigme désormais bien connu du Système de Traitement de l'Information (S.T.I.). Puis il trace les grandes lignes des formalisations utilisées: les réseaux sémantiques, les cadres, les règles de production. Ensuite, il montre la façon dont ces formalisations sont mises en œuvre pour modéliser les stratégies de résolution et les processus de compréhension (construction de la représentation du problème).

Les contributions qui suivent sont organisées autour de deux sections: l'étude des schémas et de la planification, plus particulièrement centrée sur la compréhension, et la modélisation des stratégies de résolution.

J.M. Hoc développe les traits caractéristiques d'une classe de formalisations de l'organisation des connaissances en mémoire, pour la résolution de problème et l'apprentissage, regroupées sous la notion de schéma. Cette présentation est suivie d'une illustration, par M.C. Escarabajal, de son utilisation dans la résolution de problèmes arithmétiques. P. Mendelsohn conclut cette section, en montrant comment l'étude de la programmation informatique, chez l'enfant, permet d'étudier les stratégies de planification, à partir de la transposition de schèmes familiers.

Dans la seconde section de cette partie, consacrée aux modèles de simulation, A. Nguyen-Xuan et J.F. Richard illustrent l'intérêt de l'utilisation des systèmes de productions, pour modéliser l'apprentissage par l'action. De tels systèmes permettent en effet de concevoir des programmes informatiques automodifiables. E. Cauzinille-Marmèche et J. Mathieu proposent une simulation du fonctionnement cognitif, à l'aide de constructions actuellement en pleine extension, en intelligence artificielle: les systèmes experts. De tels systèmes sont largement utilisés pour résoudre des problèmes, qui nécessitent la mise en œuvre d'une grande quantité de connaissances, tels que le diagnostic médical, la géologie, le génie génétique, etc... Enfin, C. Bastien, A. Desprels-Fraysse, A. Pélissier et P.M. Pinelli montrent l'utilité des langages de programmation traditionnels, dans la modélisation d'algorithmes de résolution, mis en œuvre par des enfants, dans des problèmes de partition.

La *seconde partie* du livre est centrée sur la *mémoire*. G. Tiberghien l'introduit en montrant comment les conceptions informatiques ont profondément influencé l'élaboration des théories psychologiques de la mémoire. Il fait apparaître également les limites de la métaphore informatique quand il s'agit de rendre compte de la flexibilité de la mémoire humaine, c'est-à-dire de sa capacité à gérer l'information contextuelle et à oublier de façon sélective et motivée. D. Brouillet poursuit cette discussion, en comparant les conceptions du souvenir et de la représentation en intelligence artificielle et en psychologie. H. Abdi apporte des précisions à cette discussion, à travers une présentation historique de la formalisation des catégories naturelles par les représentations arborées (ou arbres additifs) et des possibilités de formalisation de la mémoire sémantique auxquelles elles ont donné naissance. Enfin, Y. Corson montre comment les recherches psychologiques sur l'organisation sémantique, les processus de catégorisation et les jugements d'appartenance catégorielle peuvent éclairer l'ergonomie de conception de ces mémoires artificielles que sont les bases de données.

La *troisième partie* de l'ouvrage porte sur la production et la compréhension du *langage*. Elle débute par un exposé de synthèse de G. Denhière et S. Poitrenaud sur les apports de l'intelligence artificielle à la psychologie du langage, en choisissant de les discuter autour de trois constructions artificielles: les réseaux de transition augmentés (formalisant une interaction entre l'analyse syntaxique et l'analyse sémantique), le programme SHRDLU de Winograd (répondant à une approche procédurale de la sémantique) et le modèle de la dépendance contextuelle de Schank et Abelson pour la compréhension du langage.

J. Pynte montre ensuite comment l'intelligence artificielle permet de renouveler l'approche de la signification, en passant d'un point de vue centré sur la nature de la signification à une recherche des mécanismes de compréhension. E. Andreewsky et V. Rosenthal défendent, en développant plus particulièrement le problème de la polysémie, l'idée qu'il doit exister certains mécanismes généraux, qui sont communs à tous les systèmes cognitifs, artificiels ou non. A. Trognon et Y. Gueniffey, en prenant l'exemple de l'étude des conversations, montrent que l'intelligence artificielle ne saurait être une théorie linguistique ou psychologique, mais qu'elle fournit des procédures intéressantes d'explicitation des hypothèses. Enfin, P. Lecocq illustre un autre aspect des apports de l'intelligence artificielle à la pyschologie, comme le faisait P. Mendelsohn pour la résolution de problème : l'interaction de l'homme avec certains systèmes artificiels peut permettre au psychologue d'étudier des mécanismes difficiles à analyser autrement. L'exemple qu'il présente d'une prothèse permettant à des Infirmes Moteurs Cérébraux (I.M.C.) de s'exprimer dans un langage idéographique est très illustratif à cet égard : en permettant une communication avec ces sujets, elle ouvre de nouvelles possibilité d'investigation des activités cognitives de ces sujets et de rééducation.

La *quatrième et dernière partie* de l'ouvrage, portant sur les systèmes *sensoriels et moteurs*, illustre plus directement les apports de l'automatique et la psychologie. C. Bonnet, M.C. Botte et F. Molnar proposent une synthèse de ces apports, dans l'étude de la perception visuelle et auditive. D. Beaubaton discute de la pertinence de l'introduction des concepts de l'informatique et de l'automatique dans la modélisation des activités motrices, notamment des plans et des programmes moteurs. Il montre comment, une fois dépassée la vague métaphore, ces concepts peuvent fournir des heuristiques de recherche vers des hypothèses et des modèles de plus en plus précis. P. Bovet, M. Jamon et S. Benhamou enrichissent cet ouvrage, centré sur des modèles relativement déterministes, par l'introduction de générateurs pseudo-aléatoires. L'application de ce type de modèles est illustrée par des déplacements de rongeurs. C. Chasserat, D. Cattaert et F. Clarac terminent cette partie par la présentation d'un modèle de simulation de la coordination d'un couple d'appendices, au cours de la marche d'un crustacé, en décrivant comment un tel modèle est validé.

Dans la conclusion de cet ouvrage, J.F. Le Ny et J.F. Richard proposent un bilan des apports de l'intelligence artificielle et de l'automatique à la psychologie. A l'aide de quelques exemples, ils illustrent les progrès réalisés par les recherches psychologiques inscrites dans cette dynamique, en confrontant ces dernières à des courants qui les ont précédées et en explicitant les raisons de ces avancées. Ils montrent également combien le chemin parcouru dans cette direction est encore modeste en regard des questions qui restent posées, mais dont cette dynamique pluridisciplinaire des sciences cognitives devrait accélérer la résolution.

*
* *

Les éditeurs remercient vivement le comité de programme du colloque, qui a participé à la conception de cet ouvrage, et plus particulièrement ceux qui ont assuré la coordination interne de certaines parties :

*J. Mathieu* (partie 1), *G. Denhière* (partie 3) et *D. Beaubaton* (partie 4). Ils sont également redevables à ceux qui ont bien voulu lire le manuscrit pour faire part aux auteurs de leurs critiques et suggestions, avant la rédaction définitive : A. Blanchet, B. Deweer, S. Ehrlich, A. Lieury, J. Pailhous, M. Richelle et J. Segui. Ils sont enfin reconnaissants à H.A. Simon, l'initiateur de cette approche en psychologie, d'avoir manifesté son intérêt pour cet ouvrage dans sa préface.

# PARTIE I
# RESOLUTION DE PROBLEME

# Chapitre 1
# Psychologie cognitive et intelligence artificielle
# Résolution de problème et acquisition de connaissances

Jacques MATHIEU

## 1. Introduction

Depuis plusieurs années, la psychologie et l'Intelligence Artificielle se sont rapprochées dans le cadre des Sciences Cognitives. Les préoccupations sont très proches, il s'agit de simuler un comportement intelligent, mais les contraintes sont différentes. Dans le premier cas, on parlera de plausibilité psychologique (c'est-à-dire de cohérence avec d'autres connaissances sur le fonctionnement cognitif humain), tandis que l'efficacité sera privilégiée dans le second cas. Il s'agit ici d'examiner et de discuter les apports réciproques, en s'intéressant plus particulièrement aux domaines de la résolution de problème et de l'acquisition des connaissances.

La résolution de problème a été un des premiers thèmes abordés par l'I.A., avant même que ce terme ne soit inventé. Dès 1953, Turing propose un programme qui joue aux échecs; mais ce programme n'a pu être implémenté (le langage FORTRAN date de 1954, le premier ordinateur commercialisé, UNIVAC 1, est apparu en 1950). En 1954, Newell, Shaw et Simon utilisent les travaux du psychologue De Groot sur les stratégies des joueurs d'échecs, et introduisent la notion d'heuristique de résolution dans le programme de jeu d'échecs N.S.S. (Newell, Simon, Shaw). C'est avec un article de Newell, Shaw et Simon exposant les idées fondamentales qui guideront la construction du General Problem Solver (G.P.S.), que l'Intelligence Artificielle apparaît pour la première fois en psychologie, dans le Psychological Bulletin (1958). Les premières idées fondamentales de la simulation de la pensée par des méthodes d'Intelligence Artificielle sont exprimées par Newell et Simon en 1961 (Newell et Simon, 1961).

Dès l'origine, psychologie et intelligence sont donc associées de fait dans le domaine de la résolution de problème. Lors de cette première phase, il s'agit d'élaborer des «résolveurs de problème». Ce sont des programmes généraux, c'est-à-dire qui ont pour but de résoudre tous les problèmes d'une même classe (par exemple, les problèmes de combinatoire). Cette approche culmine dans les années 1975 avec les programmes ALICE, STRIPS, REF, ARF, etc...

La théorie psychologique construite autour du G.P.S. et présentée dans Human Problem Solving (Newell et Simon, 1972) sera déterminante sur le développement des recherches en psychologie, dans le domaine de la résolution de problème. Au niveau conceptuel, sont introduites les notions d'espace problème, de représentation du problème, de méthode générale de résolution..., qui seront les principaux thèmes de recherche des années suivantes (cf. § III). Cette influence se traduira dans le choix des situations paradigmes expérimentales. Ce sont des problèmes sémantiquement pauvres et à transformation d'état (Missionnaires et cannibales, Tour de Hanoï, Cryptarithmétique, Hexapion).

L'intérêt pour la recherche de méthodes de résolution applicables à de vastes domaines de problèmes s'affaiblit progressivement. Par contre apparaissent des langages généraux qui permettent de décrire l'organisation des connaissances dans des domaines conceptuels complexes. Ainsi en arithmétique, l'étude des algorithmes de calcul a été délaissée, alors que se développait l'étude de la compréhension des énoncés et de la sémantique des opérations. Cette évolution est liée à tout un contexte de recherche tant en Psychologie qu'en Intelligence Artificielle, relatif à la compréhension du langage et à la représentation des connaissances. Les modèles HAM de Anderson (1974), LNR de Norman et Rumelhart (1975), NOAH de Sacerdoti (1977), ainsi que la notion de «cadre» de Minsky (1975) peuvent être considérés comme des points de repères importants pour la pénétration de ces idées dans l'analyse de la résolution de problème. Les concepts utilisés sont alors ceux de plan, de schéma de problème, de prototype, de cadre, tandis que les situations étudiées deviennent sémantiquement plus riches (ainsi, Resnick et Greeno pour la didactique des mathématiques; Larkin et Chi pour la didactique de la physique, ont utilisé ces notions dès 1978).

A l'heure actuelle, la méthodologie des systèmes experts tels que SNARK (Laurière, 1986), MECHO (Bundy, 1979), CENTAUR (Aikins, 1979), ouvre de nouvelles perspectives sur l'étude des méta-connaissances, des raisonnements non classiques (raisonnement par analogie, diagnostic...). Selon Newell et Simon, la fondation théorique commune à l'Intelligence Artificielle et à la psychologie, est la notion de Système de Traitement de l'Information que nous présentons maintenant.

## 2. Le paradigme S.T.I. dans la résolution de problème

L'idée que toute démonstration d'une théorie mathématique puisse être effectuée par une machine remonte à la thèse de Turing (1936), et a eu une influence certaine en psychologie. L'équivalence entre un ordinateur et une machine universelle de Turing permet le rapprochement entre deux machines de Turing spécifiques: l'homme et l'ordinateur. Cependant, ce rapprochement n'aurait pas été fructueux s'il ne s'était pas appuyé sur le concept plus puissant de Système de Traitement de l'Information (S.T.I.) développé par Newell et Simon à partir des années 1960 et exposé dans Human Problem Solving (Newell et Simon, 1972).

### 2.1. La notion de Système de Traitement de l'Information

Pour Newell et Simon, la structure d'un S.T.I. est celle d'une machine de Turing universelle. Elle comprend un processeur, une mémoire, des récepteurs et des effecteurs pour communiquer avec le monde extérieur (Fig. 1).

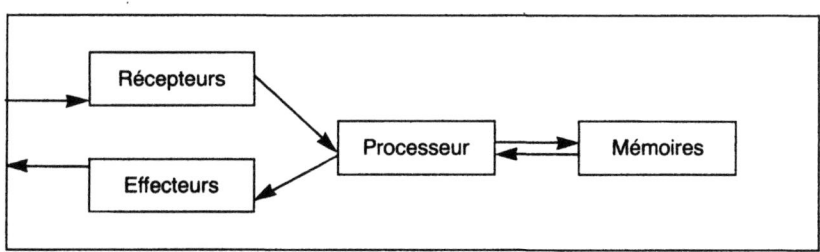

*Figure 1:* Système de Traitement de l'Information.

L'instanciation de ce modèle dans le cas d'un «système humain» ou d'un «système informatique» est immédiate. L'aspect fondamental de ce système est sa capacité à manipuler des ensembles de symboles. Les symboles peuvent représenter soit des informations du monde extérieur, soit des opérations à effectuer sur d'autres symboles. Ils peuvent être organisés pour définir, par exemple, des relations entre objets.

Sur ces symboles, opèrent des processus qui sont également représentés sous forme symbolique. Des exemples de manipulation sont les comparaisons entre ensembles de symboles, le stockage des symboles en mémoire, etc...

La pensée humaine peut alors être décrite comme un système qui manipule des *symboles physiques*, ce qui la fait entrer dans l'univers physique (Newell, 1980). A partir de là, deux conceptions du rôle de l'intelligence artificielle peuvent être distinguées selon le statut qui est donné au concept de S.T.I.

## 2.2. La perspective unitaire

Il s'agit de prendre au pied de la lettre l'affirmation selon laquelle l'homme est un S.T.I. particulier. Un corollaire immédiat est l'identité complète entre les concepts de l'I.A. et les concepts de psychologie. Des différences entre ces deux systèmes de traitement étant alors, non des différences de nature, mais des différences de réalisation.

Une théorie psychologique est alors nécessairement un programme. Ainsi, G.P.S. a le statut de théorie dans cette approche. «Notre postulat est que la conduite du sujet est réglée par un programme, lequel s'organise à partir d'un ensemble de processus élémentaires de traitement de l'information» écrivaient Newell et Simon dès 1961 (cité dans Dreyfus, 1984). Chaque concept de la théorie doit avoir une justification psychologique à travers les données expérimentales, et une justification informatique à travers le programme. La preuve est la simulation des résultats expérimentaux par le programme, c'est-à-dire la comparaison entre les étapes du raisonnement lorsque celles-ci sont verbalisées par le sujet, et les étapes du programme. Cette comparaison n'est pas sans difficulté méthodologique, mais est le critère employé par Newell et Simon. Il est évidemment crucial que le programme fonctionne car d'une part, il spécifie tous les aspects de la théorie, et d'autre part, il est validé par ses sorties.

Cette perspective a été explicitée par Newell et Simon (1963), et discutée par Searle (1980).

## 2.3. La perspective dualiste

Dans cette perspective, on sépare nettement les deux domaines, l'I.A. offrant des outils et des concepts pouvant être introduits dans une théorie psychologique. L'affirmation que l'homme est un S.T.I. n'est plus qu'une métaphore qui permet de forger de nouveaux concepts psychologiques. Dans cette conception utilitaire, l'I.A. fournit d'abord des langages formalisés permettant d'exprimer une théorie. C'est ainsi que sont utilisés par exemple, les règles de production, les réseaux sémantiques ou les cadres (cf. II). Une réalisation possible (un modèle) de la théorie est alors construite à travers un programme; la théorie est éventuellement «expérimentée» à travers une simulation effective. Par exemple, l'architecture cognitive et les processus de contrôle peuvent être formalisés à l'aide des systèmes-experts (Cauzinille-Marmèche et Mathieu, cet ouvrage). Contrairement à la position unitaire, il n'est pas fondamental que le programme soit effectivement implémenté, mais il doit traduire les concepts psychologiques pertinents. L'implémentation vérifie essentiellement la cohérence des concepts et l'effectivité du programme.

Dans la perspective dualiste, la théorie psychologique est première, et le programme est une description, une métaphore, de certains aspects de la théorie. L'I.A. est un outil, qui doit être modifié pour s'adapter aux spécifications posées par la théorie. Chemin faisant, le processus de modélisation et les techniques de l'I.A. peuvent avoir une valeur heuristique pour la construction de la théorie.

La validation des concepts théoriques repose alors non seulement sur l'adéquation de la simulation aux données observées, mais également sur la méthode expérimentale, en dehors de toute perspective formalisée. Cette «double» validation cherche à répondre à un souci de généralité des modèles proposés.

## 3. Les outils de formalisation

On peut distinguer deux familles de concepts dans la formalisation des activités intellectuelles en résolution de problème: d'une part, la famille des concepts qui se réfèrent à la *notation des connaissances*, c'est-à-dire aux langages de description de l'organisation des connaissances (schéma, réseau, règle de production), et d'autre part, la famille des concepts qui se réfèrent au *type de système* utilisé (système de production, système-expert, programme procédural), ce qui s'adresse au contrôle de la démarche de résolution du sujet.

La notation des connaissances est en effet au cœur du problème de la représentation des connaissances, c'est-à-dire du problème de choix des unités de connaissances, de leur organisation, de leur nature. La représentation des connaissances est distincte du système de notation qui est utilisé pour décrire cette représentation. Ainsi, une représentation peut être de nature imaginée ou propositionnelle. Mais, on peut utiliser dans les deux cas un système de notation utilisant la notion de cadre (voir plus bas). Le système de notation est l'*outil*, dans une conception dualiste, de formalisation de la représentation des connaissances.

*3.1. Les systèmes de notation des connaissances*

Sous-jacente au problème de la notation des connaissances, est la question de la définition des unités cognitives, c'est-à-dire de la détermination du niveau de détail des connaissances les plus élémentaires (Leny, 1979). Nous n'aborderons ici que le problème de la notation des connaissances.

Dans le domaine de la résolution de problème, on utilise essentiellement trois types de notation: les réseaux sémantiques, les cadres (frames et schémas), les règles de production. Il n'y a pas de théorie à l'heure actuelle, des systèmes de notation, et en particulier, pas de « métrique » qui permettent de juger de l'adéquation entre une connaissance et sa notation dans un système donné.

*3.1.1. Les réseaux*

Ils ont été développés principalement dans le cadre de la compréhension du langage et de la mémoire. Quillian (1968), Anderson et Bower (1973), et surtout Norman et Rumelhart (1975) ont popularisé cette notion en psychologie.

D'une manière générale, un réseau comprend des nœuds, et des liens entre les nœuds. A chaque nœud, est associé un objet, un lien représente une relation entre objets. Les objets peuvent être des concepts, des procédures dans certains réseaux, etc... Les relations sont, par exemple, la relation d'appartenance EST-UN, ou n'importe quelle relation particulière au domaine. Prenons, pour illustration, les objets MÉDOR et BASSET, et la relation d'appartenance, EST-UN.

Le réseau correspondant peut être représenté de la manière suivante:

$$\text{MÉDOR} \xrightarrow{\text{EST-UN}} \text{BASSET}$$

Si on adjoint au réseau précédent la propriété qu'un basset est un chien, on obtient le réseau :

MÉDOR —EST-UN→ BASSET —EST-UN→ CHIEN

On peut alors déduire que MÉDOR est un chien par simple « héritage de propriété ».

Lorsque les connaissances ont une structure hiérarchique (classes emboîtées, par exemple), ce type de notation est extrêmement pratique. Cependant, rien ne garantit la validité du raisonnement. Prenons l'exemple suivant :

MÉDOR —EST-UN→ BASSET —EST-UN→ CHIEN —ETUDIE-PAR→ PASTEUR

L'héritage des propriétés construit les déductions :
- MÉDOR est un chien,
- puis, MÉDOR est étudié par PASTEUR.

Cette deuxième assertion n'est pas nécessairement vraie. Ceci montre que les propriétés exprimées à travers les liens doivent répondre à certaines conditions pour que l'héritage des propriétés donne des déductions valides. Dans le cas particulier ci-dessus, il faudrait faire intervenir une relation de spécialisation. Stefik (1981) a montré les difficultés de l'élaboration d'une théorie générale de l'héritage des propriétés.

La notion de réseau sémantique a été étendue par Norman et Rumelhart (1975) en ajoutant aux nœuds, la possibilité, importante du point de vue résolution de problème, que les objets soient des procédures. Sacerdoti (1977) a utilisé également la notion de réseaux pour représenter des plans dans NOAH. Il s'agit alors de réseaux procéduraux qui stockent les différentes actions définissant les plans. Cet élargissement de la notion de réseau rapprochera les notions de réseau et de schéma, comme on le verra plus loin.

## 3.1.2. Les cadres

La notion de cadre (frame) a été proposée par Minsky (1975). Elle a pour but de représenter des aggrégats permanents d'objets, tout en conservant les propriétés des réseaux. Un cadre est une structure de données qui représente une situation stéréotypée. A chaque cadre sont attachés plusieurs types d'informations : les conditions d'utilisation du cadre, des procédures, des arguments qui sont particularisés (« instanciés ») dans le problème en cours. Dans le cas du diagnostic médical, tel qu'il est formalisé dans le système-expert TOUBIB (Fargues, 1983), les exemples de connaissances stéréotypées sont les signes cliniques, les syndromes, les maladies, les traitements, etc... L'état d'un patient particulier est représenté par la particularisation de ces différents cadres.

Nous allons expliciter ces notions par un exemple issu d'un autre contexte : le cadre «Animal».

*Exemple:*
Prototype : animal
Attributs : - (mode de reproduction)
 - (catégorie)

Si l'on porte les valeurs possibles des attributs (DOMAINE) :
ANIMAL
- MODE DE REPRODUCTION (DOMAINE : OVIPARE, VIVIPARE, AUTRE)
- CATEGORIE (DOMAINE : VOLANT, MARIN, TERRESTRE)
 (DEFAUT : TERRESTRE)

Une instanciation de ce cadre serait pour l'éléphant :
ELEPHANT (EST-UN : ANIMAL)
 (MODE DE REPRODUCTION : VIVIPARE)
 (CATEGORIE : TERRESTRE)

Lors de cette instanciation, les attributs dont le système ne peut fixer la valeur prennent une valeur par défaut. Cette valeur par défaut permet les inférences.

Dans cet exemple, le lien EST-UN permet l'héritage des propriétés comme dans les réseaux sémantiques classiques.

La notion de cadre a été élargie à la notion de prototype par Aikins (1979). En plus des attributs, Aikins associe à un cadre des «démons», qui sont des procédures activées chaque fois que le cadre doit être modifié, ainsi que des adresses de cadres plus généraux, plus spécifiques ou alternatifs. C'est une conception proche de KLR (Bobrow-Winograd, 1977), mais qui n'a pas été utilisée en psychologie. Les notions de «script» (Schank, 1977) et de «schemata» (Bobrow et Norman, 1975; Rumelhart et Ortony, 1977) sont très proches. Un scénario est un type de cadre particulier qui concerne des événements.

D'un point de vue résolution de problème, les processus de compréhension sont formalisés comme l'affectation de valeurs aux attributs des différents cadres (Hoc, Escarabajal, cet ouvrage). Le rôle des cadres est essentiel dans ces processus de compréhension pour formaliser les processus d'inférence et les attentes du sujet. Par exemple, comprendre la phrase «Pour aller à Rouen, je vais à la gare St-Lazare», nécessite de faire l'inférence «que je vais à la gare St-Lazare pour prendre le train». Cette inférence est faite par l'activation du cadre «gare» dont un des arguments est «prendre le train». Cet argument est lui-même un cadre...

*3.1.3. Les règles de production*

C'est un procédé de notation très utilisé en psychologie, dû à Newell (1966) qui a repris les idées de Post sur la réécriture des formules. Waterman (1970) montre l'intérêt de ce formalisme pour des systèmes qui évoluent. Ce formalisme sera utilisé par Newell et Simon dans G.P.S. (1972), et ensuite dans de nombreux systèmes informatiques (Rychener, 1976).

Une règle de production est une expression de la forme:
$$MG \longrightarrow MD$$

Le membre gauche (MG) décrit une situation, le membre droit (MD), décrit la liste des actions à entreprendre lorsque cette situation est détectée. Cette notation permet une grande modularité des connaissances, au prix de difficultés pour exprimer les algorithmes et les procédures.

L'intérêt de ce type de notation a beaucoup été discuté en psychologie, notamment par suite de sa parenté avec la théorie S-R. De nombreux exposés sont disponibles: on peut citer Rychener (1976), Klahr et Wallace (1976); Nguyen, Cauzinille-Marmèche, Frey, Mathieu (1983); Nguyen et Richard (cet ouvrage).

*3.2. Le contrôle de l'utilisation des connaissances*

Résoudre un problème suppose de faire une suite d'inférences, c'està-dire de contrôler quelles connaissances doivent être utilisées pour atteindre un but, et dans quel ordre elles doivent être activées.

Un système de traitement peut être défini par l'organisation de ses connaissances et par la manière dont il contrôle les inférences.

*3.2.1. Formalisation du contrôle par un programme procédural*

L'utilisation d'un programme procédural pour simuler les activités cognitives est très répandue. Il s'agit en général de modèles locaux, formalisant une procédure, et qui ont pour objectif de décrire des données plutôt que de proposer des modèles explicatifs.

Certains modèles procéduraux ont un objectif explicatif. Dans les modèles «probabilistes», les paramètres traduisent des processus psychologiques. Par exemple, dans Tiberghien, Cauzinille-Marmèche et Mathieu (1979), il s'agit de formaliser la recherche en mémoire dans une épreuve de reconnaissance. Le modèle suppose que la recherche en mémoire dépend d'un paramètre. La variation de ce paramètre à travers différentes conditions expérimentales permet de montrer l'importance de la recherche en mémoire selon le contexte, et selon la familiarité du stimulus. Une méthodologie voisine a été utilisée dans des tâches d'identification de concept (Cauzinille-Marmèche, 1975; Richard, Cauzinille-Marmèche, Mathieu, 1973; Mathieu, 1979). La difficulté de l'estimation des paramètres, et de leur interprétation, dans le cas de protocoles individuels, a mené à l'abandon progressif de cette méthodologie au profit de modèles procéduraux déterministes.

Les modèles déterministes utilisent l'idée de «programme» pour formaliser la démarche du sujet. Le contrôle des inférences est stocké avec chaque connaissance. Une représentation de cette structure est faite par un organigramme.

Plusieurs auteurs ont utilisé cette formalisation, en particulier dans les domaines du raisonnement et de la psychologie du développement (Case, 1978; Siegler, 1978). Ce sont les organigrammes des procédures qui sont comparés à différents niveaux, et non les variations des paramètres à l'intérieur d'un même organigramme. Bastien, Desprels-Fraysse, Pelissier et Pinelli (ce volume) donnent un exemple de cette démarche.

### 3.2.2. Formalisation du contrôle par des systèmes de production

Il s'agit de systèmes qui gèrent un ensemble de connaissances décrites sous forme de règles de production. Le contrôle des inférences est extérieur aux connaissances.

Prenons l'exemple suivant emprunté à Waterman (1979). $C_1, C_3$ $A_3$ signifie que si on a $C_1$ et $C_3$ dans les données du problème, alors on exécute $A_3$.

| Données du problème | Règles de production | Règles qui s'appliquent | Choix de la règle | Action |
|---|---|---|---|---|
| $C_1$ | $R_1$ $C_1, C_2$ $A_1$ | $C_3$ $R_2$ $A_2$ | $C_1, C_3$ $A_3$ | $A_3$ |
| $C_5$ | $R_2$ $C_3$ $A_2$ | $C_1, C_3$ $R_3$ $A_3$ | | |
| $C_3$ | $R_3$ $C_1, C_3$ $A_3$ | $C_5$ $R_5$ $A_5$ | | |
| | $R_4$ $C_4$ $A_4$ | | | |
| | $R_5$ $C_5$ $A_5$ | | | |

Pour déterminer quelle(s) règle(s) s'applique(nt), (processus de «filtrage»), on compare la partie condition de chaque règle (le membre gauche de la colonne 2) avec chaque donnée du problème (col. 1). Par exemple, $R_1$ ne peut pas s'appliquer puisque $C_2$ ne figure pas dans les données du problème. De même pour $R_4$.

Pour choisir quelle règle appliquer parmi celles retenues (processus de «résolution de conflit»), on peut avoir plusieurs critères. Ici, le choix est celui de la règle qui prend en compte le plus grand nombre de données du problème (règle qui a la partie la plus riche). D'autres choix sont possibles: par exemple, la première règle rencontrée lors du filtrage, ici $R_2$, et l'action retenue serait alors $A_2$.

Il est aussi possible de rajouter une règle, sans rien modifier d'autre. Par exemple, si on ajoute $R_7$ $C_1$, $C_3$, $C_5$ $A_4$, on aura un résultat différent, mais sans avoir modifié le contrôle (ici le processus de résolution de conflit).

En psychologie, les systèmes de production utilisés classiquement comprennent des règles de production, une mémoire de travail, limitée et uniforme, des règles de résolution de conflits simples (Nguyen et Richard, cet ouvrage).

La mémoire de travail est une liste ordonnée d'éléments. L'ordre est déterminé par la récence de l'entrée dans la mémoire. L'espace limité est géré par des règles du type «dernier entré, dernier sorti» ou «dernier entré, premier sorti». Les objets de la Mémoire de Travail sont, par exemple, des buts ou des sous-buts. La pile des buts représente en quelque sorte la planification du système à un instant donné.

Le cycle des traitements lors de la résolution de problème est de la forme :

```
┌─► Sélection des règles (filtrage)
│        ↓
│   Choix d'une règle (résolution de conflit)
│        ↓
└── Modification de la mémoire de travail ou Action
```

Une présentation détaillée peut être trouvée dans les exposés de Rychener (1976), de Davis (1978), de Nguyen, Cauzinille-Marmèche, Frey, Mathieu, Rousseau (1983), de Waterman (1978), Laurière (1982) de Nguyen, Richard (cet ouvrage).

Signalons les principaux travaux qui utilisent cette méthodologie. Dans le domaine du développement, on peut citer Baylor et Gascon (1974), Klahr et Wallace (1976), Young (1978), Nguyen et al. (1983).

Dans le domaine de la résolution de problème, un grand nombre de travaux sont également disponibles, par exemple, Newell et Simon (1972), Larkin (1981).

### 3.2.3. Formalisation à l'aide d'un système-expert

Un système-expert est, comme un système de production, un système déductif. Il comprend trois parties: une base de connaissances, un moteur d'inférence, une base de faits (Laurière, 1982; Mathieu, sous presse).

*La base de connaissances* est généralement un ensemble de règles de production. Elle comprend parfois des prototypes (CENTAUR, TOUBIB...). Ce qui est fondamental, c'est l'indépendance des connaissances entre elles. Ceci autorise la modification à tout instant d'une connaissance, sans modifier les autres. L'aspect évolutif du système est ainsi garanti, de même que la possibilité de changer complètement la base de connaissances, tout en gardant les mêmes mécanismes d'utilisation et de gestion de ces connaissances. Dans la base de connaissances, figurent également des méta-connaissances, c'est-à-dire des connaissances sur les connaissances, et en particulier des stratégies de résolution (Cauzinille-Marmèche et Mathieu, 1985).

*Le moteur d'inférence* gère la base de connaissances: il décide quelles connaissances utiliser et en construit de nouvelles par déduction. Par exemple, si on a $P \rightarrow Q$ dans la base de connaissances, et si P est dans la base de faits (P est vrai), alors le moteur conclut que Q est vrai. Ce raisonnement est en fait un modus ponens.

Enfin, *la base de faits* comprend les données du problème, les résultats des déductions du système, le résultat des actions. Les données du problème peuvent être «MÉDOR est un basset», «un basset est un chien». On reconnaît là, une structure de réseau.

Le fonctionnement du système repose sur le même cycle de base que les systèmes de production, la différence essentielle étant liée aux processus de contrôle. Si le raisonnement est en «chaînage avant», le filtrage sera exécuté sur le membre gauche de la règle. Le raisonnement va de l'énoncé vers le but. Si le raisonnement est en «chaînage arrière», le filtrage sera fait sur le membre droit de la règle. Le raisonnement remonte du but vers l'énoncé. Le chaînage avant ou le chaînage arrière peuvent être décidés à partir de méta-connaissances qui pilotent le moteur (Cauzinille-Marmèche, Mathieu et Dujardin, 1985).

Le choix de la règle à utiliser repose sur les mêmes règles de résolution de conflit que les systèmes de production. Mais, dans un système-expert, ce choix peut être déterminé par des méta-règles qui donnent des règles de priorité dépendantes du contexte et qui permettent de ne filtrer que sur des paquets de règles. Le choix des règles peut se faire alors non plus sur une base syntaxique comme dans les systèmes de production, mais sur une base sémantique.

Cette méthodologie de formalisation a été peu utilisée en psychologie. Un exemple d'une telle approche, dans le cadre de la résolution de problème de physique, est présenté par Cauzinille-Marmèche et Mathieu (cet ouvrage). Pour des exposés plus détaillés, le lecteur pourra se reporter à Laurière (1982), Mathieu (1983, sous presse), Mathieu et Cauzinille-Marmèche (1985).

### 4. Un exemple de système formalisé

Après avoir examiné les systèmes de notation des connaissances et les systèmes de traitement de manière séparée, nous présentons un exemple du fonctionnement cognitif. Il s'agit d'un modèle de formalisation des processus cognitifs pour comprendre et résoudre un problème d'arithmétique. On distinguera les processus de compréhension, d'élaboration d'un plan, et de mise en œuvre d'un plan.

Un exemple de problème de type «CHANGE» avec résultat inconnu est : «Joe avait huit billes. Il a donné cinq billes. Combien Joe a de billes?».

La résolution de ce type de problème dépend de deux types de facteur: les relations sémantiques utilisées pour décrire le problème, et la nature de l'inconnue. Un grand nombre de résultats expérimentaux montre les difficultés relatives des différents types de problème, les erreurs significatives, etc... (Escarabajal, cet ouvrage; Resnick, Cauzinille-Marmèche, Mathieu, 1985). Ces données expérimentales permettent d'envisager des théories explicatives, au niveau de la compréhension de l'énoncé et de la résolution elle-même. L'intérêt théorique est de faire le lien entre les processus de compréhension de texte et les processus de résolution. L'autre intérêt est d'étudier des mécanismes de résolution qui mettent en jeu des connaissances procédurales et des connaissance conceptuelles.

### 4.1. Processus de compréhension

Les processus de compréhension sont essentiellement des processus d'élaboration et de modification de la représentation du problème.

La représentation du problème est définie par les connaissances procédurales et conceptuelles activées. L'importance de la représentation dans des problèmes à transformation d'état est bien connue depuis Newell et Simon (1972). Elle a été étudiée par Richard (1981) dans le problème de la tour de Hanoï, par Cauzinille-Marmèche et Mathieu (1985) dans l'hexapion.

Un premier processus de compréhension de problème est celui qui concerne la lecture du texte de l'énoncé. Kintsch et Greeno ont proposé un modèle de compréhension d'énoncé de problème arithmétique qui est une spécification du modèle général de Kintsch et Van Dijk (1984). Nous ne présenterons pas ce modèle général qui est en dehors du sujet de cet exposé. Disons seulement que ce modèle utilise la notion de schéma de problème de Riley, Greeno et Heller (1983). Les schémas de problème représentent les relations sémantiques de l'énoncé et sont des cadres particuliers. Prenons l'exemple du problème de type «change» présenté précédemment, le schéma d'un tel problème (Fig. 2) est le suivant dans l'analyse de Riley et al.:

Ce schéma a trois composantes principales: une quantité initiale qui représente l'ensemble de départ de Joe. Il y a un événement qui crée un changement, ici une diminution de l'ensemble de départ de cinq. Le résultat du changement est la quantité finale, l'inconnue à calculer dans ce problème. Le modèle construit d'abord la première composante à partir de la phrase «Joe a huit billes». Quand la phrase «Il donne cinq billes à Tom» est lue, le modèle infère qu'il s'agit d'un problème de type «change», et construit le reste du schéma. A la lecture de la question «Combien de billes reste-t-il à Joe?», le système pose comme but de déterminer la quantité inconnue.

D'autres procédures d'élaboration de représentation peuvent intervenir: la représentation peut être élaborée à partir de la recherche en mémoire d'une connaissance prototype. Dans le cas où un prototype n'est pas retrouvé, des heuristiques, pour réduire le problème posé à un prototype connu, sont utilisées par le système. Il s'agit alors de procédés de type analogique.

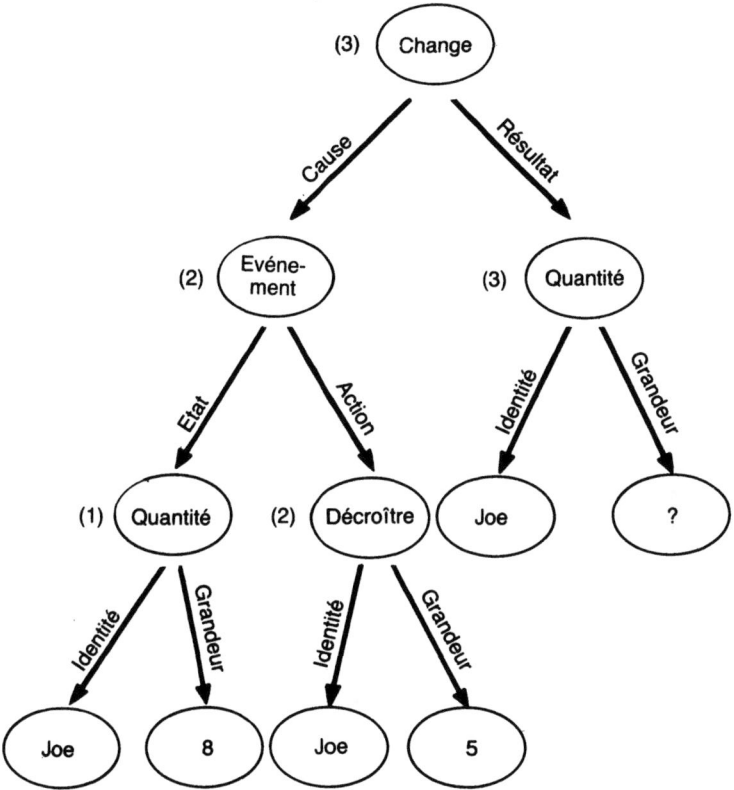

Fig. 2. Problème «change» (d'après Riley et al., 1983).

### 4.2. Elaborer un plan

Nous serons plus brefs sur la notion de plan, notion largement développée dans les travaux de Hoc (1982). Disons simplement qu'un plan peut être plus ou moins détaillé, et qu'il comprend des méthodes de résolution plus ou moins générales. Les réseaux procéduraux introduits par Sacerdoti (1977) sont l'outil essentiel de formalisation avec la notion de «tableau noir» de Hayes-Roth. Ce sont des réseaux dont les nœuds représentent des actions à différents niveaux de détail. Chaque nœud contient des connaissances procédurales et déclaratives, ainsi que des pointeurs sur d'autres nœuds. Un nœud du réseau peut ainsi référer à des nœuds «fils» qui représentent des actions plus détaillées. Un résultat important est que les réseaux procéduraux peuvent être considérés comme des cadres particuliers.

Dans le modèle de Riley et al. (1983), le système choisit d'abord une approche générale, puis décide d'actions plus spécifiques, et finalement s'intéresse aux détails. Dès qu'un plan est choisi, le modèle exécute les actions associées à ce plan pour atteindre le but courant. Si les prérequis du plan sont remplis, celui-ci est exécuté, sinon, chaque prérequis non satisfait est pris comme sous-but.

*4.3. Processus de résolution*

Le plan ayant été choisi, sa réalisation passe par l'atteinte d'un certain nombre de buts et de sous-buts. Certains sont immédiats, d'autres nécessitent de recourir à des procédures spécifiques, des calculs par exemple.

## 5. Acquisition de connaissances et développement

A l'heure actuelle, l'étude de l'acquisition des connaissances porte d'une part sur l'évolution des connaissances complexes et d'autre part sur les mécanismes responsables du passage d'un niveau de connaissance à l'autre.

Les connaissances complexes sont, par exemple, des connaissances scolaires comme l'arithmétique, la géométrie, l'algèbre, la physique...

Pour caractériser les différents niveaux de développement, on peut comparer des organigrammes différents. L'évolution se traduit par une complexification de la procédure.

On peut aussi comparer des systèmes de production. Les différents niveaux se traduisent alors par des systèmes de production emboîtés, formalisant un processus d'accroissement des connaissances. Enfin, on peut comparer des schémas, chaque schéma correspondant à un niveau différent.

Dans les situations où les connaissances sont complexes, peu de chercheurs ont pris le risque de faire des hypothèses sur les mécanismes d'évolution des connaissances. Ceux-ci ont plutôt été étudiés dans des problèmes plus simples, du type problème à transformation d'état par exemple (course à 20, hexapion...).

Le principe fondamental de l'évolution d'un système comprend deux aspects: d'une part, la construction d'une trace procédurale, et d'autre part, plusieurs mécanismes qui modifient les connaissances à partir des informations sur cette trace (Mathieu, à paraître).

Selon les auteurs, ces mécanismes diffèrent, et il n'y a pas, à l'heure actuelle, de données expérimentales appropriées qui permettraient de se prononcer.

Nous donnons à titre d'exemple, les mécanismes généralement invoqués.

*L'analogie*, dont l'intérêt est d'être facilement exprimable en termes de cadre ou de règle de production. Plusieurs études expérimentales ont montré son rôle dans l'acquisition des connaissances (Cauzinille-Marmèche, Mathieu, Weil-Barais, 1985). En I.A., on peut citer Mac Dermott (1980) avec le programme ANA, Winston (1980), Carbonel (1983). Ce sont des systèmes qui créent, par analogie, de nouvelles règles de production.

*La généralisation et la spécification* sont également des mécanismes très populaires en I.A. Des conditions sont abandonnées ou ajoutées dans les règles de production, par exemple. En psychologie, ils ont également été introduits par de nombreux chercheurs : Norman, Rumelhart, Goldstein, George...

*Le renforcement* est un mécanisme d'apprentissage qui repose sur de nombreux travaux expérimentaux. Il a été utilisé en I.A. également. En psychologie, il figure dans le modèle ACT d'Anderson, dans Hexapion de Cauzinille-Marmèche et Mathieu (1985), dans ABLE de Larkin.

Ces mécanismes peuvent créer de nouvelles connaissances (par exemple des règles) ou bien modifier celles qui existent déjà. Ils peuvent agir également sur la représentation du problème, en changeant les buts et les sous-buts. Pour un exposé plus complet, le lecteur pourra se reporter à Anderson (1981) et à Michalski (1983).

## 6. Conclusion

Le postulat fondamental qui justifie la formalisation des activités cognitives par des méthodes d'intelligence artificielle est que l'esprit humain est une réalisation physique d'un système de traitement de l'information au même titre qu'un ordinateur.

La pertinence de ce postulat, dont l'origine est nettement informatique, peut sembler problématique s'il s'agit de construire une théorie psychologique. La position unitaire est, comme nous l'avons vu, peu plausible. Mais ce postulat peut être considéré comme une simple hypothèse de travail utilisée comme heuristique pour dégager des conceptions précises et claires de l'organisation et du fonctionnement cognitifs. Il s'agit alors d'adapter les concepts de l'I.A. à la psychologie.

Dans la perspective délimitée par ce postulat, l'I.A. a fourni un langage, des concepts, des exemples de systèmes de traitement. En effet, l'I.A. est d'abord un langage formalisé pour décrire les opérations de la pensée et l'organisation cognitive des connaissances. A côté des concepts classiques en psychologie (mémoire de travail...), de nouveaux concepts issus de l'I.A. sont apparus (activation, réseau...). Mais ici un examen sérieux s'impose car bien souvent il s'agissait à l'origine de concepts psychologiques qui ont été utilisés ensuite en I.A. Les premiers travaux sur le jeu d'échecs ont ainsi importé en I.A. des concepts psychologiques utilisés par De Groot. Il en est ainsi également pour la notion de «cadre» que Minsky a ramenée d'un séjour à Genève afin de l'utiliser en I.A. et que l'on retrouve aujourd'hui en psychologie. Mais quel est le lien, sinon celui de filiation, entre un schéma piagétien et un cadre? Ce détour par l'I.A. a renvoyé un concept épuré, simplifié, bien défini, loin de la richesse et du flou du concept piagétien. L'apport de l'I.A. est clair: il a rendu ce concept suffisamment précis pour être incorporé à un modèle qui simule le fonctionnement cognitif. Dans le cadre du postulat S.T.I., l'I.A. est donc non seulement un outil pour construire des maquettes de théorie, mais également une source de concepts et d'heuristiques que le psychologue doit adapter à son propre projet.

# Chapitre 2
# L'organisation des connaissances pour la résolution de problème : vers une formalisation du concept de schéma

Jean-Michel HOC

## 1. Introduction

Depuis bien longtemps, l'activité de résolution de problème est conçue comme le développement d'une interaction entre deux fonctions essentielles (Duncker, 1945) : la compréhension du problème et l'élaboration d'une solution. La compréhension du problème se traduit par la construction d'une représentation du but et des contraintes à satisfaire dans l'obtention de ce dernier. Le plus souvent, la compréhension revient à assimiler le problème actuel à une classe de problèmes connus. Alors, la représentation est construite en particularisant et en détaillant des structures schématiques et assimilatrices, construites par généralisation au cours de l'expérience passée.

Ces structures sont statiques (ou déclaratives) : elles représentent des propriétés d'objets ou des relations entre objets. Mais elles sont très directement reliées à des unités procédurales : procédures d'exécution ou stratégies d'élaboration de procédures. Dans la terminologie psychologique, l'accent est mis, tantôt sur les aspects procéduraux de ces structures (par exemple dans les schèmes d'action : Piaget, 1924), tantôt sur les aspects déclaratifs (les schémas de Bartlett, 1932, ou les schèmes anticipateurs de but de Selz, 1924).

Les premiers modèles informatiques de la résolution de problème (ou modèles de traitement de l'information) ont d'abord porté sur les aspects procéduraux de l'activité (élaboration de procédures). Le

G.P.S. (General Problem Solver) de Newell, Shaw et Simon (1959) illustre bien une telle tentative. L'intention de ces auteurs était bien la modélisation d'une stratégie générale de résolution de problème (la stratégie des fins et des moyens) par une structure procédurale générale, aussi indépendante que possible des connaissances spécifiques du sujet dans un domaine de problème. C'est ainsi que les sujets examinés étaient confrontés à des problèmes pour lesquels leurs connaissances spécifiques étaient quasi inexistantes. La question de l'organisation des connaissances était étudiée séparément et en tant que telle, dans les recherches sur la mémoire sémantique.

Dans les situations habituelles de résolution de problème, à l'école ou au travail, par exemple, les connaissances préalables des sujets sont déterminantes dans la résolution, à tel point même qu'un problème peut être quasiment résolu à l'issue d'une activité de compréhension. C'est ainsi que l'on voit maintenant apparaître des modèles intégrant les activités de compréhension et d'élaboration de procédures (Norman et Rumelhart, 1975; Anderson, 1976). Dans ces modèles, on explicite les relations entre une mémoire déclarative et une mémoire procédurale.

Pour expliciter précisément les structures assimilatrices impliquées dans la compréhension des problèmes, ces modèles ont fait de larges emprunts à des constructions issues de l'intelligence artificielle. Cette discipline s'intéresse en effet directement à cette question de la compréhension, sous le thème de la «représentation des connaissances», notamment dans les systèmes experts (Laurière, 1982). On peut regrouper ces formalisations sous le terme générique de «schéma», bien qu'elles utilisent des terminologies variées: «cadre» (ou «frame», chez Minsky, 1975), «scénario», «plan» et MOP («script», «plan», «Memory Organization Packet», chez Schank et Abelson, 1977; Schank, 1980), «bêta-structure» (chez Moore et Newell, 1974).

Nous discuterons ici des intérêts et des limites de ces constructions théoriques, pour la formalisation des concepts psychologiques de schème et de schéma, selon trois de ses principaux aspects: les mécanismes d'assimilation et d'accommodation dans lesquels il est impliqué, les relations entre les différents schèmes et l'articulation entre les aspects déclaratifs et procéduraux de la connaissance.

## 2. Assimilation et accommodation

La première tentative de formalisation des aspects déclaratifs du schème est sans doute due à Minsky (1975), dans le domaine de la reconnaissance de formes, par le cadre (frame). Dans ce domaine, une démarche purement ascendante (dirigée exclusivement par les données), pour l'analyse d'une configuration géométrique, s'avère peu efficace. Or un système artificiel a pour objectif principal l'obtention d'une telle efficacité. L'auteur propose donc de faire intervenir des connaissances sur les invariants de structures courantes, telles que les parallélépipèdes, les prismes, etc... Ces invariants, appelés cadres, une fois évoqués, constituent alors des systèmes d'attentes ou des hypothèses, pour reconnaître le stimulus présenté. L'application d'un cadre est une assimilation qui consiste à particulariser la description schématique donnée par le cadre au stimulus particulier. Au cours de cette particularisation, la cohérence entre le cadre (l'hypothèse) et les observations peut être évaluée. En cas d'incohérence, un mécanisme d'accommodation est prévu: il consiste à orienter l'analyse vers un autre cadre, selon le type d'écart constaté, en transmettant à cet autre cadre l'information déjà obtenue.

C'est bien ainsi que la plupart des auteurs formalisent les schémas, comme des systèmes relationnels entre variables, à particulariser au moment de leur application. Ils apparaissent alors comme des structures assimilatrices, évoquées face à un contexte, qui permettent à la fois d'orienter la prise d'information vers les aspects supposés pertinents de la situation et de compléter l'observation lorsqu'elle est lacunaire (Bobrow et Norman, 1975; Escarabajal, dans cet ouvrage). C'est ainsi que, dans l'étude de la conception et de la compréhension des programmes informatiques, on est amené à formaliser les connaissances par des plans de programmes (Hoc, 1979 b), des cadres (Soloway, Ehrlich, Bonar et Greenspan, 1982) ou des schémas (Brooks, 1983), dont un exemple est donné sur la figure 1.

Mais de telles structures assimilatrices ne peuvent pas être appliquées sous cette forme à des objets très nouveaux. A cette assimilation par particularisation d'une structure schématique, Moore et Newell (1974) avaient proposé une forme d'assimilation plus floue, par analogie, à l'aide d'une structure un peu différente: la «bêta-structure». Selon cette conception, un objet X est assimilé à un objet Y, dans la mesure où il existe une analogie entre certaines propriétés de X et certaines propriétés de Y. Néanmoins, comme on le voit sur la figure 2, une telle mise en correspondance analogique fait intervenir des objets super-ordonnés.

Actuellement, ces constructions formelles ne prennent en charge que des aspects limités du double mécanisme d'assimilation et d'accommodation. Il conviendrait notamment de mieux expliciter le rôle des

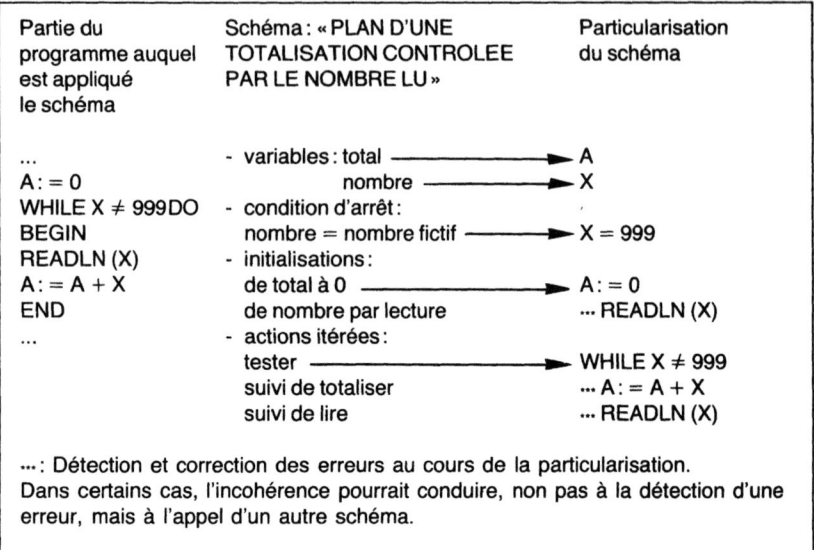

Fig. 1. Exemple d'application d'un schéma pour la détection d'erreurs dans un programme informatique.

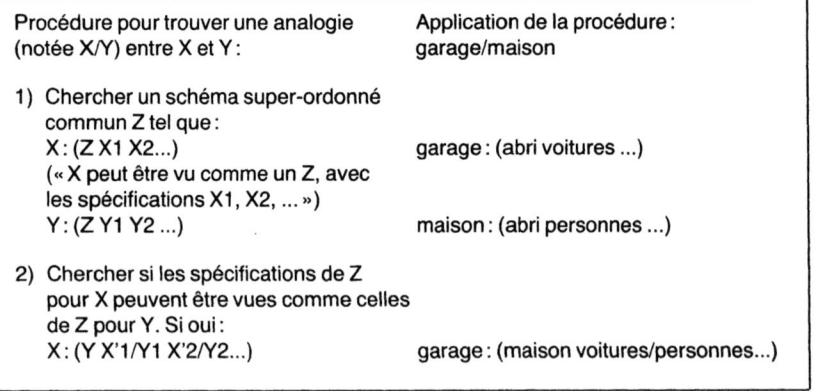

Fig. 2. Exemple de recherche d'une analogie entre un garage et une maison, selon le principe des bêta-structures de Moore et Newell (1974).

indices, pris sur la situation, dans l'évocation des premiers schémas et les mécanismes d'élaboration des schémas.

## 3. Relations entre schémas

L'intérêt essentiel de ces formalisations, pour les situations de résolution de problème, est de réintégrer explicitement la compréhension de la situation dans l'activité. Mais, pour ce faire, les unités de base que constituent les schémas sont insuffisantes : il faut rendre compte de leurs relations, pour décrire leurs mises en œuvre. C'est ainsi, par exemple, qu'en étudiant la programmation informatique, nous avons été amené à introduire le concept de «système de représentation et de traitement» (Hoc, 1977, 1979 a), pour exprimer :

- la connexité des connaissances associées à un domaine de problème, chez le sujet, comme la notion de «champ conceptuel» chez Vergnaud (1982a);
- la construction d'une structure assimilatrice, dépendante du domaine, pour l'apprentissage et la résolution des problèmes de ce domaine, à la manière des «structures significatives pour l'apprentissage» (meaningful learning sets) de Ausubel (1968);
- et la liaison indissociable entre les représentations et les traitements.

Les schémas doivent être replacés dans de telles structures d'ensemble, pour étudier leurs relations. Les formalisations explicitent deux grandes catégories de relations : des relations de dépendance hiérarchique entre des schémas généraux (mais non moins associés au domaine considéré) et des schémas spécifiques, et des relations dites «hétérarchiques», concernant éventuellement des schémas de même niveau.

La hiérarchisation des schémas est bien illustrée par l'évolution de la «théorie de la dépendance conceptuelle» de Schank et Abelson (1977) et Schank (1980). Dans le domaine de la compréhension du langage, ces auteurs ont proposé une formalisation du schème par un scénario (script), c'est-à-dire une séquence stéréotypée d'événements, dans un contexte particulier. Ces structures permettent de rendre compte des inférences réalisées par le sujet, dans la compréhension de récits portant sur des situations familières. Mais, avec ces descriptions trop spécifiques, on ne peut expliquer des phénomènes tels que la confusion entre situations ou l'assimilation de situations vraiment nouvelles. C'est ainsi que Schank (1980) a proposé une organisation hiérarchique des schèmes, dont les scénarios ne constituent que des unités terminales, éventuellement, non mémorisées en tant que telles, mais reconstruites au moment de la mise en œuvre. Les unités mnémoniques effectives sont qualifiées de modules d'organisation de la mémoire (MOP, pour Memory Organization Packet), qui fournissent des attentes à des niveaux quelconques de généralité. Ils sont construits par un processus de généralisation et d'abstraction, à partir des scénarios. Alors, les informations réellement mémorisées sur un scénario spécifique seront réduites à celles qui n'apparaissent pas dans les MOP super-ordonnés.

Mais, en se généralisant à partir de nombreuses successions d'événements, les MOP se modularisent: les événements communs à diverses situations tendent à acquérir une certaine autonomie et à constituer des MOP distincts, qui pourront se composer différemment dans diverses situations. Néanmoins, les différents MOP évoqués dans une situation peuvent présenter des recouvrements et être ainsi traités en parallèle, comme on le voit sur la figure 3. Les relations peuvent alors être hétérarchiques. Dans la résolution de problème, il est courant de remarquer la mise en œuvre parallèle de plusieurs schémas (par exemple, le traitement parallèle de plusieurs plans aux échecs: de Groot, 1965). Les relations analogiques entre schèmes, telles que les formalisent Moore et Newell (1974) sont de types hétérarchiques et jouent un grand rôle dans la résolution de problème (Hoc, 1981; Cauzinille-Marmèche, Mathieu et Weil-Barais, 1985).

## 4. Connaissances déclaratives et connaissances procédurales

Pour l'intelligence artificielle, le problème de choix entre ce qu'il est convenu d'appeler les deux formes de représentation des connaissances — déclarative ou statique, procédurale ou dynamique — est essentiellement un problème technique (Winograd, 1975). La conception déclarative de la connaissance conduit à la représenter sous la forme d'un ensemble de faits spécifiques, décrivant des domaines de connaissance particuliers, en y associant des procédures générales, pour manipuler des faits de toute sorte. A l'inverse, une conception purement procédurale n'envisage que des procédures (procédures spécifiques ou «méta-procédures» que constituent les stratégies), dans lesquelles les connaissances déclaratives sont implicites. Formellement, ces deux conceptions sont équivalentes, en ce sens que l'on peut passer de l'une à l'autre. Néanmoins, il subsiste un problème de choix technique, pour la facilité de mise en œuvre. La conception déclarative résout plus simplement les problèmes de stockage et d'accessibilité des connaissances: par exemple, il est plus économique de stocker un fait,

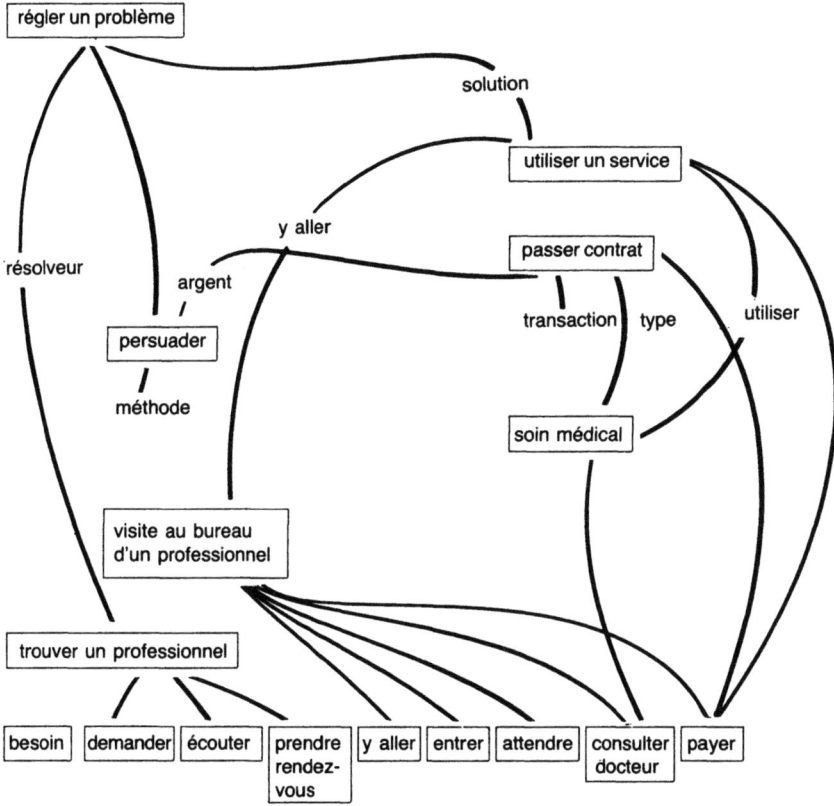

Fig. 3. Relations entre MOPs, mises en œuvre dans la reconstruction du scénario «visite chez un docteur». (Les MOPs sont encadrés; la ligne du bas constitue le scénario; d'après Schank, 1980).

sans avoir besoin d'exprimer ce qu'on va en faire. A l'inverse, la conception procédurale est plus intéressante pour régler les problèmes de mise en œuvre des connaissances.

Le recours aux systèmes de productions (cf. la présentation qu'en donne Nguyen-Xuan, 1982) permet, dans une certaine mesure, de trouver un moyen terme, en explicitant la relation entre connaissances déclaratives (conditions situées en partie gauche des règles) et connaissances procédurales (actions situées en partie droite). Mais de tels systèmes restent essentiellement des procédures, qui ne font pas explicitement apparaître l'organisation des connaissances déclaratives.

Pour le psychologue, cette distinction entre les deux formes de connaissances, c'est-à-dire entre les savoirs et les savoir-faire, est une question plus fondamentale que la formalisation doit expliciter. C'est ainsi que, dans le modèle très général ACT de Anderson (1976, 1983), la connaissance procédurale est formalisée par des systèmes de productions, parallèlement à la connaissance déclarative qui est formalisée par un réseau propositionnel. La plupart des formalisations des schémas, que nous avons citées, traitent des relations entre connaissances déclaratives et connaissances procédurales. Le schéma assimilateur, servant à la compréhension, comporte des «attachements procéduraux» qui permettent de traiter les données ayant particularisé le schéma. Mais, dans l'esprit de certains auteurs (par exemple, Norman et Rumelhart, 1975), les deux types de connaissance peuvent être formalisés par des schémas, présentant la même structure.

Pourtant, on sait que le passage d'un type de connaissance à l'autre n'est pas immédiat chez le sujet. Les récents travaux développés autour de Anderson (1981) sur l'acquisition des habiletés cognitives s'efforcent de modéliser la construction de connaissances procédurales, à partir de connaissances déclaratives transmises dans l'enseignement, sous le thème de la «proceduralisation» des connaissances. A l'inverse, on sait que le passage d'une procédure à la représentation des connaissances déclaratives qui y sont implicites fait appel à des mécanismes de prise de conscience (Piaget, 1974; Hoc, 1983, Mendelsohn, dans cet ouvrage). Sans pour autant parvenir à une formalisation de tels mécanismes de prise de conscience, Vanlehn et Brown (1980) proposent de formaliser les procédures différemment, selon qu'il s'agit de les exécuter ou de les traiter (auquel cas le traitement porte sur une représentation déclarative de la procédure). Le traitement auquel ces auteurs s'intéressent consiste à transformer une procédure en une autre, en utilisant un mécanisme d'analogie (par exemple, entre l'addition avec des blocs de Dienes et l'addition arithmétique). Pour ce type de traitement, ils proposent de formaliser la «sémantique téléologique» d'une procédure, en représentant les étapes successives de sa conception (Fig. 4). Chaque étape est un plan, au sens de Sacerdoti (1977), c'est-à-dire une représentation schématique de la structure de la procédure, correspondant à une décomposition de la structure de buts de l'étape précédente, conformément à l'introduction de contraintes de la situation ou à des heuristiques générales. La représentation de la procédure est formalisée par l'organisation de ces étapes: elle constitue ce que les auteurs appellent un réseau de planification (planning net).

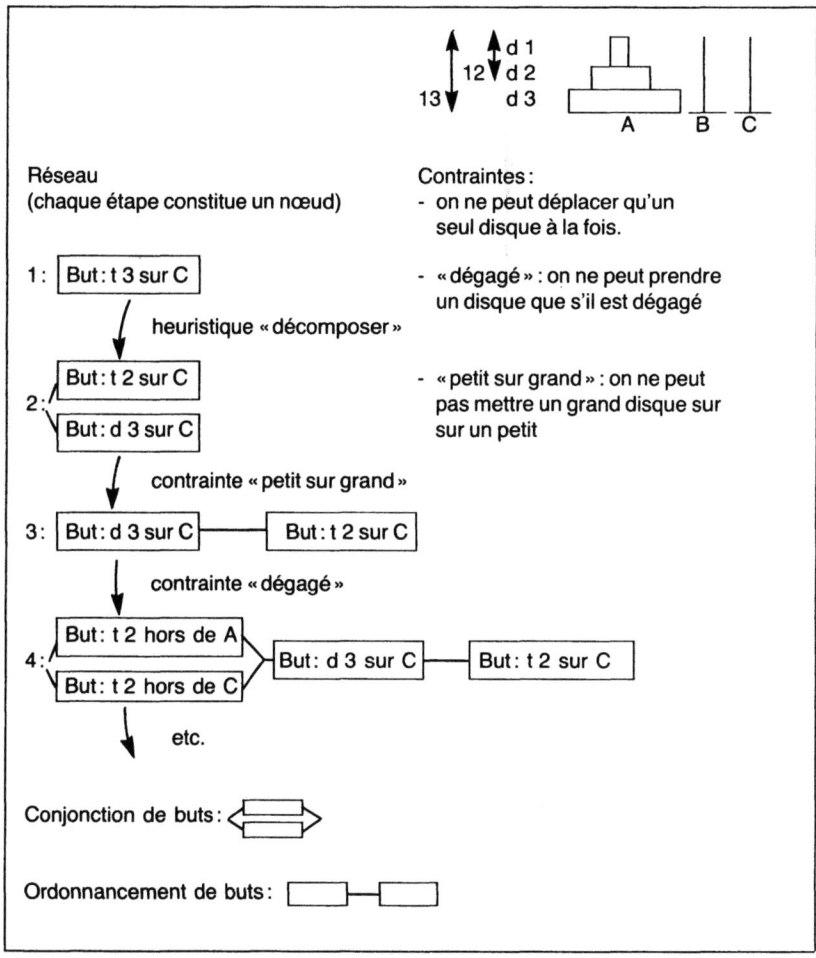

Fig. 4. Réseau de planification pour le problème de la tour de Hanoï, selon la conception de Vanlehn et Brown (1980).

## 5. Conclusion

En présentant les caractéristiques principales des opérationnalisations du concept psychologique de schéma (ou de schème), dans les modèles informatiques, nous avons voulu mettre l'accent sur deux points essentiels. En premier lieu, la fécondité des apports de l'intelligence artificielle ne se traduit pas nécessairement par l'introduction de concepts nouveaux. En second lieu, l'expression d'un problème psychologique dans les termes de l'intelligence artificielle n'assure pas que l'on aboutisse nécessairement à une formalisation psychologique.

Le concept de schéma n'est pas nouveau : il est déjà utilisé en psychologie. Mais l'intelligence artificielle en propose des définitions précises et opérationnelles, qui permettent d'éviter le flou conceptuel. Ces précisions amènent à mieux poser des questions plus spécifiques, par exemple : les conditions de déclenchement des schémas, les mécanismes de leur élaboration, de leur accommodation, etc...

Néanmoins, toute formalisation n'est pas bonne à prendre. L'intelligence artificielle cherche à construire les systèmes les plus efficaces possibles. La psychologie cognitive vise à définir des modèles valides, en référence à de vastes classes de situations. Ainsi, par exemple, le choix entre une formalisation déclarative de la connaissance et une formalisation procédurale n'a pas le même statut dans les deux disciplines, comme nous l'avons vu.

# Chapitre 3
# Utilisation de la notion de schéma dans un modèle de résolution de problèmes additifs

Marie-Claude ESCARABAJAL

## 1. Introduction

Dans l'étude de la compréhension et de la résolution de problèmes, l'utilisation de la notion de schéma révèle son efficacité. Nous voudrions ici en montrer l'importance, sinon la nécessité. Les exemples seront tirés d'un modèle informatisé de résolution de problèmes additifs que nous avons élaboré en collaboration avec A. Nguyen, J.F. Richard, S. Poitrenaud et D. Kayser (1984).

On nomme problème additif tout problème dont la solution n'implique que des additions et des soustractions (Vergnaud, 1982b). Une des particularités de ces problèmes réside dans le fait que tous les sujets possèdent des procédures adaptées à leur résolution. Les plus âgés maîtrisent celles de calculs arithmétiques, tandis que les plus jeunes disposent d'une grande variété de procédures de comptage (Carpenter et Moser, 1982). Les erreurs systématiques observées ne sont donc pas seulement explicables par une méconnaissance des procédures. On peut émettre l'hypothèse qu'elles proviennent d'une interprétation défectueuse, c'est-à-dire d'une incompréhension partielle ou totale de l'énoncé.

Dès lors, comment pouvons-nous définir les mécanismes de compréhension intervenant dans la résolution de ces problèmes?

La notion de schéma s'utilise de différentes façons en I.A. comme en psycholinguistique. Elle sert à représenter les connaissances d'un

système dans le premier cas, à étudier la compréhension de texte dans le second. Nous posons qu'il est possible d'analyser la compréhension d'un énoncé de problème sous ce même angle. Nous distinguerons pour cela deux étapes dans l'interprétation :
- construction des éléments de base ;
- mise en relation de ces éléments par intégration dans un schéma relationnel.

Dans la compréhension de texte, l'élément de base est la proposition. Dans notre cas l'interprétation de la proposition aboutit à la construction d'ensembles. Ceux-ci sont des «objets» spécifiés par un certain nombre de paramètres : possesseur, nature de la possession, quantité, éventuellement marque temporelle. A cette étape de l'interprétation intervient seulement la connaissance du langage naturel possédée par le sujet. Il s'agit pour l'instant de comprendre le sens des termes : avoir, donner, recevoir, les référents des pronoms, les marques de succession temporelle (temps des verbes, précision du type avant, après, maintenant).

Nous donnons pour les trois problèmes ci-dessous un exemple des ensembles construits à la première étape de l'interprétation.

• Exemple n° 1 - problème de composition de mesures :
«Dans la cour de récréation, il y a 14 enfants, 8 sont des filles. Combien y a-t-il de garçons ?»
- ens. 1 (cour, enfants, 14)
- ens. 2 (cour, filles, 8)
- ens. 3 (cour, garçons, ?)

• Exemple n° 2 - problème de transformation $\square \rightarrow$ ? :
«Pierre a 6 billes. Il joue une partie et gagne 4 billes. Combien de billes a-t-il après la partie ?»
- ens. 1 (Pierre, billes, 6)
- ens. 2 (Pierre, billes, 4, transfert entrée)
- ens. 3 (Pierre, billes, ?, après)

• Exemple n° 3 - problème de transformation $\square \rightarrow \square$ :
«Claude a 5 billes. Après la partie, il a 9 billes. Que s'est-il passé au cours de la partie ?»
- ens. 1 (Claude, billes, 5)
- ens. 2 (Claude, billes, 9, après)

Mettre en relation ces éléments de base en se référant à un schéma constitue la seconde étape de l'interprétation. Un schéma n'est autre qu'un ensemble de variables («slots») reliées entre elles par des opérations ou des relations. Un schéma constitue donc un réseau relationnel qui, dans notre contexte, décrit une connaissance logico-mathématique de l'enfant à un moment donné.

Pour résoudre un problème il faudra sélectionner un des schémas disponibles. Puis il faudra le particulariser, c'est-à-dire évaluer ses variables avec les éléments de base tirés de l'énoncé. Le problème se trouve alors compris par cette transcription dans le schéma particularisé. Dès lors, il reste à appliquer les procédures de résolution dérivées des connaissances relationnelles exprimées dans le schéma.

La notion de schéma permet, dans cette perspective, non seulement de représenter les connaissances, mais encore de définir le processus de compréhension en termes de particularisation d'un schéma connu.

## 2. Représentation des connaissances: exemples de schémas

Reprenons les problèmes de transformation présentés ci-dessus (ex. 2 et 3). Vergnaud et Durand (1976) observant un décalage d'une année dans la réussite à ces deux problèmes, concluent à un effet de la place de l'inconnue. Gilis (1982) reprend la situation en homogénéisant l'expression verbale des énoncés. Il obtient le même décalage. Les proportions de réussite sont les suivantes:

|  | CE 1 | CE 2 |
|---|---|---|
| □ → ? : | .91 | .98 |
| □ → □ : | .15 | .72 |

Ces résultats conduisent à considérer deux niveaux de compréhension de l'objet mathématique de Transformation. A chacun de ces niveaux la connaissance relative aux états et à leur changement passe par la définition d'une relation d'ordre entre trois ensembles identifiables par des marques temporelles. Ces trois ensembles sont:

a) ensemble initial nommé «INIT», correspondant à l'inférence de ce qui est possédé AVANT;

b) ensemble transfert nommé «TRANSF», correspondant à l'inférence:
- dans le cas d'un transfert négatif (avoir moins), de ce qui est possédé AVANT et ne l'est PAS APRÈS,
- dans le cas d'un transfert positif (avoir plus), de ce qui est possédé APRÈS et ne l'était PAS AVANT;

c) ensemble final nommé «FIN», correspondant à l'inférence de ce qui est possédé APRÈS.

Nous avons formalisé cette connaissance par un schéma, celui de CHANGEMENT D'ÉTAT. Il se compose de trois variables correspondant respectivement aux trois ensembles a, b et c. Ces variables sont liées entre elles par une relation d'ordre temporel imposant la succession : a précède b, b précède c. De plus, chaque variable peut être liée aux deux autres par une opération ou une relation spécifique permettant de la définir.

Ainsi à un premier niveau de compréhension N1, seule la variable FIN sera définie par rapport aux deux autres. Selon le type du transfert elle sera définie par l'opération «ajouter b à a» ou «ôter b de a» (cf. Fig. 1).

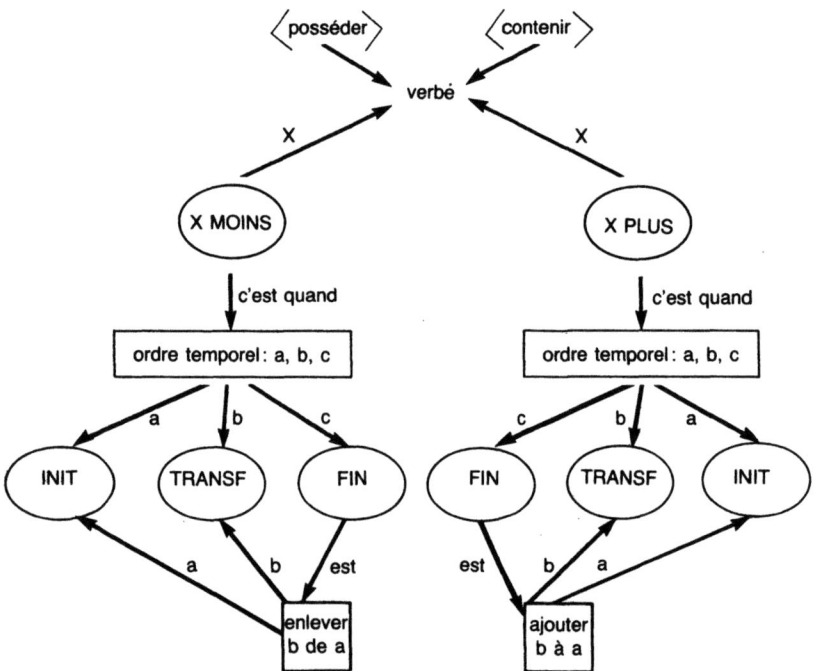

Fig. 1. Schéma CHANGEMENT D'ETAT, niveau de compréhension N 1.
(- Changement d'état c'est quand il y a un verbe X, du type avoir, posséder, contenir.
- X PLUS c'est quand on a l'ordre temporel sur les variables a, b et c. Avec :
    a est l'ensemble INITial
    b est l'ensemble TRANSFert
    c est l'ensemble FINal
- FIN est défini par l'opération «ajouter b à a»).

Le niveau N2 se différencie du précédent par l'adjonction d'une relation « a excepté b » (cf. Fig. 2). Cette relation définit, par rapport aux deux autres, l'ensemble désignant le transfert. Cette relation nouvelle augmente la capacité de signification du schéma. En effet, les deux ensembles TRANSF et FIN se trouvent dès lors définis par le schéma. Nous illustrerons ci-dessous (§ 2.2) les possibilités nouvelles

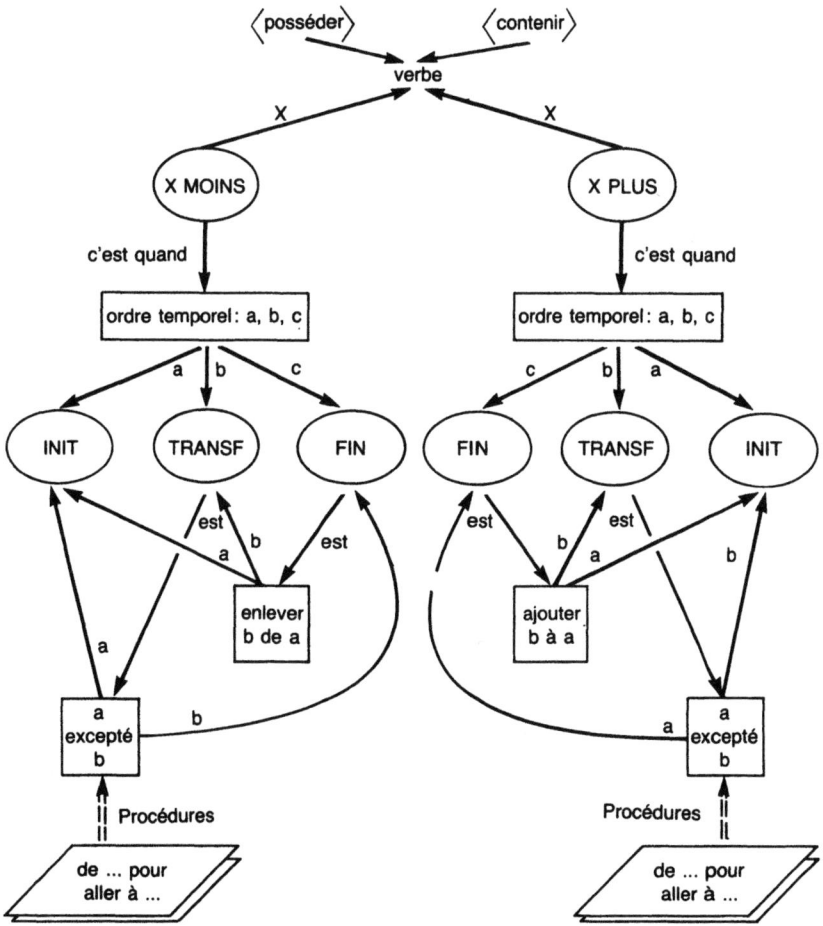

Fig. 2. Schéma CHANGEMENT D'ETAT, niveau de compréhension N 2. (en adjonction au même schéma niveau N 1: l'ensemble TRANSfert est défini par la relation « a excepté b »; cette dernière permet de rattacher au schéma la procédure « de ... pour aller à ... »).

ouvertes par la définition de ce second ensemble. Ainsi au niveau N2, seul l'ensemble INIT reste non défini par le schéma. Cette nouvelle définition caractérisera le niveau de compréhension N3.

## 3. La compréhension comme particularisation d'un schéma

Nous avons vu que la première étape de l'interprétation fournit des éléments de base, ou ensembles. Nous avons défini un schéma comme un réseau de variables aptes à recevoir ces éléments comme valeur. La mise en relation qui est alors effectuée caractérise la seconde étape de l'interprétation.

Plusieurs questions se posent: Sur quels indices de l'énoncé s'effectue la sélection d'un schéma parmi l'ensemble de ceux disponibles? Comment ce schéma est-il particularisé? Quelle réponse est fournie dans le cas où le schéma ne définit pas de calcul?

En fait il s'agit de rendre opérationnelle la notion de schéma en définissant, pour chaque schéma:
- un contexte d'application (règle de sélection);
- un «mode d'emploi» (règle de particularisation);
- la ou les procédures qui lui sont attachées (règle de réponse).

### 3.1. Les règles de sélection de schémas

Elles permettent de sélectionner un seul schéma parmi l'ensemble des schémas disponibles. Elles expriment des conditions sur les paramètres des ensembles construits à la première étape de l'interprétation.

Par exemple la règle de sélection du schéma CHANGEMENT D'ÉTAT énonce la conjonction de conditions suivantes:
- les ensembles construits doivent avoir le même possesseur;
- les ensembles construits doivent être constitués des mêmes objets;
- un des ensembles construits au moins doit avoir une marque de transfert spécifiée.

Ce schéma sera directement sélectionné pour le problème 2 car les trois ensembles construits remplissent les conditions énoncées par la règle. Il ne pourra pas l'être pour le problème 1: la deuxième condition portant sur la nature des objets n'est pas satisfaite. Il ne sera sélectionné pour le problème 3 qu'après passage par un schéma de COMPARAISON permettant d'inférer que «si on a PLUS APRÈS alors on a GAGNÉ», et donc de construire un ensemble avec marque de transfert.

On constate ainsi que les règles de sélection prennent en compte certaines connaissances pragmatiques ou sémantiques activées au cours de la première étape de l'interprétation. Il s'agira d'inférences telles que «gagner = avoir plus», ou de réseaux sémantiques tels que celui qui lie les termes «filles, garçons, enfants» dans une relation d'appartenance. Cette dernière connaissance sera nécessaire, dans le cas du problème 1, pour sélectionner le schéma TOUT/PARTIES qui définit des relations d'inclusion entre classes (cf. Fig. 3).

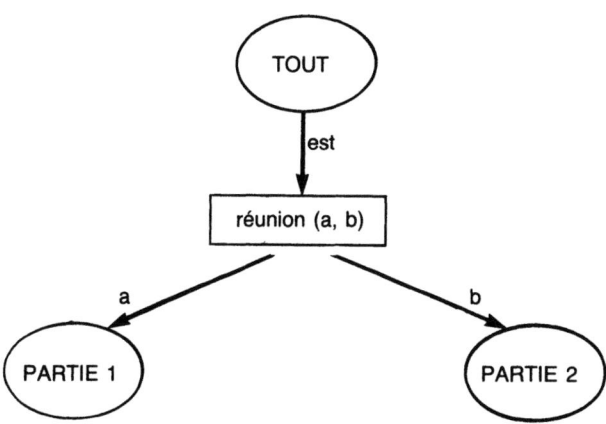

Fig. 3. Schéma TOUT/PARTIES, niveau de compréhension N 1 et N 2.

### 3.2. Les règles de particularisation

Particulariser un schéma signifie attribuer une valeur à chacune de ses variables. D'après l'option prise, qui est généralisable à différents types de schémas, les règles de particularisation répondent aux caractéristiques suivantes:

a) L'ensemble inconnu (objet de la question) ne peut être attribué qu'à une variable définie par le schéma (cf. ci-dessus la distinction entre variables définies et non définies). Si une seule variable est définie — cas du CHANGEMENT D'ÉTAT N1 — elle recevra toujours l'ensemble inconnu, quel que soit celui-ci. Si plusieurs variables sont définies par le schéma — cas du CHANGEMENT D'ÉTAT N2 — l'ensemble inconnu est attribué après traitement des marques temporelles et de transfert.

b) Les ensembles quantifiés peuvent être attribués aux deux types de variables. Mais, la réciproque n'est pas vraie. En effet, une variable définie peut recevoir soit un ensemble inconnu, soit un ensemble quantifié, tandis que toute variable non définie doit recevoir un ensemble quantifié.

c) L'ensemble inconnu est attribué en premier; les ensembles quantifiés en second. Leur attribution s'effectue après traitement des marques temporelles et de transfert, ceci indépendamment de ce que peut contenir l'ensemble inconnu.

d) Le traitement des marques temporelles et de transfert répond à la règle de priorité suivante: la marque «avant» est antérieure à l'absence de marque, qui est antérieure à la marque «transfert», qui est antérieure à la marque «après».

Ainsi, pour le problème 2, au niveau N1, le schéma CHANGEMENT D'ÉTAT (sous schéma X PLUS) ayant été sélectionné, les ensembles seront attribués :
- ens. 3, qui est l'ensemble inconnu, automatiquement à la variable FIN,
- ens. 1, pas de marque temporelle, à la variable INIT,
- ens. 2, marque transfert, à la variable TRANSF.

Au niveau N2, le résultat de la particularisation sera identique, mais il y aura traitement préalable de la marque «après» spécifiée dans l'ens. 3 afin de trancher entre les variables TRANSF et FIN.

Pour le problème 3, en revanche, la particularisation ne conduira pas au même résultat selon le niveau de compréhension.

Admettons que le passage par le schéma de COMPARAISON ait permis de conclure à un «transfert entrée» et de construire un ensemble inconnu (qui correspondrait à la question «Combien en a-t-il gagné?»).

Au niveau N1, cet ensemble sera automatiquement attribué à la variable FIN. L'ens. 1 ne possédant pas de marque temporelle sera attribué à la variable INIT; et l'ens. 2, marque «après» à la variable suivante, c'est-à-dire TRANSF.

Au niveau N2, l'ensemble inconnu, marque «transfert» sera attribué à la variable TRANSF; l'ens. 1 à la variable INIT et l'ens. 2 à la variable FIN.

Ainsi la définition de la variable TRANSF, qui caractérise le niveau de compréhension N2 par rapport au niveau N1, permet, avec les mêmes règles de particularisation, une mise en relation différente des mêmes éléments du problème.

On notera qu'à ces deux niveaux de compréhension la recherche des relations d'ordre se fait toujours sur des comparaisons binaires.

### 3.3. Les règles de réponse

Si le schéma une fois particularisé définit un calcul, celui-ci est effectué.

Tel sera toujours le cas au niveau N1. Pour le problème 2, il y a dans le schéma particularisé une opération «ajouter b à a» qui définit la variable FIN. Elle est effectuée, et l'on obtient la réponse correcte «il en a 10». Il en va de même pour le problème 3, mais dans ce cas on obtiendra une réponse erronée, fréquemment observée, «il gagne 14».

En conséquence, au niveau N1, les deux problèmes sont résolus de la même façon: la réponse porte, dans les deux cas, sur le même ensemble. Le problème 3 est réduit au problème 2, qui est un problème «connu», c'est-à-dire pour lequel il y a un schéma adéquat.

Au niveau N2, le problème 2 est correctement résolu, comme en N1, par l'exécution de l'opération «ajouter b à a». En revanche, s'il y a bien dans le schéma particularisé pour le problème 3 une relation qui définit l'ensemble TRANSF recherché, il n'y a pas explicitement d'opération à effectuer. On suppose ici qu'il y aura recours aux procédures de comptage attachées au schéma telles que «enlever 5 de 9» ou de préférence «pour aller de 5 à 9». Cette dernière procédure correspond à une construction très pragmatique de la notion de complément: l'enfant cherche «combien il faut ajouter à 5 pour faire 9» (cf. Carpenter et Moser: counting up et counting down). Cette procédure lui permet de fournir la réponse correcte: «il gagne 4».

### 4. Les formes de l'apprentissage

Nous avons montré comment l'utilisation de la notion de schéma permet de définir un mécanisme susceptible d'expliquer la façon dont un élève interprète un problème dans le cadre des connaissances qu'il possède. Que cette interprétation soit correcte ou non.

L'étape suivante est d'expliquer, par la filiation des schémas, les apprentissages que fait l'élève au cours de l'école élémentaire.

Deux modes de construction des schémas peuvent être envisagés :
- l'adjonction d'une relation nouvelle à un schéma existant ;
- l'appariement de deux schémas par l'intermédiaire d'une relation qui leur est commune.

Le premier mode a été illustré par les deux niveaux N1 et N2 du schéma CHANGEMENT D'ÉTAT. Un autre exemple peut être donné avec le schéma TOUT/PARTIES, qui s'enrichit au niveau N3 de la relation « a excepté b ». Celle-ci définit une partie par rapport au tout et à l'autre partie (cf. Fig. 4).

Ainsi, au niveau N3, coexistent deux schémas, CHANGEMENT D'ÉTAT et TOUT/PARTIES. Ils ont en commun la relation « a excepté b ». On peut alors envisager la combinaison de ces deux schémas et l'appariement de leurs variables respectives, comme cela est illustré dans la figure 5 pour le sous-schéma X PLUS. Ce mécanisme permet entre autres de définir l'ensemble INIT qui n'était pas jusque-là défini, comme le complément de l'ensemble TRANSFert dans l'ensemble FIN.

Cette hypothèse d'appariement est justifiée par le fait que la réussite aux problèmes de combinaison de classes (cf. problème 1) et aux

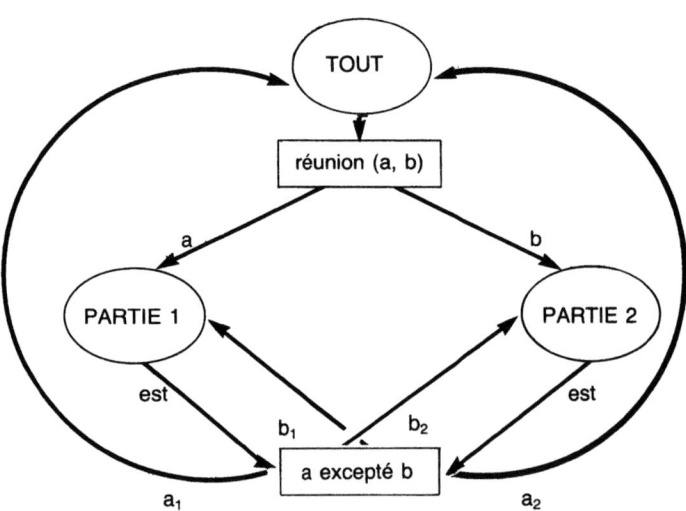

Fig. 4. Schéma TOUT/PARTIES, niveau de compréhension N3 (en adjonction au même schéma niveaux précédents, la relation « a excepté b » permet de définir chaque partie par rapport au tout et à l'autre partie).

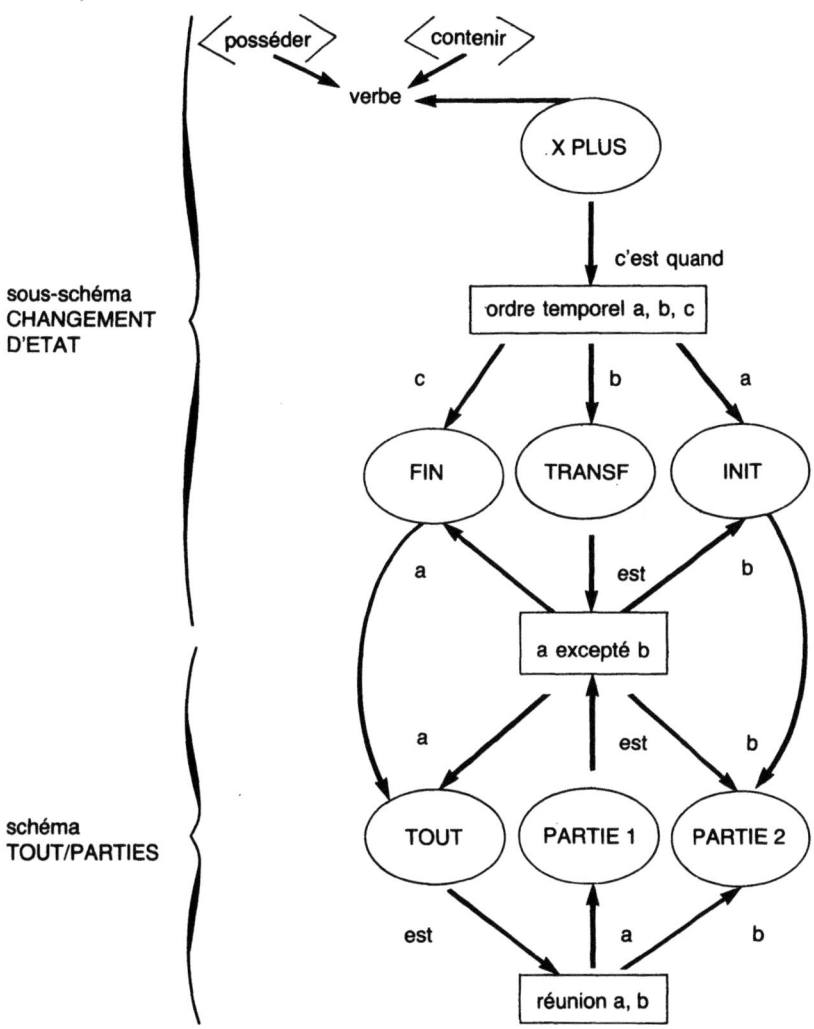

Fig. 5. Appariement, des schémas CHANGEMENT D'ETAT et TOUT/PARTIES par l'intermédiaire de la relation commune «a excepté b» (opération identique pour le sous-schéma X MOINS).

problèmes de transformation avec question sur l'état initial intervient au même moment dans le développement (environ CM1, cf. Gilis, 1982; Riley, Greeno et Heller, 1983).

Enfin l'hypothèse de l'appariement de deux schémas différents traduit le caractère conceptuel de la nouvelle acquisition de relation de complément. Notre idée est que la relation de complément «a excepté b» du niveau N2 est qualitative, tandis que celle du niveau N3 est opératoire. Au niveau N2 cette relation est issue de la définition qualitative d'un transfert: par exemple «ce qu'on gagne c'est ce qu'on *a après* et qu'*on n'avait pas avant*», c'est-à-dire «après excepté avant». Cette relation étant connectée à une procédure de comptage favorise une construction procédurale de la notion de complément. Celle-ci ne s'applique encore qu'au cas spécifique de la recherche d'un transfert. On conçoit d'ailleurs qu'elle ne puisse s'appliquer à la recherche d'un état initial. En effet cette relation est liée à la mise en œuvre d'une procédure, c'est-à-dire d'une séquence d'actions, or toute action demande pour être exécutée un point de départ connu. Au niveau 3, en revanche, la notion de complément paraît se détacher du plan de l'action: elle se généralise à différents types d'ensembles. Cette généralisation est traduite dans notre modèle par l'appariement de deux schémas relevant de structures additives différentes.

## 5. Conclusion

Nous avons voulu montrer en quoi l'utilisation de schémas permet de formaliser à la fois des connaissances et leur mode d'utilisation dans une activité de compréhension et de résolution de problème. En ce sens le schéma n'est qu'un outil de formalisation. Il est particulièrement adapté, étant donné ses contraintes de définition, pour représenter des connaissances bien structurées, telles que les connaissances mathématiques, c'est-à-dire des savoirs relationnels non dépendants du contenu. De ce point de vue le schéma, quoiqu'il appartienne à la même famille, diffère de formalismes tels que les «frames», «scripts», et autres «réseaux sémantiques». De plus, le fait de faire entrer dans la définition d'un schéma des procédures qui lui sont accrochées est une réponse apportée au problème posé par le déclenchement des procédures.

Enfin, un autre avantage du schéma en regard d'un formalisme totalement différent, celui des règles de production, est qu'il explicite les connaissances et leur mode d'activation. Celles-ci ne sont pas décrites comme des unités indépendantes, mais déjà comme des mises en relation de connaissances plus élémentaires.

En résumé, le schéma, de par toutes les questions qu'il soulève, nous paraît être un bon outil théorique, dans la perspective qui est la nôtre de construction d'un modèle de compréhension et de résolution de problèmes. Le fonctionnement du modèle dont nous avons ici présenté une description rapide et néanmoins complexe, de par sa technicité, ne doit pas faire perdre de vue les aspects psychologiques dont il veut rendre compte. La critique la plus importante qu'on peut apporter au formalisme des schémas est son caractère statique, c'est-à-dire descriptif d'états de connaissances. On peut supposer que les processus psychologiques de compréhension sont plus dynamiques que le seul mode de particularisation ici présenté.

C'est pourquoi une perspective de recherche telle que celle ébauchée par la collaboration de Kinstch et Greeno (1985), nous paraît pertinente pour l'avenir. Il s'agit de relier deux champs de recherche : celui de la compréhension de texte et celui de la résolution de problème. L'objectif est de lier d'une part les processus d'entrée et de traitement de l'information et d'autre part les processus de mise en œuvre de procédures de résolution.

Du point de vue de notre modèle, s'il est clair que les schémas présentés permettent de décrire un état final de la compréhension du problème posé (on peut l'appeler représentation que se fait le sujet du problème), tout le processus d'interprétation qui va du traitement de l'énoncé en langue naturelle à la construction de cet état final reste à formaliser de façon moins rudimentaire. Ceci ouvre un champ de recherche tout à fait intéressant et inexploré dans les études sur la résolution de problèmes.

# Chapitre 4
# La transposition de schèmes familiers dans un langage de programmation chez l'enfant

Patrick MENDELSOHN

## 1. Introduction

La programmation est une activité humaine complexe qui consiste à élaborer la suite des opérations nécessaires et suffisantes pour obtenir un résultat puis à coder ces opérations dans un langage assimilable par un automate qui possède des contraintes spécifiques de fonctionnement. L'activité de programmation est donc une activité d'élaboration et de conception d'algorithmes dont le but est de définir un procédé général pour obtenir une classe d'effets particuliers. C'est aussi une activité de codification qui permet de rendre chaque procédure compatible avec un dispositif dont le sujet n'a, au début, qu'une représentation approximative (Hoc, 1978).

Notre hypothèse générale de travail consiste à considérer l'activité de programmation, au moins en ce qui concerne les systèmes classiques actuellement utilisables avec des enfants, comme une «procéduralisation» des connaissances que le sujet peut extraire d'une situation. Cette dernière peut être un objet à construire, comme dans le cas de la programmation de tracés à l'aide de la tortue LOGO, ou bien une classe de problèmes à résoudre dans le cas de programmes de traitement de données. L'étude du transfert entre deux modalités de connaissances qui n'ont pas les mêmes structures de codage, ni les mêmes règles de fonctionnement est un sujet essentiel, aussi bien pour les spécialistes de l'Intelligence Artificielle, que pour les psychologues qui s'intéressent aux mécanismes d'apprentissage.

En effet, un des problèmes le plus délicat, dans la mise au point d'un système-expert, consiste à alimenter le système en connaissances à partir du savoir-faire, souvent implicite, de l'expert. Il s'agit bien dans cette situation d'un transfert de connaissances du sujet-expert vers le système-expert. Le problème posé est celui de la transposition de connaissances empiriques et pragmatiques, issues de l'activation de schèmes familiers, en connaissances intégrables dans des procédures automatisées de traitement.

Notre projet est de mettre en évidence les processus cognitifs à l'origine de cette capacité à transposer des connaissances encodées dans une modalité particulière, par exemple savoir dessiner un rectangle avec un crayon et une équerre, à une autre modalité, par exemple décrire les propriétés de la figure. Cette capacité, comme toutes les aptitudes cognitives, se construit progressivement chez l'enfant et peut être plus ou moins développée chez un sujet. Une meilleure connaissance des conditions dans lesquelles elle se développe est d'un intérêt certain pour la formation des générations qui seront confrontées à des systèmes de gestion des connaissances automatiques. Cette question concerne aussi, avec des contraintes moins fortes, les problèmes que peut rencontrer un sujet dans la conception et la compréhension d'un mode d'emploi.

## 2. Les relations «enfant - machine programmable»

Pour que l'enfant puisse maîtriser tant soit peu un langage de programmation, il est nécessaire qu'il puisse acquérir une représentation minimum du dispositif. Cela pose de manière plus générale le problème des relations «enfant - machine programmable». Cette situation est une situation d'apprentissage radicalement nouvelle car elle est médiatisée par une machine qui n'a pas comme seule caractéristique d'être programmable, mais qui est aussi et toujours elle-même programmée. Un système informatique, aussi simple soit-il, comprend toujours une part de logiciel intégré au système (ne serait-ce que pour pouvoir interpréter un code de programmation).

L'enfant se trouve donc devant une boîte noire dont il cherche à comprendre et à se représenter le fonctionnement en ne pouvant agir que sur les entrées et les sorties du système. Il se retrouve alors dans la position inconfortable du psychologue qui doit inférer les règles de fonctionnement du sujet à partir d'observations plus ou moins provoquées. L'histoire de la psychologie nous a montré que, dans cette situation, la première tentation est de rechercher des lois générales, applicables à tous les contextes de fonctionnement psychologique. La découverte de la complexité du système conduit l'apprenti-programmeur, comme le psychologue, à une conception modulaire de son objet d'étude. Chaque capacité cognitive permet de résoudre une certaine classe de problèmes de manière indépendante. L'unité du sujet est alors assurée par la coordination des modules qui gère les différentes structures de contrôle. La programmation structurée s'élabore suivant un modèle analogue. L'apprenti-programmeur doit construire simultanément, sous la forme de modules qui peuvent être coordonnés entre eux, une représentation de l'architecture du système (mémoire centrale, écran, clavier, mémoire de masse sur disquette...), de ses modalités de fonctionnement et de la syntaxe du code assimilable par le processeur. Cette situation d'apprentissage, sans précédent dans une relation d'interaction «Enfant-Machine», conduit à faire les remarques suivantes :

- Plus la part programmée de la machine assimile le fonctionnement de l'ordinateur à un fonctionnement, soit proche du raisonnement humain comme dans les systèmes experts, soit proche des schèmes familiers du sujet comme pour la tortue LOGO, soit enfin de la relation didactique «naturelle» avec certains logiciels d'enseignement, plus l'enfant aura tendance à construire des représentations anthropomorphiques de la machine en lui attribuant des connaissances ou des pouvoirs particuliers. D'où une difficulté supplémentaire pour le sujet pour se décentrer entre son propre fonctionnement et celui de l'ordinateur, alors que, paradoxalement, son entrée dans le système est facilitée par sa forme apparemment humaine.

- Inversement, quand la part programmée de la machine est éloignée du fonctionnement anthropomorphique, l'enfant entretient moins de confusion, sur le plan des représentations, entre son propre fonctionnement et celui de la machine. Cette situation peut l'aider à une décentration souhaitable dans certains apprentissages en permettant le passage de représentations méta-cognitives (l'ordinateur pense, réfléchit...) à des représentations plus spatialisées (graphes, organigrammes...). Mais, ces systèmes, plus conventionnels dans leur fonctionnement, sont d'une approche plus difficile pour l'enfant et même quasi impossible en dessous d'un certain âge.

Le lecteur trouvera aisément des parallèles de ces deux attitudes dans l'histoire des modèles psychologiques. L'évolution irréversible et extrêmement rapide que subissent actuellement les systèmes automatisés (du langage machine, comme sur les calculettes programmables, aux systèmes plus proches de notre logique naturelle, comme LOGO) facilite l'accès, pour le sujet, à une logique de l'utilisation du système

(Richard, 1983); en contrepartie, la représentation des règles de fonctionnement du langage est déformée par une tendance à attribuer une intention aux instructions du code, en référence à leurs significations dans la langue (par exemple les difficultés liées à la compréhension de l'instruction STOP dans une procédure récursive en LOGO).

## 3. Les effets de l'activation des schèmes de programmation chez l'enfant

### 3.1. Problématique

Nos recherches antérieures sur les procédures mises en œuvre par des enfants de 9 à 11 ans dans des épreuves de combinatoire d'objets (Mendelsohn, 1981) ont fait ressortir la difficulté que les enfants ont à isoler des règles élémentaires de construction dans un ensemble d'opérations plus complexes, afin de pouvoir ensuite reconstituer une procédure générale qui intègre de façon modulaire plusieurs règles indépendantes. De manière générale, si les opérations formelles se définissent par la possibilité de coordonner plusieurs opérations simples, il n'en reste pas moins que, dans la pratique, la production effective de cette coordination pose des problèmes difficiles à résoudre pour l'enfant.

Notre hypothèse de travail est que ces problèmes relèvent des aptitudes du sujet à transposer les connaissances qu'il peut extraire d'une situation, par exemple en analysant les propriétés d'une figure, en une procédure de construction de cette figure qui intègre les régularités ou la structure observées. Cette transposition suppose que les informations pertinentes, issues de l'analyse, puissent activer les procédures adéquates construites antérieurement par le sujet. Cette problématique se traduit par les questions suivantes :

- Comment l'enfant arrive-t-il à isoler, dans un ensemble de transformations possibles, les éléments qu'il considère comme des « unités élémentaires significatives » vis-à-vis du problème posé ?

- Comment se traduisent, au niveau des règles de production, les différentes possibilités de coordination de ces « unités élémentaires » ?

- Quels sont les « modèles pratiques » que découvre l'enfant dans la situation proposée à partir de ces différentes modalités de coordination ?

Si pour répondre à ces questions, notre choix s'est opéré en faveur du système LOGO, c'est pour des raisons à la fois pratiques, méthodologiques et théoriques.

Il est toujours difficile de mettre en évidence les activités de planification des actions en situation classique de résolution de problème sans faire appel, soit à la verbalisation, méthode utilisée depuis les premiers travaux et récemment encore par Pitt (1983) dans une épreuve de combinatoire, soit à la représentation graphique (Blanchet, 1981), soit encore à leurs inférences à partir des actions effectivement réalisées par l'enfant (Richard, 1982). Les activités de programmation comprennent, dans leur définition, la production de règles à travers le choix des séquences de primitives (en fonction de la signification que leur attribue le sujet) et leur coordination à travers les structures du programme. Elles permettent, de ce fait, un renouvellement de la problématique sur le fonctionnement des opérations logiques et sur leur utilisation dans les situations de résolution de problèmes.

Si l'on admet que la situation de programmation peut être assimilée à une situation de résolution de problème, nous pouvons traduire les questions précédentes de la manière suivante :

- Quelles sont les connaissances que mobilise l'apprenti-programmeur dans une activité de programmation ? Sous quelles formes se manifestent-elles ?

- Peut-on mettre en évidence des « invariants fonctionnels » qui permettent de comprendre les difficultés des enfants dans des activités de programmation, indépendamment de la forme que peuvent prendre les concepts informatiques dans une situation donnée ?

- Comment les activités de programmation transforment-elles les connaissances que l'on a de l'objet à construire ?

Nos observations sur la programmation de figures simples avec LOGO, nous conduisent à penser que la maîtrise des instructions du langage de programmation nécessite la construction, par l'enfant, d'« unités significatives » qui s'organisent d'abord en « modèles pratiques » (Blanchet, 1981). Chaque primitive du « LOGO graphique » évoque pour l'enfant un schème familier: Avancer, Tourner, Répéter... Les différentes combinaisons de ces actions élémentaires conduisent l'enfant à construire des « unités procédurales » dont le sens est plus riche que chacune des primitives. Par exemple, l'instruction AVANCE 30, une fois exécutée par l'ordinateur, dessine un trait de quelques centimètres sur l'écran. La procédure POUR RAYON, composée des instructions AVANCE 30 RECULE 30 a le même effet graphique, mais elle inclut une conservation de l'état initial de la tortue, qui permet une utilisation modulaire de cette procédure pour la construction d'autres figures.

L'histoire des connaissances d'un sujet est liée aux schèmes qu'il est susceptible d'appliquer aux situations qu'il rencontre comme l'histoire des connaissances humaines est subordonnée aux techniques d'observation. En retour, l'enrichissement de la base de connaissance permet la création de nouveaux outils qui transforme notre façon d'observer les objets. L'outil informatique permet de développer des schèmes dont les caractéristiques sont liées à l'automatisation des actions. En quoi modifient-ils notre façon de décrire les objets?

*3.2. Procédure expérimentale*

Vingt-cinq enfants de 10 à 12 ans, scolarisés dans un CM2 de la région grenobloise, ont suivi pendant une année scolaire un apprentissage de LOGO à raison d'une heure par semaine par groupes de quatre. Vers la fin de l'année scolaire, après 22 séances de programmation, tous les enfants ont passé une épreuve qui nous permettait d'évaluer leurs compétences sur 3 points:
- Le maniement de l'ordinateur (maîtrise du clavier et de l'éditeur).
- La signification attribuée aux différentes primitives du sous-ensemble du langage LOGO utilisé dans les séances (essentiellement le LOGO graphique).
- Leur maîtrise de trois structures de programmation élémentaires (structure séquentielle, itérative et modulaire).

Sur l'ensemble de notre groupe, 14 élèves ont été retenus pour l'expérience. Ils ont, sur l'ensemble des trois points mentionnés, un niveau homogène correspondant au niveau II décrit par Pea et Kurlan (1984). Ce niveau, baptisé par les auteurs «le stade des générateurs de code», se caractérise par la possibilité d'écrire des séquences d'instructions pour obtenir un résultat prévu sans erreur de syntaxe. Ces sujets ne sont cependant pas capables d'écrire d'authentiques programmes, même simples.

Dans une deuxième phase de la recherche, nous avons demandé aux enfants, au cours d'observations individuelles, d'explorer toutes les manières possibles de «programmer» le dessin d'une figure simple (une croix formée par deux branches d'égale longueur qui se coupent à angle droit). Cette situation nous permet d'étudier à la fois la phase de familiarisation avec le problème (procédures initiales), et la découverte progressive de nouvelles propriétés de l'objet à construire, liées aux différents «modèles pratiques» que va construire l'enfant à partir des instructions du langage (Mendelsohn, 1985).

Nous limiterons, ici, l'exposé des résultats à ceux qui présentent un intérêt pour notre sujet, à savoir l'analyse des problèmes posés par la transposition des connaissances dans un code exécutable par un automate.

### 3.4. Analyse des protocoles

Les protocoles obtenus sont donc composés d'une série de procédures dont le nombre varie suivant les sujets (de 5 à 9). Chaque procédure a été analysée suivant deux critères :
- La structure du programme édité pour chaque construction.
- Le découpage opéré dans la figure pour construire les procédures.

#### 3.4.1. La structure de programmation utilisée pour construire la procédure

Nous avons retenu quatre niveaux de structuration des programmes :

- Niveau I : La procédure est composée d'actions simples avec une structure séquentielle. Les instructions sont écrites, soit les unes à la suite des autres, soit regroupées par ligne.

- Niveau II : La procédure contient au moins une itération simple, pertinente vis-à-vis de l'exécution du programme. Si nous avons ajouté à notre définition cette dernière restriction relative à la pertinence, c'est que certains enfants veulent utiliser le RÉPÉTÉ mais construisent en définitive une séquence à itérer qui dessine la totalité de la croix. L'itération revient alors, dans le meilleur des cas, à répéter «n» fois la croix et non n fois un sous-ensemble de la croix.

- Niveau III : La procédure principale qui dessine la croix est composée de sous-procédures (structure modulaire).

- Niveau IV : La procédure principale comprend une itération qui porte sur une ou plusieurs sous-procédures. Il s'agit d'une synthèse des niveaux II et III, l'enfant est amené à spécifier une séquence en ayant comme but de la répéter un certain nombre de fois.

#### 3.4.2. Les sous-ensembles de la figure sur lesquels portent les différentes séquences du programme

Les quatre niveaux d'organisation précédemment décrits portent exclusivement sur la structure de programmation sans s'occuper du contenu des séquences et de la manière dont le sujet a découpé la figure. La nature des sous-ensembles, pertinents pour le sujet, fait l'objet des différentes sous-classes de ce critère et leur nombre est fonction de la complexité de la figure et de l'imagination des enfants. Pour l'épreuve de la «croix», nous avons distingué quatre sous-classes :

- Classe A : Absence de sous-ensemble spécifique. Les différentes phases de la procédure ne permettent pas d'isoler clairement que le sujet a découpé dans la figure des sous-ensembles caractéristiques. Son projet est manifestement de suivre un itinéraire (le plus court possible) qui passe par tous les sommets, sans se préoccuper de «voir» dans le dessin proposé une composition d'éléments.

- Classe B : Le sous-ensemble pertinent pour le sujet est le trait ou la ligne. La «croix» est composée de deux droites qui se coupent et la procédure témoigne dans le choix des séquences de ce «modèle pratique».

- Classe C : Le sous-ensemble de la figure, pertinent pour le sujet, est exprimé comme étant la «moitié» de la croix ou un «angle». Il s'agit pour l'enfant de désigner l'élément constitué par deux branches consécutives.

- Classe D : Le dernier sous-ensemble, trouvé dans les protocoles, consiste à interpréter la croix comme un ensemble de quatre branches d'égale longueur que l'on trace en étoile à partir du centre.

## 3.5. Résultats et discussion

Nous avons fait l'hypothèse que les enfants construisent, dans une phase initiale, des procédures qui traduisent presque littéralement leur schème familier du dessin ou du déplacement. Ceci devrait se traduire, dans les productions, par une majorité de procédures de niveau I (séquences d'actions simples) et par une prépondérance des références aux lignes qui se coupent en leur milieu (classe B). Les dernières procédures devraient par contre traduire les efforts des enfants pour intégrer dans leurs programmes des constructions plus proches des possibilités propres à la machine.

Pour tester cette hypothèse, nous avons effectué une analyse qui porte sur les procédures des 14 sujets retenus pour l'expérience. Pour chacun des sujets, nous avons décompté les caractéristiques des 3 premières et des 2 dernières procédures produites. Ces caractéristiques sont rassemblées dans les tableaux 1 et 2.

Les résultats confirment notre hypothèse : toutes les procédures initiales sont de niveau I. On trouve encore 13 procédures sur 14 de niveau I en seconde position. De même, en ce qui concerne la classe, la majorité des procédures sont soit en A, soit en B (tableau 2). Les premières tentatives des enfants pour faire «autrement» se font en direction des sous-ensembles de la croix: la seconde ligne du tableau 2 fait apparaître une dispersion des résultats sur les 4 classes. Ce n'est qu'en troisième lieu que les enfants explorent d'autres structures de programmation en construisant des procédures qui contiennent des itérations (niveau II) ou des sous-procédures (niveau III).

*Tableau 1*
Fréquences des procédures en fonction
de l'ordre d'apparition et du niveau d'organisation

|  | I | II | III | IV | Total |
|---|---|---|---|---|---|
| N° 1 | 14 | 0 | 0 | 0 | 14 |
| N° 2 | 13 | 0 | 0 | 1 | 14 |
| N° 3 | 2 | 4 | 8 | 0 | 14 |
| Avt-dernière | 0 | 3 | 9 | 2 | 14 |
| Dernière | 0 | 0 | 4 | 10 | 14 |

*Tableau 2*
Fréquence des procédures en fonction
de l'ordre d'apparition et du découpage de la figure

|  | A | B | C | D | Total |
|---|---|---|---|---|---|
| N° 1 | 3 | 10 | 0 | 1 | 14 |
| N° 2 | 3 | 5 | 2 | 4 | 14 |
| N° 3 | 0 | 5 | 6 | 3 | 14 |
| Avt-dernière | 0 | 4 | 3 | 7 | 14 |
| Dernière | 0 | 1 | 5 | 8 | 14 |

En ce qui concerne les dernières procédures éditées, les résultats vont aussi dans le sens de notre hypothèse : les procédures de niveau IV et de classe D sont les plus nombreuses (le sous-ensemble pertinent étant alors le segment), devant celles de niveau III et de classe C (angle). Il n'y a plus alors aucune procédure de classe B et de niveau I. Tout se passe comme si les enfants commencent par traduire, à l'aide des primitives et des structures de programmation qu'ils connaissent, leur conception première du tracé de la croix qui est un dessin, et donc une suite d'actions ordonnée dans le temps, comprenant deux droites qui se coupent en leur milieu. Progressivement, en raison de la consigne qui les pousse à explorer d'autres manières de faire, ils découvrent d'abord d'autres propriétés de la figure, pour leur appliquer, ensuite, des opérations plus proches de la logique interne de la machine que de la leur. Ce cheminement modifie leur conception initiale de la figure : en partant du modèle initial du dessin, conçu comme un ensemble de deux lignes qui se coupent, ils arrivent à un modèle de la croix représentant une étoile à n branches obtenues par rotation. La procédure type de niveau IV et de classe E est la suivante :

POUR CROIX                              POUR MORCEAU
RÉPÉTÉ 4 [MORCEAU DR 90]     avec       AVANCE 30 RECULE 30
FIN                                     FIN

Les enfants s'aperçoivent alors qu'en changeant le nombre d'itérations et l'angle de rotation, on peut obtenir une étoile à plusieurs branches. La figure est intégrée à un nouveau «modèle pratique» fort difficile à découvrir spontanément sans le schème de programmation lié à sa découverte.

Les changements de procédure qui sont observés au cours de tentatives successives de résolution sont parfois engendrés par une modification de la représentation de la situation. A quoi tiennent ces modifications dans la représentation de l'espace-problème? Nous pensons que les opérations de programmation que nous avons fait manipuler aux enfants et le support métaphorique que représente la «tortue graphique» conduisent à modifier sensiblement les représentations que l'enfant se fait d'objets qu'il a l'habitude, par ailleurs, de manipuler dans des cadres de référence différents. La manipulation de concepts de programmation pourrait ainsi devenir, pour ceux qui la pratiquent activement, un nouveau domaine de représentation, au même titre que les supports arithmétique, algébrique, graphique.

## 4. Conclusion

Nous terminerons cette présentation par trois remarques concernant les apports de l'étude de cette nouvelle situation d'apprentissage à la psychologie cognitive, en même temps que sur les contraintes qui s'y rattachent:

- La problématique de notre recherche est une problématique psychologique. L'emprunt que nous faisons à l'informatique est, au départ, un emprunt technologique. Il s'agit de proposer aux enfants une situation qui permet l'étude du transfert de connaissances pragmatiques, issues de l'activation de schèmes familiers, en procédures de traitement exécutables par un automate ou par un tiers. Cette démarche n'exclut pas que la «programmation éducative» soit étudiée sur un plan psychologique en tant qu'activité cognitive. Nous retrouvons à ce moment-là une problématique de «terrain» avec ses contraintes méthodologiques. Ces deux temps de la recherche peuvent être coordonnés, à condition que leurs modes de validation respectifs soient correctement définis.

- La recherche exposée ci-dessus tendrait à prouver que l'activation de nouveaux schèmes, liés aux structures de programmation, permet d'extraire du réel des informations pertinentes et non triviales. On pourrait penser, toutes proportions gardées, que les modèles de l'Intelligence Artificielle jouent pour le psychologue le même rôle. Ils représentent un nouveau moyen de simuler les aptitudes cognitives et permettent ainsi de faire ressortir des propriétés nouvelles sur leur fonctionnement réel ou potentiel.

- Mais, l'emprunt fait aux techniques informatiques ne suppose pas obligatoirement que le chercheur se réfère aux modèles informatiques pour expliquer le comportement des enfants. Si on peut faire le rapprochement entre la formule, chère aux piagétiens, «l'enfant répond toujours juste à la question qu'il se pose» et la formule suivante «l'ordinateur répond toujours juste à la question qu'on lui pose», le psychologue ne doit pas oublier que son objet d'étude c'est la compréhension de la logique de l'enfant et non celle de l'ordinateur.

# Chapitre 5
# L'apprentissage par l'action : l'intérêt des systèmes de production pour formaliser les niveaux de contrôle et l'interaction avec l'environnement

Anh NGUYEN-XUAN et Jean-François RICHARD

## 1. Introduction

L'apprentissage par l'action est caractérisé par le fait que le sujet acquiert des connaissances dans une situation où il doit : 1) soit résoudre une suite de problèmes appartenant à un même domaine ; 2) soit effectuer une suite d'essais pour trouver une solution optimale à un problème donné. Dans cette situation, la construction des connaissances (limitées aux problèmes résolus ou généralisables à d'autres) dépend des observations que le sujet peut faire sur ses propres actions et sur leurs résultats.

Rappelons qu'un système de production comporte trois principales composantes : un ensemble de «règles de production», une base de données que nous appellerons Mémoire de Travail (MT), un «interpréteur».

Une règle de production a la forme générale : «Si CONDITION, alors ACTION». Dans la partie ACTION sont décrites les actions à effectuer, dans la partie CONDITION est décrite la «situation» dans laquelle les actions de la partie ACTION peuvent être effectuées : si la CONDITION est satisfaite, alors l'ACTION est susceptible d'être mise à exécution. Dans un système simple, la «situation» est l'état de la Mémoire de Travail à un instant donné. Voici un exemple de règle de production :
«Si il existe trois droites (D1, D2, D3) et si ces trois droites sont dans

un même plan et (D1, D2) sont parallèles et D3 coupe D1, alors mettre comme vrai (D3 coupe D2)».

L'interpréteur est une sorte de programme contrôlant le fonctionnement du système. Ce programme peut être décrit par:
1. Comparer la partie CONDITION de chacune des règles de production à l'état MT et sélectionner celles dont la CONDITION est satisfaite.
2. Si une seule règle a sa CONDITION satisfaite, alors aller à 5; sinon aller à 3.
3. Si aucune règle n'a sa CONDITION satisfaite, alors arrêter; sinon aller à 4.
4. Si plusieurs règles ont leur CONDITION satisfaite, alors en choisir une selon le «principe de résolution de conflit» et aller à 5.
5. Effectuer ce qui est décrit dans la partie ACTION de la règle choisie et aller à 1.

On peut définir le «principe de résolution de conflit» de diverses manières. C'est un critère qui permet de choisir une règle de production, et une seule, dans le cas où, à un cycle donné du fonctionnement du système, plusieurs règles ont toutes leur CONDITION satisfaite.

Nous avons discuté ailleurs (Nguyen-Xuan, 1982) les deux caractéristiques intéressantes du formalisme du système de production (SP): la modularité et la séparation des opérations de traitement de la structure de contrôle. Nous avons montré que: 1. Le caractère de modularité du formalisme SP le rend plus commode que la technique procédurale classique pour modéliser la modification des connaissances du sujet. 2. La séparation entre les opérations de traitement et la structure de contrôle permet de décrire de façon relativement simple les connaissances mobilisées par le sujet dans des situations où la résolution dépend de façon majeure de ses interactions avec l'environnement externe. Par exemple, dans le «jeu des 20 questions», ou bien dans la tâche de sériation des poids: le sujet doit chercher des informations qui lui paraissent nécessaires pour déterminer la solution, cette recherche dépend des informations déjà reçues.

Dans cet article, nous traiterons la question de l'explicitation des concepts psychologiques dans la modélisation de l'apprentissage par l'action. Les deux aspects qui seront discutés concernent la représentation de la situation de problème et le contrôle de l'activité de résolution. Nous essayerons de montrer comment on peut introduire une sémantique telle que le Système de Production se trouve être une expression directe d'une théorie psychologique. Les exemples que nous évoquerons montrent deux types de simulation: l'un ayant surtout pour objectif de tester la suffisance et la cohérence des hypothèses psychologiques suggérées par les données observées (section 2), l'autre se donnant plus particulièrement un objectif de découverte d'hypothèses explicatives du fonctionnement d'un système dont on a défini de façon précise les connaissances (section 3).

## 2. Expliciter la représentation du problème et expliciter la conceptualisation sous-jacente à la procédure de résolution

### 2.1. La représentation de la situation-problème

Avant toute tentative de résolution, le sujet doit se construire une représentation de la situation de problème. Celle-ci peut être définie en termes d'un réseau de relations que le sujet établit entre certains des éléments de la situation-problème. Ce réseau peut être plus ou moins riche : c'est de ce réseau dont dépend la possibilité pour le sujet de différencier les variantes d'une situation de problème, ou d'appréhender une même situation selon des points de vue différents.

On peut considérer tout processus de résolution de problème comme un cheminement dans un espace-problème. Ce dernier est essentiellement défini par un ensemble d'états possibles et des opérations permettant de transformer un état en un autre état. Ainsi, un état de l'espace-problème est une représentation possible de la situation à un instant donné de la résolution.

Dans le cas de la modélisation de processus de résolution de problème utilisant le formalisme SP, la partie ACTION d'une règle de production décrit en général une (ou une suite de) manipulation(s) de données, et la partie CONDITION décrit les conditions dans lesquelles cette manipulation peut être effectuée. Ainsi, les conditions d'applicabilité d'une règle de production ne sont pas autre chose qu'une description partielle d'un état de l'espace-problème. Il suffit donc d'examiner la partie CONDITION des règles de production pour se faire une idée claire des éléments de la situation qui sont pris en compte par le système, ainsi que les relations qu'il établit entre ces éléments. Autrement dit, la partie CONDITION des règles de production permet d'expliciter la théorie du chercheur sur la façon dont le sujet se représente l'état du problème. Nous donnons ci-après un exemple de réalisation de cette possibilité.

Dans une recherche sur la classification multiple (Nguyen-Xuan, Cauzinille-Marmèche, Frey, Mathieu et Rousseau, 1983) on a utilisé un ensemble de problèmes de « remplissage d'une case d'un tableau ».

Chaque problème consiste en un tableau 3 × 3 partiellement rempli d'objets d'un ensemble-produit de deux ensembles comportant, respectivement, trois couleurs et trois formes. Le tableau est rempli partiellement, mais de façon à ce que le contenu de chaque case soit déterminé de façon unique. Le sujet doit mettre un objet dans l'une des cases vides désignée par l'expérimentateur : appelons-la «case -?» (cf. Fig. 1). Le sujet peut choisir un objet dans un lot de 27 objets (les

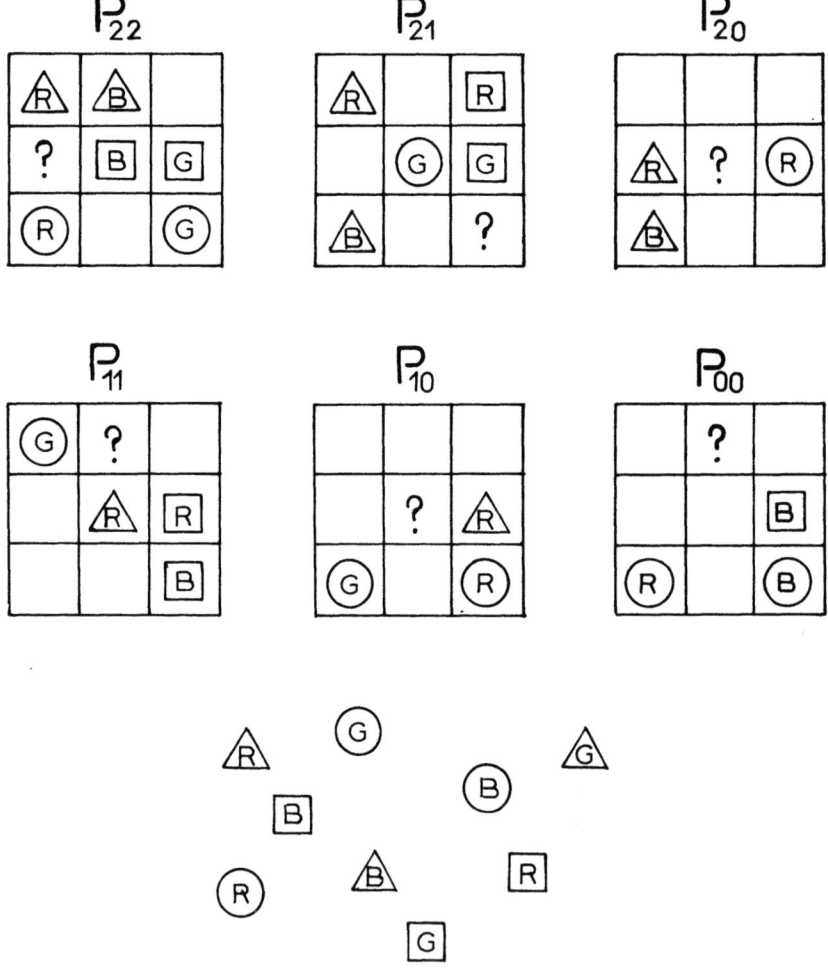

Fig. 1. Exemples de problèmes de «remplissage d'une case d'un tableau à double entrée».

neuf objets de l'ensemble-produit, chacun en trois exemplaires). On a donné une série de 20 problèmes à un groupe de 56 enfants de 4 à 7 ans, et une série de 10 problèmes à un groupe de 40 enfants de 4;9 à 5;7 ans.

Six systèmes de production ont été construits dont le fonctionnement produit la presque totalité des protocoles individuels observés. Les six systèmes, appelés SP1, SP2..., SP6, se différencient entre eux par leur capacité d'analyser la configuration des objets déjà posés dans le tableau, et par leurs connaissances procédurales. Dans le tableau 1, nous présentons l'ensemble des règles dont la partie CONDITION décrit comment les six systèmes opèrent cette analyse.

Le système SP1, le plus élémentaire des six systèmes, possède une seule règle pour analyser la configuration d'objets: la règle C(1). La règle C(1) est une variante de la règle C, dont elle diffère seulement

*Tableau 1*
*Les règles de production concernant l'analyse de la configuration d'objets d'un tableau partiellement rempli*

Règle B: SI le but courant est «DÉFINIR L'OBJET À METTRE DANS LA CASE -?», et les rangées i et j contenant la case -? sont toutes les deux non-vides, ALORS coder dans la mémoire des données l'image des deux rangées i et j, et mettre dans la mémoire des buts «DÉFINIR LES MODALITÉS DES RANGÉES i ET j».

Règle C: SI le but courant est «DÉFINIR L'OBJET À METTRE DANS LA CASE -?», et il existe une rangée i non-vide contenant la case -?, ALORS coder dans la mémoire des données l'image de la rangée i, et mettre dans la mémoire des buts «DÉFINIR LA MODALITÉ DE LA RANGÉE i».

Règle D: SI le but courant est «DÉFINIR LA MODALITÉ DE LA RANGÉE i», et l'image de la rangée i comporte DEUX objets, ALORS lire dans cette image la modalité x commune aux deux objets de la rangée i, et... etc.

Règle E: SI le but courant est «DÉFINIR LA MODALITÉ DE LA RANGÉE i», et l'image de la rangée i comporte UN objet, ALORS... etc.

Règle F: SI le but courant est «DÉFINIR LES MODALITÉS DES RANGÉES i ET j», et l'image de la rangée i comporte DEUX objets, et l'image de la rangée j n'est pas vide d'objet, ALORS lire la modalité x commune aux deux objets de la rangée i, et... etc.

Règle G: SI le but courant est «DÉFINIR LES MODALITÉS DES RANGÉES i ET j», et l'image de la rangée i comporte UN objet, et l'image de la rangée j comporte UN objet, ALORS... etc.

Note: Une «rangée» est une ligne ou une colonne, les indices i et j désignent leur numéro. La partie ACTION d'une règle n'est pas présentée lorsqu'elle varie d'un système à l'autre.

par ce qui, dans la partie ACTION, concerne la manipulation de buts. Les systèmes SP2 et SP3 possèdent les Règles C, D et E. Les systèmes SP4, SP5 et SP6 possèdent les Règles B, C, D, E, F et G.

Si l'on considère un tableau 3 × 3 partiellement rempli : 1. la case -? est forcément vide; 2. les deux rangées de cases (la ligne et la colonne) dont l'intersection est la case -? peuvent avoir six configurations différentes. En désignant par Ri et Rj ces deux rangées (si Ri désigne la ligne, alors Rj désigne la colonne, et inversement), les six configurations possibles sont :
1. $Ri$ a 2 objets et Rj a 2 objets; 2. Ri a 2 objets et Rj a 1 objet; 3. Ri a 2 objets et Rj est vide; 4. Ri a 1 objet et Rj a 1 objet; 5. Ri a 1 objet et Rj est vide; 6. Ri est vide et Rj est vide (un exemple de chaque configuration est présenté dans la Figure 1).

L'examen des règles que possèdent les différents systèmes montre :
a) Pour SP1, les configurations 1 à 5 sont confondues : il existe donc pour SP1 deux types de configuration : (1, 2, 3, 4, 5) et (6). En effet, toutes les configurations, sauf la configuration 6, satisfont la CONDITION de la règle C.
b) Pour SP2 et SP3, il existe trois types de configuration : (1, 2, 3), (2, 4, 5) et (6). Les règles C, D et E qu'ils possèdent ne considèrent en fait qu'une des deux rangées du tableau.
c) Pour SP4, SP5 et SP6, il existe cinq types de configuration : (1, 2), (3), (4), (5) et (6). Les règles (C, D, E, F et G) qu'ils possèdent leur permettent de considérer les deux rangées du tableau.

On notera que l'analyse de la configuration se limite à la considération des rangées contenant la case -?. L'expression «analyse de la configuration du tableau» est donc abusive : cet exemple montre que la modélisation du processus de résolution de problème avec le formalisme SP permet de définir clairement les hypothèses qu'on propose, et par conséquent rendre «publiques» leurs limites.

## 2.2. La conceptualisation de la résolution

On suppose en général que, durant les étapes successives de l'apprentissage par l'action, le sujet modifie sa façon de conceptualiser la procédure de résolution. En effet, une même séquence d'actions (internes et externes) peut être le produit, soit d'un fonctionnement plutôt dirigé par les données («data driven» : le résultat d'une action en appelle un autre); soit le produit d'un fonctionnement dans lequel les actions sont dirigées par une compréhension du «pourquoi» de ces actions (Piaget, 1974). A notre avis, cette distinction entre «fonctionnement dirigé par les données» et «fonctionnement dirigé par les concepts» est tout à fait importante pour rendre compte, non seulement des différents types d'acquisition (par ex., «apprentissage structural» par opposition à «apprentissage empirique»), mais aussi des niveaux d'automatisation dans des tâches de commande de dispositifs.

On peut représenter la conceptualisation d'une procédure en termes de structure de buts plus ou moins complexe (Nguyen-Xuan et Hoc, 1981). Dans le formalisme SP, les règles de production sont par principe indépendantes les unes des autres, leur activation dépend de l'état courant de la Mémoire de Travail. Le fonctionnement est donc fondamentalement dirigé par les données. Cependant, un but peut être considéré comme une donnée. On peut donc: 1. Exprimer la finalité de la partie ACTION d'une règle de production en mettant dans la partie CONDITION le but vers lequel tend une action ou une suite d'actions. 2. Concevoir des règles de production dont l'ACTION consiste en une manipulation de buts.

Dans beaucoup de modèles, les données de la Mémoire de travail sont à «accès direct», autrement dit, toute donnée contenue dans la Mémoire de Travail à l'instant considéré peut être prise en considération indépendamment de sa place. Or les buts d'un plan d'action entretiennent entre eux des relations de priorité: un ensemble de buts (Bi, Bj, ...) constitue la précondition d'un (ou d'un ensemble) but Bk. Pour ne pas alourdir la partie CONDITION d'une règle en y mettant toute une structure de buts, on définit souvent dans la Mémoire de Travail deux composantes: la mémoire des données de type factuel sur laquelle il n'y a pas de contrainte d'accès, et la mémoire de buts pour laquelle on définit une contrainte d'accès. Une contrainte simple couramment utilisée (mais qui en limite la souplesse dans la manipulation des buts) est de considérer la mémoire de buts comme une pile, où seul le but qui est sur le dessus de la pile est accessible.

Cette façon de faire a été utilisée par Nguyen-Xuan et al. (1983) dans la recherche sur la classification multiple où ces auteurs voulaient expliciter dans leurs modèles l'hypothèse selon laquelle la même procédure de résolution est conceptualisée de façon différente par deux types de sujets. Dans cette recherche, on a entraîné 20 enfants de 5 ans à résoudre les cinq premiers des six types de problèmes décrits dans la section 2.1 ci-dessus. Après cet entraînement, les enfants de 5 ans ont une performance comparable à celle des enfants les plus âgés de l'expérience décrite dans la section 2.1. Le fonctionnement de ces derniers est bien décrit par le plus «puissant» des six systèmes: le système SP6. Nous nous sommes alors demandé s'il est possible de considérer que les sujets ayant subi un entraînement en laboratoire fonctionnent de la même façon que le système SP6.

L'analyse des erreurs durant l'apprentissage nous a conduits à l'interprétation suivante : les sujets qui ont appris à résoudre les problèmes par un entraînement empirique ne conceptualisent pas la situation de problème de la même façon que les sujets (plus âgés) qui ont réussi spontanément les mêmes problèmes. A la différence de ces derniers, ils ont mis au point une procédure qu'ils exécutent sans comprendre le «pourquoi» des opérations qu'ils effectuent. Pour expliciter cette interprétation, nous avons construit un système, appelé SP(22/.../00), qui diffère de SP6, non pas par les opérations de traitement des données qu'il applique, mais par la structure de buts qu'il manipule. Pour certains types de problèmes, le système SP6 manipule jusqu'à 11 sous-buts différents. Par contre, le système SP(22/.../00) ne connaît que deux sous-buts : «DÉFINIR UNE MODALITÉ» et «TROUVER L'OBJET». Le fonctionnement de ce dernier système est «orienté par les données», car la partie CONDITION des règles de production de ce système décrit principalement l'état de la mémoire des données. Ainsi, les deux systèmes, SP6 et SP(22/.../00), se comportent de la même façon mais n'ont pas la même conceptualisation de la situation.

## 3. Expliciter ce qui est appris et comment est contrôlée l'activité de résolution

Expliciter la conceptualisation sous-jacente à une procédure de résolution au moyen des manipulations de buts, c'est déjà expliciter un niveau de contrôle des actions. Mais, étant donné qu'une règle de production est fondamentalement une connaissance exprimée sous forme déclarative, elle peut être manipulée comme une donnée par d'autres règles de production. Les règles qui manipulent d'autres règles sont en général désignées sous le nom de «méta-règles», mais ces dernières peuvent elles-mêmes être manipulées par des règles plus générales, des méta-méta-règles...

Il peut paraître trivial de dire que dans l'apprentissage par l'action (et d'ailleurs dans tout apprentissage), le sujet ne part pas de rien : même si le problème à résoudre est tout à fait nouveau pour lui, il va mobiliser des connaissances «générales» pour tenter de trouver la solution au problème posé. Ces connaissances sont dites «générales» parce qu'elles ne se réfèrent pas à une situation concrète vécue par le sujet dans le passé, mais elles ne sont pas forcément adéquates pour résoudre le problème. Une telle hypothèse psychologique, si elle est adoptée, doit apparaître dans la formalisation que l'on propose.

Dans l'apprentissage par la résolution de problèmes, on doit bien évidemment supposer qu'en plus de la construction des connaissances spécifiques (procédures de résolution applicables aux problèmes qu'on a résolus), s'opère une modification des connaissances générales du sujet. Bien entendu, une telle modification ne se produit pas nécessairement à brève échéance (une ou quelques séances d'apprentissage en laboratoire, par ex.). Comment se modifient les connaissances générales ? C'est évidemment la question capitale que se pose la psychologie du développement cognitif. Mais pour y répondre, nous pensons qu'il faut répondre d'abord à la question «comment les connaissances spécifiques sont-elles construites?».

Nous avons considéré que l'apprentissage par la résolution de problèmes repose sur les observations que fait le sujet des résultats de ses propres actions sur l'environnement externe. Comment le sujet fait-il ces observations, et comment s'en sert-il pour découvrir la solution du problème? Si l'on ne veut pas s'en tenir à une explication purement verbale, on est amené à supposer toute une variété de mécanismes en fonction des caractéristiques des situations de problème, et surtout en fonction du niveau de développement du sujet.

Nous conduisons actuellement, avec A. Grumbach, une recherche dont l'objectif à long terme est de comprendre comment les connaissances générales sont modifiées dans l'apprentissage par l'action. Nous avons construit un système qui possède des connaissances générales sur la résolution de problème et sur les jeux à deux adversaires.

Ces connaissances peuvent être décrites de la façon suivante: «il y a des états qui peuvent m'amener à gagner si je parviens à les réaliser: ce sont des buts positifs», «il y a des états qu'il faut éviter de réaliser car ils peuvent m'amener à perdre: ce sont des buts négatifs», «si j'ai le choix entre plusieurs actions, je préfère celle que je crois avoir les plus grandes chances de m'être favorable», «pour gagner, je dois découvrir les états qui me sont favorables». Pour ce système, découvrir comment faire pour gagner consiste donc à découvrir les états qui lui sont favorables et défavorables; et, à chaque partie, essayer de réaliser les états favorables et d'éviter de réaliser les états défavorables.

Dans quelle mesure ces connaissances peuvent-elles être appliquées avec efficacité: cela dépend principalement de la capacité d'observation du système, de sa capacité de raisonnement, et de son degré de décentration. Le cas qui nous intéresse est celui d'un système qui possède au départ des capacités très limitées en ce qui concerne le raisonnement, les possibilités de décentration, la mémorisation des résultats de ses propres actions sur l'environnement. C'est dans ce cas que la réaction de l'environnement externe vis-à-vis des actions du sujet joue un rôle important dans l'acquisition des connaissances. La situation que nous étudions est une classe de jeu déterministe à deux adversaires: le jeu de Nim. Deux variantes de ce jeu sont présentées plus loin.

En ce qui concerne la capacité d'observation, nous supposons que le système ne code que les événements (les états réalisés par lui-même, ceux réalisés par son adversaire) qui ont une «signification» pour lui. En effet, à chaque partie, le système ne peut coder dans sa mémoire que les états liés aux «buts» (cf. ci-après) qu'il connaît à ce moment de l'apprentissage. Autrement dit, ce n'est pas un système qui apprend par renforcement associatif. Ayant une capacité de décentration limitée, le système n'anticipe pas ce que fera son adversaire si lui-même réalise tel état plutôt que tel autre. Ayant une capacité limitée de raisonnement, le système ne sait pas déduire de la règle du jeu le principe qui définit la stratégie optimale. Nous supposons en effet que les déductions que peut faire le système dépendent des faits empiriques qu'il a pu coder en mémoire. Ces déductions interviennent pour justifier a posteriori, en utilisant la règle du jeu, les faits empiriques observés.

Nous présentons une description de l'architecture du système, avec quelques exemples de règles (cf. Grumbach, Nguyen-Xuan, Richard, Cauzinille-Marmèche et Mathieu, 1984; Nguyen-Xuan et Grumbach, 1985).

Les connaissances générales sont réparties en trois paquets de règles:
- RÈGLES POUR CHOISIR UN MOUVEMENT ET POUR CODER LES ÉVÉNEMENTS;
- RÈGLES POUR RAISONNER SUR LES ÉTATS ET LES BUTS;
- RÈGLES POUR JUSTIFIER LES BUTS.

Les règles du deuxième paquet sont des règles pour «apprendre»: elles permettent de faire l'hypothèse qu'un événement mémorisé constitue un état favorable ou défavorable, d'éliminer une hypothèse, de la changer en certitude, ou d'éliminer des certitudes qui s'avèrent fausses. Les règles du troisième paquet ne sont pas indispensables pour découvrir des buts. Mais elles sont, à notre avis, importantes pour une compréhension plus profonde du problème qu'on a résolu: ce sont des connaissances que le système utilise pour relier les connaissances et, en particulier, pour tenter de répondre aux questions de l'expérimentateur, du type: «pourquoi l'état x est-il un but positif certain (négatif certain)?».

L'activation de ces paquets de règles «connaissances générales» est contrôlée par un paquet de règles (donc des méta-règles), nous l'appelons STRUCTURE DE CONTRÔLE: le premier paquet est activé pendant le jeu, le deuxième l'est à la fin d'une partie, le troisième est activé si le système doit tenter de justifier pourquoi il considère que tel état lui est favorable (ou défavorable).

Comme on peut le voir dans le tableau 2 où nous présentons quelques exemples des connaissances générales, celles-ci ne se réfèrent à aucune variante particulière du jeu de Nim. Le système ne peut pas jouer à un jeu quelconque avec ces seules règles générales: on a besoin de règles qui, utilisant la règle du jeu d'une variante d'un jeu donné, traduisent les connaissances générales en connaissances spécifiques applicables à cette variante. C'est l'un de nos objectifs immédiats (ATP du CNRS: Intelligence Artificielle / n° 034819; A. Grumbach,

*Tableau 2*
*Quelques connaissances générales*
*(S désigne le système, A désigne son adversaire)*

RÈGLES POUR CHOISIR UN MOUVEMENT ET POUR CODER LES ÉVÉNEMENTS:

Règle C1: SI c'est à S de jouer, ALORS essayer de satisfaire les buts dans l'ordre de priorité: buts positifs certains, buts positifs hypothétiques, buts négatifs certains, buts négatifs hypothétiques.

Règle N1: SI S vient de réaliser un état x et x satisfait un but, ALORS mémoriser l'événement Sx.

Règle N2: SI A vient de réaliser un état x et x viole un but négatif, ALORS mémoriser l'événement Ax.

Règle N6: SI A vient d'atteindre le but final, ALORS mémoriser l'événement Sperd.

RÈGLES POUR RAISONNER SUR LES ÉTATS ET LES BUTS:

Règle RH: SI il y a deux événements mémorisés (Px, Qy) et ces deux événements sont consécutifs ou séparés par un seul événement mémorisé, ALORS créer une connaissance hypothétique «hyp: Px peut amener à Qy».

Règle RK: SI il y a une connaissance hypothétique «hyp: Px peut amener à Qy» et il existe un mouvement légal pour passer de l'état x à l'état y, ALORS créer une connaissance certaine «cer: Px peut amener à Qy».

Règle RG4: SI il y a un événement Sgagne et il y a une connaissance hypothétique «hyp: Sx peut amener à Sy» et il y a deux connaissances certaines («cer: Sx peut amener à Az», «cer: Az peut amener à Sy») et il y a un but positif hypothétique «hyp: réaliser x» et y satisfait un but positif certain, ALORS changer le but positif hypothétique en un but positif certain «cer: réaliser x».

A. Nguyen-Xuan, J.F. Richard). Le schéma de la Figure 2 représente les relations entre les différents paquets de règles.

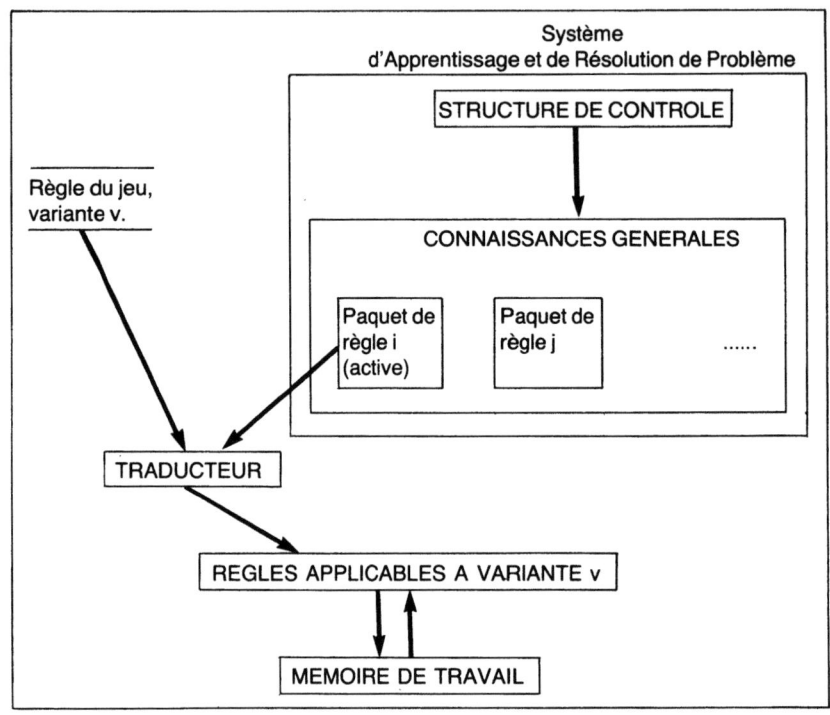

Fig. 2. Organisation du système d'apprentissage.

Les connaissances générales que nous avons mises dans le système sont juste suffisantes pour qu'il puisse apprendre de façon très progressive dans une version simplifiée du jeu de Nim, «la course à n». Ce jeu peut être présenté avec des «habillages» divers : version spatiale, version «manipulatoire» avec des jetons, ou version numérique utilisant l'addition. Dans la version spatiale, on a un tableau de $(1, n + 1)$ cases, c'est donc un tableau réduit à une ligne de cases qu'on peut noter de 0 à n. La case 0 est la case de départ, la case n est la case d'arrivée. La règles du jeu est : au commencement, il y a un pion dans la case 0, chaque joueur, à son tour, peut avancer le pion d'une ou de deux cases, on ne peut pas reculer, le joueur qui met le pion dans la case n gagne. Le système découvre les états favorables et défavorables à partir du but final, remontant vers les cases du début. Il est important de souligner que les découvertes qu'il fait dépendent de la façon de jouer de l'adversaire. Par exemple, il ne commence à apprendre quelque chose qu'après avoir perdu une partie, il peut créer des buts, certains faux, qu'il ne remettra jamais en cause si l'adversaire ne lui en donne pas l'occasion...

Les connaissances du système actuel ne sont pas suffisantes pour apprendre des variantes complexes du jeu de Nim, par exemple la version de Whitoff (C. George, 1985). Il peut arriver à découvrir des chemins favorables dans des variantes un peu plus compliquées que la «course à n», mais beaucoup plus simples que le jeu de Whitoff : À LA CONDITION QUE SON ADVERSAIRE JOUE DE FAÇON À LUI FOURNIR L'OCCASION DE REMETTRE EN CAUSE SES CERTITUDES FAUSSES. Cette variante, consiste en un tableau de (n, m) cases, où $n > 1$ et $m > 1$; avec la case de départ dans le coin bas-gauche et la case d'arrivée dans le coin haut-droit. De la case de départ, on peut avancer le pion d'une case vers le haut, ou d'une case vers la droite, ou d'une case en diagonale dans le sens haut-droit.

Il n'est pas difficile de savoir quelles sont les règles (connaissances générales) qu'il faut ajouter pour augmenter la capacité d'apprentissage du système. Mais nous voulons chercher quelles formes précises d'interaction avec l'environnement externe (l'adversaire, dans ce cas) peuvent amener le système à construire ces connaissances nouvelles.

## 4. Conclusion

Pour le psychologue, un modèle a le statut d'hypothèse explicative d'un phénomène psychologique. La formalisation d'une hypothèse psychologique en termes d'un modèle mathématique ou d'un modèle logique requiert en général qu'on traduise les objets psychologiques en objets formels : ce sont ces derniers qu'on manipule dans le système formel. Ceci nécessite donc ensuite une retraduction des objets formels en objets psychologiques. De plus, les systèmes logiques, et les modèles mathématiques, possèdent des contraintes syntaxiques fortes qui rendent souvent leur utilisation peu adaptée en Psychologie : on se rappelle les controverses suscitées chez les logiciens à propos des structures de groupement de Piaget (Granger, 1967).

Bien qu'ayant ses propres contraintes, le formalisme SP présente l'avantage d'être utilisable sans référence à aucun langage de programmation particulier. Le psychologue peut donc définir lui-même le niveau de détail des mécanismes qu'il veut mettre dans son modèle. L'implémentation ultérieure n'a que le rôle de contrôle de la suffisance et de la cohérence interne du discours psychologique qu'on représente sous forme d'un Système de Production.

Il nous semble que le psychologue a intérêt à utiliser cette liberté qu'offre le formalisme SP de pouvoir déclarer en clair les concepts psychologiques auxquels il fait appel pour expliquer ses données d'observation, même si cela n'est pas nécessaire pour faire fonctionner le modèle. Ceci a pour conséquence, d'une part, de rendre lisible le discours formalisé, et, d'autre part, de réduire au minimum la retraduction : objets formels → objets psychologiques.

# Chapitre 6
# La simulation
# du fonctionnement cognitif
# à l'aide de systèmes-experts

Evelyne CAUZINILLE-MARMÈCHE et Jacques MATHIEU

## 1. Introduction

Le développement de la psychologie cognitive est orienté depuis peu vers l'analyse des processus d'acquisition et d'utilisation des connaissances dans des domaines sémantiquement complexes et fortement structurés, tels les mathématiques et la physique. Aujourd'hui, l'accent est mis sur les relations entre les connaissances en mémoire et les processus de compréhension et de résolution de problèmes.

La simulation du fonctionnement cognitif doit prendre en compte ces relations, ce qui exige en particulier de définir les connaissances qui interviennent dans les processus de résolution. Ceci suppose de pouvoir décrire l'organisation des connaissances, et de pouvoir préciser comment celles-ci sont utilisées. Il faut aussi tenir compte du fait que les connaissances sont nécessairement évolutives : le système envisagé doit donc être tel que l'on puisse à chaque instant ajouter ou modifier des connaissances. Il est ainsi indispensable d'expliciter les mécanismes d'acquisition.

L'intérêt de la méthodologie des systèmes-experts comme outil de formalisation du fonctionnement cognitif sera envisagé sous trois aspects : l'organisation des connaissances, le contrôle et l'utilisation des connaissances. L'évolution des connaissances ne sera abordée qu'indirectement à travers les contraintes qu'elle impose au modèle.

Dans la première partie de ce chapitre, nous discuterons plus en détail des différents types de connaissances qui constituent l'architecture cognitive.

Dans une deuxième partie, nous montrerons l'intérêt des systèmes-experts pour formaliser le fonctionnement cognitif.

Dans une dernière partie, nous donnerons un exemple d'une telle formalisation, à propos de la résolution de problèmes de physique par des étudiants.

## 2. Nature et organisation et connaissances

D'un point de vue psychologique, on peut définir trois niveaux de connaissances.

Au premier niveau, on peut admettre que *les connaissances sont organisées en domaines conceptuels distincts*, par exemple les connaissances relatives à l'arithmétique, à l'algèbre... Ces différents domaines ne sont pas nécessairement reliés les uns aux autres (Lawler, 1985; Cauzinille-Marmèche, Mathieu, Resnick, 1985, Reznick, Cauzinille-Marmèche et Mathieu, 1985). De leur organisation dépend la nature de la représentation du problème élaborée lors du processus de résolution. A l'intérieur de chaque domaine conceptuel, les connaissances peuvent être de type déclaratif ou procédural, et, de même qu'entre domaines il peut exister plus ou moins de liens, de même entre les connaissances appartenant à un même domaine il peut aussi exister plus ou moins de liaisons. Le paradigme expérimental privilégié pour aborder la question de l'organisation des connaissances est celui de l'analyse des différences entre «experts» et «novices», autrement dit entre sujets à différents niveaux d'appropriation du champ conceptuel concerné. L'analyse des processus de compréhension a conduit à mettre l'accent sur les structures assimilatrices (cadres) qui orientent l'une des phases essentielles de la résolution de problème: l'élaboration de la (des) représentation(s) du problème posé (Larkin, Mc Dermott, Simon et Simon, 1980; Chi, Feltovitch et Glaser, 1981; Riley, 1983; Resnick et Neches, 1983; Escarabajal, 1986; et Hoc, 1986, dans ce volume).

A un deuxième niveau de l'architecture cognitive, on peut distinguer les *«méta-connaissances stratégiques»*, que nous définirons comme étant les connaissances qui donnent accès aux connaissances spécifiques. Ces connaissances, que nous supposerons générales, ont pour rôle d'orienter la sélection des connaissances, de gérer l'ordre de parcours des connaissances. Citons parmi elles les méthodes générales de résolution de problème, de planification, les heuristiques de recherche telles que le test d'hypothèses, le raisonnement analogique... (Cauzinille-Marmèche, Mathieu, Weil-Barais, 1985).

A un troisième niveau, nous distinguerons les «*méta-connaissances d'apprentissage*», autrement dit les connaissances qui permettent de modifier ses propres connaissances. Parmi elles, la capacité à réfléchir sur ses propres actions (Piaget, 1974; Nguyen-Xuan et Richard, dans ce volume), la capacité de mise en relation de différentes connaissances, la prise de conscience, les processus de méta-mémoire jouent certainement un rôle primordial sur la réorganisation des connaissances, la formation de nouvelles connaissances, que ce soit par abstraction, analogie, discrimination, généralisation...

Etant donné ces différents modules de connaissances, il reste bien sûr à les expliciter et notamment à préciser leurs interactions dans le fonctionnement et le développement cognitif.

L'une des approches possibles consiste à tenter de simuler une telle architecture cognitive. Un outil de formalisation approprié nous semble être celui des systèmes-experts.

La puissance de la représentation des connaissances dans un système-expert vient de la diversité des possibilités de décrire l'organisation des connaissances. Il est en effet possible, et nous en verrons un exemple plus loin, d'avoir une pluralité d'organisations des connaissances: cadres, réseaux, règles de production... Cette possibilité, peu exploitée jusqu'ici, est importante pour la simulation du fonctionnement cognitif, car dans des domaines conceptuels complexes (algèbre, arithmétique, physique...) les connaissances qui interviennent sont nécessairement très diverses.

Les systèmes-experts préservent l'aspect déclaratif, conservent les avantages de la modularité, en particulier pour simuler des bases de connaissances évolutives. Mais les connaissances peuvent être groupées, et il serait dommage (et irréaliste) de vouloir se priver des possibilités offertes par les cadres, principalement quand on souhaite simuler des processus de compréhension.

Dans un système-expert, le contrôle des inférences est réalisé par le moteur d'inférences. Celui-ci, partie clé du système, est général, c'est-à-dire indépendant de tout domaine conceptuel. Il détermine les règles et les faits pertinents au moyen de règles d'unification, et décide, parmi les règles applicables, celles qu'il convient de déclencher (cf.

Mathieu, dans cet ouvrage). Le moteur gère ainsi l'ordre des déductions successives. Cette universalité du moteur, qui lui permet de gérer des connaissances très diverses, sous diverses formes, sans se préoccuper de leur contenu, est un aspect essentiel des systèmes-experts. Cependant, il peut être utile de restreindre, dans certains cas, l'universalité du moteur d'inférences, et de diriger les inférences par des connaissances spécifiques.

Ainsi certains développements actuels des systèmes-experts nous semblent intéressants du point de vue de la psychologie cognitive. Pour limiter l'espace de recherche, et pour permettre au système une meilleure explicitation de ses modes de raisonnement (notamment dans le contexte d'une utilisation des S.E. dans le cadre de l'enseignement assisté par ordinateur), les recherches portent, d'une part, sur une plus grande structuration des connaissances (Clancey et Lestinger, 1981; Aikins, 1983; Clancey, 1983), et, d'autre part, sur une différenciation entre connaissances et méta-connaissances. Apparaît notamment la distinction entre méta-connaissances stratégiques permettant de désaisir le moteur d'inférence d'une partie des processus de contrôle et de planification (Cauzinille-Marmèche, Mathieu, Dujardin, 1985) et méta-connaissances d'apprentissage qui permettent au système de s'automodifier (Lenat, 1983a et b).

Les principaux aspects que nous avons pris en compte pour définir l'architecture cognitive semblent ainsi pouvoir être exprimés dans le formalisme des systèmes-experts:
- les connaissances logiques élémentaires, par le moteur d'inférence
- les connaissances spécifiques du domaine conceptuel concerné, les méta-connaissances stratégiques, et les méta-connaissances d'apprentissage, par la base de connaissance structurée en différents modules
- la représentation du problème à un instant donné par la base de faits.

## 3. Un exemple de simulation du fonctionnement cognitif par un système expert

A titre d'illustration, nous présentons la simulation du fonctionnement cognitif d'étudiants débutants en physique, en situation de résolution de problèmes d'électro-cinétique. Il s'agit là de la première phase d'un projet plus global visant la construction d'un système-expert d'enseignement. Ce projet (ELECTRE) est mené par une équipe pluridisciplinaire composée de psychologues, d'un didacticien de la physique, et d'informaticiens spécialistes d'intelligence artificielle [1].

La réalisation de ce système passe par trois étapes :
- La simulation du fonctionnement cognitif des étudiants dans une classe de problèmes d'électricité.
- L'élaboration d'un système de diagnostic automatique permettant de caractériser l'architecture cognitive de l'étudiant «tout venant», à partir de ses réponses à un ensemble de problèmes.
- La réalisation de la composante «tutorielle» du système dont le but est de définir les interventions didactiques. Elle s'appuiera sur le diagnostic du fonctionnement cognitif, et nécessite l'explicitation d'une théorie psychologique de l'apprentissage.

L'instrument de formalisation, unique, que nous nous proposons d'adopter dans ces trois étapes est celui des systèmes-experts.

## 3.1. Les données expérimentales

Nous présentons ici l'analyse du fonctionnement cognitif d'étudiants dans une tâche simple de description de circuits électriques. D'un point de vue physique, ceux-ci sont de quatre types :
- des circuits «série» comprenant deux résistances;
- des circuits «parallèle» comprenant deux résistances;
- des circuits «parallèle-série» composés d'un montage en parallèle incluant un montage «série»;
- des circuits «série-parallèle» comprenant un montage en parallèle, plus un montage «série» d'une résistance.

La tâche des étudiants (10 étudiants de 1$^{er}$ cycle d'Université débutants en électricité) consiste à décrire, l'un après l'autre, 24 circuits relevant des quatre types ci-dessus. Nous donnons, à titre exemple, huit des circuits proposés.

Le principal résultat observé est une grande différence de réussite pour un même type physique de circuit, selon les caractéristiques géométriques des circuits. A titre illustratif, nous avons mentionné sur

M. Caillot, L.I.R.E.S.P.T., Paris VII
E. Cauzinille-Marmèche, Laboratoire de Psychologie Génétique, Paris V
J. Carnet, Laboratoire d'Informatique, Université de Rouen
J.L. Laurière, Laboratoire d'Intelligence Artificielle C.F. Picart, Paris VI
J. Mathieu, Laboratoire de Psychologie et Informatique, Université de Rouen
O. Paliès, Laboratoire d'Intelligence Artificielle C.F. Picart, Paris VI

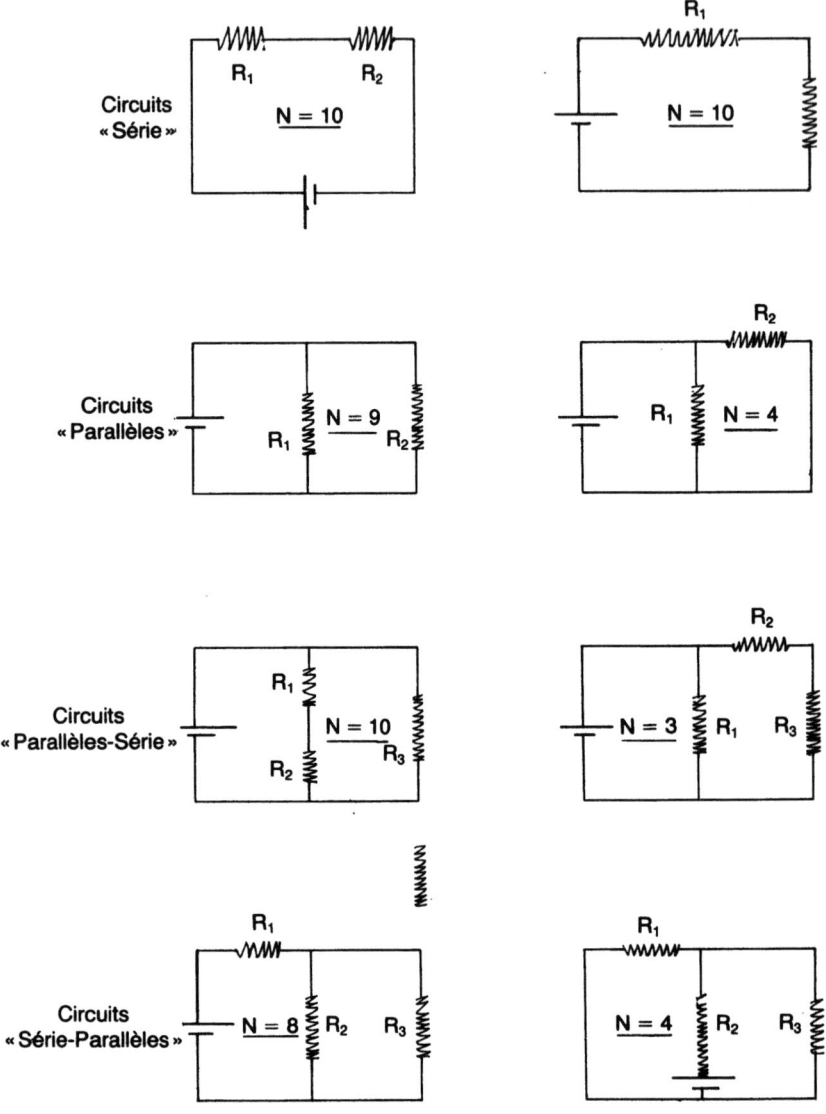

Fig. 1. Exemples des circuits présentés et nombre d'étudiants (total 10) qui font une description correcte.

la Figure 1 le nombre de réussites observées (le nombre d'étudiants qui décrivent correctement les circuits) sur 8 des circuits donnés.

### 3.2. Les hypothèses psychologiques sur les connaissances en jeu

Pour interpréter les descriptions fournies par chacun des 10 sujets, à propos des 24 circuits, nous avons été amenés à distinguer deux types de connaissances :
- des connaissances spécifiques, liées au domaine conceptuel de l'électrocinétique ;
- des méta-connaissances générales, qui gèrent et contrôlent l'ordre de parcours de ces connaissances spécifiques.

*Les connaissances spécifiques liées au domaine*

Ce sont les connaissances que le sujet utilise pour décrire les circuits électriques.

Nous avons distingué quatre types de connaissances, du point de vue de leur représentation, et de leur utilisation : les prototypes, les définitions conceptuelles, les procédures, et les heuristiques de simplification.

*Les prototypes*

Ils sont très spécifiques et peuvent aisément être représentés sous forme imagée ou iconique.

Soit, par exemple, une définition prototypique du concept de « montage en série de deux résistances »

    2 résistances sont montées en série
    si aucun nœud ne sépare les 2 résistances
    et si elles sont *alignées*.

Exemple de représentation imagée :

Contre-exemple :

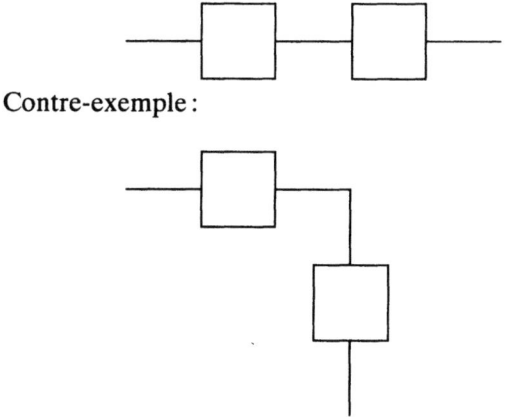

L'enseignement contribue à la formation de tels prototypes, puisque les concepts physiques sont très fréquemment illustrés par certains schémas types (Caillot, 1983).

### Les définitions conceptuelles

Elles n'ont pas l'aspect spécifique des prototypes. Elles sont moins liées à des contextes précis, et pourront s'appliquer à des classes de problèmes plus larges. Ce sont des cadres qui contiennent des variables. Ils ne seront particularisés qu'au moment de la résolution de problèmes. Ces cadres peuvent être représentés sous forme propositionnelle. Ils n'ont pas nécessairement de correspondant imagé.

La définition d'un «montage en série de 2 résistances» pourra être exprimée sous la forme suivante :

2 résistances sont montées en série
si aucun nœud ne sépare les deux résistances

### Les procédures

Aux cadres essentiellement déclaratifs définis ci-dessus (prototypes et définitions), peuvent être attachées des connaissances procédurales : algorithmes de calcul, règles d'action (telle que remplacer 2 résistances par une résistance équivalente)...

### Les heuristiques de simplification

Ces heuristiques, liées au domaine conceptuel, fixent les contextes dans lesquels certains éléments du circuit peuvent être négligés (par exemple, négliger un fil s'il ne comporte pas de résistance). Dans certains cas, les heuristiques de simplification consistent à supprimer certaines des contraintes qui caractérisent les prototypes ou les définitions (par exemple, supprimer la contrainte «aucun nœud ne sépare les 2 résistances», dans la définition d'un montage en série de 2 résistances). L'application d'une heuristique de simplification conduit donc à une nouvelle représentation du problème.

### Les méta-connaissances stratégiques

Ce sont des connaissances sur les connaissances spécifiques, et sur leur utilisation en fonction du contexte du problème posé, et de l'étape en cours dans le déroulement du processus de résolution.

Parmi elles, on peut distinguer :

- des méta-connaissances qui concernent l'activation des connaissances spécifiques, et définissent l'ordre de parcours des différents types de connaissance (par exemple, parcourir d'abord les prototypes, puis les définitions conceptuelles);

- des méta-connaissances proprement stratégiques qui définissent les heuristiques de résolution, guident le choix des représentations successives du problème, contrôlent le processus de résolution (par exemple, l'heuristique générale du type « tenter d'assimiler le problème posé à un problème connu », ou bien, « essayer de simplifier ou de décomposer le problème »...).

### 3.3. La formalisation de la théorie psychologique par un système-expert

La formalisation de nos hypothèses psychologiques a été réalisée en adaptant (Paliès, 1985 et Paliès, Cauzinille-Marmèche, Caillot et Mathieu, 1985) le moteur d'inférence Snark de J.L. Laurière (Laurière, 1986).

Snark présentait a priori plusieurs avantages:

- Le langage de Snark est défini par des objets et des relations entre objets. Ainsi un circuit électrique est décrit par des objets (résistances, fils, générateur...) et des relations entre ces objets (X à côté de Y, X aligné avec Y...). La représentation des connaissances sous forme de réseaux sémantiques est donc aisée.

- Snark est un langage construit autour de la notion de variable et autorise la formalisation d'expressions quantifiées universellement ou existentiellement. On peut ainsi exprimer des propositions du type « quelles que soient deux résistances, s'il existe un nœud entre elles... ».

Néanmoins, la stratégie d'inférences du moteur Snark a dû être adaptée, le parcours et le déclenchement des règles ne s'opérant, à l'origine, qu'à partir de critères syntaxiques (nombre d'actions des règles, nombre de variables libres, nombre de conditions dans les règles) et non d'après des critères sémantiques. Autrement dit, toutes les connaissances étaient considérées comme un ensemble uniforme, où chaque entité joue le même rôle.

L'adaptation proposée permet désormais au moteur de sélectionner les règles de la base de connaissances sur des critères sémantiques, grâce à une organisation des connaissances en « paquets »: le paquet des prototypes, le paquet des définitions, le paquet des méta-connaissances stratégiques... Au début du processus de résolution, seules certaines règles sont parcourues: les règles du paquet « Tous » qui contiennent notamment les méta-connaissances stratégiques. Les autres règles ne sont examinées qu'à la demande, en fonction des règles du paquet « Tous » qui sont activées à un moment donné.

Snark ainsi modifié permet à l'heure actuelle de simuler le fonctionnement cognitif des sujets, tel que nous l'avons conçu sur des bases psychologiques. Les connaissances sont organisées en réseaux sémantiques, les connaissances n'ont pas toutes le même rôle dans le fonctionnement cognitif, le système simule les changements de représentation au cours de la résolution, en fonction du problème posé, le système rend compte de façon adéquate de l'ensemble des réponses données par les dix sujets dans la tâche de description qui leur était proposée. Les différences interindividuelles se traduisent simplement par des différences au niveau des connaissances de chaque sujet, et non au niveau des méta-connaissances, supposées générales.

## 4. Conclusion

Dans la formalisation que nous avons proposée des connaissances du sujet, et de son fonctionnement cognitif, nous avons pris en compte trois aspects essentiels : l'organisation des connaissances, l'accès aux connaissances, le raisonnement.

Dans la recherche prise comme exemple, nous avons distingué deux niveaux de connaissances : les connaissances spécifiques au domaine conceptuel, et des méta-connaissances stratégiques d'activation de ces connaissances spécifiques. Cette séparation en niveaux reprend des idées classiques tant en psychologie (Piaget, 1974; Flavell, 1979) qu'en intelligence artificielle (Pitrat, 1983).

Nous avons formalisé l'organisation des connaissances à chaque niveau par des relations entre objets, des règles de production, des groupements de règles (ou paquets). Cette formalisation est bien adaptée à une représentation propositionnelle des connaissances. Elle est par contre insuffisante pour exprimer des représentations analogiques (iconiques par exemple). Pour ce faire, des techniques de reconnaissance de formes devraient être introduites.

L'activation des connaissances est contrôlée par des méta-connaissances qui déterminent, selon le contexte du problème, et l'étape en cours de la résolution, quel paquet de règles activer, quelles heuristiques essayer pour modifier la représentation du problème... Ce contrôle des inférences par méta-connaissances permet ainsi de simuler des raisonnements de logique non monotone, c'est-à-dire une base de faits en constante évolution. Ceci est évidemment proche de certaines formes de raisonnement humain, où il y a exploration de différentes possibilités, où le raisonnement conduit à plusieurs conclusions vraisemblables, où la représentation du problème évolue...

Il reste bien sûr à évaluer la généralité de l'architecture cognitive et du fonctionnement cognitif proposés dans cette formalisation. Le projet est de tenter d'utiliser cette même formalisation pour rendre compte de données expérimentales portant sur des tâches différentes et relevant d'autres domaines conceptuels.

Par ailleurs, nous n'avons pas abordé jusqu'alors la question de la formalisation de l'apprentissage, par manque de données expérimentales d'abord, par manque de théorie explicite de l'apprentissage ensuite. Il nous semble cependant que les processus fondamentaux d'apprentissage, généralisation/discrimination, apprentissage par analogie, prise de conscience... devraient pouvoir être introduits au niveau des métaconnaissances du système, celui-ci disposant déjà par ailleurs de la possibilité de supprimer ou d'ajouter des objets, des règles, donc de créer de nouvelles connaissances.

# Chapitre 7
# Qu'apportent des modèles de simulation à la compréhension des problèmes de partition chez l'enfant de 4 à 7 ans?

Claude BASTIEN, Annie DESPRELS-FRAYSSE,
Aline PELISSIER, Paule-Marie PINELLI

## 1. Introduction

Notre contribution vise à préciser les apports d'une étude des formes de résolution de problèmes de classification en termes de processus formalisés, à la compréhension des étapes et des processus du développement dans le domaine considéré. A partir des variations de fonctionnement présentées par des enfants de 3 à 8 ans placés dans diverses situations de «classification» (tris d'objets variés, partitions obligées, produits, complémentation, Alves De Oliveira, 1980; Bastien, 1982; Desprels-Fraysse, 1983, 1984; Pinelli, 1978), nous tentons une articulation de deux approches:

- celle qui consiste à décrire et à comprendre le développement ontogénétique; il s'agit de reconnaître des procédures, d'établir la manière dont elles s'organisent et de leur donner une signification plus générale dans l'évolution;

- celle qui consiste à dégager une axiomatique pour l'étude des chroniques (on entend par chronique l'organisation de la succession temporelle des actes des sujets en situation (Asher, 1981)) observées dans diverses situations de partition.

L'articulation des deux approches nous a permis de repérer des types de fonctionnement constituant des étapes dans le cours du développement. Nous indiquerons d'une part quelques questions que cette démarche permet de poser et les premiers éléments de réponse obtenus, d'autre part nous évoquerons des problèmes ouverts, notamment ceux qui concernent les processus de passage entre étapes de l'évolution ontogénétique.

## 2. Modèles de fonctionnement

On considèrera que chacun des éléments «à classer» est défini par une suite de caractéristiques («grand, bleu, triangle, léger, ...»).

Les différents processus de traitement formalisés que nous proposons reposent sur la définition de trois types de procédures.

### *1.1. Procédures d'extraction*

Il s'agit des procédures qui extraient, de la suite des caractéristiques des éléments, la ou les caractéristiques considérées comme pertinentes. On distinguera deux types de procédures :

a) *Extraction a posteriori :* sur un couple d'éléments déterminé, la procédure sélectionne la première caractéristique commune rencontrée, ou l'ensemble des caractéristiques communes (intersection).

b) *Extraction a priori :* à partir d'un élément, la procédure sélectionne une ou plusieurs de ses caractéristiques.

### *1.2. Procédures de parcours des éléments non classés*

Il s'agit de procédures qui déterminent l'ordre de prise en considération des éléments à classer. Outre les parcours non systématiques (épuisements partiels ou totaux qui ne reposent pas sur un ordre spatial), on distinguera :

a) les parcours limités à *n* éléments (au moins deux) spatialement contigus;

b) les parcours exhaustifs.

### *1.3. Procédures de gestion de l'ensemble d'arrivée*

On distinguera les procédures :

a) qui gèrent successivement l'une après l'autre les parties (ou classes) constituant l'ensemble de la partition;

b) qui gèrent simultanément plusieurs classes de l'ensemble d'arrivée comportant un nombre de classes qui peut se modifier en cours de résolution.

On pose qu'à l'intérieur de chacun de ces types les procédures sont ordonnées par un ordre de complexité croissante. Cette considération, jointe aux contraintes intrinsèques inter-procédures, permet de définir 6 processus de traitement (cf. Figures).

- *Le modèle I* est un modèle minimal. Il ne fait intervenir qu'une procédure d'épuisement des éléments sans prise en considération de leurs caractéristiques. Il correspond au comportement des jeunes enfants pour lesquels «ranger», «mettre ensemble ce qui va ensemble» consiste à tout mettre dans une boîte, dans un tiroir, dans sa poche.

- *Le modèle II* est caractérisé par un parcours limité à deux éléments contigus dont on extrait a posteriori la caractéristique commune sans que cette extraction influence la suite du processus. On génère ainsi des catégorisations par couples du type de celles qu'a décrites Wallon (1941).

- *Le modèle III* repose sur l'extraction a posteriori de la caractéristique commune aux éléments d'un premier couple. Mais cette caractéristique est conservée dans la suite du processus qui fait alors intervenir un parcours exhaustif qui permet de constituer une classe complète définie par cette caractéristique. On a là l'amorce de l'abstraction d'une propriété, cette même propriété étant reconnue progressivement dans les autres éléments restants.

- *Le modèle IV* fait intervenir la procédure a priori d'extraction des caractéristiques et la procédure de parcours exhaustif des éléments. Il s'agit là d'un processus classique de tri «par partie» décrit par la psychologie cognitive comme le maintien d'une propriété (co-rouge ou co-triangle, Desprels-Fraysse, 1980; Pieraut-Le Bonniec, 1972). C'est également ce processus qu'on observe dans la résolution de problèmes de complémentation chez les enfants de 6-7 ans et que nous avons appelé «stratégie par partie» (Bastien, 1984).

Ces quatres premiers modèles ne gèrent que des ensembles d'arrivée à une seule partie. Les deux derniers modèles sont caractérisés par l'intervention d'une procédure qui gère simultanément plusieurs parties dans l'ensemble d'arrivée (boucles indicées $j$ dans les figures).

- *Le modèle V* consiste à extraire a priori l'ensemble des modalités d'une dimension particulière et donc à construire a priori l'ensemble d'arrivée (par exemple: «un carré, un triangle, un rond»). Une procédure de parcours exhaustif permet alors de «ranger» les éléments au fur et à mesure qu'ils sont pris en considération. Ce modèle correspond au comportement de classification selon une dimension exclusive (dans lequel l'enfant peut d'ailleurs commencer par déterminer le nombre de boîtes nécessaires: «là je mettrai les triangles, là les ronds, ...»).

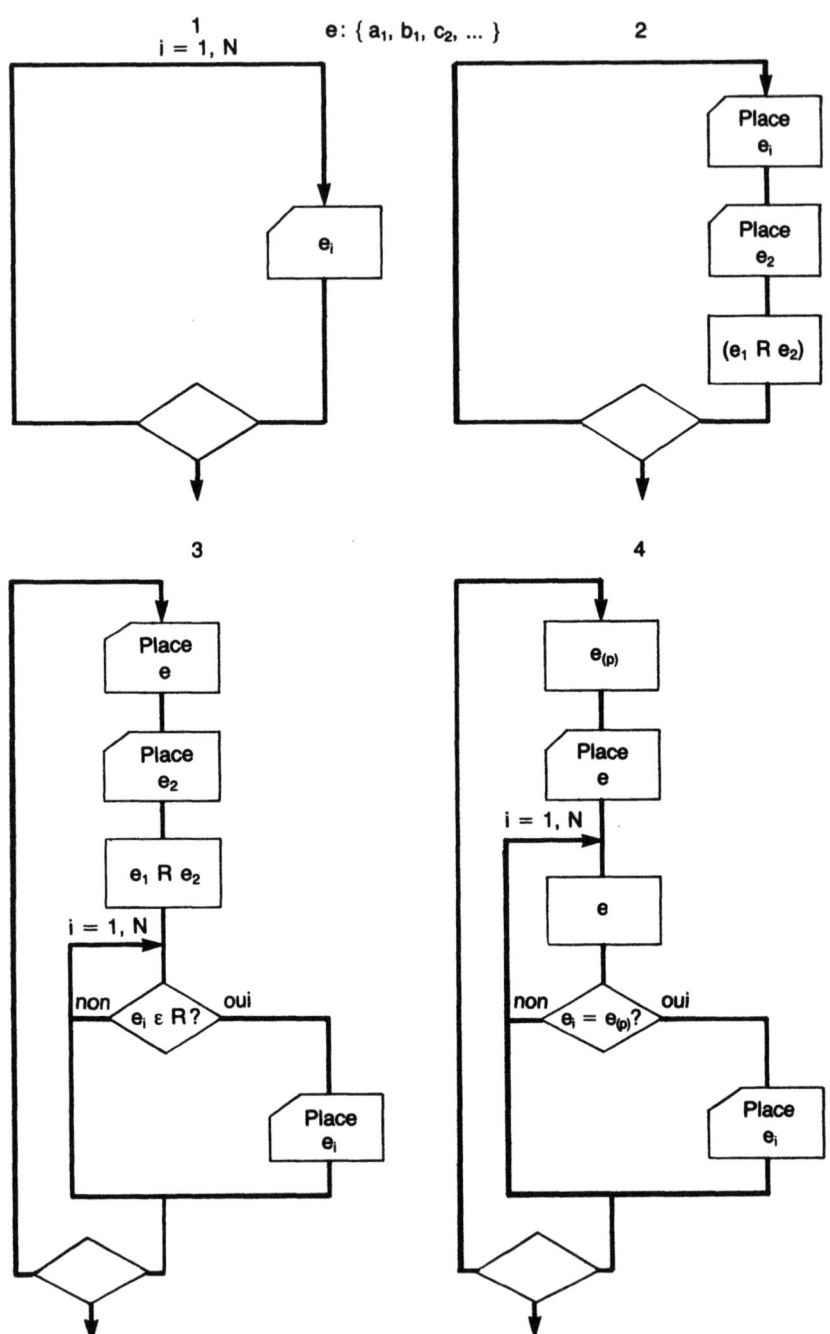

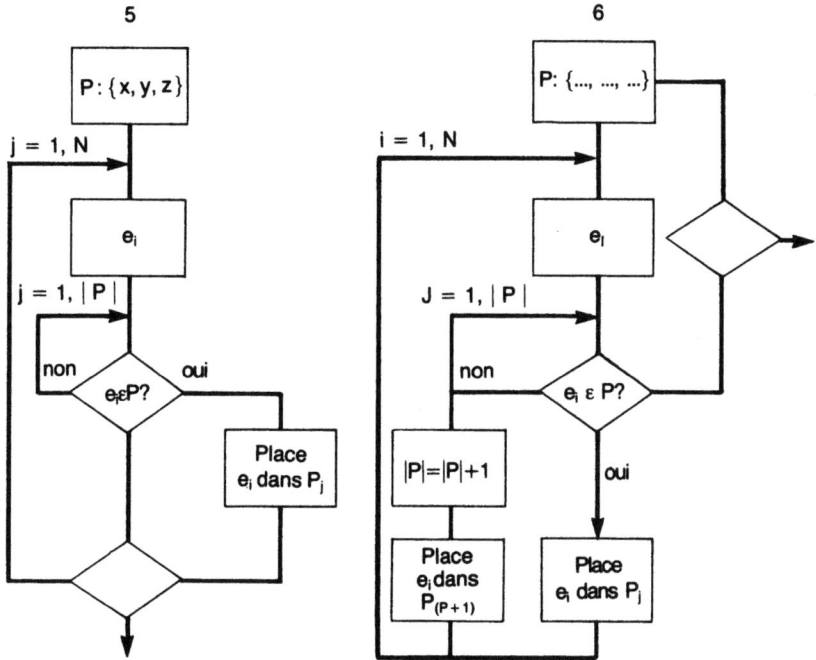

Cette détermination a priori de l'ensemble des modalités d'une dimension présentes dans le matériel joue, par ailleurs, un grand rôle dans la résolution des problèmes de produits d'ensembles ou dans la résolution des problèmes qui font intervenir des opérations sur les parties (notamment les problèmes d'intersection qui sont généralement traités comme des problèmes de partition).

- *Le modèle VI* enfin fait intervenir les mêmes procédures que le précédent. Mais il s'en distingue en ce qu'il fait appel à un ensemble «virtuel» de parties. Cet ensemble est non seulement susceptible de s'accroître (augmentation du cardinal) en cours d'exécution mais peut aussi être restructuré. Il s'agit donc d'un modèle «plastique». La mise en évidence d'un processus de ce type dans le traitement réalisé par les sujets ne peut être obtenue qu'à partir d'un matériel comportant un grand nombre d'éléments et un nombre important de dimensions et de modalités.

D'une façon générale, on remarquera que la suite des modèles est déterminée à chaque pas par l'intervention d'une procédure plus complexe, d'abord dans les procédures d'extraction puis de parcours, enfin de gestion de l'ensemble d'arrivée.

On notera par ailleurs que chaque processus, à un moment donné de son déroulement (marqué dans les figures par un losange vide), peut être abandonné au profit d'un autre processus.

Il est clair que des comportements conformes à ces modèles algorithmiques ne sont observables que sur des cas particuliers avec des matériels déterminés. Mais ils servent aussi de guide pour l'analyse des protocoles observés dans des situations plus complexes. On notera d'ailleurs qu'on trouve des propositions analogues dans le cadre de Systèmes de Production. Il en est ainsi par exemple des trois types de «labels» évoqués par Nguyen-Xuan (1982):
- à l'«organisation des objets en classes (X/Y)» correspond notre modèle VI;
- à «l'organisation des objets en collections ((X) (Y))» correspondent nos modèles III et IV;
- à «l'organisation des objets en individus singuliers» correspondent nos modèles I et II.

Cette référence marque bien d'ailleurs ce que peut apporter et ce que ne peut pas apporter une formalisation en termes de Système de Production. Une telle formalisation permet en particulier de rendre compte de façon explicite du système de représentation dont on fait l'hypothèse qu'il est celui du sujet. Il est clair que cet aspect important du problème n'est pas pris en charge par la modélisation que nous proposons et que c'est là un axe de son développement futur. Mais elle ne permet pas de rendre compte — alors que c'était là notre objectif — de l'effet produit par les contraintes de la situation (nombre et disposition spatiale des éléments, par exemple) qui nous paraissent relever de la mise en œuvre de procédures algorithmiques, en particulier en ce qui concerne l'exploration du matériel et le contrôle des séquences d'action.

## 3. Limites du modèle et perspectives

On sait combien les tâches de classification ont été étudiées en Psychologie génétique et on pouvait penser que l'élaboration de modèles de simulation dans ce domaine n'apporterait pas grand-chose. Mais dans la mesure où ces modèles visent à étudier «pas à pas» l'activité du sujet, ils permettent d'analyser directement en termes de fonctionnement les comportements observés. On peut ainsi montrer que, pour nombre de situations, nos modèles IV et VI, par exemple, aboutissent exactement à la même performance finale mais que cette dernière est générée par deux systèmes de traitement très différents, notamment du point de vue du contrôle cognitif exercé dans un cas et dans l'autre. Mais bien des aspects de l'activité cognitive humaine, en particulier sa dimension évolutive caractérisée par Piaget (1975) comme résultant d'un processus «d'équilibration majorante», ne peuvent pas actuellement être pris en compte. Ce n'est pas le moindre mérite des modèles de simulation que de pouvoir dégager de façon explicite ce qui peut constituer la spécificité du fonctionnement humain.

*Organisation organisée, organisation organisante*

Les modèles proposés présentent des variations des procédures d'extraction. Cela soulève les questions du comment et du pourquoi. Comment l'enfant passe-t-il de la comparaison de deux objets isolés (spatialement et temporellement) du modèle II, à la possibilité de maintenir une relation établie par comparaison de deux objets du modèle III ?

Comment ensuite peut-il disposer de la possibilité de «percevoir» dans le matériel proposé, non pas des objets mais des propriétés (modèle IV) ?

Enfin, comment peut-il organiser ces propriétés sur une dimension d'abord (modèle V) puis sur plusieurs (modèle VI) ?

Une part importante des travaux de Psychologie génétique s'est centrée sur cette genèse de l'utilisation de relations fonctionnelles (corrélats de Spearman, 1923; Progressive Matrices de Raven, 1938; comportements de couples, Wallon, 1941; genèse des comportements de classification, Piaget, 1959, 1975; Piaget, Grize, Seminska et Vink-Bang, 1968). Piaget fait l'hypothèse d'un processus d'intériorisation progressive qui permet à l'enfant de passer de l'utilisation d'une liaison locale entre objets, à l'abstraction d'une propriété abstraite des objets (d'abord orientée puis réversible), puis à la possibilité de coordonner ces relations (étapes de prise de conscience, 1974). Bien que l'étude des liaisons, fonctions et relations soit ancienne, de nombreux points restent obscurs.

La possibilité d'insérer ces différents niveaux d'utilisation de relations fonctionnelles dans des modèles d'Intelligence Artificielle qui simulent l'activité réelle de l'enfant peut permettre d'approcher un problème posé par Paillard (à paraître) dans une perspective neurophysiologique.

Le passage à un niveau supérieur d'intégration, qui se traduit par une organisation plus efficiente, suppose la destruction d'informations qui, dans le niveau considéré, cessent d'être pertinentes. Ainsi, si vers

4 ans, l'enfant peut agir comme le montre la simulation du modèle III, il ne peut réussir (contrairement à l'ordinateur) que dans des situations où le nombre d'éléments et le nombre de leurs propriétés sont très limités (l'enfant réitère alors un processus d'identification d'objet à objet) (Pieraut-Le Bonniec et Van Meter, 1976). Tous les comportements de classification précoce semblent relever de ce processus. Le nombre d'informations qu'il convient de fournir au programme (modèle III) qui conduira jusqu'à son terme la «classification» avec des matériels variés peut permettre d'approcher ce type de contrainte. L'impossibilité de l'enfant à gérer un très grand nombre d'informations se traduit par une auto-organisation majorante (ici coordination d'objets semblables, coordination de propriétés, coordination de dimensions, marquées dans les variations de la procédure d'extraction).

La possibilité d'étudier systématiquement, en les insérant dans une ligne évolutive, le rôle de contraintes situationnelles pour la résolution, à la fois par un modèle formalisé et par des enfants, peut mettre en évidence leurs articulations possibles et leurs différences fondamentales. Cela devrait conduire à l'élaboration d'un modèle plus précis qui indiquerait le degré de pertinence de certaines variables situationnelles (contraintes spatiales, temporelles, contraintes liées aux types de propriétés des objets, ...).

Les modèles inspirés de l'Intelligence Artificielle que nous sommes capables d'élaborer actuellement sont partiellement aptes à traiter de façon explicite cette question. Ils nous paraissent également susceptibles de pouvoir rendre compte, et ce n'est pas négligeable, des changements de stratégies des enfants en cours de résolution quand ces stratégies sont simultanément disponibles. Mais reste à trouver l'axiomatique qui permette d'aborder avec précision la question essentielle de l'émergence de comportements nouveaux qui traduisent un changement d'organisation dans la ligne évolutive de l'enfance.

# PARTIE II
# MEMOIRES ARTIFICIELLES ET MEMOIRE NATURELLE

# Chapitre 8
# Intelligence, mémoire et artifice

Guy TIBERGHIEN

## 1. Introduction

Les apports de l'Intelligence Artificielle (IA) et de l'Automatique à la psychologie de la mémoire ne se situent évidemment pas tous sur le même plan et n'ont pas tous la même portée. Je commencerai donc par simplifier quelque peu mon propos en ne consacrant qu'une place modeste aux apports de l'Automatique à la psychologie de la mémoire. Certes ces apports sont manifestes mais ils sont souvent indirects et relativement peu spécifiques (Apter et Westby, 1973; Hogan, 1983). La psychologie de la mémoire a ainsi, comme d'autres secteurs de la psychologie, largement bénéficié des possibilités technologiques offertes par l'informatique pour l'analyse des données expérimentales, l'expérimentation interactive, la modélisation ou l'enregistrement et le traitement de nouveaux paramètres comportementaux (comme les points de fixation du regard, par exemple). De plus l'utilisation de systèmes largement automatisés a permis aux psychologues d'intervenir dans les interactions homme-machine (Card, Moran et Newell, 1983), dans certains programmes d'éducation (Enseignement assisté par ordinateur, par exemple) ou de ré-habilitation (prothèses «cognitives»). Je me fixerai ici un objectif plus limité et je ne discuterai donc que des seuls apports de l'IA à la psychologie de la mémoire.

Analyser les apports de l'IA à la psychologie de la mémoire n'est pas aussi évident qu'il peut paraître au premier abord. Afin d'y parvenir il faudrait, tout à la fois, être en mesure de définir l'intelligence et de définir avec précision ce que l'on entend par «artifice». Afin de réduire la difficulté, si tant est que cela soit possible, je me permettrai de formuler deux remarques liminaires dont je ne dissimulerai pas le caractère de parti pris épistémologique :

a) Tout d'abord il m'apparaît quasiment impossible de décrire une activité humaine complexe qui ne mette pas en œuvre, d'une façon ou d'une autre, telle ou telle fonction mnésique, que celle-ci soit d'encodage, de conservation ou de récupération de l'information. De ce point de vue j'ai donc tendance à penser que la mémoire est la forme même de la cognition et qu'il est sans doute impossible de rendre compte des activités cognitives, ou de les simuler, sans disposer d'une théorie de la mémoire.

b) Si l'on considère ensuite que tout système organisé est d'une certaine façon un artifice, comme le suggère Simon (1974) par exemple, le thème de cet ouvrage perdrait sans doute tout son sens. En effet, si rien de fondamental ne différencie les systèmes naturels vivants des systèmes artificiels, on ne verrait plus pour quelle raison il serait nécessaire, et utile, de s'interroger sur les apports de l'IA à la psychologie. Nous nous trouverions en présence d'une seule science, la «Science de l'Artificiel». Pour ma part j'ai encore tendance à penser que les systèmes vivants présentent quelques différences structurelles et fonctionnelles par rapport aux systèmes construits, y compris ceux qui l'ont été afin d'en simuler le comportement (Andler, 1984).

Ma première remarque signale que la mémoire a été l'un des lieux d'interaction privilégiée entre l'IA et la Psychologie. La seconde de mes remarques signifie que la psychologie n'a pas à se laisser imprégner passivement par la recherche en IA mais qu'elle doit en permanence apprécier, de façon critique, le degré de pertinence théorique et le degré de validité empirique de cette influence extérieure à son propre champ d'investigation (Morton, 1981; Tiberghien, 1986).

## 2. L'informatisation de la mémoire humaine

L'apport le plus important de l'IA à la psychologie de la mémoire est incontestablement de nature conceptuelle. Les travaux conduits dans le domaine de l'IA ont largement contribué au développement d'une nouvelle forme de synthèse entre les fonctions psychologiques traditionnelles. Vers la fin des années cinquante en Amérique du Nord, un peu plus tard dans notre propre pays, il devint de plus en plus évident que la mémoire ne pourrait plus être étudiée comme une fonction psychologique séparée et autonome. Dès lors son fonctionnement n'est plus isolé de celui d'autres processus, de nature perceptive ou inférentielle, dans une architecture hiérarchisée et soumise à l'atteinte de buts définis. La mémoire n'est qu'un certain état, peut-être même un certain point de vue, dans un système de traitement continu de l'information. Là où la psychologie behavioriste et néo-behavioriste ne voyait que stimulus et comportement, de nombreux psychologues fortement impressionnés par le développement irrésistible de l'informatique ne voient plus qu'information et traitement de l'information (Heinen, 1980).

Toutefois si le concept d'information peut être défini de façon strictement opérationnelle, dans son milieu d'origine, une telle simplicité opératoire est loin d'être atteinte en psychologie. Si tout est information il devient alors de la plus grande importance de dégager les critères théoriques et opérationnels qui permettent de savoir précisément ce qui distingue, par exemple, l'information électronique de l'information génétique ou de l'information mnésique. La réponse que va apporter l'IA à cette question est que ce qui est commun à ces différents objets empiriques c'est leur structure logique. Ce point de vue n'est pas très différent de celui du positivisme logique. Wittgenstein (1961, p. 73) n'exprime sans doute pas une idée très différente quand il affirme: «Le disque de phonographe, la pensée musicale, les notes, les ondes sonores, tous se trouvent les uns par rapport aux autres dans cette relation interne de représentation qui existe entre le langage et le monde. La structure logique leur est commune à tous». La psychologie de la mémoire, vers le milieu des années soixante, va donc devenir une psycho-logique, et même une psycho-logique booléenne! Or logique et langage entretiennent des relations tout à fait privilégiées et il n'est pas très surprenant d'observer que les faits de mémoire qui vont dès lors attirer l'attention seront essentiellement de nature sémantique, conceptuelle et propositionnelle. On comprend également la quête opiniâtre des unités mnésiques élémentaires: proposition, nœud, trait, sème, mème... ou sémème! Les entités invoquées sont nombreuses mais ne parviennent toujours pas à atteindre l'élégante simplicité résultant de la présence ou de l'absence d'une simple tension électrique. Au fond l'information, en psychologie, ressemble beaucoup au «complexe de qualités» de l'empiro-criticisme dont la réalité matérielle ou immatérielle dépend en dernier ressort du seul point de vue de l'observateur (Lenine, 1909; Kolakowski, 1976). Ainsi la psychologie de la mémoire est, aujourd'hui, une psychologie de l'information. La question qui se pose est évidemment de savoir si l'utilisation du concept d'information ne dénote pas simplement un emprunt terminologique de nature strictement métaphorique.

## 3. Architecture informatique et architecture mnésique

Les systèmes artificiels de traitement de l'information symbolique possèdent deux propriétés tout à fait singulières qui ont exercé une profonde influence sur les constructions théoriques des psychologues de la mémoire. En effet les opérations mises en œuvre dans ces systèmes ont pour caractéristiques essentielles d'être modulaires et séquentielles. La quasi-totalité des modèles et sous-modèles de la mémoire reposent aujourd'hui sur ce double principe de «modularité» et de «séquentialité»: ce sont des modèles «spatiaux» (Roediger III, 1980; Watkins, 1981). En d'autres termes, la mémoire est conçue comme un ensemble de sous-systèmes autonomes, ayant leurs propres lois de fonctionnement, n'opérant que sur les produits d'autres sous-systèmes et cognitivement «pénétrables», c'est-à-dire influencés par les buts, intentions et croyances de l'individu (Pylyshyn, 1980; Miller, 1981). Le prototype le plus connu de cette classe de modèles est incontestablement le système général de la mémoire humaine imaginé par Atkinson et Shiffrin (1968). Leur construction mime, au sens propre du terme, l'architecture des grands systèmes informatiques contemporains: l'analyse sensorielle est assimilée au fonctionnement des organes périphériques de saisie de l'information de nos ordinateurs, la mémoire à court terme est réduite à la mémoire «tampon» des systèmes informatiques et, enfin, la mémoire à long terme est assimilée à l'unité de stockage permanent de l'ordinateur (Fig. 1a, 1b). Le caractère modulaire et séquentiel d'une telle élaboration théorique est évident et cela ne laisse que très peu de place aux relations de court-circuit et d'interaction. A la limite un tel système peut être défini comme une simple série récurrente au sens algébrique du terme. Le caractère linéaire de ce modèle était si évident que ses auteurs ont senti la nécessité d'en augmenter sensiblement l'interaction en postulant un processus de contrôle, «chef d'orchestre», «moteur» ou «démon», capable d'agir à tous moments et simultanément sur l'ensemble des processus de traitement de l'information. Il faut admettre toutefois qu'un nombre considérable de modèles de la mémoire, élaborés au cours des deux dernières décennies, reposent sur les mêmes fondations (Fig. 1c). Que l'on songe, par exemple, au modèle de la mémoire à court terme proposé par Sternberg (1969, 1975) ou, plus récemment, au modèle de vérification des assertions et des implications du langage (VAIL) proposé par Singer (1981, 1984). L'analogie informatique peut même engendrer des constructions audacieuses, compte tenu de notre niveau actuel de connaissances empiriques. C'est le cas, par exemple, du parallèle suggéré récemment par Loftus (1983) entre les propriétés du cerveau humain et celles d'une banque de données.

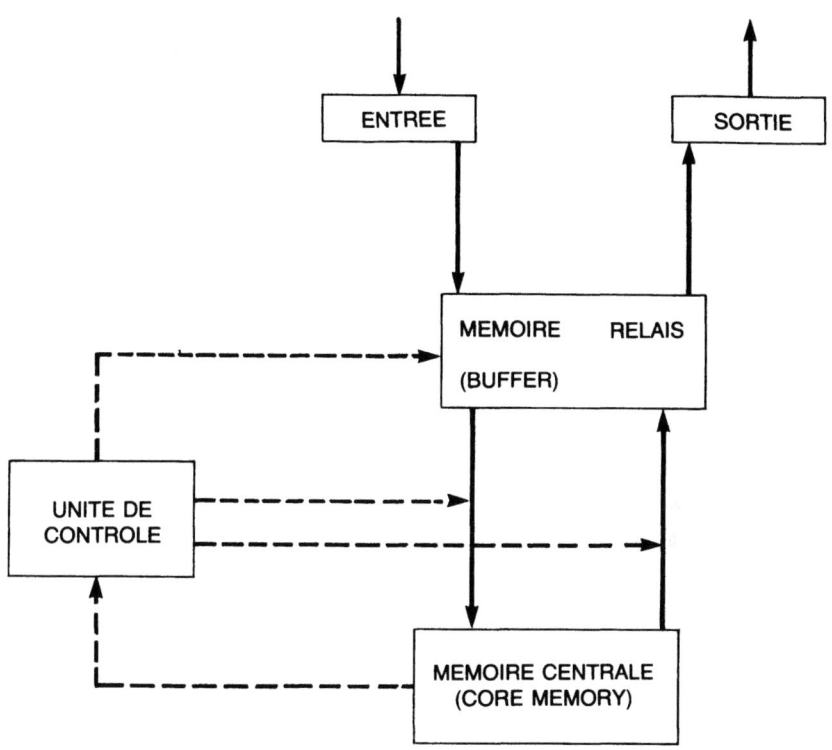

Il faut reconnaître bien sûr qu'une vision, un peu schématique, du «matériel» et du «logiciel» humains (Blackmore, 1981; Newbold, cité in Packard, 1978) a sans doute fait son temps. D'ailleurs, et pour être tout à fait juste, il faut souligner qu'aussi bien Atkinson que Shiffrin ont depuis largement modifié leur première formulation. Le premier ne parle plus aujourd'hui d'unités modulaires de stockage indépendantes mais d'un seul système neurologique soumis à des phases d'activation différenciées. Quant à Atkinson il ne dissocie plus la mémoire à court terme de la mémoire à long terme mais considère maintenant que la première ne représente qu'une portion momentanément active de la seconde (Peterson, 1977). Cette évolution a sans doute été encore accentuée par le développement de la théorie des niveaux de profondeur du traitement de l'information (Craik et Lockhart, 1972; Craik et Tulving, 1975; Lockhart, Craik et Jacoby, 1976; Craik et Jacoby, 1979). Comme le déclarait récemment Craik (1983): «... il est probable que les théoriciens n'ont pas pris suffisamment en considération la nature dynamique et interactive de la mémoire. Les modèles de trai-

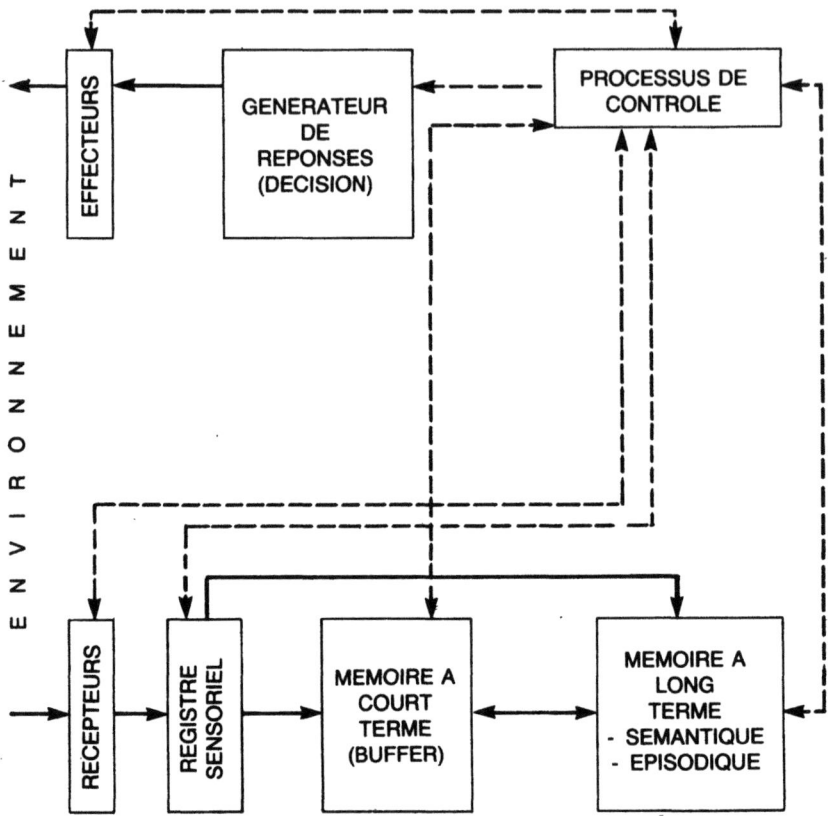

Fig. 1 a et b. Aspects structurels et fonctionnels de la métaphore informatique. En haut: organisation schématique d'un ordinateur. En bas: organisation hypothétique de la mémoire humaine (adapté de Apter et Westby, 1973; Atkinson et Shiffrin, 1968).

tement de l'information ont eu tendance à décrire le système 'au repos', ou de façon isolée, comme une entité ayant une existence séparée de ses activités». Bien sûr, quinze ans plus tard la critique est aisée, et sans aucun doute pertinente, mais il faut bien reconnaître que ce mimétisme structurel de la fin des années soixante a exercé, globalement, une influence largement positive sur l'orientation des recherches (J.R. Anderson, 1983). En particulier cette période a eu le mérite de démontrer qu'il était peut-être vain de vouloir expliquer l'ensemble des faits expérimentaux à l'aide du concept général de mémoire et qu'il y avait tout intérêt à analyser précisément l'interaction

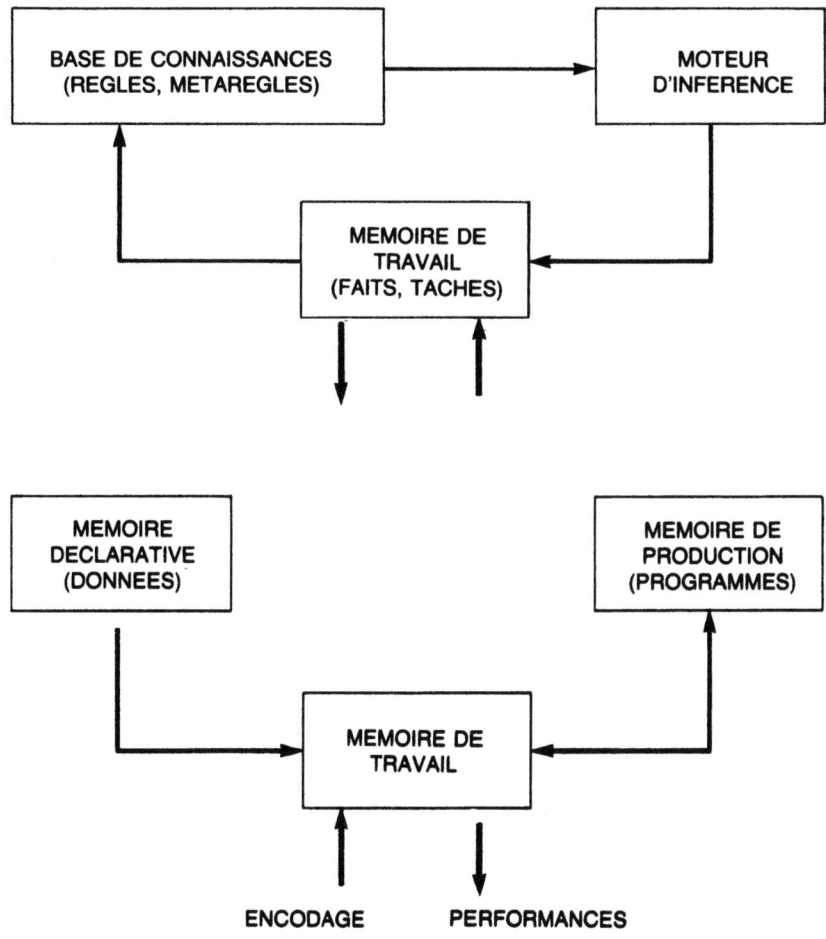

Fig. 1 c. Aspects structurels et fonctionnels de la métaphore informatique. En haut : organisation schématique d'un système expert. En bas : organisation schématique de la théorie Act* du contrôle adaptatif de la pensée (adapté de Laurière, 1984 ; Anderson, 1983).

entre les sous-processus de perception, d'encodage, de maintenance, de récupération et de décision qui contribuaient tous à l'acte de re-mémoration. De tels modèles, s'ils sous-estimaient incontestablement les possibilités de contrôle intentionnel, ont cependant créé les conditions de son analyse ultérieure. Toute cette mécanique complexe, et largement métaphorique, a quand même permis de déboucher très rapidement sur le concept fructueux de mémoire opérationnelle et sur une étude approfondie des stratégies d'encodage et des procédures de récupération. Il est toutefois incontestable que ces premières influences ont conduit à minimiser les possibilités de traitement de l'information «en parallèle» qui caractérisent sans doute notre mémoire naturelle si on la compare aux mémoires artificielles. Ce problème est au cœur des projets actuels de l'IA et les ordinateurs de la «cinquième génération» seront sans doute composés de plusieurs unités centrales fonctionnant en parallèle (Pylyshyn, 1982; Garfield, 1983 a, b; Livet, 1984). La réalisation d'un tel programme est une condition essentielle mais peut-être non suffisante de la simulation artificielle de certaines activités psychologiques complexes qui ont, d'ores et déjà, été expérimentalement mises en évidence. C'est ainsi, par exemple, que des recherches récentes portant sur le processus de référence anaphorique ont montré que l'individu peut intégrer très rapidement, et sans doute en parallèle, des informations mnésiques à court terme relatives à l'information antécédente, des informations mnésiques à moyen terme relatives au thème général du discours et des informations à long terme concernant sa connaissance du monde (Garrod et Sanford, 1983).

Enfin, d'un point de vue plus strictement méthodologique, les postulats, dérivés de l'informatique, concernant l'aspect modulaire et séquentiel des processus psychologiques ont incontestablement incité de nombreux psychologues à privilégier la latence comme indicateur des réalités hypothétiques qu'ils étaient censés étudier. Une telle influence a vraisemblablement largement contribué à redonner une nouvelle jeunesse à la vénérable méthode additive proposée par Donders (1868). Les travaux de Sternberg et les polémiques qu'ils ont suscitées ont là aussi très rapidement remis en cause la simplicité rassurante du modèle linéaire et démontré l'intérêt des hypothèses interactionnistes. Il faut remarquer ici que les recherches en IA peuvent, à y regarder de près, remettre en cause l'idée confortable selon laquelle il y aurait une relation simple et transparente entre la latence d'un comportement et la complexité «computationnelle» des opérations qui l'ont déterminé (Pylyshyn, 1980).

### 4. Représentation informatique et représentation mnésique

La diffusion des concepts informatiques que nous avons analysée précédemment a exercé une influence beaucoup plus profonde sur la conception d'ensemble de la mémoire humaine, sur son architecture, que sur la conception fine de la nature et de l'organisation des informations mnésiques. Le développement impressionnant des systèmes artificiels de consultation de données et de résolution de problèmes va exercer une influence décisive sur les théories psychologiques de la représentation et de l'organisation des informations mnésiques élémentaires. Certes l'influence de l'IA sur la psychologie de la mémoire n'a été ni uniforme ni systématique. La solution de certains problèmes psychologiques — comme celui des différences observées entre l'évocation et la recognition — doit très peu de choses à l'IA (Tiberghien, Cauzinille, Marmèche et Mathieu, 1979; Lecocq et Tiberghien, 1981; Schank, 1982b; Tiberghien et Lecocq, 1983). De même il existe de nombreux travaux en IA (comme certains systèmes de reconnaissance de formes) qui vraisemblablement n'exercent qu'une influence faible, voire nulle, sur la solution de certaines énigmes psychologiques — comme la reconnaissance mnésique de visages, par exemple (Tiberghien, 1983). Cependant la nécessité de pouvoir stocker des quantités de plus en plus grandes d'informations, de les récupérer rapidement avec le maximum de pertinence à l'égard des problèmes à résoudre ainsi que les contraintes linguistiques du dialogue homme-machine vont conduire les informaticiens et les ingénieurs à se poser des questions de plus en plus complexes concernant le choix des unités élémentaires d'information et les propriétés structurelles de leur organisation. Or les psychologues de la mémoire se posaient des questions très similaires à l'égard d'un tout autre objet: comment l'individu peut-il stocker un nombre aussi impressionnant d'informations? Comment celles-ci sont-elles représentées et organisées de façon permanente? Comment accède-t-il à ces informations dans les multiples situations de problème où il se trouve engagé? Comment utilise-t-il ces informations pour produire et comprendre le discours?

Depuis une dizaine d'années le flux d'interactions entre ces deux domaines, IA et psychologie, n'a donc fait que s'intensifier à tel point que certains y voient le creuset où est en train de s'élaborer une nouvelle science, la «Science Cognitive» (Kelemen, 1981). Si l'on peut être plus ou moins convaincu à l'égard d'un tel pronostic il est toutefois impossible de nier, ou de sous-estimer, l'importance heuristique de cette interaction entre les deux champs d'étude. Il suffit de parcourir certains manuels récents de psychologie pour constater immédiatement l'impact irrésistible des technologies informatiques et des langages de programmation sur la structure même des théories psychologiques de la mémoire humaine (Lindsay et Norman, 1980; J.R. Anderson, 1980, 1983). La possibilité de simulation de ces théories sur ordinateur a même tendance à devenir un nouveau critère de validation expérimentale. Un des modèles les plus influents de la mémoire humaine élaboré par Anderson (1976, 1983) et par Anderson et Bower (1983) est d'ailleurs complètement déterminé par les possibilités et les contraintes d'un langage de programmation permettant de traiter des structures de liste (LISP). Des informations perceptives de surface peuvent être réécrites (recodées?) en un langage propositionnel opérant sur des variables décomposables connectées par des relations et associations étiquetées. Au formalisme près, il n'y a pas, de ce point de vue, de différences fondamentales entre l'analyse de Kintsch (1974, 1976) et de Kintsch et Van Dijk (1978), traduisant les représentations mnésiques au moyen d'une liste structurée de propositions composées de prédicats (relations) et d'arguments et les réseaux sémantiques d'Anderson caractérisés par des concepts élémentaires inter-connectés par des associations étiquetées (bien que la première permette une meilleure formalisation du concept de prototype et la seconde intègre plus facilement le concept d'association contextuelle). La distinction classique entre connaissance «déclarative» et connaissance «procédurale» très représentative de cette classe de modèles, renvoie également à l'opposition bien connue des informaticiens, entre «données» et «programmes». L'informatique n'a évidemment pas importé les concepts d'association et d'organisation en psychologie, ces concepts étant sans doute parmi les plus anciens concepts psychologiques. Mais l'informatique et l'IA ont profondément influencé la psychologie en lui imposant définitivement les concepts d'ordre, de structure et de hiérarchie et en les appliquant systématiquement à des représentations mnésiques modulaires (Vaina, 1984). Les conceptions arborescentes de la représentation mentale sont ainsi à la fois à l'origine et au centre des principales théories contemporaines de la mémoire humaine. Hervé Abdi, Jean-Pierre Barthélemy et Xuan Luong retraceront d'ailleurs dans ce volume l'historique de ce type de représentations, en discuteront les problèmes de métrique et en évalueront l'intérêt. Il suffit, d'ailleurs, pour se convaincre de l'importance de cette classe de formalisations, d'examiner les travaux les plus souvent cités dans ce domaine d'étude particulier : la théorie de Collins et Quillian (1969) et Collins et Loftus (1975) fondée sur une conception hiérarchique de la représentation des informations mnésiques est non seulement parmi les plus souvent citées mais elle est au centre de l'ensemble bibliographique concerné (Garfield, 1983a, b), (Fig. 2). La compatibilité entre les conceptions informatiques et de telles constructions théoriques est bien trop évidente pour être niée ou minimisée mais reste à savoir évidemment si les voies heuristiques, informatiquement praticables, actuellement suivies par l'IA sont également psychologiquement valides. Il est vraisemblable, par exemple, que les théories «componentielles» de la mémoire humaine (Le Ny, 1979) ont été surdéterminées par le

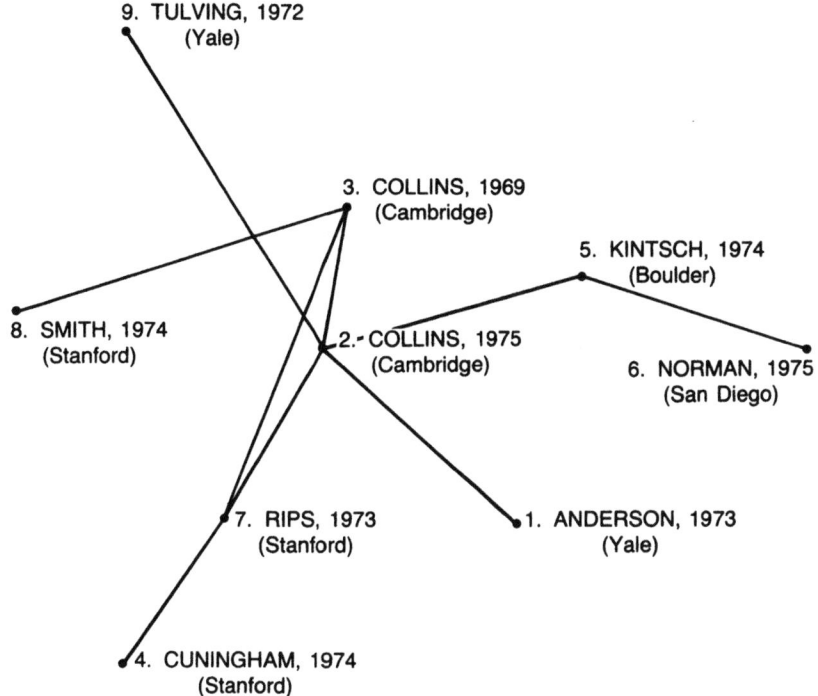

Fig. 2. Ensemble des articles les plus importants publiés dans le domaine «Processus de récupération» et «Traitement linguistique» (adapté de Garfield, 1983; White, 1983).

fait que la quasi-totalité des ordinateurs de la génération actuelle sont de type digital et non analogique. Mais il existe de nombreux faits expérimentaux qui montrent, par exemple, qu'une explication de la mémoire des visages humains fondée sur une stricte représentation en unités discrètes est loin d'être satisfaisante et ne permet certainement pas d'écarter d'autres théories de type gestaltiste adoptant des métaphores non informatiques, résonnance ou hologramme par exemple (Eich, 1982). Il faut remarquer d'ailleurs qu'il est même possible, sans renier la référence métaphorique à l'informatique, de défendre l'hypothèse d'une mémoire sans organisation caractérisée par un stockage aléatoire et une recherche non orientée (Landauer, 1975).

### 5. Psychologie et technologies de la mémoire

L'efficacité technologique de plus en plus grande des nombreux systèmes artificiels de consultation de bases de données, des systèmes-experts et des systèmes de dialogue homme-machine ne peut évidemment être contestée par personne. Il ne faut toutefois guère s'illusionner : ni les psychologues ni les informaticiens ne disposent actuellement d'une théorie générale entièrement satisfaisante de la représentation des informations en mémoire. De plus les solutions du conflit évident entre spécificité et généralité dans les systèmes actuels s'accompagnent toujours d'un très grand risque d'explosion combinatoire. Pour ne prendre qu'un seul exemple le sytème très performant PLANE, qui permet de consulter en langage naturel une base de données concernant la maintenance des appareils de combat aérien de l'US Air Force, est loin d'avoir une efficacité absolue : sur un échantillon de 402 accès, le système répond correctement dans 68 % des cas, fournit une information erronée dans 29 % des cas et ne comprend pas la question dans 2 % des cas (Waltz, 1982). On est donc encore assez loin des fantasmagories de WARGAMES ou du système ARISTOTE (Dzagoyan, 1984) ! Et pourtant PLANE est un système très sophistiqué basé sur une grammaire sémantique, permettant des «entrées» grammaticalement incorrectes et «comprenant» l'ellipse et la référence pronominale. Mais là n'est peut-être pas l'essentiel, tout au moins si l'on n'identifie pas automatiquement les critères de la validité technologique avec les critères de validité psychologique. Après tout, depuis de longues années, il existe de nombreux systèmes d'indexation par mots-clés ou fondés sur la Classification Décimale Universelle (CDU) permettant un accès relativement efficace à de vastes bases de données et personne, je pense, n'a prétendu y voir un modèle possible de la mémoire humaine.

Il faut donc bien admettre que les formalismes de l'Intelligence Artificielle rencontrent de nombreuses difficultés à rendre compte du caractère dynamique et de la plasticité de la mémoire humaine. Examinons quelques-uns des problèmes qui suscitent des recherches de plus en plus nombreuses sans qu'aucune solution psychologiquement ou informatiquement satisfaisante n'ait encore été mise à jour. Et, tout d'abord, comment rendre compte de ce qui semble être, chez l'homme, un double système de représentation mnésique, verbal et imagé. On connaît la solution psychologique qu'a apportée Paivio (1971, 1976) à ce problème. On connaît également la solution suggérée par J.R. Anderson (1980) à cette même question. Cette dernière solution repose indubitablement sur une métaphore informatique puisqu'elle postule que toute représentation en mémoire est de nature propositionnelle quelle que soit la nature du stimulus (verbal ou imagé) qui lui a donné naissance. L'explication, bien que largement métaphorique, est séduisante. Toutefois elle ne saurait convaincre tant qu'aucune explication psychologique satisfaisante n'est proposée au fait, pourtant trivial, selon lequel la mémoire imagée est, de façon absolue, supérieure à la mémoire verbale ou au fait incontestable, selon lequel l'interférence affecte beaucoup plus massivement la mémoire verbale que la mémoire imagée (J.R. Anderson, 1978). Par ailleurs une théorie propositionnelle de la mémoire humaine est, de l'aveu même d'Anderson, incapable d'expliquer pour quelle raison l'ordre linéaire de présentation de l'information est un facteur important dans la mémoire verbale alors que c'est, au contraire, la configuration spatiale qui est un facteur critique dans la mémoire imagée (Santa, 1977). Finalement le seul avantage de la théorie propositionnelle sur la théorie du double codage est que la première, à la différence de la seconde, a été simulée sur ordinateur. Piètre avantage... pour la psychologie ! Avec un humour et une humilité très anglo-saxons, Anderson reconnaît d'ailleurs que ce succès technologique lui était «monté à la tête» et les faits expérimentaux les plus récents l'incitent maintenant à admettre que sa généralisation théorique était à la fois prématurée et erronée. En définitive il admet maintenant que les propriétés des représentations visuelles diffèrent de celles des représentations verbales, ces deux ensembles de propriétés différant eux-mêmes des représentations propositionnelles abstraites (J.R. Anderson, 1980, p. 117). Autrement dit, adoptant une fois de plus une métaphore informatique, l'information mnésique de base est représentée en mémoire par des symboles abstraits (langage machine ?) et sa représentation consciente est une simple représentation spécifique mais dérivée (l'image ou le mot qui se forme sur l'écran vidéo ?). On aura reconnu dans cette description la théorie de compromis que Kosslyn (1978) oppose à la fois à l'analyse de Paivio et à celle d'Anderson. En définitive cet épisode scientifique et ses divers rebondissements est tout à fait révélateur du risque considérable qu'il y a à considérer que l'exécution d'un algorithme («émulation») constitue à lui seul la preuve expérimentale d'une hypothèse psychologique.

L'IA rencontre également de nombreuses difficultés à rendre compte des aspects catégoriels et inférentiels qui caractérisent la mémoire humaine. Cette activité d'inférence et de catégorisation est pilotée, chez l'homme, par sa connaissance du monde, ses croyances et ses intentions. Elle est également déterminée par le contexte situationnel dans lequel il se trouve. Ce qui caractérise fondamentalement la mémoire humaine c'est sans doute son caractère schématisant, déjà reconnu par la psychologie fonctionnelle, la théorie de la forme, et largement exploré par la théorie piagetienne (Kohler, 1929; Barlett, 1932; Piaget et Inhelder, 1968), mais redécouvert par les spécialistes, informaticiens et psychologues, de l'IA lorsqu'ils reconnaissent l'importance des prototypes, cadres de référence (« frames »), scripts ou scénarios comme déterminants majeurs de la récupération de l'information mnésique, de la compréhension du discours et de l'acquisition de connaissances nouvelles (Minsky, 1975; Winograd, 1978; Friedman, 1979; Wickelgren, 1981; Alba et Hasher, 1983; Schank, 1982 a; Charniak, 1982). Jean-Michel Hoc et Y. Corson examinent d'ailleurs dans cet ouvrage les implications psychologiques des activités de catégorisation et de schématisation dans la dynamique mnémonique et insistent sur leur importance décisive dans les situations de résolution de problèmes. De ce point de vue le traitement de l'information contextuelle, dans lequel semblent exceller les systèmes naturels, résiste depuis de nombreuses années à la formalisation algorithmique ou heuristique (Bierschenk, 1982). Comme le déclarait récemment Winograd (1982), ce qui distingue peut-être la mémoire naturelle de la mémoire artificielle c'est que la première travaille sur des significations « ouvertes » et qu'il est encore impossible d'élaborer un modèle général qui engloberait l'ensemble des contextes et des buts possibles. D'ailleurs Denis Brouillet nous rappellera dans les pages qui suivent que le « champ du sujet » avec ses propriétés d'intégration et de flexibilité est ici fondamental ou, si l'on préfère, que le « monde » de l'homme ne sera jamais tout à fait le « monde » de l'ordinateur. On touche sans doute ici une des limites du programme théorique de l'IA « dure » et il me semble tout à fait révélateur que la décomposition propositionnelle d'un concept élémentaire, à laquelle se livre J.R. Anderson par exemple (1980, p. 110), s'achève précisément sur ce concept de « contexte », seul concept qui ne peut être décomposé, tout au moins selon les règles classiques de l'analyse propositionnelle. Il est probable que ce point de résistance explique, en partie, la très faible influence exercée par l'IA sur les théories psychologiques de l'oubli, ce que Frijda (1970) avait, en son temps, pressenti. Les théories de l'oubli les plus pertinentes sont en effet, aujourd'hui, des théories contextualistes insistant sur la spécificité de l'encodage (Hirsch, 1974; Jenkins, 1974; Stern, 1981; Baddeley, 1982; Tulving, 1982, 1983). Autrement dit, les mémoires artificielles sont essentiellement des mémoires de connaissance alors que la mémoire humaine intègre à la fois des connaissances et des souvenirs personnels. Ces représentations singulières sont indissociables des conditions spatio-temporelles spécifiques de leur occurrence et ce n'est sans doute pas le fruit du hasard si la simulation artificielle de ces conditions de la représentation mnésique s'avère particulièrement difficile. Cette distinction entre mémoire sémantique et mémoire épisodique (tableaux Ia, Ib et Ic) ne

*Tableaux Ia, Ib, Ic*

Mémoire épisodique et mémoire sémantique : différences d'information ? Différences de processus ? Différences d'application ? (adapté de Tulving, 1983).

*Tableau Ia*

| 1. Information | Mémoire épisodique | Mémoire sémantique |
|---|---|---|
| - Origine<br>- Unités<br>- Organisation<br>- Référence<br>- Validité | Sensation<br>Evénements, épisodes<br>Temporelle<br>Moi<br>Croyance personnelle | Compréhension<br>Faits, idées, concepts<br>Conceptuelle<br>Univers<br>Consensus social |

*Tableau Ib*

| 2. Processus | Mémoire épisodique | Mémoire sémantique |
|---|---|---|
| - Indexation | Subjective | Symbolique |
| - Codage temporel | Présent, direct | Absent, indirect |
| - Affect | Très important | Moins important |
| - Inférences | Limitées | Très riches |
| - Sensibilité au contexte | Forte | Plus faible |
| - Vulnérabilité | Forte | Faible |
| - Accès | Délibéré | Automatique |
| - Indices de récupération | Temps ? Lieu ? | Quoi ? |
| - Conséquences de récupération | Système modifié | Système non modifié |
| - Mécanismes de récupération | Euphorie | Déduction |
| - Expériences | Evocation du passé | Actualisation des connaissances |
| - Compte rendu verbal | Je me souviens | Je sais |
| - Développement | Lent | Précoce |
| - Amnésie | Sensible | Peu sensible |

*Tableau Ic*

| 3. Applications | Mémoire épisodique | Mémoire sémantique |
|---|---|---|
| - Education | Non pertinente | Pertinente |
| - Utilité sociale générale | Faible | Elévée |
| - Intelligence artificielle | Discutable | Excellent |
| - Intelligence humaine | Sans relation | Fortement associée |
| - Domaine expérimental | Oubli | Langage |
| - Situations expérimentales | Episodes singuliers | Connaissances générales |
| - Applications sociales | Témoignage judiciaire | Expertise |

pourra être dépassée que si l'on parvient à représenter dans un formalisme unique connaissances et souvenirs personnels. Inutile de préciser que cet objectif est loin d'être atteint. On dispose même, aujourd'hui, de solides arguments expérimentaux en faveur d'une dissociation entre le système des représentations sémantiques et le système des représentations épisodiques (Mc Koon et Ratcliff, 1979). Cette dissociation entre mémoire sémantique et mémoire épisodique est d'ailleurs peut-être indicatrice d'une dissociation plus fondamentale entre mémoire et conscience (G.A. Miller, 1981; Jacoby et Witherspoon, 1982). Certes la formalisation théorique d'une telle dissociation est l'objet de nombreuses controverses mais cette opposition entre mémoire sémantique et mémoire épisodique est un problème qui ne peut certainement pas être occulté par le psychologue (Tiberghien, 1984). Cela nous conduit d'ailleurs à une dernière remarque: l'IA s'est préoccupée essentiellement, jusqu'à ce jour, de la mémoire linguistique; or il est loin d'être démontré que l'ensemble des souvenirs humains soit verbalisable. Cela explique sans doute le peu d'intérêt manifesté par l'IA pour les déterminants affectifs et motivationnels de la mémoire humaine. Or si cette dimension est peut-être secondaire d'un point de vue strictement technologique, il n'en est certainement pas de même pour la psychologie qui se doit d'étudier et d'expliquer l'ensemble des propriétés de la mémoire humaine. Cela revient donc à dire qu'il serait aussi vain de sous-estimer les apports de l'IA à la psychologie de la mémoire que de considérer que «l'ingénieur de la cognition» (Mangin, 1984) puisse apporter des réponses théoriques à toutes les questions que se pose le «psychologue de la cognition».

*
\* \*

En définitive, j'ai donc essayé de démontrer très succinctement à quel point la technologie informatique de notre temps a influencé la psychologie de la mémoire. L'IA a incontestablement modifié la façon de concevoir la structure et les règles de fonctionnement de la mémoire humaine. Les ordinateurs de la génération actuelle possèdent tous la même architecture virtuelle fondée sur une organisation séquentielle, un codage de type binaire, des programmes ayant une structure de liste, et une mémoire directement adressable. L'architecture virtuelle de la mémoire humaine, telle qu'elle est définie par la plupart des théories psychologiques actuelles n'est pas fondamentalement différente: organisation séquentielle des sous-processus, unités mnésiques élémentaires, structure de liste des représentations mnésiques, mémoire adressable et pouvant être consultée directement selon un processus de recherche «spatiale». Mais, au-delà de ces ressemblances, de nombreux problèmes subsistent:

la mémoire humaine peut-elle mettre en œuvre un fonctionnement de nature non séquentielle (en parallèle)? Sa représentation selon une structure de liste est-elle la plus appropriée et un point de vue plus gestaltiste ne peut-il pas être opposé au point de vue componentiel? Les souvenirs, ou les représentations mnésiques, sont-ils réellement stockés à des «adresses» localisables ou bien chaque souvenir conscient ne résulte-t-il pas de l'interaction entre une représentation mentale et un contexte perceptif? Toutes ces questions s'imposent au psychologue dont l'objectif est de rendre compte des propriétés de la mémoire humaine. D'ailleurs de nombreuses caractéristiques de la mémoire humaine résistent à une description ou une explication strictement informatique. J'ai évoqué à ce propos les problèmes posés par l'indexation et la récupération en mémoire des informations contextuelles, les déterminants de l'oubli normal ou pathologique et l'effet des conditions affectives et motivationnelles sur le fonctionnement de la mémoire. Il aurait également été possible de s'attarder sur des problèmes plus généraux: l'intentionnalité permet-elle d'opposer les systèmes naturels aux systèmes artificiels (Searle, 1980; Boulding, 1981)? La distinction entre processus automatiques et processus délibérés a-t-elle un sens en IA? Les rapports entre mémoire et attention (focalisation) peuvent-ils être intégrés dans une description informatique? Ces différentes énigmes scientifiques démontreraient, s'il en était besoin, que la recherche en IA n'est pas encore en mesure aujourd'hui de simuler de très nombreuses propriétés de la mémoire humaine. Qui plus est, l'IA est même souvent obligée d'emprunter des concepts ou des théories qui ont été élaborés sur le terrain même de la psychologie. On ne devrait donc pas sous-estimer l'importance des apports de la psychologie à l'IA. Comme le souligne, par exemple, Boden (1977) l'IA s'est développée à partir d'une réflexion sur les concepts de «signification» et de «représentation» dont le contenu psychologique est à la fois évident et très ancien.

Cette analyse me conduit à proposer une réponse provisoire à l'interrogation qui m'a servi de point de départ. Une mémoire artificielle est sans doute une mémoire dont les fonctions d'encodage et de récupération sont subordonnées à la réalisation de certains buts (compréhension ou résolution de problèmes) sous le contrôle permanent d'un système d'inférence et d'un système de décision, donc d'un système de valeurs (coûts et gains). Le fonctionnement de cette mémoire artificielle intelligente implique une structure représentationnelle de l'information dont la nature doit être suffisamment abstraite pour permettre à la fois un accès rapide et pertinent et une intégration permanente des données nouvelles dans des conditions contextuelles d'interrogation extrêmement variées. Cela signifie évidemment qu'une mémoire artificielle intelligente doit être aussi une mémoire qui apprend. Les systèmes-experts (MYCIN, DENDRAL, etc.) réalisent incontestablement une partie importante de ces conditions (Garfield, 1983 a,b; Laurière, 1986). En ce sens il n'est pas erroné d'affirmer qu'il existe, d'ores et déjà, des mémoires artificielles intelligentes ou, plus précisément, des systèmes artificiels de traitement de l'information capables d'utiliser leurs fonctions mnésiques afin de résoudre des problèmes complexes avec une efficacité égale et, parfois, supérieure à celle de l'homme.

Toutefois les très nombreuses interactions entre l'IA et la psychologie délimitent une zone frontière entre mémoire naturelle et mémoire artificielle où les interrogations abondent. C'est pourquoi je pense que très peu de psychologues ou d'informaticiens oseraient prétendre aujourd'hui qu'ils ont déjà vu une mémoire artificielle réellement intelligente ! Par mémoire artificielle réellement intelligente j'entends évidemment une mémoire artificielle dont la structure et les règles calculatoires «miment» la structure et les règles calculatoires de la mémoire humaine. La mémoire humaine n'est peut-être pas constituée d'un ensemble de connaissances obéissant à la logique classique (que l'on se réfère ici aux divergences qui opposent les chercheurs du MIT, regroupés autour de Minsky, aux chercheurs du SRI animés par Mc Carthy : logique «floue» pour les premiers et logique «classique» pour les seconds), elle est aussi constituée de représentations singulières inséparables d'une histoire individuelle, elle est fortement affectée par les variations contextuelles, elle est sensible aux fluctuations de l'attention, elle est modulée par les conditions affectives ou motivationnelles et, enfin, elle oublie énormément et dans des proportions que lui envieront bientôt, peut-être, les plus performantes de nos mémoires artificielles quand la place en mémoire se fera rare et l'explosion combinatoire plus fréquente.

# Chapitre 9
# Souvenir et représentation

Denis BROUILLET

## 1. Introduction

Parler des apports de l'Intelligence Artificielle à la psychologie de la mémoire c'est dire, avant toute chose, que l'ensemble des modèles élaborés dans ce domaine depuis les années 70 ont été largement influencés par une certaine conception de la mémoire : celle développée par l'Intelligence Artificielle.

Or, quand on s'intéresse aux rapports qui existent entre l'Intelligence Artificielle et la psychologie on constate que les problèmes à résoudre dans les années à venir, pour l'Intelligence Artificielle, auraient pu trouver des solutions si en psychologie on avait su résister à certains effets de mode. En effet, dans le domaine de l'informatique, tout le monde s'accorde pour dire que les ordinateurs actuels ne sont pas intelligents. En effet, ils ne traitent que ce qu'on leur demande et ils sont incapables de comprendre la signification de ce qu'ils traitent. L'avenir n'est donc pas de gagner en puissance pour augmenter les capacités de traitements numériques mais de mettre au point des machines capables de raisonner, de gérer de grands stocks de connaissances et de dialoguer naturellement avec l'homme. Dès lors, une des principales difficultés à résoudre pour ces ordinateurs de la cinquième génération c'est le traitement des connaissances (apprentissage, gestion, etc...).

Si les systèmes experts peuvent apporter des jugements sur des problèmes, ils le font avec des savoirs que les experts humains ont bien voulu leur fournir (non sans mal parfois!). D'ici à la fin de cette décennie, ils devront être capables d'acquérir des savoirs par eux-mêmes. Il est donc nécessaire de concevoir autrement leur mode de représentation.

Sans vouloir prétendre apporter des solutions, il existe dans la littérature psychologique des travaux qui pourraient sinon fournir des réponses tout au moins faire avancer la réflexion. En effet, les problèmes que devra résoudre l'Intelligence Artificielle recouvrent l'objet des recherches menées en psychologie de la mémoire. Ce serait, d'une certaine manière, l'apport de la psychologie à l'Intelligence Artificielle. Mais il est hors de question que s'installe un rapport de dépendance entre ces deux disciplines. Elles n'y gagneraient rien. Par contre, en restant critique vis-à-vis de leurs interactions il devrait s'ensuivre des enrichissements mutuels.

## 2. Le format de l'information mnésique

A l'évidence le recours à un matériel verbal pour comprendre les mécanismes de la mémoire ne date pas d'aujourd'hui. Dès le début du siècle Wundt faisait de la phrase un objet d'étude privilégié pour ce type de recherche.

Si les travaux effectués dans le cadre de ce qu'on appelle «la première psycholinguistique» (1953-1960) n'accordent pas un statut particulier à la phrase, il n'en va pas de même pour ceux réalisés par la suite («deuxième psycholinguistique», 1960-1974). Cette réhabilitation de la phrase est attribuable, entre autres, au statut que lui confère le modèle chomskien qui est un exemple particulièrement intéressant de l'apport de l'Intelligence Artificielle à la psychologie du langage.

### 2.1. Représentation arborescente de la phrase

Ce qu'on a appelé «révolution chomskienne» n'est autre que le recours à un modèle hypothétique formel capable d'expliquer les faits observés et d'en prédire de nouveaux. Ce modèle (modèle génératif) représente une formalisation de ce que le Sujet est capable de produire, de comprendre et de mémoriser.

L'emprunt de certains concepts informatiques est manifeste tant au niveau de la finalité que dans la manière dont le modèle représente l'entité langagière qu'est la phrase. En effet, l'analyse en constituants immédiats que propose le modèle génératif nous informe des relations hiérarchiques qui existent entre chacune de ses unités. Qui plus est, les relations entre les constituants sont représentées sous la forme d'une arborescence.

Ainsi, qu'il s'agisse de hiérarchie ou d'arborescence, l'emprunt à l'Intelligence Artificielle est évident (on lira à ce propos le chapitre de Abdi et Coll., cf. infra).

Bien qu'un nombre important de travaux aient effectivement validé l'hypothèse selon laquelle la phrase est la plus petite unité linguistique, d'autres ont souligné ses insuffisances tant en matière de mémoire que d'une façon plus générale : compréhension et production.

Outre des raisons d'ordre épistémologique, ce qui a fait le succès de ce modèle c'est qu'il permet à partir d'un nombre fini de règles syntaxiques de générer uniquement des phrases grammaticales. Qui plus est, son formalisme poussé nourrissait l'espoir d'une implantation sur ordinateur.

*2.2. Les réseaux sémantiques*

Nous ne développerons pas ici les principes liés à l'approche sémantique de la mémoire. Nous nous contenterons d'aborder les travaux qui, s'appuyant sur le modèle informatique, proposent des modèles sémantiques de la mémoire humaine.

*2.2.1. Les modèles à réseaux*

Développés par Collins et Quillian (1969, 1972a, 1972b), ils abordent la mémoire sémantique comme un réseau qui se présente sous la forme de nœuds (nœuds-types : fonction spécifiante ; nœuds-occurrence : fonction générique) reliés entre eux par différentes liaisons associatives (surordonnées, surbordonnées, etc...). Le traitement du réseau consiste à établir la distance sémantique, c'est-à-dire le nombre d'étapes qui aura permis au sujet de passer du nœud-type au nœud-occurrence.

Le modèle permet de prédire que plus la distance sémantique sera grande et moins la récupération des propriétés d'un mot dont on cherche le sens sera rapide.

*2.2.2. Les modèles ensemblistes*

Issus des critiques de Meyer (1970, 1973, 1975) sur l'organisation hiérarchique des concepts dans les modèles à réseaux, leur principe est simple : pour chaque concept est stocké l'ensemble des représentations de tous les éléments qui lui correspondent. Ce qui sera déterminant dans la récupération d'une information c'est l'étendue de cet ensemble (le nombre de traits). Contrairement au modèle précédent, la distance sémantique est une fonction inverse du nombre d'éléments que partagent deux concepts.

*2.2.3. Le modèle de Anderson et Bower (1973)*

C'est un modèle à quatre étages, tout d'abord ce sont les récepteurs sensoriels visuels ou auditifs qui enregistrent les informations venues du monde extérieur. Ces informations sont alors stockées sous forme de traits généraux dans une mémoire tampon (buffer). Ensuite, des analyseurs linguistiques ou perceptifs traitent le contenu de cette mémoire tampon et transforment les informations qui s'y trouvent en une représentation arborescente. Enfin, ces représentations arborescentes sont envoyées en mémoire.

*2.2.4. Le modèle de sémantique lexicale*

Elaboré par Kintsh (1970, 1974), il propose que le sens d'un mot soit représenté sous la forme d'une liste de propositions. Ces propositions (comme les nœuds dans le modèle de Collins et Coll.) sont organisées et reliées entre elles par des relations conjonctives et disjonctives. Ajoutons à cela que toute proposition est constituée d'un prédicat auquel un ensemble d'arguments est rattaché par des relations issues de la grammaire des cas de Fillmore (1968).

Selon ce modèle la mémoire serait donc constituée d'un ensemble de structures arborescentes dont l'unité de base de la représentation est la proposition (exemple de proposition: ENVAHIR (PUCES, HUMANITÉ, PASSÉ).

*2.2.5. Les modèles componentiels*

En réaction aux conceptions associationistes et ensemblistes qui font du lexème l'unité sémantique, les modèles componentiels postulent que l'unité de base n'est pas lexémique mais de niveau inférieur. Ce signifié de format inférieur appelé «sème» a une structure de prédicat (dire quelque chose de quelque chose, Le Ny, 1979).

L'approche componentielle postule que tout énoncé compte des signifiés qui ont une fonction de prédicat ou une fonction de support des prédicats: les arguments. Mais prédicats et arguments ne sont pas assimilables à des catégories lexicales. Ils désignent en fait des fonctions à l'intérieur d'un énoncé.

Bien que différents dans la forme, ces modèles ne diffèrent pas sur le fond. D'une part, ils font apparaître la mémoire comme une somme de traits (qu'ils soient lexicaux, propositionnels ou sémiques) et, d'autre part, ils proposent une organisation hiérarchique de ces traits. Ce faisant, *ces modèles font de la mémoire humaine un système constitué d'unités simples et dont l'organisation est séquentielle.* La ressemblance est pour le moins troublante avec la mémoire des ordinateurs actuels : unités d'informations binaires, mode séquentiel de traitement.

Partant de là est-il raisonnable de réduire la structure des mémoires artificielles comme certains ont pu le faire (cf. le modèle de Atkinson et Shiffrin, 1968) ?

### 2.3. Y a-t-il une unité de stockage ?

Comme nous l'avons dit, en réaction aux échecs enregistrés par la théorie linguistique, les sémanticiens ont proposé des unités inférieures à la phrase et ont construit des modèles de la mémoire utilisant ces unités. Cependant, le recours à de telles unités soulève deux remarques :

- cette quête d'unités toujours plus simples semble directement influencée par la conception binaire de la théorie de l'information mise en œuvre en informatique. Or, rien jusqu'à présent ne nous permet de dire que *l'information psychologique soit de même nature que l'information de l'ordinateur*;

- l'ensemble des modèles sémantiques qui utilisent ces unités sont de conception structurale. En effet, on ne désigne par sémantique rien d'autre que les rapports de distribution entre signes de même ordre et les rapports de hiérarchie entre signes de rangs différents. De plus, on peut dire que le sens attribué au terme sémantique s'inscrit dans une dimension strictement relationnelle : le sens d'un objet (un mot, une phrase) est ce à quoi il réfère. Ainsi, *les traits sémantiques apparaissent comme des formes, des étiquettes et non des substances mentales (des contenus mentaux).* Dès lors, il est peu probable qu'une description de ce qu'ils sont en unités discrètes demeure pertinente. Au contraire, une approche de type «globaliste» pourrait s'avérer plus heuristique.

A lire les travaux de Bransford et Franks (1972) sur *l'intégration sémantique* (capacité du sujet à élaborer des ensembles complexes de signification et à y inclure les connaissances qu'il a en sa possession), il ne semble pas inintéressant de chercher dans ce sens.

Sans vouloir faire ici une analyse détaillée de leurs recherches, rappelons-en les aspects essentiels. Tout d'abord, ces auteurs ont su montrer qu'il était désuet de travailler au niveau de la phrase ou des mots pour appréhender la forme sous laquelle se ferait le stockage. Pour eux, toute étude de la mémoire humaine doit être replacée dans le champ du Sujet. Ce faisant, le stockage apparaît comme quelque chose de dynamique. Il ont eu, ensuite, le mérite d'indiquer et d'établir que la mémoire ne serait pas constituée d'une suite d'unités séparées et indépendantes mais plutôt de *descriptions globales de signification*. Ces descriptions ne comportent pas uniquement le matériel d'acquisition mais intègrent les connaissances que possédait par ailleurs le Sujet. Bransford et Coll. parlent de «mémoire enrichie» pour spécifier ce qui est effectivement retenu.

Nul doute que ces capacités d'intégration de la mémoire humaine permettent à l'homme de stocker et de récupérer des quantités difficilement estimables de connaissances. D'ailleurs il est à noter que l'Intelligence Artificielle a tendance à recourir de plus en plus souvent à des concepts pour le moins globalistes (schèmes, prototypes) pour rendre compte de l'organisation et de la représentation des connaissances (Laurière, 1986); sans qu'elle ait pu, pour autant en proposer une formalisation satisfaisante (Hoc, dans cet ouvrage).

## 3. Une mémoire «flottante»: le souvenir humain

Dire que les contenus mentaux ne sont pas des phrases, des mots ou des sèmes, mais des descriptions globales de signification, c'est mettre l'accent sur une forme abstraite de stockage. C'est aussi, par voie de conséquence, montrer quelles sont les limites actuelles de l'Intelligence Artificielle. En effet, à ce stade de la réflexion, une des différences fondamentales qui existent entre les mémoires artificielles et les mémoires naturelles, c'est le caractère «atomiste» des unes et le caractère globaliste des autres.

Cependant, qualifier d'«atomiste» la mémoire de l'ordinateur est erroné car son organisation est loin d'être fortuite. Elle répond, au contraire, à des règles strictes et immuables, ce qui la rend particulièrement rigide. Ici encore l'analogie entre la conception de la mémoire véhiculée par les modèles sémantiques et le modèle informatique est évidente: la «structure» de la mémoire humaine est présentée de telle sorte que l'organisation du lexique apparaît comme constante. Tout se passerait donc comme si les connaissances une fois acquises avaient toutes la même possibilité d'être récupérées. Pour dire autrement, la trace mnémonique serait identique quel que soit le contenu. Qu'en savons-nous? La trace mnémonique ne serait-elle pas tributaire de l'histoire du Sujet, du contexte dans lequel s'effectue le traitement de l'information et des finalités sous-jacentes à l'information?

## 3.1. Contexte et encodage

S'il est clair que la prise en considération des capacités d'intégration de l'individu a permis de mettre en évidence l'aspect dynamique de la mémoire humaine, il est non moins clair que *les informations provenant du contexte jouent un rôle déterminant* tout au long du processus mnémonique.

Il ressort des travaux effectués dans ce domaine que les conditions sous lesquelles les structures conceptuelles du Sujet sont activées constituent un facteur important pour la rétention. *Le contexte aurait une action structurante* et faciliterait à la fois le stockage et la restitution (Bransford et Johnson, 1972). Cependant, on doit noter que le contexte n'agit que dans la mesure où il renvoie à des connaissances antérieurement acquises par l'individu.

Ceci dit, nous pouvons avancer avec un peu plus de certitude que le stockage ne se fait certainement pas sous la forme de catégories, de traits relativement bien fixés et hautement hiérarchisés. En conséquence, nous pouvons affirmer que l'idée d'une similitude des processus de stockage chez l'homme et dans les systèmes informatiques appartient désormais à l'histoire.

Toutefois, si la mémoire humaine apparaît de moins en moins comme une structure hiérarchisée, il n'en demeure pas moins qu'elle est encore envisagée, par beaucoup, comme un système à plusieurs étages. Craik et Lockart (1972), Craik (1976), par exemple, considèrent que la trace mnémonique est fortement dépendante du *niveau de traitement* (structurel: sémantique).

Cependant, les données recueillies par Morris, Bransford et Franks (1977) réduisent considérablement la portée de ce paradigme. Ils montrent, en effet, qu'un traitement superficiel peut être aussi efficace qu'un traitement profond dès lors que le contexte pendant la phase de restitution est identique à celui qui existait au moment de la phase de stockage. Qui plus est, ces auteurs soulignent que la force de la trace relève davantage des expériences du Sujet (habileté à comprendre, connaissances acquises) que du niveau de traitement.

*Il existerait*, pour ainsi dire, *une continuité associative entre le contexte et la tâche* (Barclay et Reid, 1974). Il ressort de ce que nous venons d'écrire qu'en matière de mémoire humaine on ne peut pas affirmer qu'il y ait un aspect unique du stockage mais des stockages dépendants de l'histoire particulière d'individus particuliers (Brouillet, 1982). Ce qui d'une part accentue la différence qui existe entre les mémoires artificielles et les mémoires naturelles et, d'autre part, permet d'apprécier le saut qualitatif que devra accomplir l'Intelligence Artificielle pour répondre, dans les années à venir, à ce que l'on attend des ordinateurs: le dialogue homme-machine.

### 3.2. Variabilité et flexibilité du stockage

Si l'on a pu parler de continuité associative entre la tâche et le contexte en matière de mémoires naturelles, il ne peut en être question pour les mémoires artificielles. En effet, elles sont ainsi faites qu'il faudrait savoir découper le contexte en unités discrètes pour qu'elles puissent l'intégrer. Or, rien ne nous permet de dire que l'on puisse rendre compte du contexte à partir d'unités simples (Winograd, 1982). Là ne s'arrêtent pas les différences. Il existe dans la littérature psychologique des travaux qui présentent la structure de la mémoire humaine comme fondamentalement variable. Entendons par là qu'une information prend son sens non pas à partir d'une signification qui lui serait propre et qui serait rangée en mémoire, mais à partir de la situation dans laquelle elle est traitée. C'est ce que Bransford, Mc Carrel et Nitsch (1976) appellent la *«flexibilité sémantique»*.

Les personnes sont capables de construire, de créer ou d'imaginer des significations qui, à l'ordinaire, ne sont pas celles attendues (Mc Carrel, Bransford et Johnson, 1976). L'essentiel semble-t-il, pour le Sujet, c'est que la stratégie adoptée soit efficace. Dès lors, stocker une information, ce n'est pas lui assigner une valeur immuable, mais faire en sorte que ce stockage soit le plus «ouvert» possible, le plus «souple» possible, le plus *«flexible»* possible. Cette flexibilité du stockage permettrait à toute information d'être récupérée en y intégrant les modifications nécessaires pour qu'elle soit adaptée au contexte dans lequel s'effectue la restitution. Ce qui nous fait dire (Brouillet, 1980b) *que la mise en mémoire et la récupération ne peuvent plus être envisagées comme une activation, une sélection ou un assemblage de traits mais comme une véritable résolution de problème.*

Le traitement de l'information serait donc la résultante, chez l'homme, d'un certain nombre *d'opérations effectuées en parallèle* (Garrod et Sanford, 1983). Cette idée de parallélisme semble être l'objectif à atteindre pour les machines de la cinquième génération. Notons qu'il existe déjà des ordinateurs qui possèdent une architecture en parallèle : l'ordinateur MRED de l'Université de Caroline du Nord, par exemple.

### 3.3. Le souvenir n'est pas directement adressable

Dans la mesure où il est clair que la rétention dépend étroitement des connaissances du Sujet et du traitement qu'il effectue en fonction du contexte, on est en droit de se demander si le contenu de l'information (sa signification) ne doit pas être pris en considération. Il est évident, en effet, que les nécessités d'adaptation aux situations vécues amènent l'individu à traiter aussi et surtout des informations qui le concernent.

Partant de là nous en sommes venu à nous poser la question suivante : que se passerait-il si l'on mettait des personnes en présence d'un matériel verbal qui ne serait pas anodin pour elles ? Pour dire autrement, la «*valeur*» que représente un énoncé a-t-elle une influence sur sa rétention ?

Par valeur de l'énoncé, nous entendons deux caractères :

1. La congruence qui existe entre le contenu de l'énoncé et certaines caractéristiques sociales des sujets. L'énoncé peut donc présenter plus ou moins de pertinence pour les individus qui doivent le mémoriser. Nous disons alors qu'il a un caractère impliquant et nous parlons d'*implication*.

2. La congruence qui existe entre le contenu de l'énoncé et les connaissances antérieurement acquises par les sujets. Cette notion nous renvoie au champ de compétence du Sujet. Nous parlons dans ce cas de *spécialisation conceptuelle*.

Cette approche s'est avérée particulièrement féconde et elle nous a permis de montrer qu'il existait un rapport inverse entre la «valeur» de l'énoncé et sa rétention (Brouillet, 1980a, 1980b). Cependant, à la réflexion, il nous est apparu que la distinction faite entre implication et spécialisation conceptuelle n'était peut-être pas fondée. En effet, il n'est certainement pas faux de penser que lorsqu'un énoncé présente un caractère impliquant, il existe une forte congruence entre son contenu et les connaissances acquises par le Sujet. Ainsi, les effets que nous avions attribués à l'implication relèveraient de la spécialisation conceptuelle. C'est pourquoi nous en sommes venu à interpréter nos résultats en faisant intervenir la notion de «richesse» de la structure conceptuelle (Brouillet, 1982). Par «richesse», nous entendons à la fois les informations possédées sur un contenu donné et l'organisation de ces informations.

Une expérience récente (Brouillet, 1984) qui avait pour but de mettre à l'épreuve ce point de vue ne l'a pas infirmé. La capacité des individus à restituer les mots qui composent la représentation qu'ils se font du métier auquel ils aspirent, est dépendante du type de représentation. Ainsi, il est plus facile de restituer les mots qui appartiennent à la non-représentation du métier qu'à la représentation de celui-ci.

Tout se passerait comme si les sujets n'étaient plus à même de «savoir» si la représentation qu'ils ont en mémoire est celle fournie par l'expérimentateur ou leur propre représentation.

Bien que conjecturale cette interprétation met l'accent sur un fait connu de tous: la mémoire humaine n'est pas parfaite. Il ne suffit pas comme pour la machine qu'un emplacement de mémoire soit correctement «adressé» pour qu'à tout moment l'on puisse examiner son contenu, le restituer ou le modifier. La récupération d'une information, pour l'homme, résulte d'un *travail cognitif* où les connaissances acquises et le contexte jouent un rôle déterminant.

## 4. Conclusion

Pour résumer et conclure notre propos, nous dirons que nous avons essayé de montrer quel était le chemin à parcourir pour que l'Intelligence Artificielle puisse fournir une simulation plus exacte de la mémoire humaine et rendre, par là même, les ordinateurs de la cinquième génération plus intelligents.

Cependant, affirmer que l'Intelligence Artificielle doit être capable, à l'avenir, de simuler plus correctement la mémoire humaine c'est admettre que la simulation qu'elle nous propose n'est pas adéquate. Or, qu'en savons-nous?

Certes, il existe un certain nombre de faits issus de recherches menées en psychologie qui militent dans ce sens: l'information psychologique ne semble pas être de même nature que l'information de l'ordinateur; le stockage se ferait sous une forme abstraite, il serait dynamique, flexible, etc... Autant de capacités que ne possèdent pas les ordinateurs actuels.

Néanmoins, nous pensons que les travaux sus-mentionnés demanderaient à être repris et affinés afin de rendre plus explicites certaines notions: Qu'est-ce que le contexte? Comment l'opérationnaliser? Peut-on continuer de parler de structure de la mémoire dès l'instant où l'on met l'accent sur la flexibilité du stockage?

En conséquence, est-il ou non souhaitable que l'Intelligence Artificielle attende les progrès réalisés dans le domaine de la psychologie de la mémoire pour proposer des machines «plus humaines»?

Quoi qu'il en soit, il convient de rappeler ce que nous écrivions au terme de l'introduction: il ne doit pas y avoir de rapport de dépendance entre l'une et l'autre de ces disciplines. En effet, il existe, selon nous, une différence fondamentale entre les mémoires naturelles et les mémoires artificielles qui ne gagnerait en rien d'être niée : les premières « fonctionnent » avec une dimension que l'on a tendance à passer trop facilement sous silence, la dimension affective. Comme nous l'avons indiqué, la prise en compte de la « valeur » du contenu de l'information semble jouer un rôle non négligeable. Dès lors, nous serions tenté de dire qu'*évoquer des souvenirs c'est humain alors que s'adresser à la mémoire c'est de l'Intelligence Artificielle.*

C'est pourquoi nous pensons que c'est en travaillant sur la base de cette dichotomie (souvenir/mémoire), au lieu d'essayer de la nier à travers des rapports de dépendance, que des progrès pourront être réalisés dans l'une ou l'autre de ces disciplines.

# Chapitre 10
# La mémoire sémantique
# Une fille de l'intelligence artificielle et de la psychologie :
## Quelques éléments biographiques...

Hervé ABDI

## 1. Introduction

A la fin des années soixante, les revues de psychologie cognitive célèbrent l'arrivée de la mémoire sémantique, fille de la liaison entre l'intelligence artificielle et la psychologie. A sa naissance, l'enfant possède clairement les traits de l'intelligence artificielle, puis la maturité venant, l'influence de la psychologie se manifestera plus clairement.

Dans ce chapitre nous nous proposons d'évoquer rapidement quelques étapes du développement de la mémoire sémantique et d'offrir — au passage — en complément à cette biographie sommaire quelques points de repère bibliographiques destinés au lecteur curieux.

Nous commencerons par détailler un premier modèle très clairement inspiré par l'intelligence artificielle; puis nous examinerons une série de critiques psychologiques conduisant à une première révision du modèle; ensuite, un changement de perspective nous amènera à douter de la « validité écologique » de nos modèles; enfin, nous conclurons en remarquant que ce changement de point de vue permet, maintenant, à la psychologie de s'offrir, en retour, comme une source d'inspiration pour l'intelligence artificielle.

## 2. Un modèle de la mémoire sémantique offert par l'intelligence artificielle : le modèle de Collins et Quillian

### 2.1. Origine et principes

A la fin des années soixante, un informaticien, spécialiste d'intelligence artificielle (Quillian, 1967, 1968, 1969), cherche à programmer un ordinateur pour le rendre capable de comprendre des textes écrits comme, par exemple, des journaux, des manuels (de psychologie...), des encyclopédies, etc. Pour comprendre le langage, cet automate devra être capable de mettre en rapport l'information présente dans les textes avec l'information préexistante qu'il possède sur le monde. Il faut, donc, pouvoir représenter et organiser sans ambiguïté cette information pour pouvoir y accéder (le manque de fantaisie de la gent ordinateur étant bien connu...). Ajoutons une exigence informatique supplémentaire — particulièrement prégnante en ces années — il faut économiser la « place mémoire ». Ces deux contraintes (insistons : imposées par l'informatique, bien plus que par la psychologie) conduisent Quillian à structurer les connaissances de son automate en les organisant de la manière hiérarchique qu'illustre la figure 1.

Les nœuds de l'arbre représentent les concepts (Animal, Oiseau, etc.), les flèches, qui les relient, symbolisent la relation d'inclusion entre concepts (l'ensemble des Canaris est inclus dans l'ensemble des Oiseaux qui est inclus dans l'ensemble des Animaux). A chaque concept correspondent plusieurs propriétés spécifiques (« a une peau », « peut bouger », etc.). Remarquons l'économie de cette structure : les propriétés ne sont représentées qu'une seule fois : au niveau conceptuel le plus élevé possible. Par exemple, la propriété « a une peau » vraie pour le Canari, l'Autruche, le Requin, etc., est reliée au concept Animal plutôt qu'à chaque concept. De ce fait, l'automate peut produire des inférences. Ainsi, pour décider de la véracité de la proposition « un Canari a une peau », l'automate remontera de Canari à Animal (en suivant la relation d'inclusion), puis retrouvera pour le concept Animal la propriété « a une peau »; Canari étant relié à Animal par la relation d'inclusion, toute propriété vraie pour Animal sera vraie pour Canari, et la proposition « un Canari a une peau » sera jugée vraie. Sans insister, notons au passage, que notre automate ne pratique que la logique aristotélicienne; en particulier, tous les éléments d'un ensemble sont équivalents et possèdent au même titre les propriétés définissant cet ensemble.

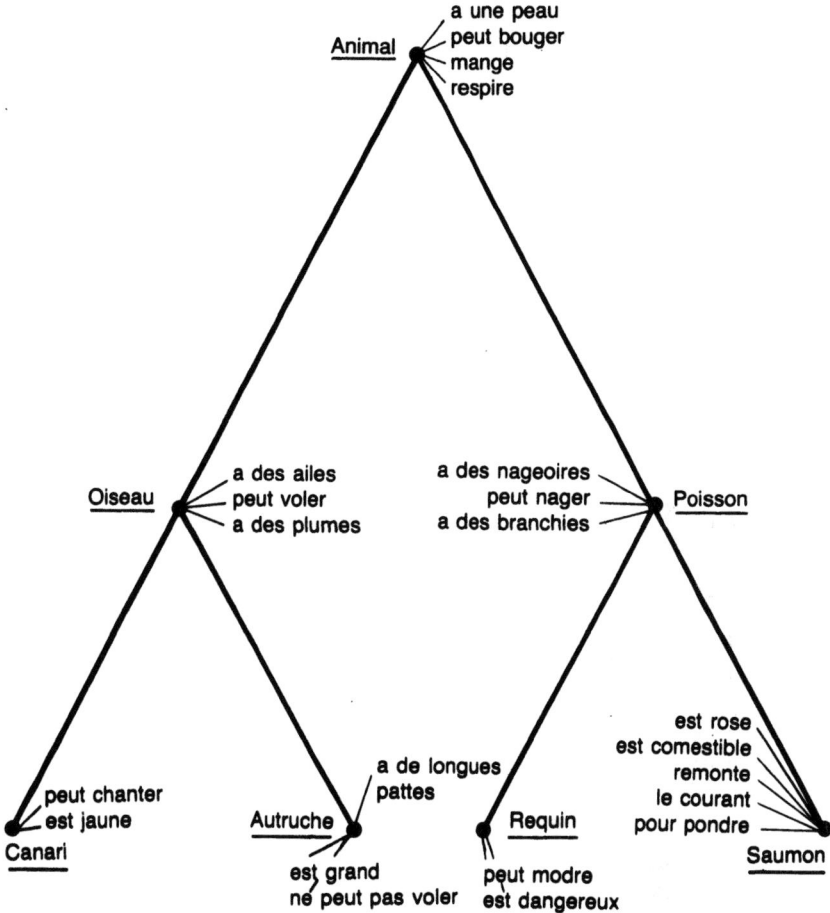

Fig. 1. L'organisation de la mémoire sémantique de l'automate de Quillian.

## 2.2. La mise à l'épreuve psychologique

Dans un article célèbre (qu'il convient d'inscrire au «Hit-parade» de la psychologie cognitive), White (1983), Collins et Quillian (1969; 1972 a et b), utilisent ensuite l'automate de Quillian comme un modèle de la mémoire sémantique humaine. Les contraintes informatiques évoquées plus haut (précision et économie) s'expriment maintenant en termes psychologiques, et l'on parlera, en particulier, «d'économie cognitive».

Pour mettre à l'épreuve des faits leur modèle, Collins et Quillian ajoutent trois hypothèses psychologiques :

- Premièrement, la récupération d'une propriété à partir d'un concept et le passage d'un concept à un autre correspondent à des activités psychologiques, et prennent, donc, un certain temps.

- Deuxièmement, les temps correspondant à différentes opérations psychologiques s'additionnent, par exemple, le temps nécessaire pour répondre à la question « un Canari a des plumes » doit correspondre à la somme des temps de deux opérations « élémentaires » : (1) « un Canari est un Oiseau » + (2) « un Oiseau a des plumes ».

- Troisièmement (mais cette hypothèse n'est pas cruciale), le temps nécessaire à la récupération d'une propriété est indépendant de son emplacement (e.g. le temps mis pour aller de « Oiseau » à « a des ailes » doit être le même que le temps pour aller de « Animal » à « peut bouger »).

Sous ces conditions, le modèle de Collins et Quillian permet d'énoncer des prédictions expérimentales. Précisément :

Le temps pour passer d'un concept à un autre doit être une fonction linéaire du nombre de concepts les séparant dans la relation d'inclusion (e.g. il faudra deux fois moins de temps pour passer de « Saumon » à « Poisson » que pour passer de « Requin » à « Animal »).

Le temps de récupération d'une propriété étant indépendant de sa localisation, le temps de réponse pour la vérification des relations d'appartenance des propriétés doit s'obtenir par l'addition d'une constante au temps de réponse pour la vérification des relations d'inclusion.

Pour vérifier ces prédictions, Collins et Quillian mesurent le temps mis par leurs sujets pour répondre vrai ou faux à des séries de phrases comme « un canari peut voler », « le tennis est un jeu », « un bouleau est une plante », « un saule est un animal », etc. Leurs résultats sont résumés dans la figure 2 (les phrases indiquées dans le dessin n'ont qu'une valeur d'illustration).

L'examen des réponses pour les phrases vraies soutient l'ensemble des prédictions expérimentales. On note, cependant, une exception : les courbes du temps de réponses pour les propriétés (un canari peut chanter) et du temps de réponse pour l'inclusion (un canari est un oiseau) devraient être parallèles ; mais le temps de réponse pour l'inclusion de niveau O (un canari est un canari) est plus court que la prédiction théorique. Toutefois, cet écart s'explique facilement en faisant appel au témoignage des sujets expérimentaux qui déclarent n'utiliser que la forme des mots (et non le sens) pour décider de la véracité

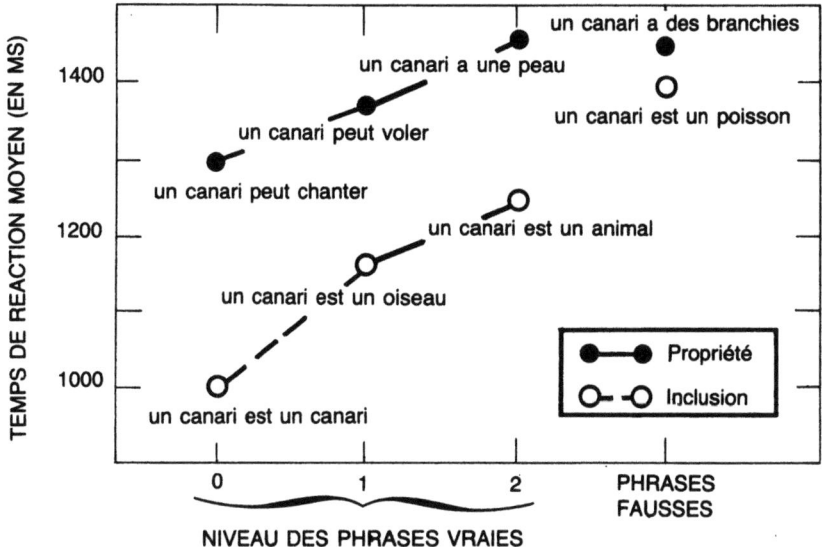

Fig. 2. Les résultats de l'expérimentation de Collins et Quillian

de ces phrases. Remarquons, en outre, que les résultats de la figure 2 donnent une estimation de la durée des processus psychologiques : ainsi, il faut environ 74 ms pour parcourir une étape dans la relation d'inclusion, et environ 225 ms pour récupérer une propriété à partir d'un concept.

En revanche, la configuration de réponse pour les phrases fausses ne s'accorde avec aucune hypothèse simple, et quoique les auteurs en examinent plusieurs, aucune ne s'impose.

Dans l'ensemble — pour Collins et Quillian — l'importation en pays psychologique des modèles de l'intelligence artificielle aboutit à un premier ensemble de résultats satisfaisant. Hélas, quelques autres expériences vont rapidement mettre en scène des sujets bien moins simples que nos ordinateurs ne le laissaient croire... (Collins et Quillian le laissent d'ailleurs entendre eux-mêmes en conclusion de leurs différents articles).

### 3. Les premières critiques psychologiques

Clairement, l'approche de Collins et Quillian transpose directement en psychologie les concepts et contraintes de l'intelligence artificielle.

Et les premières critiques psychologiques vont chercher à révéler l'inadéquation de ces contraintes. Les attaques majeures proviendront de deux fronts:

Premièrement, certains éléments d'un ensemble paraissent plus ou moins représentatifs de cet ensemble, c'est la notion de distance sémantique.

Deuxièmement, la notion d'économie cognitive ne semble pas aussi contraignante pour les mémoires humaines que pour les mémoires artificielles.

### 3.1. Distance et similitude sémantiques

Schaeffer et Wallace répondent dès 1970 en attaquant le point faible (déjà souligné par Collins et Quillian): les réponses négatives. En effet, — comme nous l'avons indiqué plus haut — le modèle hiérarchique de Collins et Quillian ne fournit aucune explication satisfaisante de la configuration des réponses négatives. Schaeffer et Wallace (1969) avaient précédemment montré que la similitude entre concepts facilitait les jugements d'identité: par exemple, il faut moins de temps pour juger que «lion» et «éléphant» sont tous deux des êtres vivants, que pour juger que «lion» et «pommier» sont des êtres vivants. Ces auteurs interprètent ces résultats par un «effet de recouvrement de propriétés» («lion» et «éléphant» possèdent plus d'éléments en commun que «lion» et «pommier»): plus le nombre d'éléments partagés par deux concepts est grand, plus rapidement on pourra arriver à un seuil suffisant de ressemblance permettant d'accepter l'identité des concepts. Dans leur série d'expérimentations de 1970, Schaeffer et Wallace attestent l'effet de la similitude sémantique sur les réponses «différents» (qui correspondent aux réponses fausses de Collins et Quillian), et vérifient que la similitude sémantique augmente le temps de réponse (on pourrait parler de manière équivalente de «distance sémantique» en la définissant comme l'inverse de la similitude sémantique).

Cette notion de distance sémantique trouve un premier écho chez Wilkins (1971) qui remarque que certains oiseaux sont plus volontiers cités comme représentant de leur catégorie: par exemple, le moineau est plus facilement donné comme représentant de la catégorie des oiseaux que ne l'est la cigogne. Wilkins montre, ensuite, que cette «distance sémantique» (des membres à la catégorie) permet de prédire la rapidité du jugement d'appartenance: ainsi, on prendra moins de temps pour accepter la proposition «un moineau est un oiseau» que pour accepter la proposition «une cigogne est un oiseau». Cette notion de représentativité différentielle des membres d'une catégorie trouvera son plein épanouissement dans les travaux de Rosch que nous évoquons plus loin.

De même, Rips, Shoben et Smith (1973) montrent que la distance sémantique obtenue directement en demandant à des sujets de noter la ressemblance entre concepts permet une meilleure prédiction des temps de réponse des sujets que le modèle hiérarchique. Ils relèvent, de surcroît, une incohérence par rapport à ce modèle : les sujets vérifient plus rapidement la proposition «un ours est un animal» que la proposition «un ours est un mammifère».

### 3.2. La notion d'économie cognitive

Conrad (1972) met en cause la notion d'économie cognitive avancée par Collins et Quillian. Plutôt que d'accepter que les différences de temps pour vérifier «un canari peut chanter» et «un canari a une peau» reflètent des différences dans l'emplacement hiérarchique des propriétés, Conrad pense que ces propriétés sont associées plus ou moins fortement au concept canari, et que l'intensité de l'association détermine le temps de réponse.

Pour vérifier ses idées, Conrad, dans un premier temps, recueille des normes de production des propriétés pour différents concepts : elle demande à quelque 200 étudiants d'écrire tous les faits qui leur viennent à l'esprit quand ils pensent à différents concepts. Elle peut, ainsi, obtenir des fréquences d'association des propriétés avec les concepts. Par exemple, un grand nombre de sujets indique la propriété «peut bouger» pour animal, mais un petit nombre signale la propriété «a des oreilles». Pourtant, ces deux propriétés devraient être évoquées avec la même fréquence selon le modèle hiérarchique car elles sont toutes deux spécifiques du concept «Animal». Dans un deuxième temps, Conrad montre que la fréquence d'association permet une meilleure prédiction du temps de réponse que le niveau des propriétés dans la hiérarchie. Conrad conclut, alors, que certaines propriétés peuvent être reliées directement à plusieurs concepts, ou — ce qui revient au même — être «stockées» à plusieurs endroits.

### 4. La tentative d'intégration : les modèles en termes de «propagation de l'activation»

Collins et Loftus (1975) adoucissent le modèle de Collins et Quillian en gardant l'idée d'une représentation de la mémoire sémantique sous forme de graphe ou de réseau, mais en abandonnant le postulat d'une hiérarchie stricte (ils retrouvent — mais l'ignorent — et développent une suggestion de Kiss, 1968). Les concepts sont toujours représentés par les nœuds d'un graphe et sont reliés par des arcs plus ou moins grands symbolisant la distance sémantique les séparant. La figure 3 illustre une portion d'une mémoire sémantique se conformant à ces nouvelles prescriptions.

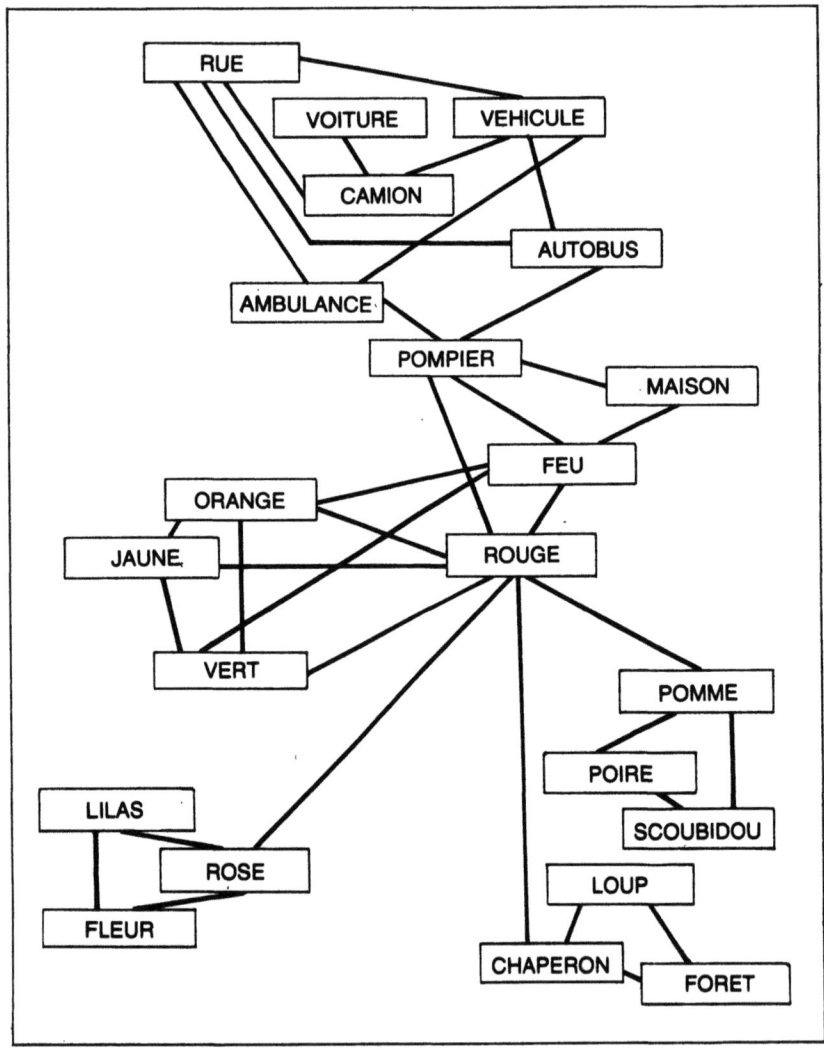

Fig. 3. Une portion d'une mémoire sémantique organisée selon les prescriptions du modèle de Collins et Loftus.

Outre ce changement de structure, ce nouveau modèle s'accompagne d'un processus de récupération de l'information sémantique plus complexe que celui de Collins et Quillian. Ici, on suppose que les concepts peuvent être plus ou moins activés, et qu'il faut un certain seuil d'activation pour que le concept devienne conscient ou puisse être utilisé par «la mémoire de travail» (pour répondre aux questions des expérimentateurs sur la vie des canaris par exemple...). Lorsqu'un concept est activé, l'activation se propage aux concepts voisins en fonction inverse de la distance les séparant. Par exemple, le fait d'activer le concept «feu» activera les concepts contigus «pompier», «rouge», «maison», «vert», etc. De ce fait ces concepts ainsi «pré-activés» deviendront plus faciles à activer, ou, de manière équivalente plus rapides à évoquer. On peut grâce à ce nouveau modèle répondre aux différentes critiques évoquées ci-dessus, mais de plus expliquer différents effets de contexte (par exemple un mot présenté dans une phrase se déchiffre plus facilement et plus rapidement que présenté isolément). Ce thème sera développé et raffiné par différents auteurs dont principalement Anderson (1976, 1983) qui programme différents automates répondant aux doux noms de HAM, ACT et finalement «ACT étoile» (l'exposé détaillé de ses travaux demanderait à lui seul un ouvrage épais, mais il serait indécent de ne pas le rattacher à cette tradition).

Il est de tradition d'opposer les approches en termes de «propagation de l'activation» aux modèles en termes de comparaisons de traits. Pour ces derniers, nous répondons aux différentes questions expérimentales en comparant les propriétés composant les concepts (comme le suggéraient déjà Schaeffer et Wallace, 1969; et comme Smith, Shoben et Rips, 1974, s'en firent les champions). Nous ne détaillerons pas cette opposition, mais nous contenterons de remarquer l'équivalence des deux approches dès lors que l'on décide que la distance sémantique peut s'obtenir comme une fonction des traits composant les concepts ainsi que le note Hollan (1975) et que le formalise Tversky (1977, voir également plus bas le paragraphe qui lui est consacré).

Dans l'ensemble, les modèles de propagation de l'activation possèdent une considérable flexibilité; cependant, certains critiques (Smith, 1978; Mc Closkey et Glusberg, 1979) relèvent — non sans perfidie — que ces modèles étant construits «post hoc» arrivent naturellement à rendre compte d'un bon nombre de résultats empiriques, mais conduisent à peu de prédictions précises et testables.

Encore un mot: les modèles présentés dans ce paragraphe ne représentent qu'un échantillon d'un vaste ensemble, et le lecteur à vocation encyclopédique se reportera aux revues de Smith (1978); Jackendoff (1983); Ritchie et Hanna (1983), Abdi, Barthélemy et Luong (1984); Barsalou et Bower (1984).

## 5. Un problème psychologique: la typicalité

### 5.1. L'apport de Rosch

Tout comme une grande partie des adeptes de la psychologie cognitive, les auteurs des différents modèles exposés ci-dessus s'abreuvent à la source de la métaphore informatique (comme le rappelle avec humour Underwood en 1975, ou comme Lachman, Lachman et Butterfield, 1979, le détaillent). En caricaturant, on pourrait soupçonner certains auteurs de rechercher l'ordinateur qui sommeille en chacun de nous...

A l'inverse, Rosch (1973, 1975, 1983) adopte une perspective que l'on pourrait qualifier «d'écologique»: elle cherche à déterminer comment nous structurons le monde perceptif. Ses premiers travaux l'amènent à constater l'importance du système perceptif dans la catégorisation des couleurs: les mêmes couleurs sont perceptivement saillantes quels que soient les cultures et le langage des sujets; Rosch emploiera le terme — à grand succès — de typicalité pour décrire cet effet de saillance.

L'air n'était pas nouveau (Galton, 1879, et ses «photographies mentales mélangées»), mais il semblait inspirer principalement les philosophes (Wittgenstein, 1953; et la notion «d'air de famille»). Pourtant, dès 1950 et 1957, Attneave, jouait ce thème, que reprenaient — en chœur — Posner et Keele (1968); mais c'est incontestablement Rosch (1973, 1975, 1983) et ses collaborateurs qui le transformèrent en leitmotiv — avant qu'il ne devienne une rengaine.

L'idée générale — que l'on résume parfois sous la terme de «prototypicalité» — énonce que les différents membres d'une catégorie sémantique la représentent plus ou moins bien; ils définissent une sorte de «gradient de représentativité». Le (ou les) prototype(s) d'une classe jouant, en quelque sorte, le rôle «d'amer psychologique». Ce phénomène robuste semble influencer la majeure partie des variables dépendantes utilisées dans les recherches de psychologie (pour une revue de question voir: Millward, 1980; Cordier et Dubois, 1981; Mervis et Rosch, 1981; Smith et Medin, 1981; Medin et Smith, 1984; pour des applications de ces idées aux «heuristiques de jugement quotidiens» voir Kahneman, Slovic et Tversky, 1982; Rosch, 1983). On oppose volontiers cette approche à «l'approche classique» ou «aristotélicienne» qui prescrit l'équivalence des membres d'une même catégorie. L'ensemble des travaux sur la typicalité indique que nous prenons un grand nombre (sinon la quasi-totalité) de nos décisions sémantiques sur la base de la ressemblance entre les membres des catégories. Quoique Rosch insiste qu'elle ne propose ni un modèle de la mémoire sémantique, ni la vérification ou la réfutation d'une quelconque théorie de la mémoire sémantique, l'ensemble de ses résultats s'intègre mal dans les théories utilisant des catégories sémantiques claires et bien définies (malgré des espoirs prématurés — Zadeh, 1981, Oden, 1977 — cet ensemble ne s'interprète pas non plus dans le cadre de la théorie des «sous-ensembles flous» ainsi que le rappellent justement Cohen et Murphy en 1984).

### 5.2. La formalisation mathématique de Tversky

Les remarquables travaux de Rosch fournissent l'inspiration à une formalisation plus générale du concept de similitude due à Tversky (1977; Tversky et Gati, 1978, 1982; Gati et Tversky 1982, 1984) qui élabore le Modèle du contraste (et un autre Modèle «du rapport» que nous ne développons pas ici) pour rendre compte des effets de «prototypicalité» sur la similitude perçue entre différents stimuli (il cherche — entre autres — à éclaircir et à formaliser l'idée de gradient de représentativité, pour une intégration de ce modèle au pays de la métaphore voir Ortony, 1979; Liu, 1981; pour une mise à l'épreuve sur le problème de la reconnaissance des visages voir Sergent, 1984; Takane et Sergent, 1983). A chaque stimulus — disons a — Tversky associe l'ensemble A de ses traits caractéristiques (features) qui peuvent s'interpréter comme des ingrédients de composition (e.g. dans un visage, le nez, la bouche, les oreilles, etc.), des propriétés ou des attributs, a et b étant deux stimuli, la similitude $s(a,b)$ de a à b (elle n'est pas nécessairement symétrique, comme nous le verrons plus loin) est, selon Tversky, une fonction de trois arguments:

$A \cap B$; les traits communs à a et b.
$A / B$; les traits propres à a.
$B / A$; les traits propres à b.
Ainsi le Modèle de Tversky s'écrit $s(a,b) = F(A \cap B, A/B, B/A)$.
En outre: $s(a,b) \geq s(c,d)$; lorsque:
$A \cap B \supset C \cap D, A/B \subset C/D, B/A \subset D/C$ (monotonie)

Tversky montre ensuite — dans la plus pure tradition de la théorie du mesurage (measurement theory) — que l'ajout de trois conditions supplémentaires (i.e. indépendance, solvabilité et invariance), permet d'obtenir le Modèle du contraste:

Il existe une échelle de Similitude S telle que :
S(a,b) ⩾ S(c,d) ssi s(a,b) ⩾ s(c,d)
S(a,b) = θ f (A ∩ B) — α f (A / B) — β f (B / A)
Avec f isotone et α, β et θ trois paramètres positifs.

Lorsque α ≠ β, S sera asymétrique et l'on retrouve, ainsi, le phénomène «d'asymétrie de ressemblance prototypique»: un élément non prototypique de la classe ressemble plus au prototype, que le prototype ne lui ressemble, ainsi que le démontrent Tversky et Gati: nous trouvons que la Pologne ressemble plus à la Russie que la Russie ne ressemble à la Pologne (tout comme nous trouvons que la Joconde du calendrier des Postes ressemble à celle du Louvre mais pas l'inverse — mis à part, évidemment, les héros de Queneau ou San Antonio). Tversky pose, ainsi, les fondations d'une théorie générale de la similitude et permet, en particulier, d'éclaircir les problèmes soulevés par Rosch.

### 6. En conclusion: le retour aux sources?

A l'origine, Collins et Quillian importent dans l'étude de la mémoire sémantique les contraintes et les exigences imposées par l'outil informatique des années soixante, et demandent, par conséquent, à la mémoire humaine de s'organiser «logiquement» et économiquement. Puis les apports de la psychologie expérimentale nuancent, raffinent, et enrichissent ce premier point de vue. Enfin, le changement de perspective induit par Rosch éclaire d'autres caractéristiques importantes du fonctionnement et de la structure de la mémoire humaine. Ici, en effet, l'important n'est pas de minimiser «l'espace de stockage», ou d'organiser logiquement l'information, mais plutôt d'arriver aussi bien à sélectionner quasi instantanément l'information pertinente parmi un nombre considérable d'options (songeons à la rapidité des catégorisations perceptives), qu'à décider approximativement, ou par analogie ou par ressemblance (ou «de l'à-peu-près» vu comme une caractéristique essentielle du fonctionnement psychique...).

Ces dernières réflexions doivent-elles mener à constater la séparation entre psychologie et intelligence artificielle? Que nenni! Et comme preuve évoquons, maintenant, quelques apports de la psychologie à l'intelligence artificielle:

Nakamura (1983; Nakamura, Sage et Iawa, 1983) utilise des fonctions de ressemblance asymétrique (à la Tversky, voir plus haut) pour retrouver et identifier différents composants chimiques dont la description est rangée dans une base de données (qualifiée dès lors d'intelligente et d'organisée grâce à la ressemblance psychologique...). De même, Aikins (1983) construit un «système expert» d'aide au diagnostic médical d'affections pulmonaires. Ce système organise son «savoir» autour de prototypes et cherche — tout comme les sujets de Rosch — à percevoir et catégoriser l'état des consultants par leur ressemblance à ces prototypes.

Ainsi, la possibilité pour l'intelligence artificielle d'utiliser des machines de plus en plus perfectionnées et complexes permet, maintenant, à la psychologie d'offrir — en retour — des modèles à l'automatique. Il reste à espérer que nous voyons là les prémisses d'une union égalitaire que l'on souhaite féconde...

# Chapitre 11
# Mémoire, catégorisation et récupération

Yves CORSON

## 1. Introduction

Les fonctions d'information et de communication tendent de plus en plus, quel que soit le domaine (recherche documentaire, bureautique...) à être automatisées. Parallèlement, l'apparition de nouvelles populations d'utilisateurs non spécialistes de l'informatique, est un des premiers déterminants des orientations psychologiques et cognitives que prennent les études actuelles sur l'interaction homme-ordinateur.

Jusque récemment, l'élaboration des divers logiciels proposés reposait, pour ce qui concerne l'interface utilisateur, sur la bonne vieille technique connue sous le nom de «méthode du fauteuil». Cette approche consiste, pour le concepteur, à s'asseoir dans un fauteuil et à décider des modalités optimales d'interaction sur la base d'une réflexion intuitive.

Actuellement, la reconnaissance du fait que le succès de l'informatique dépend principalement de sa valeur d'usage (Piganiol, 1984), conduit les concepteurs à tenir compte, dès la conception des systèmes, des études ergonomiques fondées sur la compréhension et la représentation que se fait l'utilisateur du fonctionnement de l'ordinateur.

Nous indiquerons ici quelques directions de recherche qui peuvent s'avérer utiles à la mise au point d'interfaces dans l'interaction avec une base de données.

## 2. Informatique, psychologie et bases de données

Les approches de type cognitif qui se développent sur l'interaction avec une base de données ont largement privilégié l'étude syntaxique des langages de requête. Des résultats ont déjà été obtenus et le lecteur intéressé pourra se reporter à certaines revues de question (Thomas, 1977; Reisner, 1981; Corson, 1983).

Il existe un autre aspect que tout un chacun s'accorde à trouver important, mais qui a pourtant suscité très peu de recherches, celui de la structuration des données. Ce terme ne fait bien sûr pas ici référence à la structure interne mais à la représentation de l'organisation des informations qu'ont les opérateurs. Or, les connaissances acquises en psychologie conduisent à penser que lorsqu'un utilisateur veut récupérer des éléments d'une base de données, ses stratégies de recherche reposent sur des hypothèses concernant l'organisation de cette base. On peut donc penser que les difficultés d'utilisation de systèmes sont dues en grande partie aux discordances trop importantes entre la représentation des informations proposées et l'organisation de ces informations telle que la conçoit l'utilisateur.

Si plusieurs directions de recherche ont été explorées (Smith, 1981), elles sont généralement dépendantes de la vision logique et normative du concepteur. Notre approche consistera au contraire à se demander quels aspects du fonctionnement cognitif de l'utilisateur il est nécessaire d'étudier pour mettre au point une interface efficace entre les deux composantes concepteur-utilisateur.

Le problème peut être abordé de diverses manières. D'un point de vue psychologique, les recherches concernant la structuration des informations dans la résolution de problème (Mayer, 1976; Schwartz, 1973) et la comparaison de structures matricielles et hiérarchiques sont de première importance; de même que les travaux sur les structures représentatives a priori (Durding, Becker et Gould, 1977) ou sur le rappel d'items structurés de manières différentes (Broadbent, 1978b). Ceci suppose d'étudier les diverses performances de traitement de l'information en fonction de leurs modalités d'organisation.

Toutefois, il est nécessaire de préciser plus avant la tâche de l'utilisateur. En effet, l'interaction avec une base de données suppose sinon une symbiose véritable, du moins que le partage des tâches entre l'homme et l'ordinateur soit optimalisé. Ainsi, on peut constater que la tâche du système consiste à récupérer et à extraire l'ensemble des informations requises... et celle de l'opérateur à localiser de manière aussi précise que possible les données recherchées, généralement au moyen de descripteurs.

L'un des problèmes les plus importants, d'un point de vue cognitif, est là et permet d'affiner la question précédente qui devient: comment l'opérateur va-t-il déterminer le ou les sous-ensemble(s) pertinent(s) susceptible(s) de contenir l'information?

De ce point de vue, bon nombre de données psychologiques liées aux processus de catégorisation et à l'organisation de la mémoire sémantique sont disponibles. Cependant, d'importants aspects doivent être précisés avant de réaliser des expérimentations en ligne dans le cadre de l'interrogation réelle d'une base de données.

## 3. Organisation sémantique et processus de catégorisation

### 3.1. Approche classique

De manière classique, les catégories sont étudiées comme faisant partie de la résolution de problème dans le cadre général de «la» théorie de l'apprentissage. Cette approche, tout à fait aristotélicienne, postule que tous les exemplaires d'un concept partagent des propriétés communes et que ces propriétés communes sont nécessaires et suffisantes pour définir le concept. Les stimulus sont alors des ensembles d'exemples variant en fonction d'un nombre limité de qualités sensorielles comme la taille, la forme, la couleur... Les concepts (ou catégories: nous ne ferons pas ici de distinction) sont donc composés de et décomposables en dimensions définies et en relations logiques entre ces dimensions. L'approche classique des processus de catégorisation suppose ainsi que les concepts sont définis par n dimensions de p valeurs, ce qui conduit à l'existence de $p^n$ objets.

Le postulat fondamental implique donc que les catégories sont définies par des propriétés nécessaires et suffisantes que doivent présenter *tous* les exemplaires.

### 3.2. Approche probabiliste

Une alternative plus récente base ses axiomes sur une approche différente, l'appartenance catégorielle se fondant sur des critères probabilistes (ce point de vue est parfois appelé prototypique). Les propriétés ou traits de signification sont alors associés aux catégories avec des probabilités variables: les objets peuvent de ce fait présenter des traits non nécessaires. Par exemple, les traits «plumes» et «ailes» sont associés au concept « oiseau » avec des probabilités élevées (il s'agit de propriétés saillantes), tandis que « peut voler » ou « peut chanter » ont des probabilités plus faibles. Toutefois, bien que certains oiseaux ne volent pas, le fait de voler est vrai pour la plupart des objets appelés « oiseaux ».

Par l'utilisation de telles propriétés non nécessaires, on se démarque du principal postulat de l'approche classique. En effet, dans la mesure où les exemplaires ne partagent pas tous de la même manière certaines propriétés, ils varient pour une catégorie donnée quant à leur degré de représentativité. D'un point de vue fonctionnel, le postulat quant au processus général de catégorisation, qui apparaît sous diverses formes dans presque tous les modèles spécifiques, est le suivant : un objet X est catégorisé comme un exemplaire ou un sous-ensemble du concept Y si et seulement si X possède une somme critique des traits pondérés de Y.

Ainsi, dans la mesure où les exemplaires typiques ont beaucoup de traits de la catégorie cible, la valeur critique nécessaire à une prise de décision sera atteinte beaucoup plus rapidement, ce que confirment les expérimentations.

A ce point de l'exposé, un parallèle intéressant peut être observé : l'opposition entre ces deux approches semble similaire aux discordances observées entre concepteur et utilisateur. En effet, l'organisation des informations sous-jacente aux logiciels d'interrogation de bases de données repose sur le point de vue classique des processus de catégorisation et de formation de concept alors que bon nombre de données expérimentales montrent que l'utilisateur semble avoir une représentation de la structuration des données voisines de ce qu'implique la formalisation de l'approche probabiliste. Si donc on exclut l'approche logique d'une analyse externe des processus tendant à postuler une structuration sur des critères déterministes, il existe principalement deux directions de recherche permettant d'étudier les processus de catégorisation effectivement mis en jeu par les sujets.

**4. Les jugements d'appartenance catégorielle**

*4.1. Aspects méthodologiques*

Si les premières expériences mettant en évidence des gradients de représentativité ont été réalisées sur des catégories à base physiologique (couleur principalement) ou des catégories artificielles, la grande majorité des études s'est focalisée sur les catégories sémantiques. Dans ce dernier cas, la représentativité est définie au moyen d'estimations subjectives sur la qualité d'un exemplaire en tant qu'item: les sujets s'accordent sur le fait que certains exemplaires sont plus représentatifs que d'autres et différents sujets choisissent de manière systématique les mêmes exemplaires comme les plus représentatifs de la catégorie.

Ces normes de représentativité sont généralement obtenues à partir de tâches de production d'exemplaires. Cette procédure, fréquemment utilisée, suppose que les sujets dressent une liste des exemplaires à partir d'un terme catégoriel inducteur: la fréquence de mention d'un item est significativement corrélée avec son degré d'appartenace.

Toutefois, se pose le problème de savoir ce que recouvre exactement cette notion de représentativité. En effet, les auteurs utilisent indifféremment les termes de fréquence, typicalité, dominance ou familiarité sans que soient explicitement définies les modalités d'opérationnalisation de chacune de ces notions. Il semble qu'une distinction doit être faite entre fréquence et typicalité, les deux autres termes utilisés n'apportant rien de plus. Si donc, l'on s'accorde sur le fait que les tâches de production d'exemplaires donnent des normes de fréquence, d'association item/catégorie, la notion de typicalité peut être formalisée de manière différente. Ainsi, dans l'hypothèse où la validité d'une propriété d'un objet est fonction de sa valeur prédictive pour une catégorie donnée, la typicalité sera fonction de la validité totale (somme des validités partielles) de toutes les propriétés de l'objet: le prototype est l'exemplaire pour lequel cette validité est la plus forte.

Des normes de typicalité peuvent alors être obtenues si l'on propose à des sujets un ensemble d'exemplaires qu'ils doivent positionner par rapport à une catégorie à l'aide de la technique du différenciateur sémantique. Ces deux notions de fréquence et de typicalité sont bien sûr corrélées mais la distinction réalisée ici s'avère nécessaire surtout au vu des divers modèles qui tentent de rendre compte des jugements d'appartenance catégorielle.

Une fois les normes de fréquence ou de typicalité obtenues, le paradigme de base des expérimentations consiste généralement à demander au sujet si tel élément appartient ou non à telle catégorie ou si telle assertion constituée d'un sujet et d'un prédicat est vraie ou fausse. Il y a évidemment peu d'erreurs dans ce type de situation et les temps de réaction sont la variable dépendante privilégiée.

Cette procédure est supposée révélatrice de l'organisation de la mémoire sémantique et des processus de recherche qui sont mis en œuvre.

De ces travaux, il ressort, sans prétendre à l'exhaustivité, trois principaux types de modèle dont nous aborderons rapidement les aspects fonctionnels essentiels rendant compte des processus de recherche d'éléments mnésiques.

### 4.2. Hypothèse d'une recherche intracatégorielle

Le premier type de modèle suppose l'existence de recherches inter- et intracatégorielle. La tâche proposée au sujet consiste généralement, après présentation de 1, 2 ou 3 noms de catégories, à juger de l'appartenance d'un mot-test à l'ensemble mnésique constitué des catégories conceptuelles. Les temps de réaction obtenus, qu'ils concernent des réponses positives ou négatives, sont plus rapides quand les catégories sont sémantiquement semblables (fruit-légume) que lorsqu'elles sont sémantiquement dissemblables (poisson-arbre). Plusieurs interprétations tentent de rendre compte de ce résultat mais aucune ne paraît vraiment satisfaisante.

Pour Meyer (1973), les temps de réaction (TR) dans le cas de catégories semblables sont plus courts du fait de la diminution du temps d'accès aux catégories suivantes.

Une seconde hypothèse suppose que la diminution observée des TR serait due à l'augmentation du taux de recherche à l'intérieur de la deuxième catégorie du fait de la propagation de l'activation produite par la recherche à l'intérieur de la première[1].

Par ailleurs, Juola et al. (1976) font l'hypothèse que les catégories semblables (oiseau-mammifère) sont fonctionnellement consolidées (animal) puis explorées comme une seule unité de sens, tandis que l'accès aux catégories sémantiquement dissemblables s'effectue de manière séquentielle.

Enfin, s'opposent également deux points de vue dans l'hypothèse d'un processus en série suivant qu'est postulé un accès aléatoire à chaque catégorie suivi d'une recherche intracatégorielle (Mc Farland et al., 1978) ou que la recherche intracatégorielle n'est entreprise que dans la catégorie supposée pertinente (Mc Closkey et Bigler, 1980).

---

[1] Cette notion de propagation de l'activation développée par Collins et Loftus (1975) suppose que lorsqu'un item et un concept sont présentés au sujet, l'activation issue de chaque source commence à se propager à travers le réseau en se divisant entre tous les chemins émanant de ces sources. Si les deux sources se rencontrent sur un trait et si les deux chemins conduisant à l'intersection ont une même étiquette, alors les deux items partagent ce trait.

L'idée de la consolidation des catégories semblables en une seule ne tient en fait que si on élimine l'hypothèse d'une recherche intracatégorielle. En effet, transformer le volume de recherche « oiseau-mammifère » en volume de recherche « animal » ne diminue pas, loin s'en faut, le domaine à explorer. Par contre, si les jugements d'appartenance catégorielle se font sur la base d'une comparaison item/catégorie, quelles qu'en soient les modalités, alors la consolidation ramène effectivement à une seule comparaison la tâche du sujet dans le cas de catégories semblables.

Ceci conduit aux deux autres types de modèles qui ne postulent pas, tout au moins explicitement, de recherche intracatégorielle. Dans ce cas, on peut faire la distinction entre modèles de récupération (retrieval models) et modèles de comparaison (computational models).

*4.3. Modèles de récupération et modèles de comparaison*

Pour les premiers, les concepts sont représentés sous forme de nœuds dans un réseau sémantique, les relations entre concepts étant alors stockées sous forme de chemins étiquetés entre nœuds. De ce fait, tout type de relation sémantique peut être directement stocké en mémoire. La prise de décision dans une tâche de jugement d'appartenance catégorielle suppose alors de retrouver, de récupérer l'information.

Ainsi, qu'il s'agisse de recherche ordonnée (Glass et Holyoak, 1975) ou d'un processus de propagation de l'activation (Collins et Loftus, 1975), ce type de modèle insiste sur le processus de récupération qui repose sur la notion de force de la relation sur-ordonné/sous-ordonné. La fréquence de production des items à la suite de la présentation d'un terme catégoriel inducteur est le moyen privilégié d'opérationnaliser cette force de la relation, et donc ce que les auteurs appellent typicalité (et ce que nous préférons appeler degré de fréquence, voir § 4-1) des exemplaires. Ces modèles prédisent donc que les TR vont décroître à mesure que le niveau de fréquence augmente, ce que confirment les expérimentations du moins pour ce qui concerne les réponses positives.

Pour les seconds, seuls sont stockés en mémoire les traits de signification qui correspondent aux propriétés des concepts. Dans ce cas, tous les autres types de relation conceptuelle peuvent être estimés, *calculés (computational* models) sur la base des caractéristiques stockées. Qu'il s'agisse du modèle général (Mc Closkey et Gluksberg, 1979 entre autres) ou d'un modèle en deux étapes (Smith, Shoben et Rips, 1974), la typicalité d'un item reflète directement le nombre de traits de signification qu'il partage avec le concept. Ainsi, manipuler le degré de relation sur-ordonné/sous-ordonné revient à faire varier le chevauchement sémantique entre sujet et prédicat. Si l'importance de l'intersection sémantique augmente, les TR diminuent pour les tests positifs.

Nous avons volontairement réduit la description de ces modèles à leurs aspects essentiels. Le lecteur intéressé par plus de précisions pourra se reporter avec profit aux références indiquées.

En tout état de cause, il en ressort deux interrogations principales concernant :
1. l'opposition entre modèles de récupération et de comparaison qui tous deux sont supposés rendre compte de l'ensemble des processus de catégorisation ;
2. l'existence d'une recherche intracatégorielle.

La première question a suscité la réalisation d'une expérimentation au Labacolil (Laboratoire des activités cognitives et linguistiques de Lille III) guidée par deux considérations essentielles qui ont conduit au paradigme expérimental utilisé :
- Mettre au point une situation qui permette de tester les prédictions des modèles.
- Cette situation devait reproduire, à tout le moins en partie, la tâche dévolue au sujet lorsqu'il doit décider de la localisation possible de l'information recherchée dans une base de données.

Notre propos ne nécessite pas de détailler les aspects méthodologiques ou les résultats de cette expérience. Toutefois, certains résultats ponctuels se révèlent intéressants eu égard aux questions soulevées ici.

Dans les expériences classiques, lorsque plusieurs catégories sont présentées au sujet, la tâche consiste à décider de l'appartenance catégorielle d'un item-test à l'ensemble mnésique constitué de 1, 2 ou 3 catégories. La tâche que nous avons proposée suppose en fait que le sujet désigne à laquelle de deux catégories constituant l'ensemble mnésique appartient effectivement l'item-test.

Est testé l'effet de deux facteurs, la fréquence de l'exemplaire et la similitude catégorielle selon le plan $S_{30} \star T_2 \star SC_2$.

A quelles prédictions conduisent dans ce cas les modèles de récupération et de comparaison ?

Tout d'abord, les deux modèles prédisent que les items fréquents seront catégorisés plus rapidement que les items moins fréquents. Par ailleurs, le premier type de modèle prédit que les TR doivent être identiques pour les catégories semblables et dissemblables. En effet, le processus de simple récupération de relations stockées n'a aucune raison d'être influencé par la consigne impliquant de désigner le surordonné. Si est postulée de plus, une augmentation de la propagation de l'activation dans le cas de catégories semblables, alors il est possible de prédire le résultat habituel, à savoir que les TR dans le cas de catégories semblables seront plus rapides.

Les modèles de comparaison, par contre, conduisent à des prédictions inverses. En effet, le fait que les catégories semblables présentent des propriétés communes ou voisines devrait gêner la discrimination de la catégorie pertinente. On devrait donc observer des TR plus longs dans le cas de catégories semblables.

Les données portant sur 30 sujets montrent que:
1. Les exemplaires fréquents sont catégorisés plus rapidement que les exemplaires moins fréquents (F [1/29] = 83,46).
2. Les TR sont plus courts dans le cas de catégories dissemblables quel que soit le type d'exemplaire (F [1/29] = 23,16).

Toutefois, ces premiers résultats ne doivent pas conduire à éliminer trop rapidement l'un des modèles au profit de l'autre. En effet, les premières analyses montrent l'existence d'une interaction T∗SC dans le sens d'une différence de TR plus importante pour les exemplaires moins fréquents. Ceci conduit donc à penser que la stratégie de comparaison est employée de manière privilégiée pour les exemplaires moins fréquents.

Il serait alors possible, plutôt que d'opposer les deux types de modèle de récupération et de comparaison, de postuler l'existence de deux stratégies simultanément disponibles dont l'une serait privilégiée par rapport à l'autre suivant les types de tâche et d'information.

Ce type d'approche suppose que les catégories concernées existent déjà chez les sujets (d'où l'utilisation de catégories «naturelles»), que ces catégories ont un certain niveau d'immuabilité (cf. effets de contexte: Barclay et Jahn, 1976). Ceci posé, on fait certaines inférences quant au processus et aux structures de catégorisation sur la base des capacités et modalités de recherche mises en évidence. Plutôt qu'une étude des processus de catégorisation, il s'agit d'une étude des processus de recouvrement des informations catégorisées dont on espère qu'ils révèleront sinon les structures catégorielles, du moins les processus mis en œuvre lors de la phase de catégorisation.

## 5. Production catégorielle et indexation

Pour ce qui est de l'interaction avec une base de données, les recherches concernant les processus de recouvrement d'informations, ou les processus de catégorisation eux-mêmes, ne peuvent se restreindre à l'étude des catégories «naturelles». Cette nécessité d'aborder d'autres organisations sémantiques permet de concevoir de nouvelles directions de recherche et d'élargir l'éventail des situations expérimentales.

La première possibilité suppose de créer des situations qui se trouvent en amont des situations classiques en proposant au sujet un certain nombre d'objets à catégoriser. Très peu de travaux, à notre connaissance, ont utilisé jusqu'à présent cette procédure.

Broadbent (1978a) a réalisé une expérience intéressante qui pose de manière sous-jacente la question de savoir si les sujets utilisent spontanément une classification de type hiérarchique. Quatre phases expérimentales imposaient aux sujets, avec quelques variantes, d'attribuer à 100 objets un certain nombre de descripteurs. Par la suite, des personnes fictives étaient décrites aux sujets qui devaient alors, sur la base des descripteurs préalablement établis, retrouver le ou les objet(s) susceptible(s) de convenir en tant que cadeau. Cette recherche avait donc pour but de voir comment agissent des sujets face à la possibilité d'utiliser un système personnel de recouvrement de données.

Les résultats les plus généraux basés sur des analyses du nombre de descripteurs permettent de tirer certaines implications sur les structures utilisées par les sujets et principalement de constater qu'aucun n'utilise de catégories mutuellement exclusives: il s'agit le plus souvent d'un compromis entre descripteurs totalement indépendants et totalement hiérarchiques.

Furnass et al. (1983) ont de même tenté de manière approfondie une approche tendant à tester les processus d'indexation sur des catégories restreintes et bien précises (recette de cuisine, opérations d'édition, objets communs...). Les auteurs réalisent un certain nombre de statistiques sur les performances d'un système de recouvrement d'informations par mots-clés.

Les diverses expérimentations montrent de manière constante une utilisation de descripteurs, lors de l'indexation par les sujets, ressemblant à la distribution de Zipf: quelques mots sont utilisés fréquemment et beaucoup ne sont utilisés qu'une seule fois. Ceci remet en question les variantes les plus simples du modèle de base généralement utilisé dans ces systèmes et qui supposent qu'utilisateurs et concepteurs aient les mêmes «intuitions» sur les relations objets-termes descripteurs. Furnass et al. passent en revue et testent divers modèles du plus simple au plus complexe, chacun étant caractérisé par un ensemble de présuppositions ou de contraintes sur les relations entrée/sortie du système.

Du modèle le plus simple (méthode du fauteuil) au modèle le plus sophistiqué proposé par les auteurs, les performances passent de 15 % à près de 80-95 % d'objets identifiés et retrouvés. Ce dernier modèle est basé en grande partie sur le fait que les systèmes actuels ne tiennent pas compte des mots rares (qui n'apparaissent qu'une ou deux fois) qui sont pourtant les plus fréquemment utilisés (cf. Zipf), et généralement plus précis, plus discriminatifs.

Ce modèle suppose que:
1. l'ordinateur garde en mémoire tous les mots utilisés par les sujets;
2. des données soient collectées sur les divers objets que les utilisateurs désignent par les descripteurs utilisés;
3. lorsqu'un sujet utilise un mot, l'ordinateur recherche les cibles les plus probables;
4. l'ordinateur propose ces cibles en tant que choix d'un menu à l'utilisateur.

Toutefois, les auteurs reconnaissent que ce modèle ressortit beaucoup plus d'une amélioration ponctuelle et technique que d'une étude et d'une compréhension du fonctionnement humain: ces travaux, s'ils ont d'ergonomique les aspects de mise au point et d'adaptation des matériels et logiciels à l'utilisateur, n'éclairent que de manière sporadique les aspects psychologiques et cognitifs mis en jeu.

En ce sens, les paradigmes expérimentaux utilisés dans ces expériences ne tenaient pas compte d'un certain nombre de facteurs connus pour influencer les processus de catégorisation. Entre autres, il serait intéressant de tester l'incidence du degré de typicalité, de l'existence éventuelle de différents types de catégories déjà constituées, de l'incitation à créer de nouvelles catégories... etc... Doivent également être déterminés les facteurs qui influencent le choix par les sujets de descripteurs communs, voisins ou différents (ainsi que leur nombre et leur organisation) permettant de distinguer les diverses catégories créées.

La seconde possibilité suppose d'évaluer et vraisemblablement de nuancer les résultats acquis jusqu'à présent dans des situations impliquant des catégories que l'on pourrait provisoirement dénommer «opératoires». Très peu de recherches sont menées en ce sens sauf en ce qui concerne la manipulation de catégories «ad hoc» où les tâches proposées au sujet sont proches de situations de résolution de problèmes (Barsalou, 1983). Un résultat intéressant montre que, quoique moins bien structurées en mémoire, ces catégories «ad hoc» présentent également des gradients de typicalité. Reste cependant à déterminer quel type d'influence a ce facteur sur les stratégies de catégorisation ou de récupération et si les modèles qui rendent compte de l'organisation sémantique dans le domaine des catégories naturelles demeurent valides.

## 6. Conclusion

Les problèmes liés à l'organisation de bases de données permettent d'aborder des domaines de recherche psychologique très larges. Nous n'en avons souligné que quelques-uns relatifs plus particulièrement à l'extraction de données ponctuelles. Nous avons également privilégié l'approche fonctionnelle des processus de recouvrement d'information aux dépens d'une approche structurale, dans la mesure où apparaît contradictoire l'idée d'une représentation structurale unique et les diverses interprétations qui peuvent être faites d'un même contenu sémantique.

Les aspects psychologiques liés à l'interaction homme-mémoire artificielle sont d'autre part beaucoup plus nombreux que ce dont il est fait mention ici. Certaines situations interactives (par exemple E.A.O., systèmes experts...) nécessitent que soit recherchée une information :
- que l'on ne connaît pas (problème d'identification des propriétés);
- dont on ne connaît pas (ou peu) la localisation;
- dont on n'est pas certain de l'existence (critères d'arrêt de la recherche).

Ceci suppose donc des études psychologiques liées aux modalités de recherche et d'utilisation des connaissances dans des situations plus ouvertes que celles habituellement définies et formalisées.

# PARTIE III
# LANGAGE

# Chapitre 12
# Les apports
# de l'intelligence artificielle
# à la psychologie du langage :
# quelques exemples

Guy DENHIERE et Sébastien POITRENAUD

## 1. Introduction

Nous commencerons par dessiner les limites de notre propos : nous ne connaissons pas tous les travaux réalisés dans les divers secteurs de l'intelligence artificielle qui abordent le traitement du langage. Nous n'aborderons pas ici les problèmes posés par la traduction automatique et la reconnaissance des formes, par exemple. Nous nous sommes limités aux systèmes de traitement du langage naturel : compréhension de phrases, de textes, paraphrase, réponse à des questions, mais, là encore, nous ne prétendons pas à l'exhaustivité. La deuxième limite tient à notre façon de concevoir l'étude psychologique du langage. Nous écrivons étude psychologique du langage et non psycholinguistique, et ceci pour deux raisons majeures. La première tient aux différences enregistrées dans la définition du terme psycholinguistique. Pour P. Oléron (1973), la psycholinguistique désigne «l'interaction entre le sujet et le langage» (p. 245); pour Bronckart, Kail et Noizet (1983), «l'objet de la psycholinguistique est le langage en tant que capacité et instrument conjoint de représentation et de communication» (p. 272); pour Caron (1983), «la psycholinguistique est l'étude des activités psycholinguistiques par lesquelles le sujet acquiert et met en œuvre le système de la langue. De la langue et non du langage. C'est en effet la prise en compte de cette réalité spécifique : la langue comme système organisé et autonome, qui nous paraît caractériser la psycholinguistique «comme telle» (p. 16); enfin, de manière empirique et probablement ironique, Reuchlin (1981) appelle psycholinguistique « l'activité du psychologue du langage utilisant des termes ou des théories empruntés à la linguistique » (p. 296). La distinction entre la langue et le langage est ici utile sinon nécessaire et les apports de l'intelligence artificielle à la psychologie peuvent être envisagés de manière différente selon le point de vue adopté. Plus fondamentalement, au-delà des problèmes de définition, la psychologie du langage ne peut être réduite à la psycholinguistique néo-, para- ou post-chomskienne et nous ne croyons pas fondée l'idée d'une autonomie de la psycholinguistique au sein de la psychologie cognitive. Nous ne reviendrons pas ici sur la fonction de représentation du langage (voir Denis et Dubois, 1976). Pour ce qui est de la communication, communiquer peut, par exemple, consister à s'informer ou informer son interlocuteur, c'est-à-dire à percevoir un message, à l'analyser, à en construire la signification, à ajouter les informations nouvelles ainsi obtenues aux connaissances déjà possédées sur le même sujet et à les stocker en mémoire de façon à être capable de les retrouver et de les utiliser dans une situation ultérieure pertinente. Le fait qu'environ quatre-vingts pour cent des énoncés produits dans les conversations orales ne respectent pas les règles d'usage de la syntaxe ne semble pas constituer un obstacle insurmontable à la compréhension : les interlocuteurs arrivent à se comprendre et à construire des représentations mentales plus ou moins homologues des faits dont ils parlent. La prise en compte des différents aspects du langage (syntaxe, sémantique, pragmatique) et des processus psychologiques mis en œuvre (perception, activation de signifiés, mise en mémoire des produits du traitement, etc.), est également indispensable quand il s'agit de textes et non plus de phrases isolées (Denhière, 1984). Le langage est, jusqu'à présent, un important vecteur d'acquisition des connaissances (Le Ny, Carité et Poitrenaud, 1986). L'évolution des matériels d'étude, de la phrase aux textes, narratifs d'abord, puis descriptifs et didactiques et, ce qui va de pair, l'intérêt croissant des psychologues pour l'étude des processus responsables du traitement sémantique des énoncés complexes (compréhension, mémorisation et production) nous paraissent les deux aspects marquants de l'évolution de la psychologie du langage ces dix dernières années. En conséquence, l'angle sous lequel nous aborderons l'examen des apports de l'intelligence artificielle à la psychologie du langage sera le suivant : dans quelle mesure les réalisations de l'intelligence artificielle consacrées au traitement du langage naturel ont-elles contribué à l'évolution de l'étude du langage par les psychologues ? Ainsi envisagés, les apports de l'intelligence artificielle à la psychologie cognitive du langage peuvent être regroupés en deux grandes catégories selon que l'on envisage les structures mises en œuvre ou les opérations

appliquées à ces structures. Par structures, nous entendons deux choses :
- le mode de représentation des connaissances en mémoire;
- le mode de représentation des énoncés complexes (phrases et textes) et des éléments qui entrent dans la composition de ces énoncés; alors que par opération, nous envisageons :
- l'analyse morpho-syntaxique et sémantique des énoncés;
- la construction de la signification globale d'une série d'énoncés successifs plus ou moins cohérents;
- l'interaction entre les connaissances stockées en mémoire et la compréhension (production d'inférences, par exemple);
- la mise à jour et la modification des connaissances stockées en mémoire;
- l'activation et la sélection des connaissances stockées en mémoire pertinentes pour répondre à des questions;
- etc.

## 2. Intelligence artificielle et psychologie : un point de vue

Le vocabulaire de l'intelligence artificielle regorge de termes de nature psychologique : les programmes sont sensés comprendre, apprendre, connaître, et, en un mot, être intelligents. Bien sûr, les informaticiens sont conscients des limites actuelles de leurs réalisations, tout particulièrement dans le domaine du langage, et leurs programmes renvoient implicitement à des définitions opérationnelles de ces termes. Au-delà de la formalisation de tel ou tel aspect de l'activité cognitive, leur objectif est d'aboutir à des dispositifs dont les performances se rapprochent des performances humaines. Toutefois, il faut le constater, les avantages qu'il y aurait à s'inspirer du fonctionnement humain pour atteindre cet objectif demeurent un sujet controversé : alors que Mc Dermott (1976, 1979) dénie toute pertinence aux études de psychologie, Ringle (1983) considère au contraire que «plus les liens entre les recherches d'intelligence artificielle et de psychologie expérimentale seront étroits, et plus le développement des principes de l'intelligence artificielle et de leur implémentation sur des machines seront facilités» (p. 37).

De leur côté, les psychologues sont de plus en plus nombreux à recourir à des notions propres à l'informatique et à l'automatique :
- les individus sont supposés *traiter* de l'information en *temps réel*, en *série* ou en *parallèle*;
- *compiler* du texte puis *l'exécuter*;

- *stocker* des informations dans différentes mémoires (mémoire *tampon, registres*, etc.) dont les caractéristiques (capacité de stockage, durée de maintien de l'information, accessibilité) ne sont pas sans rappeler la classification des mémoires d'ordinateur;
- le tout à l'aide d'un *superviseur* allouant des ressources à des *processeurs* spécialisés.

Admettons que ces emprunts réciproques ne se justifient pas toujours; on a souvent affaire à un usage analogique ou métaphorique des termes de l'autre discipline, voire à des effets de mode, et les bases conceptuelles et méthodologiques qui motivent ces emprunts sont rarement explicitées.

## 2.1. Quelle psychologie pour les informaticiens?

Chez les informaticiens, ceux qui sont le plus enclins à envisager d'éventuels apports de la psychologie à l'intelligence artificielle font rarement référence aux études empiriques menées par les psychologues et se satisfont le plus souvent des données de l'introspection et de la psychologie du sens commun. Le cas de Schank est exemplaire à cet égard: ses travaux et ceux de son école ont conduit à des réalisations particulièrement passionnantes en matière de traitement automatique du langage naturel (voir Denhière, 1975), réalisations qui témoignent d'un intérêt certain pour les données de la psychologie. Mais la méthode expérimentale est considérée comme une démarche parmi d'autres pour obtenir des informations sur le traitement du langage par l'homme. En l'absence de résultats empiriques, Schank développe ses propres théories psychologiques et cherche à les valider en comparant les performances des programmes qui les mettent en œuvre aux performances humaines appréhendées de façon intuitive (voir Schank et Abelson, 1977; Schank, 1980, 1982a, b).

Les psychologues soucieux d'une méthode rigoureuse d'administration de la preuve peuvent être sceptiques face à une telle démarche. Pour notre part, il nous semble que dans l'état actuel de développement de la recherche cognitive, les informaticiens sont à même, pendant un certain temps encore, de progresser et d'augmenter les performances de leurs programmes en se passant des connaissances fondamentales sur la mise en œuvre du langage par l'homme que seules des études psychologiques systématiques permettront de préciser peu à peu.

## 2.2. Théorisation, modélisation et simulation

Les différences d'objectifs et de méthodes entre l'intelligence artificielle et la psychologie, une fois reconnues, il reste que les réalisations des informaticiens montrent aux psychologues comment il est possible de «faire tourner une théorie». En ce sens, l'apport de l'intelligence artificielle est d'ordre méthodologique.

Si la théorie ainsi explicitée relève de la psychologie intuitive, elle peut apporter deux types d'informations au psychologue selon qu'il s'intéresse aux concepts invoqués ou aux processus mis en œuvre. Il en va ainsi, par exemple, des concepts de «frame» (Minsky, 1975) et de «script» (Schank et Abelson, 1977) sur lesquels nous reviendrons plus loin et des programmes qui prévoient une interaction entre les analyses syntaxique et sémantique des énoncés (Schank, 1972, par exemple).

Si la théorie est partiellement liée à des résultats expérimentaux, elle peut devenir un modèle des activités déployées par les individus humains car l'informatisation impose une explicitation poussée de toute une série d'hypothèses et une définition précise de leur articulation.

Un dernier cas de figure, encore rare dans le domaine du traitement du langage naturel, est celui d'une théorie psychologique, testée selon les critères de la psychologie, qui est ensuite implémentée sous la forme d'un modèle informatique de simulation. Le meilleur exemple nous est fourni par Kintsch qui, après avoir développé une théorie de la compréhension et de la production de textes (Kintsch et van Dijk, 1978) en a implémenté une partie sur ordinateur (Miller et Kintsch, 1980). L'avantage de cette façon de procéder (voir Kintsch, 1982) découle de la possibilité de *décomposer un système complexe en sous-systèmes* plus simples (Simon, 1969). Comme le souligne Kintsch (1982), «l'avantage de cette décomposition est qu'elle permet de se concentrer sur la mise au point d'un modèle pour un sous-système quelconque sans avoir à se préoccuper de la complexité globale du système dans son ensemble. Seules les réponses des divers sous-systèmes interagissent» (p. 777).

## 3. Les apports de l'intelligence artificielle à la psychologie : trois illustrations

La simulation, nous l'avons dit, est encore peu fréquente. Le plus souvent, l'intelligence artificielle et la psychologie cognitive du langage se sont développées de façon quasi autonome. Comment, dans ces conditions, l'intelligence artificielle a-t-elle contribué à l'évolution de la psychologie du langage ? Qu'a-t-elle proposé comme concepts et comme procédures pour passer de la phrase au texte ? Comment a-t-elle incité à passer de la modularité à l'interaction entre les analyses syntaxique et sémantique et à renverser les poids respectifs de ces deux facteurs ?

Pour répondre à cette question, nous présenterons trois illustrations caractéristiques de l'influence des conceptions et des réalisations de l'intelligence artificielle sur la psychologie :
- les réseaux de transition augmentés (Woods, 1970);
- le programme SHRDLU (Winograd, 1972) et la sémantique procédurale (Johnson-Laird, 1977);
- la notion de script (Schank et Abelson, 1977).

*3.1. Les réseaux de transition augmentés*

Quand Woods (1970) introduit les réseaux de transition augmentés (A.T.N.), il s'agit essentiellement d'un outil d'analyse syntaxique : les automates de l'A.T.N. prennent en entrée une phrase et, par l'exécution de la grammaire décrite dans l'A.T.N., instancient la structure profonde dérivée et, dans un deuxième temps, conformément au modèle chomskien, un module sémantique interprète la structure ainsi créée. Dès 1972, Kaplan argumente en faveur de la pertinence psychologique des A.T.N. Se basant sur les premiers résultats du système LUNAR (voir Woods, 1973) (interrogation d'une base de données géologiques en langage naturel) ainsi que sur certaines données psycholinguistiques, Kaplan tente de montrer que l'A.T.N. est un formalisme bien adapté à la description et à la modélisation des processus de compréhension de phrases. Il évoque notamment :
- la stratégie «perceptive» du programme opérant naturellement de gauche à droite sur le texte;
- l'exécution de la grammaire en «profondeur» d'abord, les ambiguïtés négligées dans un premier temps ne sont prises en compte qu'en cas de blocage de l'analyse à l'aide de retours arrière dans le texte et dans l'A.T.N.

Depuis cette époque, les A.T.N. ont connu d'intéressants développements, notamment par l'introduction de conditions et d'actions sémantiques dans les automates (voir Kayser, 1981; Pitrat, 1981). Les conditions de transition portées par les arcs des automates permettent de tester indifféremment des caractéristiques syntaxiques ou sémantiques des éléments de la phrase. Les actions qui dépendent de ces conditions conduisent progressivement à l'élaboration d'une représentation de nature sémantique. Par exemple, dans une optique de simulation de la résolution de problèmes arithmétiques (Escarabajal, Kayser, Nguyen-Xuan, Poitrenaud et Richard, 1984), la compréhension automatique d'un énoncé tel que :

« Pierre avait des billes. Pendant la récréation, il en gagne 5. Après il en a 8. Combien en avait-il avant la récréation ? » conduit à l'interprétation suivante :

*Ensemble 1 :*
Identité : Pierre
Objet : billes
Quantité : ?

*Ensemble 2 :*
Identité : Pierre
Objet : billes
Quantité : 5
Marque temporelle : après et pas avant

*Ensemble 3 :*
Identité : Pierre
Objet : billes
Quantité : 8
Marque temporelle : après

Woods (1978) a généralisé le format A.T.N. à tous les sous-systèmes impliqués dans la compréhension du langage, « un pour la reconnaissance acoustique et phonétique, un pour la récupération lexicale (reconnaissance de mots), un pour la syntaxe, un pour la sémantique, et un pour suivre la trace du discours » (p. 35) et chaque sous-système est capable de consulter les résultats de l'activité des autres sous-systèmes à propos des structures en cours de construction et, par là, de réduire le nombre d'alternatives à prendre en compte.

Dans le domaine psychologique, De Beaugrande (1981) a présenté un modèle de la lecture et de la compréhension de textes fortement inspiré des travaux de Woods. Il conçoit la compréhension comme une interaction entre différentes phases de traitement, tour à tour dominantes, qui se partagent les ressources cognitives du processeur selon des distributions qui varient. Ces phases sont : « l'analyse (identifier les dépendances grammaticales entre les éléments du texte de surface), le recouvrement des concepts (associer des expressions langagières à des contenus cognitifs), le recouvrement des idées (construire la configuration conceptuelle centrale qui organise le contenu), et le recouvrement de plans (identifier les buts et les plans que le texte est censé poursuivre)» (p. 285). Toute phase dominante peut consulter les résultats de l'activité des phases non dominantes et, de cette manière, la grammaire est continuellement corrélée avec la significiation, la signification avec la planification des actions, et ainsi de suite (voir Denhière, 1984).

Au-delà de l'intérêt de pouvoir utiliser le même formalisme pour décrire les différents sous-systèmes impliqués dans la compréhension du langage, un des principaux mérites des A.T.N. est d'offrir une alternative crédible à la grammaire transformationnelle et de permettre une interaction entre les analyses syntaxique et sémantique, ce qui paraît raisonnable et souhaitable à de nombreux psychologues.

*3.2. De SHRDLU à la sémantique procédurale*

SHRDLU, le programme historique de Winograd (1972), est le premier système question-réponse intégré s'attaquant à l'ensemble des problèmes allant de l'analyse à la génération de phrases avec une représentation interne standardisée du sens. Si l'aspect génération est assez rudimentaire — en fait, il présente surtout un intérêt pratique : montrer que le robot «a compris» ce qu'on lui demande — l'analyse comporte de nombreux aspects originaux, notamment par l'importance qu'elle accorde à la sémantique et au raisonnement opérant sur des connaissances du monde (le «monde» des blocs). Bien que l'unité d'analyse soit la phrase (question ou ordre), SHRDLU tient à jour une base de données reflétant les états successifs de son univers. Au cours de l'analyse, les phases syntaxique, sémantique et pragmatique (raisonnement) ne s'exécutent pas de façon indépendante. Tout en constituant des modules autonomes, elles interagissent entre elles et se guident mutuellement afin de parvenir le plus économiquement possible à une interprétation satisfaisante. Finalement, le processus aboutit à une représentation du sens de la question ou de l'ordre sous la forme d'une séquence d'instructions en PLANNER (Hewitt, 1971), un langage (une langue?) conçu(e) pour interroger une base de données prédicatives et faire des inférences à l'aide d'un démonstrateur de théorèmes, eux-mêmes rédigés en PLANNER. L'exécution de ces instructions PLANNER retourne les informations nécessaires à la génération de la réponse.

Cette approche «procédurale» de la signification a été largement reprise par Johnson-Laird (1977) dans un modèle informatisé de la compréhension et de la production qui s'articule autour de la métaphore : «compiler puis exécuter».

Ici, le programme évolue dans un monde de particules qui s'entrechoquent dans un plan et, de même que chez Winograd, il est capable de répondre à des questions sur l'état présent ou passé de cet univers. Le «compilateur» de phrases est constitué par un mécanisme baptisé S.T.N. («Semantic Transition Network», Steedman, Johnson-Laird, 1977), autrement dit, un A.T.N. sémantique. La particularité du S.T.N. est de produire directement une représentation sémantique de la phrase. Cette représentation est constituée d'instructions dans un langage du type PLANNER, PICO.PLANNER (Anderson, 1972). Aussitôt générée, une instruction est immédiatement exécutée sur la base de données qui contient un historique de l'univers. Un mécanisme du type «restriction de sélection» trouve dans le dictionnaire les informations qui lui permettent de lever des ambiguïtés syntaxiques. Par exemple la question: «Was X pushed by Y?» est désambiguïsée à l'aide des connaissances dont on dispose sur Y, notamment LIEU (Y), ou ENTITÉ (Y). Les différentes instructions engendrées par le traitement d'une phrase retournent chacune après leur exécution une assertion vraie ou fausse. Ces résultats sont alors utilisés par le S.T.N. qui, fonctionnant à l'envers à la manière d'un «décompilateur» génère la réponse en anglais.

*3.3. Scripts, MOPs: l'interaction compréhension-mémoire*

La dernière notion que nous présenterons, la notion de script (Schank et Abelson, 1977), est bien connue des psychologues et constitue probablement une des interactions les plus réussies entre informaticiens et psychologues. Un script est une suite stéréotypée d'événements impliquant des acteurs et des objets précis, des actions dans un ordre déterminé, des conditions de déclenchement et des conditions de sortie. Un script se présente comme une *structure de données* organisant l'information en mémoire *et* comme une *structure de traitement* à effet prédictif lors de la compréhension. Les scripts furent utilisés dans des programmes qui donnèrent des résultats intéressants en dépit de certaines difficultés, notamment en raison du nombre considérable de scripts qu'il faut postuler. Presque simultanément des psychologues ont utilisé ce concept pour rendre compte de la compréhension et de la mémorisation de récits (Belleza et Bower, 1981; Bower, Black et Turner, 1979; Galambos et Rips, 1982; Graesser, Woll, Kowalski et Smith, 1980; Haberlandt et Bingham, 1982). Le fait à noter ici est que des résultats expérimentaux obtenus par des psychologues — les confusions en situation de reconnaissance, notamment — ont conduit Schank (1982a) à reformuler cette notion de script et à proposer la notion de M.O.P. (Memory Organization Packet): si les sujets font des confusions entre des énoncés appartenant à des scripts différents («aller chez le docteur» et «aller chez le dentiste», par exemple), il faut alors supposer une entité mnésique plus générale que le script, du type «aller chez un professionnel de la santé». Un M.O.P. «consiste en un ensemble de scènes dirigées vers la réalisation d'un but. Un M.O.P. possède toujours une scène principale qui est l'essence ou le but des événéments organisés dans le M.O.P.» (p. 97).

On pourrait s'étonner de cet intérêt de Schank pour la mémoire (et, incidemment, de la place que nous lui accordons également) alors qu'il s'agit de traiter du langage naturel. C'est peut-être là aussi un apport de l'intelligence artificielle à la psychologie du langage, il n'est pas possible d'envisager le processus de compréhension sans le relier aux structures et aux processus mnésiques. Les programmes réalisés par les collègues de Schank: FRUMP (Fast Reading Understanding and Memory Program) de DeJong (1979), I.P.P. (Integrated Partial Parser) de Lebowitz (1980, 1982) ou CYRUS de Kolodner (1980, 1982) articulent étroitement compréhension et mémorisation: «Understanding means being reminded of the closest previously experienced phenomenom» (Schank, 1982a, p. 97).

## 4. Conclusion

A condition de ne pas confondre linguistique et psychologie et de ne pas restreindre la psychologie cognitive du langage à la psycholinguistique inspirée des travaux de Chomsky, un certain nombre d'apports de l'intelligence artificielle à la psychologie peuvent être notés.

1. Dès les années 1970, des réalisations d'intelligence artificielle ont montré qu'il était possible de comprendre des énoncés en langage naturel (c'est-à-dire produire des paraphrases, faire des inférences, répondre à des questions) en sortant du cadre de la grammaire transformationnelle et, plus particulièrement, en faisant interagir les analyses syntaxique et sémantique;

2. Elles ont fourni un formalisme (les A.T.N.: réseaux de transition augmentés) susceptible d'être utilisé pour décrire l'une et l'autre analyses;

3. Elles ont conduit à distinguer ce qu'il est convenu d'appeler les «connaissances déclaratives» et les «connaissances procédurales»;

4. Elles ont proposé des structures qui sont à la fois des structures de données et des structures de traitement;

5. Permettant ainsi un traitement haut-bas (top-down) dirigé par ces structures et un traitement bas-haut (bottom-up) dirigé par les données;

6. Et mêlant intimement mémoire et traitement du langage.

Ce dernier point nous paraît particulièrement important car, nous n'avons fait que le signaler au passage, le langage est le principal vecteur d'acquisition des connaissances. Si, comme nous le pensons, les psychologues sont appelés à s'intéresser de plus en plus au problème de l'acquisition des connaissances, l'interaction entre informaticiens et psychologues devrait s'accroître.

# Chapitre 13
# La notion de signification
# dans les sciences cognitives

Joël PYNTE

## 1. Introduction

Les premiers travaux des psychologues, dans le domaine de la compréhension du langage, ont largement été influencés par la linguistique. Cette discipline semblait en effet être seule en mesure d'apporter une réponse satisfaisante à la question suivante : qu'est-ce que la signification d'une phrase ? Cette attente a vite été déçue, et ceci du fait des linguistes eux-mêmes, peu soucieux de la réalité psychologique des modèles qu'ils proposent, d'où le projet, qui s'est finalement imposé, de constituer une «Psycholinguistique autonome» (Mehler et Noizet, 1974).

Depuis lors, de nouvelles approches ont vu le jour, et de nouveaux rapports semblent s'être établis entre linguistes, psychologues, informaticiens et logiciens, comme en témoigne la création, en France, de «l'Association pour la Recherche Cognitive». L'heure est peut-être venue de poser à nouveau la question : qu'est-ce qu'une signification ?

## 2. La réponse du linguiste

L'objet d'étude de la Linguistique est la langue, non le fonctionnement cognitif du locuteur. S'agissant des phénomènes de sens, le linguiste prendra donc soin d'éviter, comme c'est le cas en phonologie ou en syntaxe, toute référence à des entités non linguistiques, en particulier psychologiques. Cet idéal d'autonomie est atteint dans la Sémantique Générative (Lakoff, 1969; McCawley, 1968) qui fait dériver la forme de surface des énoncés de leur «structure profonde», assimilée, pour les besoins de la cause, à une représentation sémantique.

*2.1. Sémantique générative et sémantique interprétative*

Cette théorie a, comme ont le sait, été battue en brèche par Chomsky (1972), et par d'autres après lui. Il n'est pas question d'entrer ici dans un débat qui concerne avant tout les linguistes. Signalons simplement que pour les tenants de la «Théorie Standard Elargie», partisans d'une sémantique «interprétative», la signification serait élaborée à partir de la structure syntaxique (profonde mais aussi de surface) grâce à des «règles de projection» (Katz, 1972).

L'idée selon laquelle il serait possible d'associer à chaque énoncé une représentation sémantique décrivant complètement sa signification dut, elle-même, être abandonnée. Jackendoff (1972) en particulier a montré, de façon semble-t-il convaincante, qu'il faut supposer l'existence de plusieurs représentations sémantiques partielles concourant à établir la signification d'un énoncé. Cette position de Jackendoff est porteuse d'une remise en cause théorique importante. Comme le note Fodor (1980), «dès lors que le postulat d'une correspondance terme à terme entre représentations sémantiques et significations a été mis en doute, le pas est vite franchi, qui consiste à supposer que les représentations sémantiques sont inutiles» (p. 198).

*2.2. Les formes logiques*

La solution de rechange, adoptée par certains linguistes, a consisté à faire correspondre à chaque énoncé une «forme logique», directement liée à sa structure syntaxique, et autorisant un certain nombre de «déductions» (entailments), par l'intermédiaire des règles de la logique. Dans cette perspective, la signification d'une phrase pourrait être représentée par l'ensemble des propositions qu'elle permet d'engendrer logiquement (voir notamment Wilson et Sperber, 1979a, 1979b).

Le fait important, pour le psychologue, est que la signification n'est plus «dans» la phrase, mais dans les relations qu'elle entretient avec d'autres énoncés potentiels, cette relation pouvant elle-même être décrite en termes de valeurs de vérité (une proposition P «engendre» [entails] une proposition Q si la vérité de P implique la vérité de Q).

De cette façon, le linguiste se donne un moyen de décrire le lien qui existe entre un énoncé et la réalité qu'il désigne, sans, pour cela, réduire cette réalité (la décomposer en éléments de sens primitifs dont il faudrait déterminer le caractère universel).

### 2.3. Les significations lexicales

Ceci ne signifie pas qu'il faille renoncer à définir le sens lexical des mots, mais simplement que les définitions proposées ne seront pas supposées subsumer la réalité, comme c'est le cas, par exemple, dans la théorie de Katz (1972). L'idée selon laquelle la signification des mots est, en quelque sorte, «contenue» dans le lexique, sous forme d'une configuration de traits («markers» ou «designators» pour Katz) peut être sérieusement mise en doute. Quel serait, par exemple, le contenu associé au mot «rouge». Supposons que l'on décompose la signification de «rouge» en un trait «couleur» + un élément spécifique permettant de distinguer, par exemple, le rouge du vert. Pour que l'on puisse parler de trait sémantique, à propos de cet élément spécifique, il faudrait pouvoir l'utiliser indépendamment du trait «couleur». Or, ce n'est évidemment pas le cas. La solution envisagée par J. D. Fodor (1980) consiste à assigner simplement le marqueur (rouge) au mot «rouge» et à utiliser une «règle de redondance» qui indique que le concept auquel renvoie ce marqueur est inclus dans le concept de couleur:

$$(\text{rouge}) \rightarrow (\text{couleur})$$

Ces règles de redondance peuvent être assimilées à des règles d'inférence logique (si X est «rouge», alors X est «coloré»), très proches des «postulats de sens» de Carnap (1947). Les significations lexicales peuvent, de cette façon, intervenir dans le processus d'interprétation, au même titre que la forme logique correspondant à la structure syntaxique de la phrase.

## 3. La réponse du logicien

La définition proposée dans la section précédente élude, d'une certaine façon, la question centrale des rapports entre énoncé et monde réel. Lorsque je dis «Pierre est marié avec Marie», je veux (peut-être) dire que Pierre est marié avec quelqu'un, que quelqu'un est marié avec Marie, que quelqu'un est marié avec quelqu'un, etc., mais je fais également référence à un certain état de fait, à savoir que l'individu que je désigne par «Pierre» a épousé l'individu que je désigne par

«Marie». Voyons comment les logiciens, dont c'est le métier, envisagent le problème.

### 3.1. L'exemple de $L^o$

Soit le langage $L^o$, emprunté à Dowty, Wall et Peters (1981). Ce langage est constitué à partir de trois catégories syntaxiques, à savoir : les noms (d, n, j et m), les prédicats à une place (M et B), et les prédicats à deux places (K et L). Les règles de formation définissent soit des phrases atomiques (1 et 2 ci-dessous), soit des phrases complexes (3 à 7).

(1) Si $\delta$ est un prédicat à une place et $\alpha$ est un nom, alors $\delta\,(\alpha)$ est une phrase.
(2) Si $\mu$ est un prédicat à deux places et $\alpha$ et $\beta$ sont des noms, alors $\mu\,(\alpha, \beta)$ est une phrase.
(3) Si $\Sigma$ est une phrase, alors $\neg\Sigma$ est une phrase.
(4) Si $\Sigma$ et $\Theta$ sont des phrases, alors $[\Sigma \wedge \Theta]$ est une phrase.
(5) Si $\Sigma$ et $\Theta$ sont des phrases, alors $[\Sigma \vee \Theta]$ est une phrase.
(6) Si $\Sigma$ et $\Theta$ sont des phrases, alors $[\Sigma - > \Theta]$ est une phrase.
(7) Si $\Sigma$ et $\Theta$ sont des phrases, alors $[\Sigma < - > \Theta]$ est une phrase.

Les règles ci-dessus définissent la syntaxe de $L^o$. La règle (1) autorise par exemple la formation de M(d) à partir du prédicat à une place M et du nom d. Grâce à (2), on formera K(d, j), L(j, n), etc., puis par (5), on aura : [K(d, j) L(j, n)]. Pour interpréter ces énoncés, c'est-à-dire pour mettre en relation chacun d'eux avec certains objets ou états de faits existant, il faut :
- associer une valeur sémantique à chaque expression de base ;
- définir des règles sémantiques permettant d'obtenir la valeur de vérité de chaque phrase.

Commençons par les expressions de base. On pourra par exemple associer à chaque nom de $L^o$ un individu du monde réel et à chaque prédicat un ensemble d'individus (un ensemble de couples d'individus dans le cas d'un prédicat à deux places). Par convention, la valeur sémantique de $\alpha$ s'écrit $[\![\alpha]\!]$.

$[\![d]\!]$ = Valéry Giscard d'Estaing        $[\![j]\!]$ = Jacques Chirac
$[\![n]\!]$ = François Mitterrand            $[\![m]\!]$ = Georges Marchais
$[\![M]\!]$ = l'ensemble des individus qui portent des moustaches
$[\![B]\!]$ = l'ensemble des individus chauves
$[\![K]\!]$ = l'ensemble des couples d'individus tel que le premier connaisse le second.
$[\![L]\!]$ = l'ensemble des couples d'individus tel que le premier aime le second

Les règles sémantiques devront permettre de déterminer la valeur de vérité (vrai / faux) de chaque phrase appartenant à L°. Etant donné les valeurs sémantiques associées aux expressions de base, il pourra s'agir de :

(1′) Si δ est un prédicat à une place et α est un nom, alors δ (α) est vrai ssi [[α]] ∈ [[δ]].
(2′) Si μ est un prédicat à deux places et α et β sont des noms, alors μ (α, β) est vrai ssi < [[α]], [[β]] > ∈ [[μ]].
(3′) Si Σ est une phrase, alors ¬ Σ est vrai ssi Σ est faux.
(4′) Si Σ et Θ sont des phrases, alors [Σ ∧ Θ] est vrai ssi Σ et Θ sont tous deux vrais.
(5′) Si Σ et Θ sont des phrases, alors [Σ ∨ Θ] est vrai ssi Σ ou Θ est vrai.
(6′) Si Σ et Θ sont des phrases, alors [Σ − > Θ] est vrai ssi Σ est vrai ou Θ est faux.
(7′) Si Σ et Θ sont des phrases, alors [Σ < − > Θ] est vrai ssi Σ et Θ sont tous deux vrais ou tous deux faux.

Les règles (3′) à (7′) définissent, en gros, le calcul des propositions. Plus intéressantes sont les règles (1′) et (2′) qui permettent de connaître la valeur de vérité d'une phrase à partir de la valeur sémantique de ses constituants. Ainsi, (1′) signifie que pour savoir si B(d) est vrai, il suffit de déterminer si [[d]], c'est-à-dire Valéry Giscard d'Estaing, appartient à [[B]], c'est-à-dire à l'ensemble des chauves. De même, pour connaître la valeur de vérité de L(m, n), il faut, selon (2′), aller scruter l'ensemble des couples d'individus, tels que le premier aime le second, afin de vérifier qu'il contient bien < Georges Marchais, François Mitterand >.

## 3.2. Application au langage naturel

La valeur de vérité d'une phrase de L° dépend donc, *à la fois*, de sa structure interne et de «l'état du monde». Une méthode similaire a été appliquée à l'analyse du langage naturel, avec semble-t-il quelque succès, par des logiciens tels que Montague et ses successeurs. A chaque catégorie syntaxique est associé un type de valeur sémantique particulier (l'interprétation de L° fait intervenir quatre types de valeurs sémantiques : les individus, les ensembles d'individus, les ensembles de couples d'individus, et les valeurs de vérité). Les règles sémantiques stipulent comment ces différents types se combinent pour aboutir à des valeurs de vérités. Elles recoupent les règles de la syntaxe régissant les rapports qu'entretiennent les différentes catégories syntaxiques à partir desquelles sont constituées les phrases bien formées de la langue (hypothèse de compositionnalité de Frege, 1893).

On aura noté que, dans l'interprétation de L°, la valeur sémantique d'une phrase est toujours vrai ou faux, caractéristique que l'on retrouve dans la sémantique de Montague. Il s'agit là, apparemment, d'une restriction importante. N'oublions pas cependant que pour connaître la valeur de vérité de B(d) nous avons dû associer une valeur sémantique à d et à B, en l'occurrence, Valéry Giscard d'Estaing et l'ensemble des chauves. La vérité de B(d) est relative à ces valeurs sémantiques, qui constituent le « modèle » sous lequel B(d) est vrai (on pourrait imaginer un « monde possible » dans lequel Valéry Giscard d'Estaing ne serait pas chauve et dans lequel B(d) serait donc faux).

En fait, nous avons affaire à une sémantique « à double face » : le processus par lequel une valeur de vérité est assignée à une phrase spécifique en même temps (par là même) les conditions qui doivent être réunies pour que la phrase soit vraie. Il est tentant de considérer, dans cette perspective, que les conditions de vérité d'une phrase constituent sa signification.

Dans l'interprétation de L°, l'assignation de valeurs sémantiques aux expressions de base est arbitraire. On aurait pu, aussi bien, associer à d, j, n et m des villes françaises, et à B, L et K des caractéristiques climatiques. L(d, j) pourrait signifier, par exemple, que la température moyenne de Marseille est supérieure à celle de Paris.

S'agissant du langage naturel, les significations lexicales contraignent, dans une certaine mesure, le modèle par rapport auquel un énoncé peut être évalué. Ainsi, le syntagme nominal « l'homme » ne peut être associé qu'à une certaine catégorie d'entités du monde réel. Techniquement, les significations lexicales pourront être représentées par un ensemble de postulats de sens spécifiant tel ou tel aspect que devra présenter le modèle.

## 4. Les modèles psychologiques

Dans la plupart des modèles de la compréhension du langage utilisés en psycholinguistique, il est supposé que les énoncés sont traduits, à un moment ou un autre, en un ensemble de propositions du type prédicat + arguments, même si les mécanismes envisagés sont très différents selon les auteurs.

### 4.1. Approche « lexicaliste »

Ces propositions, qui sont censées représenter la signification de la phrase, doivent combiner des informations lexicales (le sens des mots) et syntaxiques (les relations logiques au sein de l'énoncé). Une façon élégante de résoudre le problème consiste à supposer que les informations structurales, décrites par la syntaxe, sont en fait, incluses dans la définition des items lexicaux. Le Ny (1979) décompose, par exemple, le verbe «donner» de la façon suivante :

causer (x (changer (o, sur la possession, de posséder (x, o) à posséder (y, o))))

Trois arguments apparaissent dans cette définition, à savoir : l'actant (x), argument de «causer» et de «posséder» dans l'état initial, l'objet (o) et l'attributaire (y), argument de «posséder» dans l'état final. Il s'agit de «sites», ou informations «en creux», que l'énoncé dans lequel sera inséré le verbe devra combler. Pour Le Ny, la compréhension d'une phrase comporte deux phases : (1) la décomposition sémantique des items lexicaux permet de faire apparaître des prédicats élémentaires, ainsi que les arguments qui doivent être recherchés dans l'énoncé ; (2) le réarrangement des arguments autour des prédicats élémentaires aboutit au sens global de l'énoncé, sous forme propositionnelle.

On remarquera qu'il n'y a pas d'analyse syntaxique autonome. Le processus de compréhension est, en quelque sorte, guidé par l'analyse des significations individuelles des items lexicaux. La discussion de la section 1 suggère qu'une telle conception «lexicaliste» n'est pas tenable (à moins de l'enrichir considérablement). Elle ne permet pas, en particulier, de rendre compte des aspects contextuels de la signification (focus et présuppositions, portée des quantificateurs, coréférences, etc.).

### 4.2. *La notion de pertinence*

La solution à laquelle nous sommes arrivé, à la fin de la section 1, est également compatible avec l'idée selon laquelle la signification d'une phrase peut être représentée par une série de propositions logiques. Le mécanisme invoqué est cependant de nature différente. Ces propositions seraient «déduites» de l'énoncé, par le biais des règles de la logique. Notons que les énoncés précédents, eux-mêmes représentés par un ensemble de propositions logiques, interviennent dans le processus et peuvent, en particulier, lever certaines ambiguïtés. Selon Wilson et Sperber (1979b) l'interprétation retenue est la plus «pertinente» par rapport au contexte, c'est-à-dire celle qui permet d'engendrer, à partir du contexte, le plus de «propositions nouvelles».

La façon dont Wilson et Sperber envisagent le rôle du contexte prête le flanc à un certain nombre de critiques. A partir d'un ensemble de propositions, il est toujours possible de déduire une infinité de propositions nouvelles. A partir de quel moment le sujet décide-t-il de s'arrêter? Il faut peut-être envisager différents degrés de compréhension. A un premier niveau, le sujet s'en tiendrait à une forme logique dépendant de la structure syntaxique de l'énoncé, et peut-être des postulats de sens liés aux items lexicaux. Les implications liées au contexte seraient calculées uniquement «lorsque le besoin s'en ferait sentir» (Fodor, 1980).

### 4.3. Les modèles mentaux

Jusqu'à présent, nous avons envisagé le cas où le «contexte» est constitué d'autres énoncés. Qu'en est-il lorsqu'il s'agit d'objets physiques du monde réel? Un paradigme expérimental souvent utilisé, en Psycholinguistique, est la comparaison phrase - dessin: un énoncé est présenté au sujet dans le contexte d'une scène visuelle. Celui-ci doit décider si l'énoncé donne une bonne description de la scène visuelle. Dans la plupart des modèles proposés (voir par exemple Carpenter et Just, 1975), il est supposé que la scène visuelle est d'abord traduite en un ensemble de propositions. Le processus de comparaison peut alors intervenir, selon différentes procédures soumises au contrôle expérimental.

Dans la perspective développée par Wilson et Sperber, par exemple, on peut supposer que la comparaison impliquera un calcul de la pertinence de l'énoncé vis-à-vis de l'ensemble des propositions issues de la scène visuelle. Cependant, le processus risque de ne pas aboutir si ne sont pas prises en compte certaines propriétés du monde physique, au moment où sont récupérées les définitions des items lexicaux.

Prenons l'exemple, emprunté à Johnson-Laird (1982), de la locution adverbiale «à droite de» dans la phrase (1) ci-dessous. Sachant que (1) est vrai, et que (2) est également vrai, la plupart des locuteurs du français concluront que (3) est vrai. Comment expliquer une telle déduction? Faut-il supposer l'existence d'un postulat de sens attribuant la transitivité à l'expression «à droite de»? (si X est «à droite de» Y et si Y est «à droite de» Z, alors X est «à droite de» Z). Bien entendu, il n'en est rien. Supposons que Pierre, René et Jean soient assis autour d'une table ronde. De (1) et (2) on peut déduire que c'est Jean, au contraire, qui est assis à droite de Pierre. Par contre, si la table est rectangulaire, la déduction (3) est correcte.

(1) Pierre est assis à droite de René.
(2) René est assis à droite de Jean.
(3) Pierre est assis à droite de Jean.

Une solution de rechange, symétrique de la précédente, consiste à transformer l'énoncé, au lieu de la scène visuelle. En l'occurrence, on supposera que l'énoncé est traduit en une représentation mentale, spécifiant les caractéristiques que doit présenter la scène visuelle pour que l'énoncé soit vrai. La comparaison portera donc, dans cette perspective, sur des éléments de représentation non spécifiquement linguistiques. La question de savoir s'il s'agit ou non «d'images mentales» peut être discutée. La position défendue par Johnson-Laird (1983) est qu'il s'agit en fait d'entités abstraites, sur lesquelles il serait possible de faire porter des opérations cognitives telles que celles décrites par la Théorie des Ensembles. On retrouve donc l'idée de «modèle» telle que la conçoivent les logiciens. Néanmoins, certaines propriétés du monde réel pourraient être représentées de façon analogique (disposition spatiale des éléments du modèle représentant les protagonistes de la situation décrite dans l'exemple ci-dessus).

## 5. Les apports de l'intelligence artificielle

Un argument qui a souvent été avancé est que les programmes de compréhension du langage naturel (qui fonctionnent effectivement) sont tous des systèmes spécialisés à un domaine de connaissance particulier, et à une situation d'utilisation particulière. Ceci peut sembler constituer une limitation rédhibitoire, du point de vue de l'intérêt qu'aurait pu y trouver le psychologue. Dans ce qui suit, j'essaierai de défendre la position inverse, selon laquelle cette caractéristique est, précisément, ce qui fait de ces programmes des modèles potentiels de la compréhension humaine.

### 5.1. *Le problème de la polysémie*

Les langues naturelles se caractérisent par le fait qu'elles autorisent un certain laxisme dans l'attribution des références. Ainsi, «talon» peut renvoyer soit à un talon de soulier, soit à un talon de chèque. De même, «conduite» sera, selon les cas, synonyme de «comportement», de «pilotage» ou de «canalisation».

Les items lexicaux en position de prédicat sont sujets à des variations de sens qui dépendent de l'interprétation du substantif sur lequel ils s'appliquent. Ainsi, le mot «occupé» dans «la fac est occupée» n'a pas le même sens selon que «fac» renvoie, disons, aux locaux du centre d'Aix de l'Université de Provence ou, par métonymie, au standard téléphonique de ce même établissement. Un programme de compréhension automatique auquel on présenterait un tel énoncé devrait, dans le premier cas, inférer que les étudiants aixois se sont mis en grève, dans l'autre, il serait amené à conclure que les communications téléphoniques avec l'université sont difficiles.

Cette propriété des langues naturelles est évidemment fondamentale. C'est grâce à elle que nous sommes capables de parler (à peu près) de n'importe quelle notion, sans avoir besoin de fixer au préalable la signification des termes que nous utilisons (du moins explicitement). La polysémie qui en résulte, inhérente à la plupart des énoncés que nous produisons, constitue cependant l'un des principaux obstacles à la mise sur pied d'un système de compréhension automatisé «universel». Dans le cas de systèmes spécialisés, le problème ne se pose évidemment pas dans les mêmes termes, puisque certaines significations possibles peuvent être écartées d'emblée, comme non pertinentes vis-à-vis du domaine considéré.

Nous avons vu que, dans le cadre d'une sémantique fondée sur la théorie des modèles, le rôle des significations lexicales est de contraindre le modèle par rapport auquel l'énoncé sera évalué comme vrai ou faux. Le fait de restreindre le champ des significations possibles à un domaine de connaissance particulier revient, en quelque sorte, à renforcer les contraintes introduites par les items lexicaux, quant aux caractéristiques que devra présenter le modèle.

Un mécanisme similaire pourrait intervenir lorsqu'un sujet humain traite le langage naturel. Autrement dit, pour interpréter une phrase, nous commencerions par restreindre le champ de notre attention au domaine de connaissances auquel la phrase risque de renvoyer, étant donné la situation. Un mécanisme de ce type aurait l'avantage de réduire considérablement la polysémie des énoncés que nous sommes amenés à interpréter.

*5.2. Compréhension et « connaissance du monde »*

Plus fondamentalement, le développement des systèmes de compréhension spécialisés s'explique par le fait que la plupart des énoncés ne peuvent être interprétés sans le recours à certaines connaissances encyclopédiques, impossibles à représenter complètement dans la mémoire d'un ordinateur.

Les exemples (1), (2) et (3) de la section 3, empruntés à Johnson-Laird (1982) sont assez éloquents à cet égard, puisqu'ils suggèrent que certaines inférences sont, en fait, déterminées par des propriétés du monde physique irréductibles à la signification lexicale de l'expression « à droite de ». La plupart des programmes de compréhension automatique qui existent actuellement évitent ce problème en limitant le domaine de référence, de sorte que les mêmes règles d'inférence peuvent être utilisées dans tous les cas.

Dans le cadre d'une sémantique fondée sur la théorie des modèles, les connaissances encyclopédiques nécessaires à l'interprétation d'un énoncé devront être incorporées au modèle par rapport auquel celui-ci sera évalué comme vrai ou faux. Il s'agira, par exemple, des propriétés de l'espace physique, dans le cas d'un énoncé contenant l'expression «à droite de».

Le prix à payer est qu'il devient impossible d'associer de façon simple (par combinaison de fonctions ensemblistes) une valeur sémantique à chaque énoncé ou partie d'énoncé. La démarche consistera donc à rechercher, pour chaque domaine, les procédures (spécifiques au domaine) permettant de déterminer la valeur de vérité des énoncés.

### 5.3. Les significations comme procédures

Les procédures de compréhension automatiques mis au point par les informaticiens présentent, de ce point de vue, un grand intérêt pour le psychologue, comme pour le linguiste. Considérons l'énoncé :

«Le cube qui est dans la boîte verte est léger»

Un tel énoncé peut être considéré comme une «directive», destinée à mettre à jour une «base de faits». Le module chargé de l'interprétation devra traduire cette directive en une séquence de procédures permettant (1) de localiser un élément correspondant au syntagme nominal défini «le cube qui se trouve dans la boîte verte» et (2) associer la propriété indiquée par le syntagme verbal «est léger» à l'élément de représentation correspondant. Les procédures mises en œuvre pourront être différentes, pour un même énoncé, selon le contexte (le contenu de la base de faits), et seront, en tout état de cause, spécifiques au format de représentation choisi.

L'étape suivante consistera à intégrer dans le contexte contrôlant le choix des procédures certains aspects de la «situation» traditionnellement qualifiés de «pragmatiques» (attentes, buts, activité en cours, etc.). L'intérêt d'une telle ouverture est qu'elle autorise le traitement d'énoncés non déclaratifs (phrases impératives par exemple). Les recherches menées en Intelligence Artificielle rejoignent, dans ce domaine, les préoccupations des industriels (robotique, interfaces homme-machine en langage naturel). Elles intéressent également le psychologue.

Imaginons une expérience dans laquelle le sujet reçoit la consigne suivante : « maintenez la touche enfoncée tant que la lampe est allumée ». Il est clair que, dans une telle situation, le sujet n'attribue pas une valeur de vérité à l'énoncé. Par contre, on peut supposer qu'il y aura élaboration d'un « plan d'action » du type : « Avant de lâcher, je dois attendre que la lampe s'éteigne ». La formulation proposée est, bien entendu, arbitraire. Néanmoins, on peut penser que les « états » mentionnés dans la consigne (bouton enfoncé, lampe allumée) devront être traduits en une « action » ponctuelle (lâcher), et un « événement » (le fait pour la lampe de s'éteindre). En d'autres termes, nous supposons que l'énoncé originel sera « compilé », c'est-à-dire transformé en un « code-objet », destiné à être lui-même traduit en une séquence sensori-motrice.

## 6. Conclusion

Parmi les disciplines qui composent la recherche cognitive, l'Intelligence Artificielle est probablement celle qui exerce actuellement le plus d'influence en Psycholinguistique, non qu'elle ait permis, mieux que la Linguistique ou la logique, d'élucider la nature des significations, mais le fait qu'il soit aujourd'hui possible de simuler la compréhension du langage suggère que le problème était peut-être mal posé.

Rien ne prouve, il est vrai, que les programmes qu'on nous présente « comprennent » réellement. Les sceptiques ne manqueront pas de faire remarquer que pour le savoir, il faudrait être capable de définir ce qu'est la compréhension. Apparemment, nous ne sommes donc pas plus avancés. Simplement, nous sommes passés de « qu'est-ce que la signification ? » à « qu'est-ce que comprendre ? ». Mais précisément, pour nous psychologues, ce changement de perspective est fondamental. Au moins sommes-nous sur un terrain que nous sommes supposés connaître : celui du fonctionnement cognitif du locuteur.

# Chapitre 14
# Les avions ne sont pas des modèles des oiseaux, cependant...

Evelyne ANDREEWSKY et Victor ROSENTHAL

## 1. Introduction

Les avions ne sont pas et ne prétendent pas être des modèles des oiseaux... Cependant, pour voler, avions et oiseaux sont confrontés à certains problèmes communs, tels l'action de la pesanteur de l'air ou du vent sur les corps en mouvement. L'aéronautique, pour devenir fonctionnelle se devait de maîtriser ces problèmes — la mutation des transports étant à la clef — ce qui a entraîné de multiples interactions avec la physique ou la mécanique et également avec l'ornithologie.

De manière analogue, les systèmes d'Intelligence Artificielle, — qu'ils prétendent ou non au statut de modèles cognitifs — et les mécanismes psychologiques de l'homme sont confrontés, pour accomplir une tâche donnée, à un certain nombre de problèmes communs, et notamment à tous ceux qui sont *inhérents* à cette tâche. Etant donné les mutations qui se dessinent de par «l'informatisation de la société», et les applications potentielles de l'Intelligence Artificielle dans tous les domaines de la vie sociale, la maîtrise de ces problèmes est impérative.

## 2. Problèmes inhérents à l'accomplissement d'une tâche

Il n'est cependant pas toujours facile de mettre en évidence la nature et l'importance de ces problèmes «inhérents» à de nombreuses tâches de type cognitif — préalable nécessaire à leur résolution — et les avatars de la traduction automatique des années 60 (cf. Bar Hillel, 1964) en témoignent : les caractéristiques formelles des langues (morphologie, syntaxe) semblaient alors être les seuls problèmes à maîtriser pour traduire, or il s'est avéré indispensable de prendre en compte, d'une certaine manière, des paramètres non formels qui interviennent dans la compréhension des textes à traiter. Ces problèmes qui se sont ainsi révélés à travers la traduction se retrouvent dans la plupart des tâches liées au langage naturel. Ceci a entraîné, en Intelligence Artificielle, une réévaluation du rôle respectif dans les programmes de traitement de ce langage, des *structures formelles*, par ailleurs très élaborées de la *linguistique*, par rapport à celui de notions peu formalisées (telles les connaissances du monde) plus propres à la *psycholinguistique*.

Le présent chapitre vise à présenter certaines interactions effectives entre Intelligence Artificielle et psycholinguistique, à propos de problèmes liés à la compréhension du langage.

Il nous paraît intéressant, pour engager une réflexion sur «les apports de l'Intelligence Artificielle à la psychologie» de l'articuler sur des problèmes inhérents aux tâches à accomplir et qui se posent par conséquent aussi bien aux systèmes d'Intelligence Artificielle qu'à l'homme, en laissant délibérément de côté la question du statut épistémologique de l'Intelligence Artificielle par rapport à la psychologie, pour éviter des débats stériles entre les camps extrêmes que constituent les partisans de l'Intelligence Artificielle conçue comme «laboratoire privilégié de psychologie théorique» et les détracteurs de ce domaine «haut lieu du réductionnisme le plus naïf». Par ailleurs, la langue naturelle, constituant une réserve sans pareille de problèmes à résoudre, est manifestement propice à une telle réflexion interdisciplinaire.

Il va sans dire que — tel l'oiseau qui vole — le système cognitif de l'homme est un «système expert» pour la plupart des traitements de la langue naturelle — ce qui est loin d'être le cas des systèmes d'Intelligence Artificielle, toujours des Icares en la matière. Mais ceci constitue justement un atout majeur pour mettre en évidence les problèmes dont l'existence est occultée par un savoir-faire trop élaboré, celui de l'homme. Si tout le monde naissait Karpov ou Fisher, autrement dit «grand maître» aux échecs, ce jeu serait considéré comme allant de soi, et sa complexité serait inapparente.

Nous sommes tous des Karpov en compréhension du langage, et nous avons bien du mal non seulement à analyser et expliciter ce que celle-ci met en jeu, mais même à repérer et évaluer les problèmes qu'elle pose, dans la mesure où leur existence nous est occultée par l'illusion de la transparence du langage. Un problème, tel que la segmentation d'un discours continu en mots, présenté dans cet ouvrage, constitue un exemple particulièrement parlant de ce phénomène : cette segmentation, qui pour les langues comme la nôtre, rend le discours oral plus difficile à traiter, théoriquement, que le discours écrit, n'a pas reçu en psychologie l'attention qu'elle mérite.

L'Intelligence Artificielle n'est pas le seul domaine où se rencontrent des systèmes qui traitent la langue naturelle tout en étant très peu experts — et donc, tels les systèmes d'Intelligence Artificielle, potentiellement instructifs : en aphasie notamment, on peut observer un certain nombre de comportements linguistiques révélateurs.

Par exemple, dans une tâche comme la lecture, certains patients sont incapables de reconnaître ou d'énoncer les lettres isolées et les non-mots; ils reconnaissent et énoncent seulement certaines classes de mots, essentiellement les substantifs et les verbes (mais pas leur flexion). C'est ainsi qu'ils énoncent «mangé» pour mangerons; ils énoncent aussi «mets» mais ne peuvent énoncer «mais». De tels phénomènes ne peuvent être négligés dans l'étude des processus psycholinguistiques mis en œuvre par le lecteur normal, dans la mesure où les comportements alexiques représentent l'action de tel ou tel sous-ensemble de ces mêmes processus, «mis en relief» par la pathologie. Or, normalement, de telles «sorties partielles» sont exclues — d'où la difficulté de vérifier expérimentalement des hypothèses concernant l'existence et les propriétés de tel traitement spécifique et corrolairement l'intérêt potentiel des comportements aphasiques pour ce faire.

Par ailleurs, il est aisé de montrer que tels traitements spécifiques mis en évidence avec des sujets aphasiques ne sont pas «créés» par la pathologie. En effet, une fois qu'un traitement est repéré chez le sujet pathologique, on peut mettre au point des épreuves visant à mettre en évidence l'existence et à explorer le rôle de ce même traitement chez les sujets normaux. La valeur des données neuropsychologiques ne repose donc pas seulement sur l'exploration des activités cognitives mises en relief par la pathologie, mais aussi sur la possibilité de les corroborer avec des sujets normaux.

## 3. Ambiguïté du langage

Tous ceux qui ont essayé de traiter le langage avec un ordinateur connaissent l'ampleur du problème de la désambiguation automatique, et des ambiguïtés grammaticales (ex. : as, est, car, ferme, porte, etc...), et des polysémies proprement dites (ex. : vol, page, table et des centaines d'autres mots tout aussi courants). Des statistiques indiquent que 70 % environ des ambiguïtés rencontrées sont de type grammatical — et les résoudre est le tout premier écueil à franchir pour les systèmes d'Intelligence Artificielle — ne serait-ce que pour différencier les énoncés les plus élémentaires (comme « Il lit le livre » vs. « Il livre le lit »).

Un traitement spécifique pour lequel nombre d'hypothèses ont été formulées est celui des mots polysémiques et de leur désambiguation en contexte. On peut d'abord remarquer, avec Miller (1978) que «il est surprenant du point de vue psychologique, que les polysémies ne semblent pas poser la moindre difficulté»... — notre propre expertise semble effectivement fort étonnante quand on sait ce qu'un système doit faire pour désambiguer un mot polysémique en contexte. Nous allons essayer d'allier l'aveugle et le paralytique — l'Intelligence Artificielle et l'aphasiologie — à propos des traitements des polysémies.

### 3.1. Désambiguation morpho-syntaxique

Différentes stratégies de désambiguation syntaxique automatique ont été proposées et notre propos n'est pas de les présenter (cf. Winograd, 1983); nous insisterons simplement sur la constatation que le premier des problèmes *inhérents* au langage et dont la — ou plutôt une — solution s'est révélée un préalable indispensable à tout traitement plus élaboré en Intelligence Artificielle, est bien celui de la désambiguation syntaxique.

Revenons alors au comportement des aphasiques qui ne reconnaissent, et n'énoncent en lecture à voix haute, que substantifs et verbes (sans leur flexion). Leur langage parlé ne comporte en général que ces classes de mots. On les désigne sous le nom d'« agrammatiques » pour traduire le fait que leur compréhension de la syntaxe (telle qu'elle apparaît au moyen de tests spécifiques) tout comme leurs énoncés (qui se caractérisent par l'absence de marques syntaxiques : ils ne comportent ni mots fonctionnels, ni flexion des verbes...) semblent indiquer que ces malades ont «*perdu la syntaxe*» dans leur mécanisme de compréhension comme de production du langage. Cependant — et un consensus se dégage sur ce point dans la littérature aphasiologique — ces malades ont conservé, en grande partie, leur capacité de *compréhension* (Zurif et Blumstein, 1978). Il y aurait ainsi une *contradiction flagrante* entre les comportements des agrammatiques qui comprendraient le langage en ayant «perdu la syntaxe» et du préalable sine qua non à tout traitement tant soit peu élaboré du langage, en Intelligence Artificielle, à savoir, la désambiguation syntaxique. Des expériences très simples, telle que la suivante, permettent de lever cette contradiction : si on fait lire à haute voix, aux agrammatiques, des phrases où le même mot figure, par exemple, soit en position substantif, soit en position de fonctionnel (comme «car» dans «le car ralentit car le moteur chauffe»), on observe que ce mot est toujours énoncé dans le premier cas et jamais dans le second — ce qui démontre que les processus de lecture de ces malades (considérés comme ayant «perdu la syntaxe»...) mettent cependant implicitement en œuvre une désambiguation syntaxique (cf. Andreewsky et Seron, 1975). Ces expériences, suggérées par l'Intelligence Artificielle, conduites avec des patients aphasiques, ne prennent de sens, bien entendu, qu'en interaction avec la psycholinguistique et ses modèles théoriques. Elles conduisent en particulier à s'inscrire en faux contre une vue unicitaire des processus syntaxiques — l'arbre syntaxique pourrait bien cacher quelque forêt...

*3.2. Désambiguation des polysémies*

La désambiguation des polysémies constitue un écueil qui a semblé longtemps infranchissable dans les traitements du langage en Intelligence Artificielle. Tout individu normal est au moins aussi expert pour traiter les polysémies que pour traiter les ambiguïtés grammaticales — et il lui est très difficile de se rendre compte de l'ampleur beaucoup plus considérable encore de ce nouveau problème. Une ambiguïté grammaticale a tout au plus 2 ou 3 résolutions possibles, alors qu'une polysémie («ligne» par exemple) peut en avoir plusieurs dizaines. D'autre part, si on peut formaliser avec un certain succès une désambiguation syntaxique (c'est-à-dire trouver un ensemble de règles opérationnelles permettant de déterminer la classe de chaque mot d'une phrase), il n'en est pas de même en ce qui concerne les polysémies; le «contexte» et les «connaissances du monde» — notions peu formalisées —, sont à prendre en compte d'une manière qui reste à déterminer. Par exemple, pour simplement énoncer correctement le mot «fils» dans «les *fils* du chirurgien sont en pension» vs. «les fils du chirurgien sont en nylon», beaucoup de connaissances, sur les us et coutumes des chirurgiens, de leurs familles et de leur technologie chirurgicale sont requises. Certaines théories psycholinguistiques postulent que les connaissances du monde participent au *choix*, parmi toutes les acceptions de la polysémie, de celle qui convient à chaque occurrence — d'autres, qu'elles guident, à coup de contraintes diverses, l'«accès à la signification» adéquate, et à elle seule (Swinney, 1979; Forster, 1979).

*3.2.1. Traitement des polysémies en Intelligence Artificielle:
le problème de l'explicitation des connaissances*

En ce qui concerne l'Intelligence Artificielle, la difficulté de traiter les polysémies est tout particulièrement ressentie en traduction automatique (cf. Wilks, 1973) — on ne peut en effet traduire ces mots sans avoir déterminé leur acception dans le contexte où ils figurent.

La nécessité de faire appel aux « connaissances du monde » n'est pas restreinte aux polysémies et s'affirme pour toute interprétation du langage, d'où le développement, au cours des années 70, de diverses tentatives de formalisation de l'explicitation de ces connaissances et/ou relations sémantiques (frames, schémas, patrons... — cf. Minsky, 1975; Bobrow et Winograd, 1977; Schank et Abelson, 1977, etc.). Ces tentatives caractérisent ce qui est souvent appelé depuis Winograd (1973) « deuxième génération des systèmes d'Intelligence Artificielle ». Ces systèmes ont complètement renouvelé les approches de ceux des années 60, qui se remettaient difficilement de leurs échecs en traduction automatique et ont suscité un regain d'intérêt pour l'Intelligence Artificielle. Mais la deuxième génération se cantonne aux traitements des univers fermés, stéréotypés — comme par exemple le « script » du restaurant (Schank, 1975) — traitements fondés sur les représentations de ces stéréotypes. Ces représentations sont extrêmement complexes à gérer, et par exemple, les améliorer par adjonction de représentations complémentaires crée ambiguïtés et contradictions. Autre type de limitations, les performances de ces systèmes, étroitement liées aux propriétés des formalismes employés, ne se sont pas améliorées significativement depuis les premières tentatives — les systèmes ultérieurs présentent tout au plus des solutions techniques plus élégantes ou un peu plus économiques (cf. Flores et Winograd, 1985). Ce piétinement de la deuxième génération soulève le problème du statut de ces explicitations et représentations formalisées pour l'élaboration des systèmes artificiels; ce problème se pose notamment du fait que le volume des connaissances requises pour être en mesure, par exemple, de répondre à des questions portant sur les textes les plus simples, se révèle gigantesque. Expliciter ces connaissances exhaustivement paraît quasiment impossible. Ceci explique pourquoi les systèmes de la deuxième génération ne s'attaquent qu'à de très petits univers, fermés — seule manière de ne pas se heurter à cette impossibilité. Elargir un tant soit peu ces univers, ou essayer de les assembler entraîne une « explosion combinatoire » des connaissances à expliciter — et ne peut donc être réalisé. Toutes ces limitations ont pour dénominateur commun les difficutés liées aux connaissances impliquées dans les traitements effectués et celles qui découlent de leur explicitation. En ce qui concerne ce dernier point, il faut remarquer que, contrairement aux systèmes d'Intelligence Artificielle de la deuxième génération, le système cognitif, avec notamment les «savoir-faire» de l'homme, comme monter à bicyclette, parler sa langue maternelle... s'appuie sur un nombre considérable de connaissances, qui ne sont pas pour autant explicites. Le fait, par exemple, que sous telles conditions l'inclinaison d'une bicyclette est inversement proportionnelle au carré de la vitesse est parfaitement implicite dans l'expérience du cycliste...

Les connaissances, explicitables ou non, de ces savoir-faire, émergent ainsi de l'*expérience*. Compte tenu de cette remarque, et étant donné tous les problèmes que soulève l'explicitation des connaissances pour les systèmes d'Intelligence Artificielle, dans le domaine du langage naturel (problème dont nous avons seulement esquissé un aperçu), il paraît raisonnable d'essayer de faire émerger des connaissances à partir de certaines formes d'«expériences» réalisables par ces systèmes. Une telle démarche semble intéressante, à la fois sur le plan de la construction des systèmes d'Intelligence Artificielle — et sur le plan plus théorique de la compréhension des phénomènes cognitifs liant expérience et «savoir-faire», expérience et langage.

*3.2.2. Traitement des polysémies en Intelligence Artificielle (suite) : faire émerger des connaissances implicites*

Faire émerger des connaissances, en Intelligence Artificielle, à partir de certaines formes d'«expériences», est un domaine de recherche classique, au moins pour des applications ponctuelles, notamment dans le cadre des «apprentissages» auxquels sont soumis certains systèmes d'Intelligence Artificielle (Cohen et Feigenbaum, 1982). On a, par exemple, «entraîné» des systèmes d'Intelligence Artificielle à déterminer des formes, à construire des règles de syntaxe (Andreewsky et Fluhr, 1973) ou à analyser la parole (voir dans ce même volume). Toutes ces applications tirent parti des *connaissances potentielles* que constituent, par exemple, un grand nombre de textes pour les structures syntaxiques ou un grand nombre d'images pour les structures formelles. Nous allons essayer d'illustrer sur le cas particulier (et relativement simple) de la résolution des polysémies en contexte, comment on peut, *sans les expliciter*, utiliser des connaissances potentielles. Il s'agit ici des connaissances sur l'interprétation des mots que l'on peut dériver de leur présence dans tel ou tel texte d'une base de données textuelles, en cooccurrence avec tels ou tels autres mots.

Le problème est de déterminer l'acception d'une polysémie P dans un contexte donné — par exemple, différencier le mot «vol» dans «c'est un vol à main armée» vs. «le vol AF312 est arrivé avec un léger retard». (Cette détermination étant par exemple motivée dans une optique de traduction de ces phrases). On dispose, pour résoudre ce problème, d'une grande base de données textuelles.

On part de l'idée suivante: on repère toutes les «collocations» de la polysémie P dans la base de données textuelles, c'est-à-dire tous les mots qui figurent dans les textes (ou les portions de textes) où figure également P. On sait que, statistiquement, toute polysémie a, dans un ensemble de textes, une certaine acception quand elle y figure avec une certaine classe de mots et une autre acception quand elle y figure avec une autre classe; la polysémie «plasma» par exemple, figurera dans un texte d'hématologie accompagnée de mots que l'on retrouvera souvent dans des textes de médecine mais rarement dans des textes de physique, traitant de gaz ionisés, c'est-à-dire d'une autre acception de cette même polysémie. Dans ces conditions, pour déterminer l'acception d'une polysémie P dans une phrase donnée, on comparera les autres mots de cette phrase à ceux des différentes classes de mots que constituent les partitions des collocations de P dans la base de données textuelles et, dans la mesure où ces classes de mots sont identifiées et relativement disjointes, on en déduira l'acception de la polysémie P dans la phrase à traiter.

On se reportera à Andreewsky, Rosenthal et Bourcier (1984) pour des détails plus techniques sur une expérience de traitement de polysémies, dans le cadre du système de traitement de bases de données textuelles SPIRIT (cf. Andreewsky, Debili et Fluhr, 1980).

### 4. Traitement sémantique vs. mise en œuvre des connaissances implicites

La méthode présentée permet, à l'évidence, d'améliorer les techniques de traduction automatique — pour lesquelles les polysémies constituent un obstacle de taille. Elle est fondée, comme nous l'avons indiqué, sur l'exploitation des connaissances potentielles que constituent les bases de données textuelles et les classes de collocation des mots que l'on peut y repérer — et *n'implique en aucune manière d'autres représentations plus explicites de la signification des mots*. En ce sens le résultat obtenu par cette méthode n'est nullement équivalent à l'interprétation des items en question, mais peut constituer, en revanche, un *préalable* à *cette interprétation*. Nous y reviendrons plus loin. Indiquons par ailleurs que la démarche mise en œuvre pour le problème des polysémies est valable quelle que soit la base de données textuelles dont on dispose: elle n'est donc *pas liée à un univers fermé*.

D'autres problèmes, liés notamment aux synonymies ou aux références anaphoriques (comme par exemple: trouver le référent de «l'» dans «le camion a heurté un piéton, on *l'*a entendu crier/freiner») relèvent de démarches analogues — c'est-à-dire peuvent être résolues, comme celui des polysémies, en utilisant des connaissances potentielles, *implicites*. C'est ainsi que tous ces problèmes, considérés classiquement comme relevant de traitements sémantiques peuvent être résolus sans avoir recours aux significations lexicales des mots traités, recours qui est cependant considéré comme le préalable nécessaire (par la plupart des théories en vigueur) à tout traitement sémantique... Ceci amène à réfléchir sur l'adéquation de ces théories, et sur celle *du caractère inhérent de l'accès aux significations lexicales* dans des tâches comme la résolution des polysémies ou des anaphores.

*4.1. «Accès au lexique» vs. «émergence graduelle de l'interprétation»*

Cette réflexion ne peut concerner le système cognitif que dans la mesure où elle s'articule avec des expériences psycholinguistiques qui permettent de l'alimenter. C'est avec cet objectif que nous présentons des exemples de comportements (aphasiques et normaux) où, comme ci-dessus, des traitements sémantiques sont effectués, sans pour autant mettre en œuvre les «significations lexicales».

Il s'agit, d'abord, de l'expérience suivante, menée avec des patients alexiques qui ne sont plus capables d'énoncer à haute voix un quelconque matériel écrit, et qui ne semblent pas davantage capables de le comprendre, ce que l'on peut mettre en évidence de diverses manières (cf. Deloche, Andreewsky et Desi, 1982). On peut s'étonner de la facilité avec laquelle certains de ces malades effectuent une tâche telle que le «odd word out test» (Albert, Yamadori, Gardner et Howes, 1973). Il s'agit d'une liste de mots présentée par écrit — des animaux, par exemple — où figure un mot étranger à la liste — par exemple un nom d'objet; la tâche consiste à désigner le mot étranger. Une variante de ce test, où les listes peuvent comporter de manière aléatoire, soit un, soit deux de ces mots étrangers, est également bien réussie. Si on introduit alors un mot polysémique dans ces listes, il n'est pas considéré comme étranger ni quand il figure dans une liste liée à sa première acception, ni dans une liste liée à sa seconde (par exemple: *page*, livre, cahier, haricot vs. *page*, roi, chevalier, sable). Il est remarquable que ces mots polysémiques semblent ainsi avoir le *même statut* que les autres, dans cette expérience où par ailleurs *aucun mot* n'est identifié par les patients.

Ce premier exemple de comportement où des traitements sémantiques (liés en particulier aux résolutions des polysémies) semblent se passer très bien des significations lexicales est à rapprocher des expériences faites sur des sujets normaux, et comportant des mots (amorces) présentés tachistoscopiquement de manière subliminaire, c'est-à-dire de telle façon que les sujets *ne soient pas en mesure d'identifier* ces mots et ne peuvent rien dire quant à leur signification. Les mots ainsi présentés et non identifiés influencent cependant les comportements, en facilitant, par exemple, l'identification du mot suivant (cible) dans la mesure où celui-ci est «sémantiquement proche» et seulement dans ce cas-là (cf. Marcel, 1980). Etant donné que cette facilitation liée à la parenté sémantique des mots ne peut, logiquement, intervenir que s'il y a une certaine compréhension du mot-amorce présenté de manière subliminaire, on est contraint de distinguer l'identification explicite d'un mot et la mise en œuvre d'une certaine «compréhension implicite» de celui-ci. Reste à savoir comment qualifier cette «compréhension implicite» des mots non identifiés. Dans le cadre des théories classiques fondées sur le postulat de l'accès aux significations lexicales comme préalable à tout traitement sémantique, on pourrait être tenté d'interpréter le comportement des sujets alexiques dans le odd-word-out test et celui des sujets normaux dans la situation de présentation subliminaire en invoquant le concept d'accès non conscient. Mais cela pose un problème. D'une part, en effet, rien ne permet d'affirmer qu'il y ait accès à «la» signification des mots (si tant est que cela soit plausible sur le plan psychologique) dans ces deux situations (amorce subliminaire et odd-word-out test) — tout ce qu'on met en évidence dans ces expériences est qu'il doit y intervenir une certaine forme de «compréhension implicite». Or la théorie de l'accès au lexique est fondée sur le principe de *tout ou rien*: ou bien on accède à la signification d'un mot, ou bien on n'y accède pas et par conséquent aucun phénomène lié à la compréhension de ce mot ne peut avoir lieu. Pour expliquer les phénomènes cités plus haut en recourant à une notion d'accès non conscient, il ne faudrait donc pas que celui-ci ait des répercussions comportementales qualitativement différentes de l'accès dit conscient. Force est cependant de constater que la facilitation, dans l'identification d'un mot cible, due à une amorce subliminaire est qualitativement différente de la facilitation due à un mot-amorce perçu et identifié par les sujets (Marcel, 1980).

Compte tenu de cette contradiction ainsi que de la bizarrerie de la notion d'accès non conscient dont on voit mal la justification fonctionnelle, il nous semble raisonnable de reprendre le concept de la mise en œuvre des connaissances implicites dont il a été question plus haut et de modifier la métaphore dominante de la compréhension du langage. Spécifiquement, au lieu de considérer celle-ci en terme d'*accès à* un *« lexique »* (où seraient représentées toutes les significations lexicales) — ce qui constitue un phénomène en *tout ou rien* —, la concevoir en terme d'*émergence graduelle de l'interprétation*. C'est dans le cadre du déroulement temporel des processus sous-tendant cette émergence que l'on peut conceptualiser les expériences dont nous venons de parler. La délimitation des domaines de connaissances liées aux items à traiter constitue, en toute logique, un préalable (d'ailleurs suffisant pour la résolution des polysémies) aux traitements plus spécifiques qui président à l'interprétation. Si les traitements sont interrompus à ce premier stade, on ne peut que s'attendre à des résultats du type de ceux obtenus dans l'expérience de Marcel ou du odd-word-out test avec les sujets alexiques.

## 5. Conclusion

Pour modéliser une tâche cognitive, il faut avant tout déterminer ce en quoi elle consiste, c'est-à-dire ce qui est *inhérent* à son accomplissement, quelle que soit la structure physique (cerveau ou ordinateur) qui la met ou devrait la mettre en œuvre. La *théorie cognitive* est indépendante des considérations spécifiquement psychologiques ou de type Intelligence Artificielle (même si elle a besoin des moyens dont disposent ces disciplines) dans la mesure où son but n'est pas de répondre à la question *comment* une tâche est accomplie par un système donné, mais de déterminer ce qui doit être accompli et pourquoi. En ce sens, la théorie cognitive d'une tâche donnée constitue le *préalable logique* aux théories, psychologiques ou informatiques, de sa mise en œuvre (cf. Semenza, Bisiacchi et Rosenthal, 1986; Marr, 1982) et non comme cela est fréquemment admis dans la littérature, une conséquence de ces dernières (cf. Fodor, 1983). On ne peut, en effet, déterminer comment accomplir une tâche avant de définir ce qui doit être accompli.

La nécessité d'élaborer des théories cognitives des différentes tâches étudiées ne saurait se résumer à leurs conceptualisations intuitives ou a priori comme en témoignent les déboires de la traduction automatique des années 1960. L'élaboration des théories des différentes tâches cognitives, qui peuvent se définir en termes d'ensemble de sous-objectifs opératoires inhérents à l'accomplissement de ces tâches, ne semble ni facile ni aller de soi.

Cette élaboration, et notamment le repérage de certains problèmes inhérents à l'accomplissement d'une tâche donnée, peut bénéficier considérablement des efforts de modélisation de cette tâche sur ordinateur. Nous avons illustré ce propos avec certains problèmes liés à des tâches de compréhension du langage. Plus particulièrement, nous avons souligné le caractère inhérent du problème de l'ambiguïté morpho-syntaxique et sémantique et l'inadéquation des concepts (parfaitement a priori) de représentation des connaissances ou des significations lexicales, pour désambiguer les polysémies. Cela nous a entraînés à mettre en cause la métaphore dominante de la compréhension du langage en termes d'accès au lexique et de proposer une alternative théorique fondée sur le concept d'émergence graduelle de l'interprétation. Si, effectivement, une tâche de compréhension du langage consiste, schématiquement parlant, à faire émerger l'interprétation des énoncés, et, cela nécessairement, de manière graduelle, alors on peut raisonnablement supposer que certains types de pathologies (et notamment certains troubles aphasiques) sont dus à des interruptions prématurées de cette émergence. Le comportement de ces sujets exhibe alors des «produits inachevés» des traitements, produits qui ne se manifestent pas dans les conditions normales où les traitements ne peuvent qu'être effectués jusqu'au bout. Ceci nous permet de sous-tendre logiquement certains comportements normaux et pathologiques (dont les théories classiques ont du mal à s'accommoder) dans le cadre d'une conceptualisation des tâches relevant de la compréhension du langage.

# Chapitre 15
# L'intelligence artificielle : un outil pour l'étude des conversations

Alain TROGNON et Yves GUENIFFREY

## 1. Introduction

L'intelligence artificielle (IA) n'est une théorie ni du langage, ni du sujet doté d'un cerveau humain, mais pourrait être une procédure d'explicitation du raisonnement utilisé en psychologie cognitive du langage. Telle est l'hypothèse que nous voudrions avancer ici en l'argumentant à partir des résultats obtenus dans un domaine particulier de la psycholinguistique, l'étude de la conversation et plus particulièrement de la coréférence, c'est-à-dire des processus cognitifs qui font que deux ou plusieurs interlocuteurs parviennent à se rapporter à un même « objet ».

## 2. De quoi l'intelligence artificielle est-elle une théorie ?

Une controverse qui a opposé dans la revue COGNITION au cours des années 1976-77 des psycholinguistes générativistes (Dresher et Hornstein) d'un côté et des promoteurs de l'intelligence artificielle (Winograd, Schank et Wilensky) de l'autre, va nous permettre de poser le cadre de ce travail.

La polémique date un peu, mais ses grandes lignes ne se sont guère modifiées, sauf en ce qui concerne Winograd (Flores et Winograd, 1985) qui semble maintenant admettre la pertinence de critiques aussi systématiques que celles de Dreyfus (1979).

Dans quel paradigme les chercheurs en IA se situent-ils ? Winograd l'a fort bien explicité dans sa réponse à Dresher et Hornstein : 1) La recherche en IA a pour objet le processus d'utilisation du langage, ou, comme dit Schank, l'IA est une théorie de la langue. 2) L'usage de la langue constitue un phénomène global, incluant des aspects syntaxiques, sémantiques et pragmatiques. Il n'y a aucune raison à ce que la syntaxe reçoive une place prééminente dans les théories de l'IA. 3) Les processus explicités en IA reflètent la structure cognitive et les stratégies du locuteur. Certes (Winograd, 1977), un programme n'est pas une théorie. Mais dans la mesure où les programmes informatiques « traitant d'un problème complexe échouent s'ils ne sont pas élaborés avec une structure dont la forme et la complexité reflètent les propriétés du domaine dans lesquels ils travaillent », les programmes offrent plus qu'une analogie du fonctionnement de la structure cognitive impliquée par l'usage de la langue.

A quoi Dresher et Hornstein rétorquaient que : 1) Plutôt que d'apporter des connaissances nouvelles sur la nature du langage, les théories utilisées en IA consistent toutes en des variantes notationnelles de la grammaire générative. 2) Les règles utilisées par les chercheurs qui ont construit ces théories sont souvent injustifiées, sinon arbitraires. Exemple : la théorie de la dépendance conceptuelle, qui n'expliquerait nullement comment l'auditeur parvient à la compréhension d'un message, puisqu'elle constitue uniquement une formalisation d'une interprétation préalable d'ailleurs arbitrairement choisie.

Convenons que les résultats obtenus en IA n'apportent pas de connaissance significativement nouvelle en théorie du langage. S'ensuit-il qu'il en va de même en théorie de l'usage du langage dont la psycholinguistique et l'IA s'occupent conjointement ? Probablement pas, car l'usage du langage met en jeu d'autres composants cognitifs qu'un composant proprement langagier, par exemple, un composant « savoir partagé »; ce qui sous-tend l'usage du langage, c'est une interaction de composants relativement autonomes, et la théorie de l'usage est une théorie de cette interaction, et non une théorie de tel ou tel de ses éléments. De ce que la théorie du fonctionnement d'une automobile ne nous apprend rien ou pas grand-chose sur le principe de Carnot, déduit-on qu'elle ne nous apprend rien du tout ?

## 3. La convergence des travaux en psycholinguistique de la coréférence et en intelligence artificielle

### 3.1. Un exemple en psycholinguistique

Une tâche fondamentale en psycholinguistique consiste à spécifier et à expliciter au mieux les règles sous-jacentes qui gouvernent l'usage du langage, ainsi que leur interaction dans tel ou tel usage spécifique. Voici un exemple tiré des travaux de psycholinguistique expérimentale consacrés à l'élaboration de la coréférence. Imaginons que deux personnes se rencontrent et que l'une d'elles raconte à l'autre une partie de campagne. A un moment le narrateur énoncerait ceci : (a) «Marie sortit les vivres du pique-nique de la voiture. La bière était tiède». Supposons que le locuteur n'ait pas évoqué de bière avant l'énoncé ci-dessus. Comment l'auditeur sait-il de quelle bière il s'agit ? Le simple décodage du message étant à cet égard insuffisant, l'auditeur construit l'inférence suivante, que Clark et Murphy (1981) nomment une inférence-passerelle : (b) «il devait y avoir de la bière parmi les vivres du pique-nique, et c'est de cette bière-là qu'on parle», puis il ajoute «la bière» à l'ensemble des objets mutuellement connus par les interlocuteurs à ce moment de la conversation, ensemble que Clark et Murphy appellent l'univers de discours. Comme Clark et Murphy l'indiquent, que les interlocuteurs produisent des inférences-passerelles suppose qu'ils disposent au moins : 1) d'un processus de production des représentations comportant un mécanisme de contrôle permettant de sélectionner correctement l'inférence hypothétiquement pertinente; l'un des «axiomes» de ce mécanisme de contrôle étant, par exemple, que le locuteur est présumé «parler à propos», comme dirait Grice, ou plus précisément (Clark et Murphy) construire un énoncé de façon à permettre à l'auditeur d'identifier sans équivoque le référent visé (hypothèse de la visée vers l'auditoire); 2) d'un dispositif de stockage des représentations ainsi construites (modèle du discours). «Il y a de bonnes preuves empiriques que les auditeurs font de telles inférences passerelles. D'abord, ils disent qu'ils en font. Et ils prennent du temps à faire ces inférences passerelles. Haviland et Clark (1974) ont comparé le temps mis pour comprendre la deuxième phrase dans (a) et dans (a') : «Marie sortit de la bière de la voiture, la bière était tiède». Avec (a) les auditeurs avaient à ajouter l'inférence passerelle (b), mais avec (a') ils n'ont qu'à inférer (b') : «La bière mentionnée dans la première phrase est la bière à laquelle on fait référence dans la deuxième». Le franchissement de la passerelle plus complexe de (b) a pris à peu près un cinquième de seconde de plus que celui plus simple (b') (...). Et finalement les auditeurs se souviennent souvent à tort d'avoir entendu une inférence passerelle alors qu'en fait elle n'est pas apparue» (Clark et Murphy, 1981: 771).

### 3.2. Un exemple en intelligence artificielle

Considérons maintenant la théorie de Charniak (1973), dite «théorie des démons». Elle porte sur le même problème empirique que précédemment. Ce qu'illustre l'analyse suivante. Soit la phrase: «Janie alla à sa tirelire. Elle la secoua. Elle prit l'argent et se rendit au magasin». Comment comprend-on qu'il y avait de l'argent dans la tirelire? alors que la séquence ne dit pas cela et n'offre pas d'élément qui permette de le déduire linguistiquement. Pour parler comme Charniak, le fait d'entendre parler de tirelire éveillerait dans notre mémoire l'idée qu'une tirelire contient de l'argent, d'où nous déduirions que l'argent provient certainement de la tirelire.

Inutile de détailler plus avant cet exemple pour s'apercevoir de la presque superposabilité des théories de Clark et Murphy et de Charniak. Les exemples de convergence pourraient être multipliés en puisant, non seulement dans le domaine de la psycholinguistique expérimentale, mais aussi dans d'autres domaines considérés habituellement comme peu susceptibles d'être exploités à cette fin. L'analyse du discours en psychopathologie de l'interlocution est ici intéressante. Labov et Fanshel (1977) ont publié un ouvrage sur la communication thérapeutique dans lequel ils analysent quinze minutes d'interlocution entre un psychanalyste et une jeune patiente anorexique mentale. Sur la base de ce corpus, ils ont élaboré tout un ensemble de règles d'inférence censées gouverner l'interlocution. Il est remarquable que certaines de ces règles soient très proches dans leur formulation des règles utilisées par Charniak.

### 4. L'intelligence artificielle comme expérimentation de la «qualité formelle» des modèles élaborés en psycholinguistique de la coréférence

Pour en revenir au domaine de la construction de la coréférence et de la définition des règles d'inférences qu'on peut associer à cette activité, la convergence est donc notable entre les modèles que construisent les psycholinguistes de la conversation pour rendre compte de leurs résultats expérimentaux ou de leurs descriptions et les modèles mis au point en IA.

## 4.1. Deux exemples

Nous avons vu précédemment quand nous avons rapporté les travaux de Clark et al. qu'il ne suffit pas que l'auditeur dispose d'une connaissance de la structure syntaxico-sémantique du message émis par le locuteur pour coréférer avec lui. Coréférer c'est pour l'auditeur produire une inférence en présumant que le locuteur a une «visée vers l'auditoire», ce qui revient à faire l'hypothèse que le locuteur dénote des objets appartenant à un monde mutuellement connu des interlocuteurs. La conversation suivante illustre ce processus (Récanati, 1981 : 156) :

$E_1$ : De mon temps on lavait la cuisine à grande eau tous les jours. Mais les femmes d'aujourd'hui ne savent plus tenir leur maison
$E_2$ : La cuisine de Dominique est impeccable

Considérons $E_2$. Comment l'auditeur sait-il que «Dominique» est une femme, et non le crémier du coin (pour l'occasion, il se prénommerait «Dominique») et que la cuisine réfère à un lieu et non à une activité? Une réponse à cette question est que l'auditeur «calcule» la signification des expressions référentielles de $E_2$ en fonction des normes de la conversation : le locuteur coopère, la description définie de $E_2$ appartient donc au «monde mutuellement connu» des interlocuteurs (le modèle de discours, selon Clark et Murphy), donc «Dominique» est une femme, «la cuisine» est un lieu (identifié maintenant référentiellement alors qu'il l'était attributivement en $E_1$)... et $E_2$ constitue probablement une objection. Pour écrire les choses autrement : «la cuisine» est un lieu en $E_1$ et ou bien un lien ou bien une activité en $E_2$; l'hypothèse que le locuteur de $E_2$ parle à propos implique que la probabilité d'une lecture de «la cuisine» au sens d'une activité soit presque nulle, donc «la cuisine» désigne sûrement un lieu; l'hypothèse de la visée vers l'auditoire constituant ici un principe de distribution des lectures sur un espace de probabilités.

Mais voyons maintenant l'extrait suivant de «conversation authentique». Lors d'une réunion de synthèse dans une Institution Médico-Pédagogique, un psychologue et un éducateur, après que les participants aient parlé d'une jeune adolescente, énoncent successivement ceci (Trognon, 1982) :

$E_3$ : vous pourriez me définir les modalités de prise en charge de la manière dont vous l'avez évoquée l'autre jour?... enfin l'image que vous vous faites d'elle... avec ses problèmes.
$E_4$ : moi je pense que c'est une gamine qui en fait a grand besoin qu'on s'occupe d'elle.

« L'image que vous vous faites d'elle... avec ses problèmes » (les points de suspension indiquent une pause dans le discours) est justiciable d'au moins quatre interprétations, selon la façon dont on interprète « elle » (« la prise en charge »/« la jeune adolescente ») et selon la façon dont on segmente l'énoncé (« avec ses problèmes » complémente soit « l'image », soit « elle »). Prises une à une ces interprétations n'ont rien d'aberrant. Centrons-nous sur l'anaphorique « elle ». S'il est interprété en fonction du contexte linguistique immédiat, « elle » signifie « la prise en charge ». Mais ce pronom signifie en outre « la jeune adolescente » s'il est interprété en fonction d'un contexte conversationnel plus étendu. Ces deux interprétations ne sont d'ailleurs nullement contradictoires puisque « l'image que vous vous faites de l'adolescente » peut être vue comme une définition de « prise en charge ». Est-ce que la visée vers l'auditoire dans la formulation qu'en donnent Clark et Murphy suffit à sélectionner la lecture pertinente ? Il semble que non. Dans le cas qui nous occupe, l'auditeur doit nécessairement faire des hypothèses sur le contenu de la visée vers l'auditoire. Pour rendre compte du comportement de l'auditeur de $E_3$ cette opérationalisation (grossière) de la visée vers l'auditoire devrait suffire : « pour identifier le référent d'une expression potentiellement ambiguë, chercher un antécédent non ambigu dans le discours émis en amont de la conversation et adopter le premier qui se présente ». Appliqué à $E_3$, ce raisonnement devrait conduire l'auditeur à sélectionner « prise en charge ». Ce n'est malheureusement pas ce qui s'est produit, puisque l'éducateur a « choisi » d'enchaîner sur une expression appartenant au paradigme de « jeune adolescente » ($E_4$). Une opérationalisation plus pertinente (et tout aussi grossière) pour $E_3$ se formulerait alors ainsi : « pour identifier le référent d'une expression potentiellement ambiguë, chercher le premier antécédent non ambigu émis en amont de la conversation (ici « prise en charge »), évaluer l'appartenance de cet antécédent au monde mutuellement connu des interlocuteurs (modèle de discours), si elle est « douteuse » adopter l'antécédent appartenant au modèle de discours »; ce qui revient à choisir l'antécédent dont la probabilité est la plus forte. Notons que les modèles de discours n'étant pas obligatoirement superposables dans un polylogue, les schémas d'inférence s'en trouveraient compliqués d'autant, par exemple leurs formulations impliqueraient sans doute de recourir à des axiomes de « stratégies d'interaction ».

### 4.2. *Validation formelle et validation empirique des modèles*

Qu'est-ce qui distingue la première règle de la seconde ? Elles expliquent toutes deux quelque chose de la construction de la coréférence.

Mais la seconde, plus complexe parce qu'elle suppose une interaction entre deux niveaux hiérarchisés, celui de la simple succession des énoncés et celui du modèle de discours, rend mieux compte des deux extraits de conversation. On dira qu'elle possède une meilleure adéquation descriptive, qu'elle s'ajuste mieux aux «données».

Mais cette règle permet-elle des inférences valides? Il se trouve que les modèles imaginés en intelligence artificielle présentent une propriété remarquable: ils sont calculables, au sens de la logique moderne, parce qu'ils sont mis en œuvre sur machine. Par conséquent, l'intelligence artificielle pourrait constituer une procédure d'expérimentation de la «qualité formelle» ou du degré d'explicitation des règles imaginées en psycholinguistique.

Maintenant, revenons à la démarche qui a abouti à la formulation de la seconde règle. Elle est censée restituer le parcours cognitif de l'auditeur de $E_3$. Mais cette règle n'a pu être formulée ainsi que parce que nous connaissions le comportement langagier du locuteur enchaînant sur $E_3$ (l'auditeur devenu locuteur). Par conséquent la formulation d'une règle relative au temps 1 de l'interlocution dépend ici d'un savoir concernant le temps 2 de cette interlocution. Plus généralement, la formulation d'une règle est sous la dépendance d'un savoir empirique. Or c'est bien la psycholinguistique qui produit ce savoir empirique. Les démarches en psycholinguistique et en intelligence artificielle, au moins sur le domaine que nous avons considéré, sont donc complémentaires: la psycholinguistique apporte le savoir empirique, l'intelligence artificielle teste la «qualité formelle» de ce savoir et peut fournir ainsi des «systèmes experts» à la psycholinguistique expérimentale de la conversation.

# Chapitre 16
# L'apprentissage d'un langage idéographique par des enfants infirmes moteurs cérébraux dépourvus de l'usage de la parole

Pierre LECOCQ

## 1. Introduction

Depuis deux ans environ, nous avons entrepris, en collaboration avec des informaticiens, des automaticiens, des linguistes et des orthophonistes une recherche sur l'aide à la communication qu'on peut apporter à des infirmes moteurs cérébraux (I.M.C.) dépourvus de l'usage de la parole. Notre objectif final est de doter, de façon aussi précoce que possible, certains enfants I.M.C., d'un moyen de communication utilisable pour converser, aussi naturellement que le permettent les contraintes, avec toute personne de l'entourage ne les connaissant pas nécessairement.

## 2. Position du problème

Etant donné leurs caractéristiques, il faut prendre des décisions précoces concernant le moyen de communication substitutif à utiliser : l'oralisation est pratiquement exclue pour des raisons mécaniques (blocage laryngé, réflexes primaires adaptatifs persistants, difficultés respiratoires, etc.); le recours à un langage signé, exigeant un contrôle moteur fin, est inadapté, compte tenu des difficultés motrices des enfants : reste donc le recours à une forme de communication par le biais d'une écriture symbolique, dont le niveau d'abstraction est à définir. Un système d'écriture couramment utilisé aux Etats-Unis depuis une douzaine d'années, et depuis quelques années en France et dans les pays francophones, est le système Bliss, du nom de son inventeur qui s'inspira du chinois pour le construire (Bliss, 1965; Mc Naughton et Kates, 1980). Le Bliss est un langage doublement articulé, c'est-à-dire qu'il comporte un certain nombre de formes de base qui tiennent lieu d'alphabet, à partir desquelles on peut engendrer des items lexicaux du dictionnaire (environ 1.500), soit par superposition, soit par juxtaposition, soit par intersection, soit par continuation. Bien entendu, ce langage artificiel est doté d'une syntaxe élémentaire mais jugée suffisante, inspirée de l'anglais et qui permet la production de phrases et non une simple juxtaposition de concepts. Or, dans le domaine qui nous occupe, la communication chez les I.M.C., le recours à l'informatique et à l'automatique apparaît comme psychologiquement nécessaire, de manière à doter les sujets de moyens suffisamment performants pour ne pas trop dénaturer les rythmes communs de la relation entre les hommes. Toutefois, on ne place pas sans préparation un enfant aux handicaps multiples, et aux capacités communicatives diminuées, en face d'un système artificiel, le mieux conçu soit-il. C'est pourtant bien ce qu'on observe à l'heure actuelle, puisque bien souvent les prothèses sont d'abord conçues et réalisées par les informaticiens, puis essayées et dans le meilleur des cas modifiées en fonction des observations effectuées. De plus ces dispositifs, faute d'une étude psychologique approfondie et d'une stratégie de rééducation à long terme, sont souvent stabilisés à une époque donnée de la genèse, sans que soit prise en compte la dynamique développementale.

### 3. Un exemple de prothèse de parole

Pour montrer les difficultés auxquelles on peut se heurter, le mieux est encore de prendre l'exemple d'une prothèse très sophistiquée mise au point au C.N.E.T., de Lannion, et dont le niveau d'avancement technologique ne saurait pourtant constituer en soi une garantie d'adéquation sur le plan psychologique et développemental.

#### 3.1. Présentation du dispositif

Le dispositif SAHARA II (Graillot et Emerard, 1981) est la concrétisation — dans le domaine particulier de la communication chez les handicapés, d'une série de recherches menées par les ingénieurs du C.N.E.T. de Lannion, sur la synthèse de la parole et la construction de vocoders utilisables dans divers secteurs. Le système se présente comme une caisse parallélipipédique, comportant sur sa face antérieure un tableau de 504 symboles BLISS, organisé en 28 colonnes et 18 lignes. Chacune des cases de ce tableau comporte dans son coin supérieur gauche une petite diode rouge. La procédure de désignation utilisée est une procédure de balayage à vitesse réglable et par groupe de 4 colonnes. Autrement dit, au premier appui de l'utilisateur sur un capteur adapté à son handicap, le balayage se met en route, au deuxième appui, un ensemble de 4 colonnes est sélectionné, le balayage se poursuit alors, colonne par colonne jusqu'à ce que le sujet identifie par un troisième appui, la colonne où se trouve le symbole, le balayage reprend alors ligne par ligne, jusqu'à ce qu'un nouvel appui sélectionne la bonne case. Supposons qu'un enfant ait sélectionné dans le tableau de symboles les items suivants (il s'agit d'un énoncé réel relevé dans nos corpus) :

⊥₁ ♡↓(? -⊥↓□,⊥₂ ♡⟨ ⌢ ▷?⊥₁ ♡↓(?.

Cet énoncé qui signifie en français : « J'ai peur de l'instituteur, veux-tu écrire parce que j'ai peur » est constitué de symboles plus ou moins moins complexes. Le 1$^{er}$ symbole qui correspond au pronom personnel « je », est formé à partir de l'élément « personne » accompagné du chiffre 1 (du chiffre 2 pour « tu », 3 pour « il »). Les indicateurs de verbe sont situés au-dessus du premier élément d'un symbole complexe : il s'agit en l'occurrence d'une sorte d'accent circonflexe; un marqueur supplémentaire situé également au-dessus du symbole indique s'il s'agit du passé, du futur ou du conditionnel. Un symbole complexe, par exemple celui qui correspond au mot « instituteur » (4$^e$ symbole situé juste avec la virgule), est composé de symboles élémentaires qu'on pourrait assimiler aux sèmes présents dans une définition du dictionnaire; ainsi « instituteur » peut se décoder en BLISS : « personne qui donne la connaissance »; inversement « élève » se définit « personne qui reçoit la connaissance » : dans ce cas la seule différence perceptible entre les 2 symboles BLISS correspondants se situe dans l'orientation de la flèche : vers le haut, pour « instituteur », vers le bas, pour « élève ».

Rien non plus n'est prévu pour dépasser l'étape que finalement la prothèse est amenée à matérialiser. D'une part chaque enfant est doté du même lexique de base et la discrimination des symboles du tableau suppose tout un apprentissage préalable. S'il arrivait qu'on modifie la composition du tableau tout serait à recommencer. Si un enfant dispose d'un lexique plus conséquent que ce qui est prévu, il ne pourra, dans le meilleur des cas avoir accès qu'à un sous-ensemble momentané de celui-ci. D'autre part, la réalisation vocale est syntaxiquement contrainte. Cela suppose, bien entendu, que l'enfant ait appris auparavant la syntaxe du BLISS. Or, les tableaux dont il dispose habituellement, contribuent à développer chez lui, en toute complicité avec l'orthophoniste, des stratégies d'organisation des messages, qui permettent de gagner du temps lors de la communication, en faisant confiance à la capacité interprétative de la rééducatrice. En effet, puisque les items sont groupés dans le tableau par catégories syntaxico-sémantiques, l'enfant mobilise ses propres procédures d'accélération et privilégie la proximité des items à désigner sur le tableau, en négligeant les contraintes d'ordre syntaxique; de plus, il a tendance à supprimer de son message les mots fonction (déterminants, prépositions, conjonctions, etc...), faisant ainsi appel aux activités d'inférence de son interlocuteur. Or, rien ne différencie, en surface, le tableau de SAHARA II des tableaux dont les enfants disposent sur leur fauteuil. Comment leur faire comprendre alors, que la machine va rejeter des messages, qui après quelques hésitations, pouvaient être interprétés correctement par l'orthophoniste. Il y a là une contradiction entre les contraintes de rapidité et de précision, qu'il faut résoudre.

Le dispositif va faire correspondre à chaque symbole sa traduction en français; l'analyseur syntaxique (fondé sur une grammaire de précédence) va repérer les différentes catégories syntaxiques, vérifier la correction syntaxique de l'énoncé en BLISS, appliquer les règles de conjugaison, en tenant compte du verbe (ici, l'indicatif, non marqué).

    On aura donc une suite de concepts:
MOI AVOIR PEUR DE LE INSTITUTEUR, TOI VOULOIR ECRIRE PARCE QUE MOI
    *conjugaison*                  *conjugaison*
AVOIR PEUR
*conjugaison*
                 Puis une suite orthographique:
J'AI PEUR DE L'INSTITUTEUR, TU VEUX ECRIRE PARCE QUE J'AI PEUR
    *élision*      *élision*     *liaison*     *liaison*
                     *élision*               *élision*

Cette suite orthographique est elle-même transformée en séquence phonétique:
ʒɛ poer də lɛ̃stitytoer, ty vøzekrir parskə ʒɛpoer.

Cette séquence elle-même est reconstituée en une suite d'éléments de parole (réalité physique) par consultation d'un dictionnaire de diphones. Ces diphones sont des éléments de parole d'une durée de 50 à 60 millisecondes «qui partent de la zone stable d'un son pour aller jusqu'à la zone stable du son suivant, et qui présentent donc en leur centre toutes les zones de transition d'un son au suivant. Par conséquent, la synthèse s'effectue par juxtaposition de diphones par leur zone stable» (Emerard, 1982). Le français ayant un alphabet phonétique d'un peu plus de 30 éléments, le nombre de diphones est d'environ 1.200. La suite de diphones obtenue sera donc la suivante :

# 3/3 ε / ε p/pø/ør/rd/də/ ə / ɛ̃ / ɛ̃ S/... #

Pour éviter que la suite ainsi engendrée, tout en étant intelligible, soit monocorde, un traitement prosodique, s'appuyant sur la ponctuation, l'information syntaxique et phonétique, procède à des modifications permettant de reproduire les phénomènes de rythme, d'accentuation, d'intonation. Le programme de synthèse réalise alors la sortie vocale.

*3.2. Évaluation psychologique du dispositif*

Durant la période de démonstration et d'utilisation de l'appareil, nous avons pu nous convaincre qu'il s'agissait là d'une des prothèses les plus sophistiquées qui existe à notre connaissance dans le domaine de l'aide à la communication.

Elle met, en effet, à la disposition de l'enfant un tableau de 500 symboles, ce qui est beaucoup plus que ce dont disposent en général les enfants sur leurs cahiers ou leurs dispositifs manuels de présentation.

Elle n'accepte que des phrases dont la syntaxe BLISS est correcte, ce qui oblige les enfants à fixer leur attention sur la réalisation syntaxique des messages qu'ils émettent.

Lorsqu'une phrase est syntaxiquement correcte, sa réalisation vocale est assurée par le synthétiseur qui reproduit les caractéristiques suprasegmentales du français.

En principe, l'enfant dispose donc d'un moyen de communication avec les autres, suffisamment généralisé pour dépasser le cercle restreint des personnes qui le connaissent. Ceci constitue évidemment un énorme progrès par rapport aux autres dispositifs.

On ne peut toutefois manquer de se poser un certain nombre de questions. Ainsi, rien n'est prévu pour fixer des étapes intermédiaires où il n'y aurait qu'un nombre plus restreint de symboles, et durant lesquelles l'enfant pourrait se familiariser avec le dispositif.

Supposons que l'enfant ait compris que la machine exigeait de lui qu'il privilégie l'organisation syntaxique. On sait qu'à partir du moment où l'enfant a assimilé les règles essentielles de la syntaxe, son vocabulaire s'accroît de manière exponentielle. Par conséquent, le dispositif se trouve stabilisé à un niveau de développement où l'acquisition lexicale est la plus grande : pendant combien de temps l'enfant supportera-t-il de ne disposer que d'un lexique de 500 mots ?

Enfin, il est clair que SAHARA II met en œuvre sur le plan lexical des activités de reconnaissance, à un moment où comme nous l'avons vu, l'enfant risque de développer une activité productive importante : en lui-même le système ou bien risque d'être rapidement dépassé ou bien va contraindre l'enfant à stagner dans cette compétence momentanée. On se trouve donc dans une situation difficile, puisqu'en aval on fait comme si le sujet connaissait ou privilégiait la syntaxe, mais s'il en est réellement ainsi, l'amont est vite atteint et le système risque alors de n'être que la pérennisation d'une étape du développement.

## 4. Directions de recherche

Si l'on tient compte de ce qui vient d'être dit, on constate que nos hypothèses de travail se trouvent multidéterminées par des contraintes d'ordre divers: psychopathologiques, linguistiques, neurologiques, informatiques, économiques, socio-institutionnelles et développementales. Autrement dit, le programme de travail doit intégrer tous ces aspects de manière à atteindre l'objectif avec un maximum de garanties et de précautions. Cet objectif est de permettre à des enfants, I.M.C. n'ayant pas l'usage de la parole, de réussir malgré tout à communiquer socialement, en ayant recours, si possible, à des moyens d'expression propositionnelle. Ceci implique plusieurs choses :
 - la première est que nous entretenions l'appétence à communiquer, ce qui suppose une intervention précoce ;
 - la deuxième est que nous effectuions un choix des moyens expressifs, qui soit théoriquement justifié et qui s'inscrive dans une dynamique développementale ;
 - la troisième est que nous élaborions un tableau de décision qui nous permette de prendre des dispositions adéquates au bon moment, concernant les enfants dont on pense qu'ils ne pourront pas accéder à une expression orale, même limitée ;

- la quatrième est que nous réfléchissions aux conséquences que peut avoir sur la conception des dispositifs prothétiques de communication, l'exigence de les inscrire dans une perspective développementale.

Nous ne ferons ici, étant donné les contraintes éditoriales, que présenter les hypothèses qui nous guident dans la résolution de ces problèmes.

*4.1. Communication*

En nous appuyant sur un certain nombre de travaux récents relevant aussi bien de l'éthologie humaine que de la neurologie, nous pensons que l'enfant est un «communicateur né», c'est-à-dire que l'activité de communication propositionnelle, qui est traditionnellement la plus repérable, se trouve en fait, précédée, et ceci dès la naissance, d'une forme de communication affective, dont la dyade mère-enfant constitue l'expression systémique; s'il en est ainsi, on voit bien l'importance que revêtent l'étude du système dyadique où participent les enfants à haut risque, et les dispositions à prendre pour inciter la mère, le cas échéant, à assumer son rôle: ce qui est plus facile à dire qu'à faire...

*4.2. Choix du médium*

En ce qui concerne les moyens d'expression substitutifs, nous avons choisi le BLISS; ce choix se justifie à nos yeux (Lecocq, 1985) par les raisons suivantes: d'une part, lorsqu'on considère l'évolution culturelle des écritures, celle-ci apparaît comme conceptuellement ordonnée: l'Homme focalise d'abord son attention sur des catégories cognitivo-linguistiques «transparentes», comme les idées et les concepts transcrits par des pictogrammes et des idéogrammes, puis sur des ensembles sonores comme les syllabes, traduites par des rébus ou des phonogrammes, enfin sur des éléments plus abstraits comme des phones et les phonèmes qui donneront lieu aux alphabets. Par conséquent, à chaque étape du développement des écritures, le nombre de symboles utiles décroît tandis que, comme une conséquence directe, le niveau d'abstraction des relations entre symboles écrits et significations s'accroît. D'autre part, lorsque nous analysons les connaissances dont nous disposons sur le développement du langage chez l'enfant prélecteur, nous constatons qu'il devient de plus en plus conscient des niveaux et des catégories linguistiques les plus abstraits. L'hypothèse que nous formulons est qu'il existe une corrélation entre l'histoire métalinguistique de l'enfant et l'évolution culturelle des écritures. Dès lors, un langage comme le BLISS, qui ne fait pas appel à une compétence phonologique, mais plutôt sémantique et syntaxique, doit être développé chez les

I.M.C. non oralisables, jusqu'à un niveau de maîtrise le plus élevé possible. A partir de là, deux routes s'offrent à nous : introduire à la lecture en faisant l'économie du recodage phonologique, comme certains dyslexiques, ou imaginer une transition où le recours aux rébus puis au syllabaire permettrait d'aboutir à l'écriture alphabétique. Ce choix dépendra des études que nous menons à l'heure actuelle, à la fois sur l'enfant normal (apprentissage du BLISS en maternelle comme prérequis pour la lecture) et sur les enfants I.M.C. (étude de l'acquisition du BLISS, lexique, sémantique, syntaxe, et étapes de cette acquisition).

### 4.3. Contraintes sur les prothèses

La construction d'aides à la communication performantes et psychologiquement adaptées, constitue évidemment un aspect central de l'entreprise : sans entrer dans les détails de conception et de réalisation nous ne ferons ici qu'esquisser les principales orientations de notre travail : évaluation, économie, accessibilité, continuité développementale.

*Evaluation.* La connaissance des compétences des enfants à tel ou tel niveau de développement, et l'évaluation continue de leur acquisition du BLISS, s'avèrent déterminantes dans la construction de dispositifs mentalement adaptés : le recours à l'informatique apparaît tôt ou tard indispensable, si l'on veut éviter le parasitage des réponses de l'enfant, par le comportement inducteur du rééducateur, et permettre la constitution d'une base de données exploitable; ceci nous conduit donc à adapter sur ordinateur diverses tâches d'évaluation des compétences, un prééditeur de BLISS et un prééditeur LOGO, à prévoir un logiciel d'évaluation en temps quasiréel, à identifier les procédures d'accélération exploitables, et à concevoir un programme d'E.A.O. du BLISS (Toulotte et Cikowlas, 1983; Weir, 1981; Benteux, 1983).

*Economie.* Ces dispositifs, pour être à la portée des familles des enfants doivent être réalisés au moindre coût. L'idée est donc de partir de microsystèmes existants et de les adapter aux contraintes, ce qui évite la construction de prototypes économiquement inaccessibles et non généralisables.

*Accessibilité.* Les dispositifs envisagés doivent pouvoir, dans certains cas, accompagner l'enfant dans ses déplacements : ceci ne doit pas se faire au détriment du confort et de la mobilité; des dispositions ergonomiques adéquates doivent donc être prises pour que le fauteuil roulant, souvent doté de lourdes batteries, ne prenne pas l'allure d'un char d'assaut.

*Continuité*. Dans les paragraphes qui précèdent, nous avons insisté sur la nécessité d'une conception développementale de la prothèse. Il paraît à l'heure actuelle difficile d'envisager qu'il soit possible de construire une prothèse «longitudinale». En revanche, l'idée de construire des prothèses «transversales», correspondant à des moments cruciaux de l'apprentissage d'une langue quasinaturelle, pourrait, le cas échéant, paraître moins irréaliste. C'est cette idée que nous tentons d'explorer à l'heure actuelle avec beaucoup de prudence. Ceci, de plus, aurait trois avantages: la possibilité de réutiliser un même dispositif avec d'autres enfants; la nécessité d'inscrire tous les acteurs de la recherche dans une perspective développementale; l'opportunité de tirer parti des prothèses existantes, en préparant l'enfant à leur utilisation, et en contraignant le chercheur à leur dépassement.

# PARTIE IV
# PERCEPTION ET SYSTEMES SENSORI-MOTEURS

# Chapitre 17
# De l'automatique à l'intelligence artificielle en perception

Claude BONNET, Marie-Claire BOTTE et François MOLNAR

## 1. Introduction

La pensée cybernétique a profondément influencé et renouvelé les problématiques de recherche sur la perception. Quatre courants ont participé à ce renouvellement, et ont tous emprunté à la cybernétique (Wiener, 1954), à la théorie de l'information (Shannon et Weaver, 1949) ainsi qu'à la théorie des systèmes (par ex. von Bertalanffy, 1968), une terminologie et des concepts dont l'usage ne dépasse pas toujours le niveau de la métaphore. La précision de ces concepts devrait cependant proscrire un tel usage.

Tout d'abord des auteurs comme Attneave (1954) ou Garner (1962) ont assimilé les récepteurs sensoriels à des systèmes de transmission de l'information. L'information est quantifiable indépendamment du contenu sémantique des messages dont elle est porteuse, et la capacité de transmission du système est une limite définissable. Cette approche, en raison de l'analogie qui est faite entre un système sensoriel et un système de communication transmettant de l'information, a eu le mérite de reposer la question de la définition des stimuli (Broadbent, 1958) et d'introduire la notion capitale de filtre. Cependant, sa problématique l'a conduite à considérer le système étudié comme un tout insécable, un canal unique. Ce courant issu de la théorie de l'information n'a pas connu, pour l'étude de la perception visuelle, une prospérité très féconde en dehors des travaux d'Attneave (1954).

La problématique dite du Traitement de l'Information (Broadbent, 1958; Sperling, 1960; Neisser, 1967; Lindsay et Norman, 1977), tout en ne constituant pas à proprement parler une théorie de la perception, repose sur quelques grands principes qui ont infléchi de manière radicale les recherches en ce domaine. La perception, telle que nous en faisons quotidiennement l'expérience, n'est pas le résultat immédiat de la stimulation. Elle représente un, ou plutôt des, processus de communication (Wiener, 1954), c'est-à-dire de transmission de signaux qui sont codés, élaborés, interprétés à la suite d'une série d'opérations fonctionnellement identifiables. La séquence des opérations, depuis la présentation des stimuli jusqu'à la production d'une réponse, est expérimentalement sécable au moyen de paradigmes appropriés. Chaque processus nécessite un certain temps pour s'accomplir. Les opérations présumées sont définies par analogie avec le fonctionnement des machines à traitement de l'information, les ordinateurs. Elles sont donc représentables sous forme d'un ordinogramme (flow-diagram) qui décrit la succession logique des processus conduisant aux réponses possibles. Parmi la variété des propositions dues aux divers auteurs, se dégagent quelques processus communs aux différents modèles tels que, par exemple, la mémoire à court terme et la mémoire à long terme. Cette problématique a marqué une saine réaction contre le positivisme behavioriste en se fixant pour objectif d'élucider les processus qui se déroulent dans l'organisme. Cependant, le fonctionnement des ordinateurs, ou de tout autre système de traitement de l'information est resté, jusqu'à l'adoption des problématiques de l'intelligence artificielle, une métaphore féconde plus qu'une véritable heuristique de recherche. Concernant la perception, la plupart des auteurs n'accordent guère d'attention à la définition précise des stimulus. Le codage sensoriel, qui constitue un module des processus de traitement, n'est pas étudié pour lui-même. Le plus souvent, les dimensions pertinentes de la stimulation qui interviennent par exemple dans un processus de reconnaissance sont définies à partir de règles logiques minimales sans souci de démontrer que l'organisme les utilise réellement (Mayzner, 1972). En conséquence, l'articulation entre les connaissances issues de la psychophysique sensorielle et celles qui concernent des processus « supérieurs » est négligée (Haber et Herscherson, 1973).

Le troisième courant, la psychophysique sensorielle, et le quatrième, l'Intelligence Artificielle (IA) font l'objet de ce chapitre.

## 2. Automatique et psychophysique sensorielle

Dès le XVIII$^e$ siècle (Vaucanson par exemple), la conception et la construction d'automates est devenue bien plus que l'objet de considérations philosophico-littéraires, un moyen de compréhension expérimentale des mécanismes biologiques. Dans le cadre de la cybernétique, un système biologique n'est plus seulement un ensemble conceptuellement isolable qui produit des actions (des comportements) en réponse à une stimulation, mais un système qui transmet et traite des informations. Les relations fonctionnelles entre les signaux d'entrée (stimuli) et les variables de sortie (réponses) sont formalisables et ne conduisent pas à de simples lois empiriques au caractère plus ou moins arbitraire.

La psychophysique sensorielle est l'ensemble des paradigmes par lesquels on cherche à mettre en évidence, au niveau comportemental, l'information sensorielle, et à faire des hypothèses sur les mécanismes qui permettent à l'organisme d'extraire celle-ci de la stimulation et de la coder. C'est à partir de ces primitives que pourront s'élaborer les premières représentations perceptives. Au cours des 20 dernières années, la psychophysique sensorielle a été amenée à adopter une démarche impliquant en particulier le recours à des modèles de l'automatique. Ces mêmes modèles utilisés en neurophysiologie sensorielle (Roddieck, 1979) ont conduit à d'importants développements de cette discipline.

Considérer une modalité sensorielle comme un système isolable et appliquer à son étude une problématique calquée sur celle qu'a développée, en Automatique, l'analyse des systèmes linéaires a permis de systématiser et de rationaliser la démarche du psychophysicien. Bien sûr, dès l'origine, en se souciant de délimiter les performances des systèmes sensoriels étudiés, les psychophysiciens tentèrent de faire des inférences sur leurs modes de fonctionnement et sur leurs compétences. Mais ces tentatives empiriques restaient le plus souvent limitées et disparates. L'une des raisons essentielles était, croyons-nous, le relatif arbitraire des définitions du stimulus. L'automatique (de Larminat et Thomas, 1975; Max, 1981) est un ensemble de théories mathématiques et une problématique concernant l'étude de la « prise de décision » par un système quelconque. Elle sert, entre autres, à étudier le signal de commande qui, appliqué à un système, permet d'obtenir une performance imposée (un seuil par exemple), compte tenu des informations que l'on possède sur ce système. Appliquée à l'étude des systèmes de traitement des signaux, cette science nous fournit des règles d'étude de ces systèmes. De l'automatique, les psychophysiciens ont surtout retenu les modèles qui leur permettaient de mieux définir les signaux d'entrée des systèmes sensoriels compte tenu des capacités et des propriétés de ces systèmes.

Concernant l'audition ou la vision, l'application de cette problématique nous apprend qu'un signal est un événement définissable dans plusieurs domaines. Ainsi, par exemple, un son complexe périodique est décrit, en appliquant le théorème de Fourier, comme une somme d'ondes sinusoïdales (sons purs) adéquatement choisies en fréquence en amplitude et en phase. Un tel son continu et stable est donc décrit dans le domaine fréquentiel et cette description quantitative nous informe sur certaines caractéristiques du son. Cette décomposition est réalisable de manière automatique en utilisant un algorithme de transformée de Fourier et peut donc constituer une représentation du signal. Une telle représentation est un système formel qui explicite certaines entités du signal comme l'existence d'une fréquence fondamentale et d'harmoniques, ainsi que la manière dont il est obtenu (ici la transformée de Fourier). Si cette représentation est informative en ce qui concerne les principales caractéristiques du son d'une note tenue avec un instrument tel que l'orgue, elle le sera moins pour d'autres stimulus de durée brève comme les sons impulsionnels. En raison de leur brièveté, on aura le plus souvent intérêt à définir ces derniers signaux dans le domaine temporel, ce qui permettra de repérer avec précision le moment de leur apparition, leur durée et la forme de leurs variations d'intensité. Les signaux réels possèdent une représentation dans les deux domaines. Selon les objectifs des recherches envisagées, un stimulus sera mieux défini dans le domaine fréquentiel ou dans le domaine temporel.

Concernant la vision, on retrouve cette même dualité de représentation. Kelly (1972) a montré comment toutes les données expérimentales sur la fusion perceptive de stimulations lumineuses successives en fonction du nombre, de la forme ou de la fréquence temporelle de ces stimulations, formaient un corps de connaissances homogènes : au moyen de la transformée de Fourier, ou de sa transformée inverse, il est, en effet, possible de passer du domaine des durées au domaine des fréquences (temporelles). Depuis une vingtaine d'années la même problématique a été appliquée au domaine spatial. La distribution bidimensionnelle de luminance que constitue une image rétinienne peut être décrite dans le domaine spatial, c'est-à-dire repérée par rapport à un système de coordonnées cartésiennes. Un point, ou une barre fine, peuvent alors être considérés comme une impulsion dans le domaine spatial. Mais si la scène visuelle est complexe, une telle représentation spatiale devient trop complexe. Il est alors possible d'appliquer le théorème de Fourier à la description de l'image rétinienne correspondante (Cornsweet, 1970). Prenons l'exemple d'une distribution simple de luminance: une série de bandes verticales d'égale largeur alternativement claires et sombres. Puisque le signal ne contient pas de variation de luminance sur l'axe vertical, sa représentation dans le domaine fréquentiel sera uni-dimensionnelle. On appelle fréquence spatiale une variation sinusoïdale de luminance exprimée en nombre de cycles par degré d'angle visuel (cpd). La variation de luminance de forme carrée sera, selon le théorème de Fourier, représentée par une somme de fréquences spatiales sinusoïdales correspondant aux harmoniques impairs de la fréquence fondamentale (F + 3F + 5F +, ...), dont les amplitudes (A) respectives varieront selon le rang de l'harmonique suivant une série du type: A, 1/3A, 1/5A, etc. Si la distribution de luminance est bidimensionnelle, sa représentation fréquentielle le sera aussi et fera apparaître une information supplémentaire: l'orientation ou la direction de l'espace dans laquelle se trouve chaque fréquence spatiale composante.

Ces descriptions des stimulus auditifs et visuels sont des représentations qui permettent une analyse de certaines dimensions non évidentes du signal. De plus, dans la mesure où elles sont réalisables automatiquement, elles autorisent une synthèse du signal à partir de sa représentation et donc des manipulations contrôlées de ce signal.

## 2.1. Fonctions de transfert d'un système sensoriel

Tous les systèmes sensoriels ont, de par les propriétés des récepteurs impliqués, une spécialisation pour certaines classes de stimulations physiques et, pour chaque classe, une capacité limitée à être mis en œuvre par les dimensions de la stimulation. Tout système sensoriel est donc un filtre. Il n'est sensible qu'à une marge restreinte des stimulations possibles. Définir les limites du fonctionnement (seuils) de ces filtres pour les dimensions de la stimulation qui peuvent les mettre en jeu est la première étape de notre démarche; cette démarche est similaire à celle de l'ingénieur qui étudie le fonctionnement d'un système quelconque: déterminer la transmittance de ce système (relation entre les signaux d'entrée et les réponses du système). Cette étude conduit à choisir certaines classes de descriptions des stimulations dont on pourra éventuellement questionner la pertinence.

### 2.1.1. La fonction de sensibilité auditive

Depuis le milieu du XIX$^e$ siècle, Ohm a supposé que l'oreille fonctionnait comme un analyseur de Fourier. On sait qu'un son étant constitué par les vibrations mécaniques des particules d'un milieu matériel, la forme élémentaire de telles vibrations est sinusoïdale; le son est alors dit « pur », et il peut être caractérisé physiquement par sa fréquence (nombre de périodes par secondes ou Hertz) à laquelle correspond une sensation de hauteur tonale et par son amplitude à laquelle correspond une sensation d'intensité ou sonie (Botte et Chocholle, 1984). On observe une variation très importante du seuil de détection d'un son mesuré en terme d'amplitude ou de pression acoustique en fonction de la fréquence de ce son (audiogramme). La forme de la courbe des seuils d'audition semble largement dépendre des fonctions de transfert de l'oreille externe et de l'oreille moyenne. L'audiogramme fait apparaître, dans l'espèce humaine, que les capacités du système auditif sont limitées à une bande de fréquences comprises approximativement entre 20 et 20.000 Hz (voir figure 1). La sensibilité (inverse du seuil) est meilleure pour les fréquences entre 1.000 et 4.000 Hz. Aux niveaux

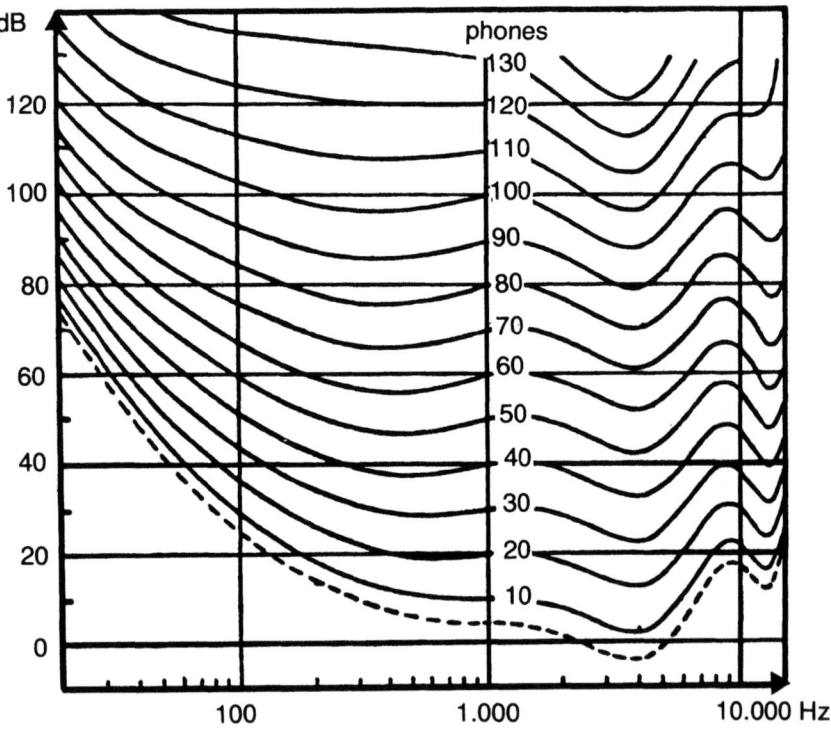

Fig. 1. Réseau des courbes correspondant aux seuils d'audition (ligne discontinue) et aux niveaux de même intensité subjective (lignes isosoniques) en fonction de la fréquence. Les lignes isosoniques sont repérées par leur niveau en dB à 1.000 Hz (échelle des Phones). Ecoute en champ libre.

supraliminaires, les variations de la sonie en fonction de la fréquence sonore sont de moins en moins marquées à mesure que le niveau s'élève.

### 2.1.2. La fonction de sensibilité au contraste visuel

La stimulation spécifique du système visuel est constituée par des radiations électromagnétiques. La marge des longueurs d'onde électromagnétiques qui constitue le domaine du visible varie d'une espèce à l'autre. A la variation de la longueur d'onde d'une radiation correspond une sensation visuelle de couleur. Les capacités du système visuel humain sont limitées à une bande de longueur d'onde comprise approximativement entre 400 et 750 nm. La sensibilité est maximale aux environs de 560 nm (vert). A l'intérieur de ces limites, les capacités du système visuel à discriminer des variations spatiales ou temporelles d'éclairement sont contraintes par les mécanismes mis en jeu. Depuis le milieu des années soixante (Campbell et Green, 1965), la transmittance du système visuel dans le domaine spatial est caractérisée par une Fonction de Sensibilité aux Contrastes spatiaux (Campbell et Green, 1965; Campbell et Robson, 1968; van Nes, 1968; Ginsburg, 1978, 1981; Bonnet, 1980, 1984a,b). Elle est l'équivalent fonctionnel pour la vision de l'audiogramme pour l'audition. L'utilisation d'écrans cathodiques, qui permettent de générer des distributions de luminance à profil sinusoïdal (réseaux sinusoïdaux), a permis le développement d'une problématique directement transposée des modèles d'analyse des systèmes linéaires.

Par sensibilité au contraste spatial, on entend l'inverse du seuil de contraste de modulation nécessaire à la détection de la présence d'une modulation spatiale. La sensibilité aux contrastes spatiaux stationnaires varie curvilinéairement avec la fréquence spatiale. Un exemple de cette fonction de sensibilité est présenté dans la figure 2.

Si l'on suppose un fonctionnement linéaire du système visuel, on peut, connaissant sa sensibilité dans le domaine fréquentiel, prédire sa sensibilité dans le domaine spatial et réciproquement. Ainsi, outre sa fonction de sensibilité aux contrastes spatiaux, on peut estimer la réponse impulsionnelle du système visuel. La réponse impulsionnelle est la fonction de diffusion d'une ligne ou d'un point. Cette dernière est estimée par la mesure du seuil de détection d'une ligne lumineuse durant la présentation d'une seconde ligne d'intensité sous-liminaire située à différentes distances de la première. Les interactions activatrices et inhibitrices de ces deux lignes en fonction de leur distance permettent de retrouver par une mesure psychophysique de seuil un profil de sensibilité analogue à celui qui est décrit pour les neurones

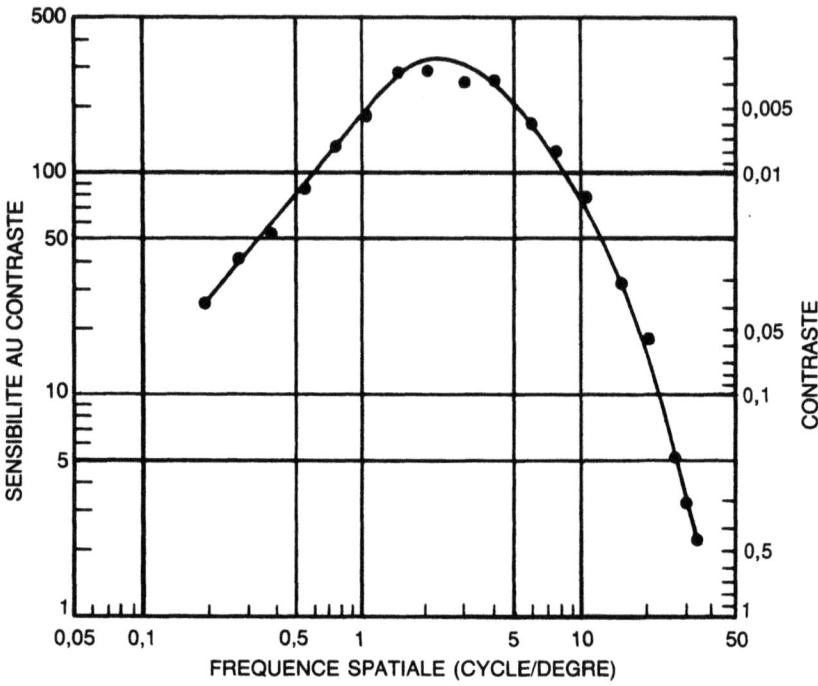

Fig. 2. Fonction de sensibilité aux constrastes spatiaux. La fréquence spatiale (en cpd) est en abcisse sur une échelle logarithmique. Le seuil de contraste, sur une échelle logarithmique, est porté sur l'ordonnée de droite dont l'origine est en haut. La sensibilité est l'inverse du seuil de contraste.

visuels dont le champ récepteur est formé de zones concentriques ayant des activités antagonistes (Kulikowski et King-Smith, 1973). La forme de cette fonction d'interaction est dite en «chapeau mexicain», son approximation est la différence entre deux gaussiennes (Wilson et Bergen, 1979). Sekuler (1974), Kelly (1977), MacLeod (1978), De Valois et De Valois (1980), Julesz et Schumer (1981) ont publié des revues de question sur ces sujets.

### 2.2. *Le concept de canaux dans les systèmes sensoriels*

Ayant déterminé la transmittance globale d'un système sensoriel, on se demandera ensuite si ce système est sécable en sous-unités fonctionnelles ou bien s'il constitue un canal unique pour la transmission de l'information sensorielle. Un canal est ici défini comme un sous-système assurant le codage et le traitement d'un sous-ensemble de la bande des fréquences du stimulus. Dans un système sensoriel, le substrat neuro-anatomique d'un canal est constitué par un ensemble de neurones répondant de manière analogue à certaines caractéristiques ou dimensions du stimulus. Les preuves de l'existence de tels canaux sélectifs sont donc à la fois neurophysiologiques et psychophysiques.

### 2.2.1. Les canaux de fréquence dans le système auditif

Helmoltz (1863) propose la première théorie de l'audition qui fait reposer le mécanisme d'analyse fréquentielle sur les propriétés de la membrane basilaire (théorie de la place). Le système auditif périphérique était modélisé sous la forme d'une série de canaux parallèles constitués par des filtres linéaires ayant des bandes passantes de fréquences centrales différentes. De nombreux travaux ont en effet montré qu'une des principales fonctions de cette partie du système auditif est l'analyse fréquentielle des signaux acoustiques (Plomp, 1976). Fletcher (1940), le premier, cherche à quantifier la sélectivité de fréquence auditive. Il explique les phénomènes de masquage d'un son par un autre en raison d'une sélectivité imparfaite de chacun de ces filtres, les bandes passantes de filtres adjacents se recouvrent en partie. Selon lui, une bonne approximation de ces filtres est fournie par des filtres passe-bande de forme rectangulaire. Dans un filtre de ce type, toutes les composantes spectrales des signaux d'entrée comprises dans la bande passante sont également transmises tandis que toutes les autres sont rejetées. Fletcher désigne par « largeur de bande critique » la largeur de la bande passante de chaque filtre. Par la suite, le terme de « bande critique » est devenu synonyme de filtre dans le système auditif. Fletcher pense que la largeur de la bande critique peut être déterminée en mesurant le seuil d'un son pur (une seule fréquence) entendu en présence d'un bruit contenant dans son spectre toutes les fréquences (bruit blanc). En effet, selon son modèle, seule une bande restreinte d'un bruit à large bande a un pouvoir masquant vis-à-vis du son pur; il s'agit de la bande transmise par le filtre ayant pour fréquence centrale la fréquence du son pur et dont la largeur est celle de la bande passante du filtre. Le seuil de masquage est supposé atteint lorsque la puissance totale de la bande de bruit effectivement masquante est égale à la puissance du son pur. Sachant que pour une bande de fréquences composant un bruit blanc, la densité spectrale (énergie par bandes de 1 Hz) est égale pour toutes les fréquences, quand on connaît la puissance totale de la bande de bruit d'une part et la densité spectrale d'autre part, on en déduit la largeur de cette bande de bruit. C'est donc le simple calcul du rapport entre la puissance du son pur juste masqué (densité spectrale) et la puissance totale du son masquant qui permet d'obtenir la largeur de bande recherchée pour chaque fréquence du son pur masqué.

Toutefois, on a montré ensuite qu'un son pur est détecté dans le bruit pour un niveau inférieur (de 4 dB) à celui de la bande de bruit effectivement masquante (Scharf, 1970). Les résultats des calculs de Fletcher, basés sur un rapport Signal/Bruit de 1, sont donc maintenant appelés rapports critiques et on réserve le nom de bande critique aux largeurs des filtres mesurées par des méthodes expérimentales de psychoacoustique.

On s'est efforcé de préciser les caractéristiques des filtres du système auditif périphérique. Une série de travaux a établi que la bande critique s'élargit à mesure que la fréquence centrale est plus élevée (Zwicker, 1954; Greenwood, 1961; Scharf, 1970; Zwicker et Feldtkeller, 1981). Toutefois, la forme exacte de ces filtres n'est réellement apparue que depuis une dizaine d'années. On pouvait se douter qu'elle n'était pas rectangulaire en considérant les courbes de masquage : un son pur (ou une bande de bruit étroite) peut masquer un autre son pur, même quand leur écart de fréquence dépasse une bande critique. Zwicker (1974) suggère que la forme des filtres observée en enregistrant les réponses des fibres du nerf auditif (courbes d'accord = tuning curves) peut être retrouvée en déterminant des courbes de sélectivité de fréquence psychoacoustique de la façon suivante. En présentant un signal de fréquence pure et de niveau faible (5 à 10 dB au-dessus du seuil d'audition), on excite théoriquement un seul filtre. Pour que ce signal soit juste masqué par un son de fréquence pure différente (son masquant), on suppose que l'activité évoquée par le son masquant dans le filtre centré sur le signal doit atteindre une certaine valeur. Cette valeur est supposée constante quelle que soit la fréquence du masquant. Ainsi, faisant varier les fréquences masquantes, on cherche, pour chacune, le niveau juste nécessaire pour masquer le signal. On obtient la courbe des niveaux d'entrée requis pour obtenir un niveau donné à la sortie d'un filtre donné, en fonction de la fréquence de stimulation, et on en déduit la forme du filtre.

Il a été montré que les conditions de masquage proactif (dans lesquelles le son masquant précède le son test) sont plus appropriées que celles du masquage simultané pour déterminer la sélectivité des filtres (Houtgast, 1977; Moore, 1978, 1982; Vogten, 1978). De plus, Moore, Glasberg et Roberts (1984) recommandent de mesurer les courbes de sélectivité en utilisant comme son masquant un bruit de bande étroite accompagné d'un bruit masquant supplémentaire de niveau plus faible et de bande large mais filtré par un filtre réjecteur de bande de façon à ne pas avoir de composantes voisines de la fréquence du signal. L'utilisation de ces masquants a pour but, en particulier, d'empêcher le sujet de baser sa détection sur des indices qui ne proviendraient pas du filtre centré sur la fréquence du signal, mais qui seraient fournis par d'autres filtres pour lesquels le rapport Signal/Bruit serait meilleur (off-frequency listening). Le fait que l'auditeur puisse fonder ses jugements sur les sorties de plusieurs bandes critiques avait déjà été suggéré par Green et Swets (1974).

Une équation de la fonction de pondération d'intensité qui est celle d'un filtre auditif a été proposée (Patterson, Nimmo-Smith, Weber et Milroy, 1982). La figure 3 schématise la forme des filtres et du pattern de l'excitation le long de la cochlée qui en découle (Moore et Glasberg, 1983). Les filtres auditifs ont un sommet arrondi et des pentes assez raides; ils sont décrits comme des filtres à pentes exponentielles, arrondis au sommet. Pour les caractériser, on utilise cependant une mesure classiquement utilisée dans la description des systèmes, il s'agit de la largeur de la bande passante pour laquelle la puissance de sortie est atténuée de moitié, c'est-à-dire de 3 dB. On peut encore caractériser ce type de filtres par la largeur de bande du filtre rectangulaire équivalent, c'est-à-dire dont la fonction aurait la même hauteur que la hauteur maximale du filtre arrondi (même puissance maximale transmise) et une surface équivalente (même puissance de bruit blanc transmise). Les largeurs de bande obtenues par ces deux méthodes sont comprises entre 10 et 17 % de la fréquence centrale du filtre. Elles sont donc assez proches des valeurs de bandes critiques trouvées précédemment sauf pour les fréquences centrales inférieures à 500 Hz (Scharf, 1970).

*2.2.2. Des canaux de fréquence spatiale dans le système visuel*

Une question analogue se pose pour le système visuel en ce qui concerne la sensibilité spatiale : existe-t-il des canaux de fréquence spatiale plus ou moins indépendants les uns des autres? (voir Braddick, Campbell et Atkinson, 1978). Une description des stimulations visuelles en terme de leur spectre de Fourier dans le domaine des fréquences spatiales n'est entièrement pertinente que si le système visuel a des propriétés qui justifient cette classe de description.

Une première classe d'expériences visant à valider psychophysiquement la pertinence de cette description consiste à montrer que le seuil de contraste pour la détection d'une distribution quelconque de luminance est prédit à partir de la connaissance de la fonction de sensibilité aux contrastes spatiaux (sinusoïdaux). En faisant l'hypothèse que le seuil de détection est déterminé par la composante du spectre de

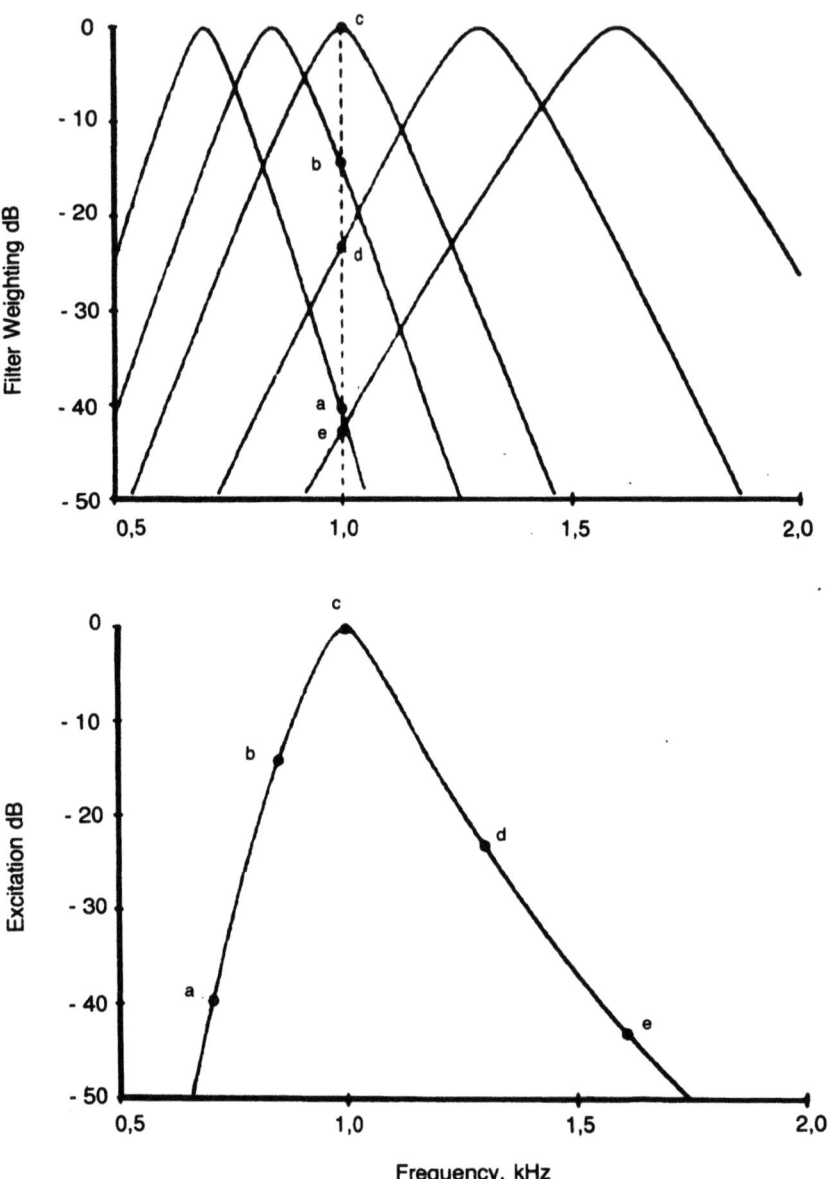

Fig. 3. A. Forme schématisée de 5 des filtres auditifs, symétrique pour une échelle de fréquence linéaire. La largeur augmente avec la fréquence centrale.
B. Pattern d'excitation pour un son pur de 1 kHz obtenu à partir des niveaux de sortie des filtres de différentes fréquences centrales.
D'après Moore et Glasberg (1983), avec l'autorisation des auteurs et du Journal of the Acoustical Society of America.

fréquence spatiale qui atteint la première son propre seuil, Campbell et Robson (1968) ont montré que l'on pouvait prédire ce seuil. Un réseau carré dont la fréquence fondamentale est supérieure à 1 cpd, aura un seuil de contraste inférieur d'un facteur $4/\pi$ (1.27) au seuil d'un réseau sinusoïdal de même fréquence fondamentale. Cette différence est précisément celle des amplitudes des composantes de leurs spectres. Campbell, Howell et Johnstone (1978) ont démontré que la même prédiction s'applique à la comparaison des contrastes apparents pour des niveaux supra-liminaires de ceux-ci. Pour les fréquences basses (inférieures à 1 cpd), le seuil de ces distributions complexes devient constant et semble déterminé par les contours et non directement par le contenu fréquentiel du réseau.

A cette hypothèse qui présume l'existence de canaux de fréquences spatiales s'oppose l'hypothèse peut-être plus intuitive selon laquelle la détection dépendrait uniquement de variations locales de luminance. La superposition spatiale de deux fréquences dans un rapport de 1 à 3 (F et 3F) peut se faire de deux manières très différentes. Dans la première, les deux réseaux seront présentés en phase de sorte que les maxima et les minima de chacun coïncident avec ceux de l'autre. Cette combinaison sera dénommée additive. Dans la seconde, les deux réseaux présenteront une différence de phase de 180° de sorte que les maxima de l'une correspondent à des minima de l'autre. Cette combinaison sera appelée soustractive. Pour trancher entre ces deux hypothèses, on pourra utiliser un paradigme dit de «sommation sous-liminaire». Dans un premier temps, les seuils de contraste pour la détection de 1F et de 3F seront mesurés séparément. Puis dans un deuxième temps de l'expérience, on mesurera le seuil de 1F par exemple, alors dénommée fréquence test, alors qu'un réseau de fréquence 3F, dénommée fréquence fond, sera présent et prendra, selon les conditions expérimentales différentes valeurs de contraste infraliminaires. Si la détection dépend des seules variations locales de luminance, alors toute augmentation du contraste de la fréquence fond entraînera une diminution proportionnelle du seuil de détection de la fréquence test: c'est une sommation complète. Ce résultat est obtenu lorsque les deux fréquences sont égales (Kulikowski et King-Smith, 1973). Si la compensation n'est pas parfaite, il s'agit d'une simple facilitation. Enfin, si l'hypothèse de l'existence de canaux différents est valide, les seuils de contraste de la fréquence test seront indépendants de ceux de la fréquence fond. Ce résultat est obtenu par Kulikowski et King-Smith (1973) pour deux fréquences spatiales dont l'une est de 5 cpd et l'autre de 5.8 cpd. Le résultat généralement obtenu fait donc apparaître une indépendance des fréquences spatiales pour des contrastes fond infraliminaires. Graham et Nachmias (1971) ont démontré l'indépendance des relations de phase (additive ou soustractive) pour la détection et pour autant que les deux fréquences spatiales diffèrent d'au moins 1,5 octave.

Le degré de sélectivité de ces canaux de fréquence spatiale a été étudié par Blakemore et Campbell (1969) au moyen d'une technique dite d'Adaptation Sélective. Après avoir déterminé la fonction de sensibilité d'un sujet, ils lui font observer un réseau d'une fréquence donnée (par exemple 7 cpd) et de contraste élevé (par exemple 60 %) pendant un temps assez long (1 minute). Puis ils mesurent à nouveau la fonction de sensibilité tout en continuant à présenter le réseau de contraste élevé dit réseau d'adaptation dans l'intervalle des mesures du seuil. La nouvelle fonction apparaît déprimée dans une région centrée sur la fréquence du réseau d'adaptation où le seuil est élevé. Les courbes d'élévation des seuils pour une abscisse exprimant les fréquences spatiales en rapport de la fréquence d'adaptation se superposent et leur largeur mesurée à mi-hauteur représente une largeur de bande ou sélectivité de plus ou moins une octave. D'autres expériences utilisant cette méthode ou des méthodes voisines ont conduit à des résultats similaires : le degré de sélectivité (ou bande passante) des mécanismes responsables de l'analyse des fréquences spatiales est estimé entre 0.7 et 1.3 octave.

Maffei et Fiorentini (1977), De Valois (1982) ont montré comment les propriétés des champs récepteurs des neurones ganglionnaires, des corps genouillés et du cortex visuel pouvaient en faire des filtres de fréquence spatiale. Ainsi, à ce niveau, l'organisme pourrait disposer d'une information sur les contenus fréquentiels et leurs orientations respectives de la distribution de luminance de l'image rétinienne.

*2.2.3. L'analyse de Fourier fournit-elle une métrique des formes visuelles ?*

La question que nous voudrions évoquer maintenant est celle de savoir si l'organisme est capable d'utiliser cette information pour percevoir les formes, autrement dit si l'analyse de Fourier peut fournir une métrique de ces formes adéquate au fonctionnement du système visuel. Bien que fabriqués à partir de verticales et d'horizontales, un damier et un «tartan» sont phénoménalement différents. Les orientations perçues du «tartan» sont bien verticales et horizontales. Celles du damier sont pour l'essentiel obliques.

Si l'on prend en compte le mode de construction de ces deux structures, on s'attendrait à ce qu'elles soient similaires y compris quant à

Fig. 4. Damier et tartan réalisés avec la même largeur de lignes et de colonnes.

leurs orientations perçues. La comparaison des spectres de Fourier bidimensionnels de ces deux structures permet de rendre compte de leurs différences phénoménales. Le spectre de fréquence spatiale d'un «tartan» ne contient d'harmoniques que pour les orientations verticales et horizontales, et sa fréquence spatiale fondamentale correspond bien à la période des réseaux. Ces considérations sont suffisantes pour rendre compte de l'orientation perçue de sa structure. Par contre, le spectre de fréquence d'un damier est entièrement vide pour les orientations verticales et horizontales. L'orientation de sa fondamentale est à 45°, et les harmoniques impairs de rang supérieur tendent à se rapprocher des verticales et des horizontales, mais leur amplitude est d'autant plus faible que leur rang est élevé. Leur rôle dans la perception sera ainsi de moins en moins grand. De plus, la fréquence de la fondamentale d'un damier correspond, non à la longueur du côté d'une case, comme dans le cas du «tartan», mais à la longueur de la diagonale de ces cas, c'est-à-dire à une distance 1,4 fois plus grande.

Lorsque deux stimulations visuelles sont présentées en succession et pour des temps brefs, il en résulte des phénomènes de masquage soit proactif, soit rétroactif. Ces phénomènes de masquage sont mesurés soit par des élévations de seuil, soit par des estimations du contraste apparent. Au moyen de ces techniques, on a pu donner une base plus objective aux descriptions phénoménales de structures spatiales confirmant le rôle de la fréquence spatiale et apportant de nouveaux arguments en faveur d'un modèle de fonctionnement «fourieriste» des mécanismes de la perception visuelle des formes. En effet, si le modèle exposé a bien valeur fonctionnelle, on doit prédire que le réseau carré qui masquera maximalement un tel damier sera un réseau orienté à 45° et dont la demi-période sera égale à la diagonale d'une case. Green, Corwin et Zemon (1976) ont confirmé cette prédiction.

## 3. Intelligence artificielle et perception

Les recherches précédentes restent centrées sur la définition des stimulus et sur les premiers codages de l'information sensorielle. Le quatrième courant a, entre autres, abordé les problèmes de la perception à des niveaux plus complexes. L'Intelligence Artificielle (IA) fait référence aux recherches informatiques qui visent à élaborer des procédures automatiques pour solutionner des problèmes. Appliquée à la perception, l'IA conçoit celle-ci comme un ensemble de procédures formalisables de résolution de problèmes. De quels problèmes s'agit-il ? Nous restreindrons cette partie à l'exposé d'une approche de la perception visuelle. Les questions relatives aux modèles IA pour l'audition, et en particulier pour la parole, étant abordés dans un autre chapitre (cf. Partie III). Dans la perspective de l'IA, la perception visuelle et la Reconnaissance de la Forme se ramènent à deux questions principales : vision et description (Winston, 1977). La majorité des systèmes de reconnaissance automatique fonctionnent à partir de descriptions, c'est-à-dire de systèmes abstraits de structure des données dans lesquels sont représentés les traits caractéristiques, les relations, les fonctions, etc... Bien que le vocabulaire de ces chercheurs s'inspire très largement de celui de la neurophysiologie et de la psychologie, très peu d'entre eux s'intéressent réellement à modéliser les processus perceptifs.

Marr (1982) définit la vision comme l'inférence que l'organisme fait sur la structure du monde environnant à partir de la structure des images rétiniennes. Hoffman (1984), lui aussi, postule que les processus visuels servent à classer et à interpréter les images du monde réel afin d'en inférer la structure du monde physique réel. Si donc la perception est conçue comme un problème à résoudre, la tâche du chercheur va être de proposer les processus de transformation qui conduisent de l'image rétinienne, conçue comme situation de départ du problème, jusqu'à une solution terminale, connue en première approximation par notre expérience perceptive quotidienne. Selon nous, les travaux les plus importants portant sur l'étude de la perception visuelle par une approche d'Intelligence Artificielle ont été réalisés au Laboratoire d'Intelligence Artificielle du M.I.T. par des chercheurs comme Marr (1976, 1982), Poggio (1984), Marr & Poggio (1979) et Ullman (1979). Le dernier ouvrage de Marr (1982) résume brillamment ces recherches.

Gibson (1966) serait selon Marr, l'auteur qui s'est approché au plus près du point de vue de l'IA. Il a en effet posé, pour la vision, la question importante : comment parvient-on dans la vie quotidienne à des perceptions stables de l'environnement sur la base de sensations en perpétuel changement ? Comme Gibson, Marr prend en considération les contraintes de la scène visuelle à percevoir, ce que Gibson appelle des invariants. Il distingue donc très clairement l'image visuelle qui constitue une description de cette scène de l'image rétinienne conçue comme distribution spatiale de luminance. Cependant, à la différence de Gibson, Marr conçoit que l'analyse de cette image se fait par une succession d'étages, qu'elle est une véritable tâche de traitement d'information dans laquelle il ne faut pas sous-estimer les difficultés d'extraction de ces invariants.

Pour Marr (1982) l'approche de ce problème doit se faire à trois niveaux ; le premier, dit « calculatoire » (computational) consiste à définir le but des opérations et des calculs à effectuer, à estimer sa pertinence, compte tenu, par exemple, des contraintes connues des systèmes et enfin à chercher la logique et les étapes par lesquelles ces calculs peuvent être effectués. Ainsi, pour la perception, les questions devront porter sur la manière dont l'organisme peut connaître les propriétés du monde environnant à partir des stimulations arrivant aux récepteurs sensoriels. La théorie calculatoire utilisée doit être cohérente à la fois avec les données communes de la neurophysiologie et avec celles de la psychophysique. Elle n'est pas réductible à un ensemble de règles logiques (Kondratoff, 1983) mais définit un ensemble de règles très spécialisées élaborées à partir d'une analyse de la tâche concrète. Le second niveau consistera à choisir une représentation, c'est-à-dire un système formel, ou formalisable, qui rende explicite le type d'informations traitées par les processus et qui conduise à une description de ces informations. Cette représentation sera formalisée en un algorithme, qui explicitera la suite des opérations à effectuer pour réaliser la transformation. Enfin, au dernier niveau, on s'interrogera sur la manière dont la représentation et l'algorithme peuvent être concrètement réalisés, mis en œuvre (implemented) par le système considéré, qu'il s'agisse de l'organisme ou d'un calculateur.

La démarche de l'IA reprend et amplifie certaines options théoriques prises dans la problématique du Traitement de l'Information. Ainsi en est-il en particulier de la modularité des processus, c'est-à-dire des opérations de transformation d'une représentation dans une autre. Les premiers processus opèrent sur la distribution bidimensionnelle de luminance sur la rétine. L'objectif de la théorie est de parvenir à une description canonique des formes et des surfaces qui ont donné naissance à cette image. Cette description qui contient les informations sur le volume et sur la profondeur est pour cette raison appelée esquisse (sketch) à 2 1/2 dimensions. Le terme d'esquisse signifie que cette représentation reste centrée sur le sujet (égocentrique). L'objectif terminal est la construction d'une représentation à 3 dimensions centrée sur les objets et le monde physique à percevoir.

La construction de la représentation à 2 1/2 dimensions requiert des étapes intermédiaires de traitement. L'organisme doit par exemple différencier les causes de variation de la luminance de l'image rétinienne : s'agit-il de changements d'éclairement d'une surface indiquant un changement de son orientation ou de son inclinaison ou bien d'un changement de facteur de réflexion indiquant qu'il s'agit d'une surface de nature différente ? Pour parvenir à ce point une première représentation, dite esquisse primaire (primal sketch) doit être construite et contenir des marques (token) dérivables des images. La détection des variations d'intensité lumineuse, seules porteuses d'information, se fait par la mise en jeu d'opérateurs capables de calculer la dérivée seconde de ces variations. Marr et Hildreth (1980) font l'hypothèse que ces filtres sont des laplaciens d'une gaussienne, c'est-à-dire des fonctions très voisines d'une différence de deux gaussiennes (Wilson & Bergen, 1979). Cet opérateur doit avoir différentes tailles possibles, et ces filtres, assez analogues à des filtres de fréquence spatiale, fonctionnent en parallèle sans être indépendants. Une esquisse primaire grossière pourra être obtenue à partir du repérage des transitions de luminance tout en préservant l'information de position. La comparaison de l'information contenue dans les filtres à bande étroite et dans les filtres à bande large centrés sur la même région de l'espace permet à l'organisme de repérer si la variation de luminance est due à un phénomène physique unique comme un changement d'éclairement. Les discontinuités dues à la présence de bords, de barres, de terminaisons seront ainsi repérées et serviront à la construction de l'esquisse primaire brute. L'esquisse primaire complète prendra de plus en compte les relations spatiales, les groupements entre ces marques. D'autres processus concernant par exemple le repérage des occlusions, des contours des surfaces, de la texture, de la stéréopsie (Poggio, 1984), etc. permettent la construction de l'esquisse à 2 1/2 dimensions. L'élaboration de représentations tri-dimensionnelles (3D), centrées sur l'objet, sur la scène visuelle est rendue possible par des inférences faites à partir des silhouettes. Pour que ces inférences soient non ambiguës, il faut postuler un générateur de contour conique qui autorise seul des changements de taille sans changement de forme.

Cette problématique extrêmement féconde a dans le domaine de la reconnaissance visuelle des formes la propriété remarquable de confronter constamment les propriétés physiques du monde et les processus de traitement de l'image sans s'abstraire des contraintes connues des systèmes neurosensoriels mis en jeu (Albus, 1981; Marr, 1982). Même si elle suscite un certain nombre d'interrogations (Morgan, 1984), une telle démarche ne saurait que stimuler et renouveler profondément et durablement les recherches sur la perception.

# Chapitre 18
# Plans et programmes moteurs : quelques principes communs dans le contrôle des systèmes artificiels et biologiques

Daniel BEAUBATON

## 1. Introduction

L'ensemble des études consacrées au contrôle de la motricité a été profondément influencé, au cours de ces deux dernières décennies, par la confrontation des approches neurophysiologiques et d'un certain nombre de réflexions issues des modèles cybernétiques et plus récemment de l'informatique et de la robotique.

La recherche des opérations mises en jeu dans le contrôle moteur conduit à envisager l'existence de schémas d'organisation dont la logique présente quelques analogies avec le fonctionnement des systèmes artificiels. On peut dès lors s'interroger sur l'utilité de certaines métaphores pour la mise en évidence et la compréhension du fonctionnement neurobiologique.

Dans le contexte, par exemple, des études portant sur l'organisation motrice, la question est de savoir si, face à la complexité du système biologique, on peut tirer avantage de l'utilisation de concepts, propres à fixer un cadre théorique précis, à définir une logique d'organisation, à formuler les lois fondamentales du fonctionnement nerveux. Il est possible, en ce sens, de discuter l'intérêt de notions, comme celles de « plan », de « programme », de « boucle de rétroaction », auxquelles les travaux consacrés au contrôle moteur ont fait abondamment appel.

Si l'utilisation de concepts issus de l'automatique a permis dans les recherches sur la perception de mieux définir les signaux d'entrée des systèmes sensoriels (cf. Bonnet, Botte et Molnar, ce volume), l'introduction de la théorie des systèmes dans les recherches sur la motricité (Ruch, 1951; Paillard, 1960) a contribué à préciser les modalités des commandes et leurs contrôles. Ces théories ont notamment conduit à proposer des schémas d'organisation des activités qui interposent entre le récepteur sensoriel et l'effecteur moteur une série de modules de commande, de systèmes de correction d'erreurs, mis en relation par diverses boucles de rétroaction. Deux modalités principales de contrôle sont généralement proposées d'une part, un contrôle en «boucle ouverte» opéré directement par un système de programmation et, d'autre part, un contrôle en «boucle fermée» (Paillard et Beaubaton, 1978).

La modalité *proactive*, en «feedforward», implique une intervention directe sur le système contrôlé afin d'en modifier l'état, anticipant ainsi les effets d'éventuelles perturbations, ou le résultat même de l'action en cours. Au contraire dans le cas de la régulation *rétroactive*, en «feedback», les récepteurs sensoriels fournissent au niveau central les informations concernant le mouvement exécuté, ce qui permet d'exercer en retour un contrôle de la commande. Ces informations sensorielles provenant de l'exécution active du mouvement (réafférences) sont transmises à un comparateur qui met en relation le modèle correct prévu par le programme et la réponse effectivement exécutée. Toute détection d'erreur conduit alors à une activité correctrice.

La nécessité de situer clairement, dans un tel schéma, les différents niveaux de contrôle peut en fait conduire à proposer un modèle d'organisation systémique comportant quatre étages principaux (Paillard, 1980): le servo-moteur musculaire avec ses boucles de régulation réflexe, — le circuit de programmation avec ses mécanismes d'autorégulation par servo-assistance, — le processus adaptatif assurant la recalibration du programme, — le sélecteur de stratégies. Ce type de stratification permet de repérer les niveaux à propos desquels devraient être discutées les notions d'assistance, de régulation, d'adaptation, d'organisation qui sont trop souvent confondues.

## 2. Contrôles proactif et rétroactif

*2.1. Le programme moteur*

Si l'utilisation de la terminologie informatique dans l'étude des comportements moteurs est apparue de manière relativement récente (vers 1960), il faut remarquer que certaines notions présentaient des analogies avec des concepts plus anciens, insistant sur la composante anticipatrice du comportement. L'intérêt de concepts comme ceux de «programme moteur» est d'avoir intégré une conception téléologique du mouvement, incluant la description d'un système de modules fonctionnels hiérarchisés, et une conception moins finalisée mais insistant sur les aspects liés au traitement, à la transmission, au stockage de l'information.

Les définitions les plus couramment admises du programme moteur font référence aux capacités qu'a tout système biologique de construire un ensemble de commandes organisées spatialement et temporellement. En ce sens, le programme se présente comme l'élément du système déterminant une série d'instructions destinées à sélectionner les muscles, à régler leur contraction ou leur relaxation, au moment approprié. Selon Keele (1968), cet ensemble de commandes est organisé avant le déclenchement de la séquence motrice et permet son exécution sans aucune influence des réafférences périphériques.

Bien que la notion de programme ait été utilisée dans une large variété de contextes expérimentaux, une certaine analogie des points de vue apparaît au niveau de l'argumentation. Les recherches se sont généralement attachées à préciser l'utilité de la comparaison informatique pour expliquer, ou décrire, certaines caractéristiques comportementales. En premier lieu, on peut remarquer que l'essentiel des discussions concerne l'utilisation des réafférences sensorielles dans le mouvement; soit pour les présenter comme *non nécessaires* à l'exécution (expériences de désafférentation par exemple), soit pour présenter le temps de traitement de ces réafférences comme *incompatible* avec un contrôle du mouvement en cours d'exécution. En second lieu, le programme étant conçu comme un ensemble de commandes organisées avec le déclenchement de la réponse, un certain nombre de travaux ont tenté de rechercher dans l'étude des latences (temps de réaction) des éléments révélateurs d'une activité programmée. Enfin, des arguments ont pu être fournis par l'examen même des conditions d'exécution, des patrons de réponse, analysés dans leurs caractéristiques spatio-temporelles.

Parmi les critiques qui ont été formulées à l'encontre de la notion de programme moteur, quatre éléments sont régulièrement pris en considération. Le premier réside dans la rigidité et la pauvreté de la plupart des définitions utilisées. Il est clair que le programme, en termes informatiques, ne peut être réduit à un ensemble d'instructions, ou d'algorithmes, stockés dans l'unité centrale, le signal périphérique jouant un rôle de simple déclencheur (Mac Kay, 1980). Le second élément concerne le problème du *stockage* des programmes. Compte tenu des lois d'économie propres à l'organisation de tout système vivant, il apparaît que la règle : un mouvement = un programme, apparaît peu probable. Le principe le plus vraisemblable serait donc celui qui consisterait plutôt à organiser les réponses selon un ensemble limité de règles générales (Bernstein, 1967). Le troisième point de discussion concerne la question du *délai* nécessaire au traitement des réafférences. Il est généralement admis qu'un mouvement rapide ne peut être corrigé en cours d'exécution et doit donc être considéré comme programmé. La mise en évidence de possibilités de corrections très rapides (Beaubaton et Hay, 1986) amène à reconsidérer quelques interprétations un peu hâtives de ce point de vue. Enfin, le quatrième type de critique porte sur le problème de la *«traduction»* des commandes et du codage moteur (Kelso, 1981). Il est en effet exact que certains sont passés un peu trop rapidement de l'informatique à l'appareil musculaire sans s'interroger sur la manière dont les algorithmes supposés pourraient fournir leurs informations aux effecteurs eux-mêmes.

*2.2. Les boucles de rétroaction*

Avec les systèmes proactifs (feedforward) les théories du contrôle moteur ont largement utilisé les principes de la rétroaction (feedback) comme mécanismes fondamentaux des processus régulatifs. Le concept de *servo-assistance* a notamment permis d'insister sur l'importance du contrôle en «boucle fermée» des activités. Dans le système à rétroaction négative, un dispositif sensitif détecte les variations d'état de l'objet contrôlé et fournit en retour une information qui, par comparaison avec une valeur référence, va déterminer un signal d'erreur. Ce signal permet le réajustement de la commande et la restauration de la variable régulée. Un bon exemple de mécanisme de rétroaction négative est fourni par la stabilisation oculaire provoquée par le système optocinétique. Ce même modèle d'asservissement des mouvements oculaires à la vitesse d'une image rétinienne peut également fournir sous certaines conditions l'exemple d'un contrôle par rétroaction positive. Dans ce cas le signal de vitesse est sommé au signal d'erreur afin d'augmenter le gain de la boucle de contrôle. La mise en jeu conjuguée de ces différents types de rétroaction se retrouve dans la régulation par les réafférences de nombreuses activités (Miles et Evarts, 1979).

Dans ce contexte des boucles de rétroactions intervenant dans la correction des programmes d'action, on peut en premier lieu s'interroger sur l'existence de *boucles internes* au système, susceptibles de modifier certains paramètres du programme avant que n'interviennent des réafférences sensorielles. Un tel dispositif d'autorégulation suppose qu'à un niveau élevé des opérations de contrôle soit organisée une confrontation entre une copie de la commande efférente et le projet de programme. On ne peut, de plus, exclure l'intervention de boucles internes permettant de modifier le programme à partir d'une évocation des réafférences. D'une manière générale, la mise en jeu de ces boucles pourrait être très rapide et expliquer des latences de correction extrêmement brèves observables dans certaines expériences.

D'autre part, l'intervention de *boucles externes*, alimentées par les réafférences relatives au mouvement en cours, vont permettre les corrections nécessaires à l'exécution correcte du programme. On sait que les tenants de théories «périphéristes», utilisant les modèles de la «boucle fermée» ont particulièrement insisté sur l'importance des informations sensorielles dans le contrôle moteur. L'exécution du mouvement est dans ce cas considérée comme une opération de confrontation continue entre les indices sensoriels de la réponse en cours et une «trace perceptive» construite à partir des réafférences des réponses précédentes. Le caractère exclusif de ce type d'interprétation a été fortement critiqué, au moins pour certains types de mouvement ou de conditions d'exécution. Il semble, en effet, difficile de nier le rôle critique des informations sensorielles dans le contrôle du mouvement. Les expériences de désafférentation sont à cet égard démonstratives. Si ces travaux mettent effectivement en évidence la persistance de séquences motrices complexes en l'absence de contrôle sensoriel, ils suggèrent également la perte de certaines caractéristiques du mouvement.

Aux corrections opérées en cours d'exécution, en temps réel, il est nécessaire d'ajouter l'existence d'un mode de contrôle d'un autre ordre, agissant en temps différé. A une boucle de correction d'erreur immédiate correspond une *boucle adaptative*, intervenant après l'exécution du mouvement, et réajustant le programme aux nécessités de l'action future. Cette boucle est caractéristique d'une «régulation à mémoire» dont le but est d'anticiper les contraintes prévisibles, en fonction de l'expérience passée, réalisant ainsi une forme d'apprentissage à caractère automatique. On sait par exemple que la perturbation d'un mouvement par une charge transitoire provoque une réponse compensatrice faisant intervenir une boucle transcorticale. Mais la répétition de la perturbation entraîne une adaptation durable et anticipatrice du gain de cette boucle. De même, les réflexes posturaux ou oculo-vestibulaires, la recalibration des programmes après déviation prismatique, offrent d'excellents modèles de ce type de mécanisme adaptatif (Paillard, 1980).

## 3. La coopération des modes de contrôle

Un ensemble d'arguments permet d'insister sur la complexité des opérations sous-jacentes au contrôle de la motricité. De la même façon que la régulation rétroactive ne semble pas toujours nécessaire à l'exécution du mouvement, le contrôle proactif ne peut pas toujours fonctionner indépendamment de signaux issus de la périphérie. L'idée d'une nécessaire coopération des divers modes de contrôle conduit nécessairement à proposer une approche synthétique ou mixte de l'organisation motrice.

En ce sens, le programme moteur ne peut être conçu que comme une structure interactive, comportant un ensemble d'instructions et de boucles conditionnelles, mettant en relation de manière dynamique l'unité centrale et les éléments périphériques.

L'examen de l'architecture d'un tel programme revêt un type d'organisation interne qu'il peut être intéressant de mettre en parallèle avec la séquence d'opérations fonctionnelles sous-tendant l'organisation comportementale.

### 3.1. Les aspects interactifs du fonctionnement programmé

Les premières instructions du programme correspondent à la *lecture* de données. La décision d'exécution étant prise, cette lecture de l'état du système peut s'opérer à trois niveaux : il s'agit d'une part d'être informé sur les caractéristiques de l'environnement externe, d'autre part sur l'état physique interne, posture du corps notamment, enfin sur l'état motivationnel et l'expression des besoins. Cette recherche d'information met évidemment en jeu de manière différente les modalités sensorielles extéroceptives et proprioceptives, en fonction de la connaissance acquise du milieu et du but poursuivi.

L'optimisation de ces opérations suppose généralement que soit fixé un *format* de lecture. La détermination des cadres spatio-temporels peut en effet permettre aux processus de sélection, de filtrage, de restreindre la prise d'information aux caractéristiques pertinentes de l'environnement.

Les divers choix, décisions, devant s'effectuer au cours de l'exécution du programme, impliquent la mise en place d'une série de *boucles conditionnelles* destinées à tester à chaque lecture, ou à des moments critiques, l'adéquation des informations recueillies au but fixé à l'action et aux motivations du sujet. Le résultat de ces sondages peut amener à définir de nouveaux formats de lecture, pour augmenter, par exemple, une fréquence d'échantillonnage, ou l'étendue d'un champ de balayage.

A ce chapitre du programme destiné à gérer l'information et les capteurs nécessaires à sa saisie, s'ajoute l'unité d'instructions conçue pour la gestion des réponses. Un des éléments essentiels de ce nouveau chapitre réside dans la détermination *d'arguments*. Il s'agit dans ce cas d'opérer un nouveau tri des informations, assorti d'un traitement de celles-ci afin de ne retenir que les seuls indices à la fois utiles et transmissibles aux centres effecteurs. A ce stade s'effectue une nouvelle confrontation des données issues de l'environnement externe, de l'état physique interne. Le choix des arguments à fournir au système semble être l'un des éléments critiques de la formulation des solutions motrices.

La liste des arguments sélectionnés va être utilisée dans *l'appel* des sous-programmes. Chaque *sous-programme*, série d'instructions indépendantes du programme principal, peut être responsable de la gestion d'un paramètre particulier, et notamment de la mise en place d'un algorithme spécifique et de la transformation d'un paramètre codé en messages de commande motrice. Le caractère indépendant du fonctionnement des sous-programmes suppose toutefois une fonction de *retour* vers le programme principal. Cette nouvelle entrée implique généralement le passage par une série d'*instructions conditionnelles* dont le but est à la fois de contrôler le résultat de chaque sous-programme et d'organiser l'ordre des opérations jusqu'à l'arrêt de la séquence. Cet adressage conditionnel en fonction d'une logique préétablie, correspondant à un plan d'organisation, et des modalités liées à l'exécution, constitue l'aspect dynamique et interactif du fonctionnement programmé. L'ensemble de ces opérations est rythmé par des bases de temps internes qui fixent les cadres temporels et déterminent certaines phases ou moments critiques.

### 3.2. La pluralité des programmes

La tendance à une conception dynamique et synthétique du programme est certainement à l'origine de l'introduction de la notion de « pré-programme » pour caractériser des opérations purement centrales, impliquées dans l'exécution d'une séquence fixe, prédéterminée. On peut évidemment s'interroger sur la validité d'un tel concept (Mac Kay, 1980), toutefois de nombreux systèmes biologiques suggèrent l'existence de séquences, parfois complexes, relevant d'une logique câblée, caractérisées par une rigidité d'exécution et l'impossibilité de remaniement des configurations.

La distinction proposée, par exemple, par Arbib (1981) entre quatre niveaux de complexité des programmes présente des analogies avec différents niveaux d'organisation du comportement. Il est ainsi possible de différencier : 1. des programmes «linéaires» qui exécutent de manière rigide une séquence fixe; 2. des programmes exécutant une séquence d'actions, sous le contrôle direct de tests en temps réel portant sur les conditions internes et externes; 3. des plans dont le but est de trouver une solution adaptée à une situation déterminée; 4. des programmes synthétiques qui définissent la nature du problème à résoudre.

Dans ce même contexte, et en restant attaché à une terminologie informatique, il peut être intéressant de distinguer des familles différentes de langage. Il est, par exemple, possible d'opposer les langages *«interprétés»* aux langage *«compilés»*. Les premiers peuvent se caractériser par leur souplesse d'utilisation; la possibilité étant offerte de modifier certains paramètres, ou certains sous-programmes, sans nécessité d'une opération coûteuse de réassemblage. Cette souplesse implique néanmoins une certaine lenteur d'exécution. Au contraire, les systèmes de compilation garantissent la rapidité mais nécessitent, quant à eux, une prévision complète de l'ensemble des conditions d'exécution. Des tentatives récentes ont été faites pour tester l'utilité de ce type de comparaison dans la compréhension de certains mécanismes comportementaux (Arbib, 1981).

*3.3. Les opérations de planification*

On sait qu'il est possible d'exécuter une séquence motrice complexe avec des modalités spatio-temporelles diverses, voire même des combinaisons musculaires différentes. C'est, par exemple, le cas de l'écriture qui peut conserver sa spécificité indépendamment de la taille, de la vitesse ou du segment corporel utilisé. Ce type d'observation a conduit à suggérer l'existence de «structures de mémoire abstraites» définissant des classes de mouvements possédant des plans d'organisation communs. Il serait de ce fait possible de définir des «familles» de gestes, chacune se caractérisant par un projet déterminé, associé à des modalités de réalisation variables.

Dans la perspective d'un processus d'économie dans l'organisation motrice, il semble nécessaire de réduire la complexité par une maîtrise des degrés de liberté à contrôler par le système nerveux (Bernstein, 1967). Comme il est peu probable que l'ensemble des degrés de liberté articulaires du corps soient régis par autant de processus en complète indépendance, la logique d'organisation conduit à envisager un système hiérarchique à niveaux multiples présentant l'avantage d'une simplification importante des opérations de contrôle. Dans un tel schéma, le haut niveau exécutif représente l'élément le plus général du programme d'action.

Cette conception d'un plan moteur, définissant la construction des réponses selon un ensemble limité de lois pouvant être utilisées pour des buts diversifiés, présente l'avantage de briser la notion par trop rigide d'une programmation conçue pour chaque type de mouvement, avec prédétermination de tous les détails définissant l'exécution. De plus, une telle formulation permet d'envisager que soient dévolues aux niveaux les plus élevés, les fonctions de planification de la séquence motrice. La détermination d'une classe de mouvements particuliers impose, d'une part, le choix préalable d'un but à l'action projetée et fournit, d'autre part, les éléments nécessaires à l'élaboration d'un plan, c'est-à-dire à la mise en place de «solutions motrices» et des opérations de pilotage des commandes selon une séquence déterminée.

Le concept de «plan moteur», spécifiant la forme d'un mouvement, plutôt que la configuration neuromusculaire nécessaire à la production de cette forme, a permis de formuler des hypothèses sur le mode de fonctionnement de certains étages élevés de l'organisation motrice. Les trajectoires du membre dans l'espace peuvent ainsi se décrire comme résultant de la superposition de sinusoïdes. Dans ce cas, la formule cinétique peut se réduire au fonctionnement d'un oscillateur central. Le plan moteur définirait donc le mouvement en termes de périodes, amplitudes, relations de phases et orientations des déplacements sinusoïdaux (Gallistel, 1980). Cette formulation cinétique nécessite évidemment une étape ultérieure de traduction des commandes aux moteurs musculaires.

Par ailleurs, la recherche des structures nerveuses centrales impliquées dans les divers aspects du contrôle moteur a conduit à la nécessité de distinguer, à côté des structures spécifiquement concernées par le contrôle des paramètres musculaires, d'autres ensembles neuronaux plutôt responsables de la formulation des solutions motrices (Paillard, 1982; Marsden, 1982; Beaubaton, 1983, 1985).

### 4. Systèmes artificiels et biologiques: analogies et différences

*4.1. La planification des trajectoires du bras chez l'homme et le robot*

Un courant de recherche actuel, tirant parti des développements importants de l'intelligence artificielle et de la robotique, tend à éclairer les mécanismes de la planification et du contrôle des trajectoires par des analogies avec les stratégies définies pour le déplacement des structures mécaniques polyarticulées (cf. par exemple Morasso, 1981; Soechting et Lacquaniti, 1981; Abend, Bizzi et Morasso, 1982; Hollerbach, 1982; Arbib, Iberall et Lyons, 1983).

Qu'il s'agisse de systèmes biologiques ou artificiels, le problème à résoudre est lié à la propulsion d'un ensemble de masses dans un champ de gravité, afin de réaliser une opération sur un objectif particulier (par exemple, saisir un objet). Dans les deux cas, le système doit prendre en considération les contraintes mécaniques imposées conjointement par la géométrie articulaire et les caractéristiques physiques de l'environnement.

Selon un schéma d'organisation hiérarchique, qui préside à la plupart des conceptions actuelles du contrôle moteur, la planification pourrait mettre en jeu trois niveaux différents (Hollerbach, 1982).

- Le niveau «*objet*» où la tâche à réaliser est traduite en plan de trajectoire.
- Le niveau «*articulation*» où la trajectoire-objet est traduite en contrôle coordonné d'articulations multiples.
- Le niveau «*effecteur*» où les mouvements articulaires sont convertis en activités musculaires.

Les exigences de la planification du mouvement ont, par ailleurs, conduit du point de vue robotique à concevoir une structure modulaire impliquant divers éléments de contrôle:
- Le module du *plan de trajectoire*, définissant l'organisation spatiale et temporelle des différentes positions du mobile au cours de son déplacement.
- Le module de *compliance*, exprimant les contraintes environnementales en contrôle de force et de position, assurant ainsi la «souplesse» mécanique de l'effecteur.
- Le module *dynamique*, définissant les couples de force requis pour réaliser la trajectoire.
- Le module de *contrôle rétroactif*, corrigeant, à partir d'informations fournies par des récepteurs, les écarts de la trajectoire exécutée par rapport au mouvement tel qu'il avait été planifié.

Il est théoriquement possible (Hollerbach, 1982) de développer chacun de ces modules à des niveaux hiérarchiques différents. Un système peut, par exemple, planifier une trajectoire au niveau «objet», en début et fin de mouvement, et laisser les phases intermédiaires sous le contrôle du niveau «articulation». De même, le contrôle rétroactif peut s'opérer à partir d'erreurs détectées au niveau objet, articulation ou effecteur.

Ce type de comparaison entre systèmes artificiels et biologiques a l'avantage de désigner quelques aspects négligés des études faites sur les mouvements naturels. Outre l'accent porté sur la nécessité de comprendre la coordination pluri-articulaire, on peut remarquer que des problèmes comme ceux liés à la compliance ont reçu peu d'intérêt de la part des neurobiologistes alors qu'ils sont considérés comme fondamentaux par les spécialistes de la robotique. De même, la plupart des travaux sur les mouvements humains négligent l'importance des lois de la dynamique, notamment en ce qui concerne les forces interactives (par exemple force d'inertie) ou les forces non interactives (gravité ou viscosité des tissus).

La nécessité paraît toutefois évidente de prendre en considération les caractéristiques propres aux systèmes biologiques. Il est ainsi vraisemblable que la nature des récepteurs, l'importance des délais de transmission et de traitement par l'organisme des indices réafférentiels impliquent un contrôle rétroactif différent de celui des servo-mécanismes artificiels. De même, les deux impératifs de la robotique: assurer une réalisation peu complexe pour un maximum d'universalité, peuvent conduire à la conception de bras articulés à 6 degrés de liberté, alors que le bras humain, avec un degré supplémentaire, pose des problèmes de contrôle spatial plus complexes.

### 4.2. Un exemple d'organisation spécifique du mouvement humain

L'une des spécificités les plus remarquables de l'organisation du mouvement, chez l'homme, réside dans l'existence de *trajectoires rectilignes* (Morasso, 1981; Abend et al., 1982), alors que les contrôles articulaires nécessaires pour déplacer la main en ligne droite sont plus complexes que ceux impliquant des trajectoires courbes. On peut dès lors s'interroger sur de telles stratégies qui ne semblent minimiser le coût, ni d'un point de vue énergétique, ni d'un point de vue temporel.

Une première hypothèse consisterait à envisager une planification de la trajectoire au niveau «objet». Cette possibilité implique une représentation du mouvement, à un niveau d'abstraction incompatible avec la prise en considération de toutes les propriétés de la commande motrice, ou de la physique des effecteurs. Dans ce contexte, la notion d'économie prendrait plutôt le sens d'optimisation de la distance parcourue, indépendamment des mécanismes ultérieurement impliqués.

Une seconde hypothèse ferait intervenir, au contraire, les propriétés biomécaniques de l'appareil squeletto-musculaire. Il a été possible de démontrer par simulation (cf. Abend et al., 1982), l'avantage des systèmes d'effecteurs pluri-articulaires dans la genèse de trajectoires rectilignes. Or, il existe chez l'homme des complexes musculaires intéressant deux articulations (biceps brachii par exemple, pour l'épaule et le coude). Les caractéristiques spatiales du mouvement pourraient donc être, au moins partiellement, dépendantes des propriétés intrinsèques des muscles et de leur arrangement géométrique.

L'une des questions essentielles de l'organisation des trajectoires concerne la transformation des systèmes de coordonnées spatiales. La trajectoire étant habituellement décrite en coordonnées cartésiennes, le problème est alors de transformer ces coordonnées en valeurs d'angles articulaires. Deux solutions peuvent être dans ce cas utilisées : la première consiste à effectuer cette conversion par des procédures de calcul en temps réel, la seconde implique la recherche de valeurs dans des tables de conversion multidimensionnelles, stockées en mémoire. Ce type de problèmes est au centre des discussions actuelles sur les paramètres du mouvement codés par le système nerveux, ainsi que sur les mécanismes par lesquels certaines structures centrales pourraient intervenir dans les transformations spatiales (Pellionisz et Llinas, 1982).

# Chapitre 19
# Simulation pseudo-aléatoire de déplacements animaux

Pierre BOVET, Marc JAMON et Simon BENHAMOU

## 1. Modèles et simulation

Il est amusant de relever que les connotations morales qui s'attachent au mot modèle s'opposent complètement à celles qui entachent la simulation. Comme l'on dit du plus sage que c'est un enfant modèle, ne dit-on pas du plus fourbe que c'est un simulateur? Mais laissons là cette opposition qui risque de brouiller simulateurs et modélisateurs. En fait, simulation et modélisation sont très proches, jusques et y compris dans la variété de leurs significations. Toutes deux ont pour fonction de substituer une construction artificielle à un phénomène naturel. Toutes deux ont pour fin de donner, d'un fait d'observation, une image formalisée, reproductible et généralisable. La nature même de cette image est très diverse, selon ce qu'on entend par simuler et modéliser. Pour certains, l'image, ou copie, est très concrète. Ainsi les biologistes ont-ils l'habitude d'appeler modèle l'espèce animale sur laquelle ils expérimentent. De même réalise-t-on certaines simulations avec des dispositifs mécaniques des plus concrets. Mais en règle générale, les simulations et les modèles sont de nature abstraite et non concrète. C'est là l'essence même des modèles formels, qu'ils soient logiques, mathématiques, ou logico-mathématiques. Pour les simulations, la chose est moins claire, car bien que de nature formelle, elles nécessitent, dans la pratique, une machine pour être entreprises: l'ordinateur.

Aussi bien, la nécessité du recours à l'ordinateur peut sembler fournir un critère simple pour distinguer simulation et modélisation : la simulation serait l'établissement, par des moyens informatiques, des conséquences et prédictions d'un modèle mathématique trop complexe pour pouvoir être étudié sans machine. Mais ce critère ne résiste pas à l'analyse, et nous préférons quant à nous distinguer modélisation et simulation de façon plus fondamentale : par une différence de nature. La modélisation est une conception, la simulation une mise en œuvre. Le modèle est une construction théorique qui s'efforce de rendre compte d'un phénomène naturel. Et la simulation n'est qu'une expérimentation de cette construction destinée à en faire apparaître toutes les propriétés. De ce point de vue modélisation et simulation ne s'opposent nullement : la seconde réalise la première.

## 2. Aléatoire, automatique et intelligence artificielle

La Psychologie rencontre dans ses objets d'étude un degré de variabilité aléatoire qui a été souligné de tous temps. Cela l'a d'ailleurs conduite à adopter ou a développer elle-même des méthodes statistiques et des modèles stochastiques remarquables (Rouanet, 1967).

A l'opposé, l'Automatique et l'Intelligence Artificielle apparaissent de prime abord comme régies par un déterminisme strict. Les systèmes de commande câblés, comme les algorithmes programmés de résolution de problèmes, ne semblent avoir aucune liberté d'action. Très tôt cependant les automaticiens ont rencontré la nécessité de disposer de « bruits » artificiels pour pouvoir tester de façon systématique les systèmes complexes qu'ils concevaient (Davies, 1966). De leur côté, les spécialistes du calcul numérique ont rapidement pris conscience de la puissance de la méthode « Monte-Carlo » pour résoudre des problèmes mathématiquement inextricables (cf. Nougier, 1983).

Les générateurs pseudo-aléatoires sont nés de ces besoins. Aujourd'hui, ils apportent une nouvelle dimension à ces disciplines de simulation que sont l'Automatique et l'Intelligence Artificielle (Paz, 1971, cit. p. Milgram, 1982). Grâce à eux on peut entreprendre la simulation de phénomènes à forte composante aléatoire. C'est sur cette base que nous développons nous-même des modèles cybernétiques des déplacements des animaux.

A l'égal de l'infini, le hasard est un concept insaisissable par un ordinateur. Mais, de même que les nombres informatiques « flottants » constituent une représentation, très acceptable dans la pratique, des nombres mathématiques réels, de même les générateurs pseudo-aléatoires constituent des dispositifs susceptibles de très bien simuler un tirage au hasard. Mieux encore, de même que l'on peut, en principe, augmenter la précision des nombres flottants autant que l'on veut en augmentant la taille des registres qui les codent, de même on peut augmenter autant qu'on le veut la qualité d'un générateur pseudo-aléatoire en augmentant le nombre des registres qui le composent.

## 3. Les générateurs pseudo-aléatoires

Tous les générateurs pseudo-aléatoires sont basés sur des générateurs uniformes, c'est-à-dire des générateurs dans lesquels tous les nombres qui peuvent être produits ont une égale fréquence d'apparition. On trouvera une bonne étude d'ensemble des générateurs pseudo-aléatoires dans Maurin (1975), dans Corge (1975) et dans Newman et Odell (1971).

Les générateurs pseudo-aléatoires les plus utilisés sont des générateurs récurrents : l'obtention d'un nombre pseudo-aléatoire est fondée sur un ou plusieurs nombres préalablement obtenus. Parmi les algorithmes récurrents, le plus classique, inventé par Lehmer (1951), s'appelle méthode congruentielle multiplicative. C'est probablement aujourd'hui encore de très loin le type de générateur pseudo-aléatoire le plus utilisé, puisque c'est lui qu'on trouve, par exemple, dans la bibliothèque de logiciel scientifique SSP très largement répandue. Cet algorithme est défini par la formule suivante :

$$x_n = a \star x_{n-1} + b \text{ (Modulo P)}$$

ou bien dans sa version simplifiée par celle-ci

$$x_n = a \star x_{n-1} \text{ (Modulo P)}$$

Cependant il existe, à côté de la méthode congruentielle multiplicative, une autre catégorie de générateurs pseudo-aléatoires récurrents. Nous les appellerons générateurs de Fibonacci, par analogie avec la suite de Fibonacci (0, 1, 1, 2, 3, 5, 8...) définie par la relation de récurrence :

$$u_{n+1} = u_n + u_{n-1}$$

Les générateurs pseudo-aléatoires de Fibonacci correspondent à la relation de récurrence générale :

$$x_n = x_{n-1} + x_{n-k} \text{ (Modulo P)}$$

Le principe en est exposé dans Rabiner et Gold (1975). Nous utilisons nous-même pour toutes nos simulations un générateur de ce type adapté aux ordinateurs de 16 bits, mis au point avec Robert Espesser en 1979. Dans ce générateur on a k = 50 et P = $2^{16}$. Soulignons que les générateurs de Fibonacci, qui semblent peu connus, présentent des performances tout à fait remarquables. Ils allient une grande rapidité à des propriétés pseudo-aléatoires parfaites (Bovet, 1985).

De même que les distributions théoriques de variables aléatoires (binomiale, multinomiale, gaussienne, poissonnienne, etc.) peuvent être construites mathématiquement à partir de distributions aléatoires uniformes, de même on peut obtenir par des algorithmes judicieux toutes sortes de variables pseudo-aléatoires à partir d'un générateur uniforme pseudo-aléatoire. Ce problème de l'obtention d'une variable pseudo-aléatoire respectant une distribution de fréquence donnée à partir d'une variable équidistribuée n'est pas un problème simple. On le trouvera traité, sous une forme très générale par Abramowitz et Stegun (1965) et par Maurin (1975). Mais dans la suite du présent travail, au niveau des procédures de simulation que nous mettons en œuvre, nous n'avons besoin que d'un générateur pseudo-aléatoire gaussien, en plus de notre générateur uniforme.

On sait que d'après le théorème central limite, la somme de n variables aléatoires indépendantes est approximativement gaussienne de moyenne n ⋆ m et d'écart-type s⋆ $n^{0.5}$, où m et s sont la moyenne de l'écart-type des variables aléatoires de base. C'est sur cette loi asymptotique que repose le générateur pseudo-aléatoire gaussien le plus courant dans lequel on prend tout simplement comme variables aléatoires indépendantes, n variables pseudo-aléatoires uniformes. Le choix de la valeur n est évidemment crucial étant donné le caractère asymptotique du théorème central limite. En fait on montre facilement qu'en prenant n = 12 on obtient une variable de type gaussien dont l'écart type s'exprime directement par rapport à l'étendue des variables uniformes de base. En particulier, si les variables de base ont une étendue de 1, on obtient directement une variable du type normale réduite (gaussienne d'écart-type unité). Ainsi n = 12 apparaît comme un bon compromis entre les exigences contradictoires de la rapidité (le temps de calcul s'accroît linéairement avec n) et de la validité (plus n est grand plus on se rapproche d'une distribution gaussienne). C'est un générateur gaussien de ce type que nous utilisons nous-même dans l'étude par simulation de notre modèle général de déplacement : la randonnée. En effet, dans le modèle de la randonnée, les rotations successives d'un animal en déplacement sont tirées dans une distribution gaussienne.

## 4. Mouvement brownien et randonnée animale

Les comportements de déplacements auxquels nous nous intéressons peuvent être qualifiés d'exploratoires, ou d'erratiques, pour en souligner l'aspect aléatoire. Des exemples de relevés de ce type de déplacement peuvent être trouvés dans la littérature : l'un des plus classiques est le travail de Banks (1957) sur la larve de Coccinelle, et l'un des plus récents est l'article de Reddingius et al. (1983) sur la Mouche bleue.

La première idée qui vient à l'esprit pour modéliser des déplacements erratiques, c'est le mouvement brownien (cf. Cubicciotti, 1982 et Hoffman, 1983). Le mouvement brownien est en effet parfaitement formalisable par ce qu'on appelle, en mathématiques, les promenades aléatoires (en anglais : *random walks*). On dispose ainsi, pour de très nombreux phénomènes physiques, d'un modèle remarquable, à la fois descriptif et prédictif. Mais dans le mouvement brownien, les particules observées sont intrinsèquement inertes : les déplacements proviennent de chocs moléculaires qui s'additionnent sans s'annuler. Il s'ensuit que les déplacements successifs ont lieu dans n'importe quelle direction.

A cette inertie du monde physique, s'oppose la locomotion animale : celle-ci est basée sur l'utilisation de réserves d'énergie stockées sous forme chimique. Cette propriété, conjuguée avec la polarité des organismes vers l'avant, conduit à privilégier les déplacements successifs dans la même direction. Le modèle doit rendre compte de cette tendance à aller de l'avant.

On peut se représenter notre modèle général de déplacement — appelé randonnée — comme une promenade aléatoire (de type brownien) dont on a réduit la sinuosité en privilégiant les déplacements vers l'avant. Plus formellement, la randonnée est un modèle de déplacement en ligne brisée dans lequel la longueur des pas P est constante, et dans lequel les rotations entre pas successifs suivent une distribution de probabilité normale de moyenne zéro et d'écart-type SIGMA. On montre alors que SIGMA/$P^{0.5}$ constitue un bon indice de sinuosité. Ce modèle se révèle très performant et a été utilisé pour décrire les trajets d'espèces diverses, telles que Rotifères, Fourmis, Drosophiles, ou Rongeurs (Bovet, 1983).

## 5. Application au problème du retour au gîte chez les Rongeurs

Le premier exemple d'application de ce modèle aux déplacements des Vertébrés concerne une expérience sur l'aptitude au retour au gîte chez le Mulot *Apodemus sylvaticus* (Jamon, 1983). On sait depuis longtemps que les Rongeurs expérimentalement éloignés de leur gîte à des distances de plusieurs centaines de mètres parviennent à rentrer dans des proportions supérieures à ce que prédirait un retour effectué purement au hasard (revue *in* Joslin, 1977). On ne connaît cependant pas les mécanismes qui permettent ce retour et aucune des hypothèses envisagées, qu'elles reposent sur une connaissance préalable de la zone de lâcher, ou sur une aptitude à la navigation n'a pu être définitivement démontrée.

L'analyse des trajets de retour de Mulots a montré que leurs déplacements n'étaient pas significativement orientés vers leur gîte. Ils évoquaient plutôt une randonnée exploratoire qui conduisait les Mulots à dériver progressivement dans la direction de leur environnement dont la végétation présentait la plus grande ressemblance avec leur lieu d'origine. Les trajets obtenus par simulation d'un effet clinocinétique dans un gradient axial aboutissaient à une distribution des orientations des déplacements simulés qui ne différait significativement des déplacements observés à aucune des distances considérées.

L'efficacité du modèle clinocinétique (Bovet, 1984; Bovet et Benhamou, 1985) appliqué à cette situation montre qu'un déplacement localement non orienté serait apte à rendre compte du retour sans faire appel à aucune faculté d'orientation à longue distance, mais il ne nous renseigne pas sur le traitement de l'information qui permet une telle différenciation de l'hétérogénéité de l'environnement. Des modèles interprétatifs tels que l'hypothèse d'une «empreinte du site» (Wecker, 1963) doivent alors être envisagés.

## 6. Application à l'étude du déplacement des Mammifères dans leur domaine vital

Le second exemple d'application du modèle clinocinétique concerne les déplacements spontanés de l'animal dans son environnement naturel. On sait depuis longtemps que la plupart des Vertébrés vivent de façon quasi sédentaire sur une aire limitée, le domaine vital, au sein duquel ils se déplacent à partir d'un lieu central, le gîte. Les mécanismes responsables de la stabilisation des déplacements autour de ce point restent inconnus, bien que les hypothèses reposant sur une connaissance topologique de la zone d'étude soient largement répandues. Nous montrerons ici que le modèle clinocinétique est apte à rendre compte des déplacements que l'animal effectue à partir de son gîte et de leur stabilisation sur le domaine vital.

La simulation est réalisée sur la base d'un effet clinocinétique différentiel, appliqué à un gradient radial, centré sur le gîte. Ainsi, la sinuosité du trajet varie en fonction de la variation d'intensité rencontrée à chaque pas indépendamment de sa position dans l'espace. En début de simulation, l'animal est positionné à son gîte. Le modèle le conduit alors à effectuer des boucles de déplacements pseudo-aléatoires dont la sinuosité se révèle plus faible au retour qu'à l'aller. Ce modèle conduit alors à une stabilisation de l'activité locomotrice sur une surface limitée, avec une densité de probabilité de présence qui décroît de façon monotone autour du gîte (Fig. 1).

Les caractéristiques de l'occupation de l'espace ainsi obtenues sont compatibles avec les données de terrain et répondent aux conceptions actuelles qui définissent le domaine vital de façon probabiliste.

La question de la validité biologique d'un gradient radial centré sur le gîte constitue une implication importante du modèle. Il est en effet peu probable qu'un tel gradient résulte de l'hétérogénéité de l'environnement. L'hypothèse d'une odeur particulière émanant du gîte est envisageable, mais il semble plus probable qu'un tel gradient résulte de l'activité même de l'animal. En effet, un animal qui dépose réguliè-

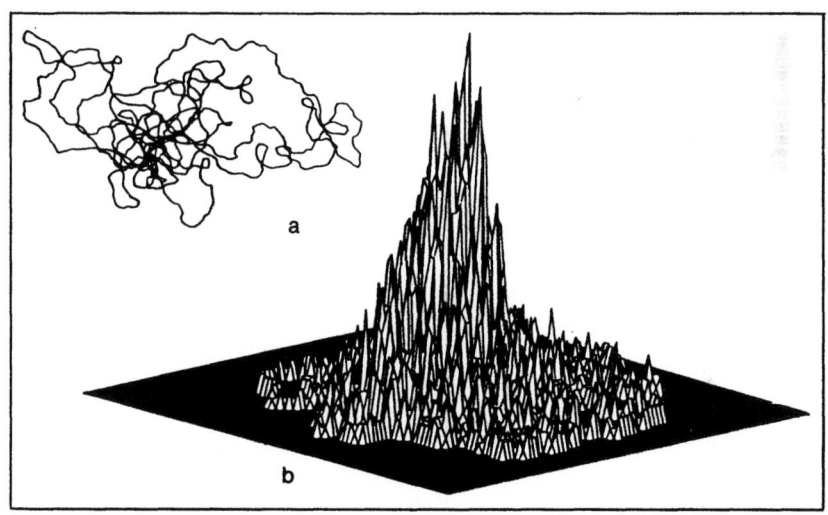

Fig. 1. a) Exemple de boucles de déplacements engendrées par un mécanisme clinocinétique appliqué à un gradient radial centré sur le gîte.
b) Histogramme de l'occupation de l'espace obtenu par sommation d'un grand nombre de boucles de déplacement.

rement des marques odorantes au cours de son déplacement, comme cela a été décrit chez de nombreuses espèces, est amené à construire son propre gradient dont l'intensité traduit sa densité de probabilité de présence. Un tel gradient répond parfaitement aux exigences du modèle, il est en outre compatible avec des travaux comme ceux de Wells et Bekoff (1981), qui confèrent à la distribution des marques de coyotes sur la totalité de leur domaine vital un rôle important dans l'orientation.

Ce type de gradient est par nature labile, et doit être en permanence renouvelé par l'animal au cours de ses déplacements. Il est intéressant de remarquer que dans ce modèle les déplacements sont à la fois impliqués dans une boucle de rétroaction reposant sur un gradient et dans la maintenance d'une telle structure.

De cette manière, le modèle clinocinétique appliqué aux déplacements des mammifères dans leur domaine vital se révèle particulièrement intéressant dans le cadre de la théorie générale des systèmes (von Bertalanffy, 1968). Il présente, à un niveau comportemental, des propriétés caractéristiques des systèmes biologiques. En effet, ce modèle formalise le complexe animal-domaine vital comme un système stable autorégulé, présentant un niveau supérieur d'organisation par rapport au milieu environnant. Un tel système existe grâce, d'une part, à une ouverture thermodynamique, le flux d'énergie étant assuré par la dynamique même du déplacement, via la transformation des réserves d'énergie chimique en énergie motrice et, d'autre part, au contrôle de sa structure fonctionnelle par une régulation de type cybernétique.

## 7. L'explication de comportements complexes par des mécanismes probabilistes simples

Dans ces deux exemples, le modèle clinocinétique s'est révélé apte à reproduire la réalité. Cela ne garantit pas sa validité explicative de la même façon que les programmes informatiques de jeu d'échec ne constituent pas des modèles psychophysiologiques du fonctionnement du joueur humain. La reproduction de la performance ne constitue pas en elle-même une légitimation du modèle. Seule la validité biologique des paramètres utilisés peut justifier sa validation. Toutefois, le modèle détient une valeur heuristique certaine. Dans chaque cas, il a en effet permis l'essor d'hypothèses nouvelles. Mais un de ses apports les plus intéressants repose sur le fait que la conjonction d'une plasticité importante des déplacements associée à une interaction constante avec l'environnement permet de rendre compte, par des mécanismes simples, de phénomènes apparemment complexes. Ainsi, l'orientation à longue distance qu'il est tentant d'expliquer par une aptitude à la navigation par «carte et compas», ou par des capacités de mémorisation topologiques extrêmement performantes, pourrait s'expliquer par un enchaînement de réactions locales. De même, la stabilisation des déplacements sur le domaine vital pourrait relever du même type de réaction, sans pour autant faire appel à une intégration de la topologie de l'environnement.

L'aptitude des modèles pseudo-aléatoires à rendre compte des déplacements animaux fait entrevoir la richesse d'une modélisation probabiliste des comportements, qui se situerait entre la construction des modèles purement au hasard, de type hypothèse nulle, et l'élaboration d'hypothèses cognitivistes déterministes, systématiquement privilégiées aujourd'hui par l'Intelligence Artificielle.

# Chapitre 20
# Apports de la simulation dans l'étude du comportement locomoteur : exemples d'utilisation chez un Crustacé

Christian CHASSERAT, Daniel CATTAERT et François CLARAC

## 1. Introduction

Tout système locomoteur peut être considéré comme un appareil neuro-musculaire intégré, assurant la discrétisation de l'espace et du temps au cours d'un déplacement. Que ce soit au niveau de l'animal entier ou d'un seul appendice, il y a toujours une combinaison équilibrée entre une distance et le temps nécessaire à la parcourir. Une telle problématique nécessite de caractériser l'organisation des mouvements et la coordination des divers appendices, pour établir les paramètres spécifiques définissant le mieux le comportement moteur. Les données quantitatives fournies par l'analyse expérimentale ne constituent jamais une image complète et parfaite de la réalité biologique. L'expression locomotrice, malgré son apparente stéréotypie, est en effet trop flexible et adaptative pour être condensée en quelques équations. Ceci reste vrai également lorsque l'espèce animale est choisie au bas de l'échelle évolutive. Ainsi, plutôt que de tenter la mise au point utopique d'un modèle locomoteur universel, les recherches poursuivies au cours des dix dernières années ont le plus souvent consisté à analyser finement un étage moteur donné, suivant une problématique particulière (étude dynamique, énergétique, coordination motrice, génération de l'activité rythmique...) et à en présenter une synthèse aussi fidèle que possible.

## 2. Simulation de la locomotion

### 2.1. Généralités

La modélisation de la marche chez l'homme porte essentiellement sur l'organisation séquentielle de la commande musculaire, la répartition des charges, les points de pression sur le sol, les contraintes articulaires et les dépenses énergétiques. Ces travaux apportent de ce fait des solutions théoriques intéressantes dans différents domaines d'application médicale, tels la médecine sportive, l'appareillage de certains déficits moteurs par prothèse, la chirurgie articulaire post-traumatique, etc... (Grillner, 1981; Rozendal, 1984). Chez des animaux inférieurs, il est possible de simuler les processus de déclenchement locomoteur (Roberts, Dale et Soffe, 1984). L'identification de réseaux paucineuroniques (ensemble fonctionnel d'un nombre limité de cellules nerveuses identifiées interconnectées) a permis également de simuler la genèse du rythme de nage au niveau des interactions cellulaires et d'en présenter un modèle de câblage (Perkel, 1976 a et b; Perkel et Smith, 1976; Friesen et Stent, 1978). Les arthropodes (insectes, arachnides, crustacés) constituent un matériel de choix pour l'étude des lois du comportement locomoteur du fait de la «simplicité» nerveuse des contrôles centraux comme périphériques en regard de la complexité de ceux que présentent les mammifères. C'est dans ce vaste groupe qu'ont été publiés beaucoup de modèles se prêtant à la simulation (Wilson, 1966; Graham, 1977; Cruse, 1980).

Les modèles théoriques ainsi constitués sont partiels et s'appuient sur une partie seulement des hypothèses fonctionnelles suggérées par l'expérimentation. Si le modèle est simplement qualitatif, il se limite à la description des éléments comportementaux typiques mais présente un intérêt certain dans une étude comparative. Un modèle quantitatif se révèle beaucoup plus attrayant puisqu'il peut être simulé sur ordinateur. Il est, dans ce cas, possible :

- d'une part, de tester la validité des résultats expérimentaux obtenus;

- d'autre part, de comparer les performances réalisées par l'animal et par le modèle lorsque des conditions expérimentales particulières sont imposées.

Enfin et surtout, les hypothèses de base peuvent être étudiées sous des contraintes expérimentales très inhabituelles, plus ou moins éloignées des conditions naturelles. Dans un tel type de méthodologie mixte (analyse expérimentale et simulation), l'intérêt majeur de la technique informatique est de fournir, en «feed back», des éléments de discussion théoriques certes, mais permettant de réduire à quelques clés élémentaires un comportement d'expression apparemment complexe. Un modèle locomoteur, aussi élaboré soit-il, nous renvoie ensuite à l'expérimentation selon la boucle méthodologique suivante :

$$\begin{array}{ccc} \text{EXPÉRIMENTATION} & \rightarrow & \text{ANALYSE} \\ \uparrow \quad \downarrow & & \downarrow \\ \text{SIMULATION} & \leftarrow & \text{MODÉLISATION} \end{array}$$

### 2.2. Application chez un Crustacé

Nous avons choisi d'étudier les performances adaptatives d'une langouste marchant sur un tapis roulant. Parmi les plus grands des Invertébrés, la langouste se déplace dans toutes les directions du plan horizontal grâce à une spécialisation des coordinations intra et interappendiculaires. Bien que décapode, cet animal se comporte plutôt comme un hexapode et les six articulations bicondylaires de chacune des pattes travaillent différemment suivant les types de marche.

Bien que complexe au plan mécanique, le système peut être comparé à un ensemble de bras articulés analogues à ceux utilisés en robotique. Au plan nerveux, la structure est simple et hiérarchisée (moins de 50 motoneurones commandant tout l'appareil musculaire d'un appendice par ailleurs richement doté de capteurs périphériques parfaitement identifiés).

Le comportement locomoteur peut être induit par un tapis roulant chez les Crustacés et non pas chez les Insectes. L'enregistrement de la cinématique de chaque appendice et des activités électromyographiques des divers muscles responsables, démontre que les séquences de marche ainsi obtenues sont analogues à la locomotion d'un animal en liberté mais les pas successifs sont plus stéréotypés et le comportement peut être entretenu pendant plusieurs minutes (Clarac et Chasserat, 1983). Le tapis roulant, composé de deux courroies parallèles pilotées séparément, permet de délivrer un stimulus différent à chaque côté de l'animal. La situation conflictuelle qui en résulte, mobilise fortement les systèmes de contrôle assurant la régulation contralatérale, et une marche coordonnée peut être observée avec des écarts de vitesse imposée allant jusqu'à 5 cm/s entre les côtés droit et gauche.

L'indépendance interappendiculaire nécessite de dissocier les processus de régulation intra-appendiculaires avant d'aborder les principes généraux réglant les mouvements d'un couple quelconque d'appendices.

## 3. Modélisation de la cinétique appendiculaire

L'animal est maintenu sur le tapis roulant en semi-contention par une fixation à balancier respectant les conditions naturelles de posture et de charge. Notre étude a porté sur les appendices essentiels quel que soit le type de marche, les pattes 5 et 4 gauches ou droites (5 et 4 G ou 5 et 4 D) et notre analyse s'est limitée aux séquences de marche avant (Fig. 1). Le pas locomoteur débute par convention lorsque l'extrémité appendiculaire (dactyle) se pose sur le substrat en position extrême antérieure (PEA, Fig. 1 B); il comprend deux parties complémentaires:

- Le temps d'appui (TA) au cours duquel la patte reste au sol (phase propulsive chez l'animal libre). La patte, après avoir décrit la distance La, atteint sa position extrême postérieure (PEP); elle peut alors présenter un bref temps de pause (Pa).

- Le temps de rappel (TR) permet de repositionner antérieurement l'appendice lorsqu'il a parcouru la distance Lr; une très légère pause (Pr) peut se produire avant la réalisation du pas suivant. La période du cycle (P) est la durée cumulée de ces deux parties. La relation P = TA (+ Pa) + TR (+ Pr) est toujours vérifiée.

L'activité des muscles (rétracteur et protacteur) de l'articulation basale (T-C), ainsi que sa course angulaire sont enregistrées en continu. Un capteur linéaire repère simultanément la position instantanée de l'extrémité de la patte (Fig. 1 C). Les données temporelles (période, durées d'appui et de rappel du pas locomoteur) peuvent être digitalisées à partir des EMG, extrêmement purs. Les paramètres spatiaux (position extrêmes, amplitude des pas) et certains éléments temporels (temps de pause) sont directement numérisés par échantillonnage (50 pts/s) des signaux fournis par les capteurs de mouvements. Les échantillons de données sont traités par des méthodes statistiques élémentaires pour obtenir la moyenne et la dispersion des différents paramètres en fonction de la vitesse imposée.

L'analyse de nombreuses séquences de marche enregistrées à des vitesses variées (2 à 20 cm/s) et chez des animaux différents, permet de classer les paramètres locomoteurs selon leur degré de dépendance vis-à-vis de la vitesse de marche:

*Paramètres invariants:*
- la longueur moyenne du pas ($L = \dfrac{La + Lr}{2}$)

*Paramètres dépendants:*
- le temps d'appui (TA)
- la période (P)

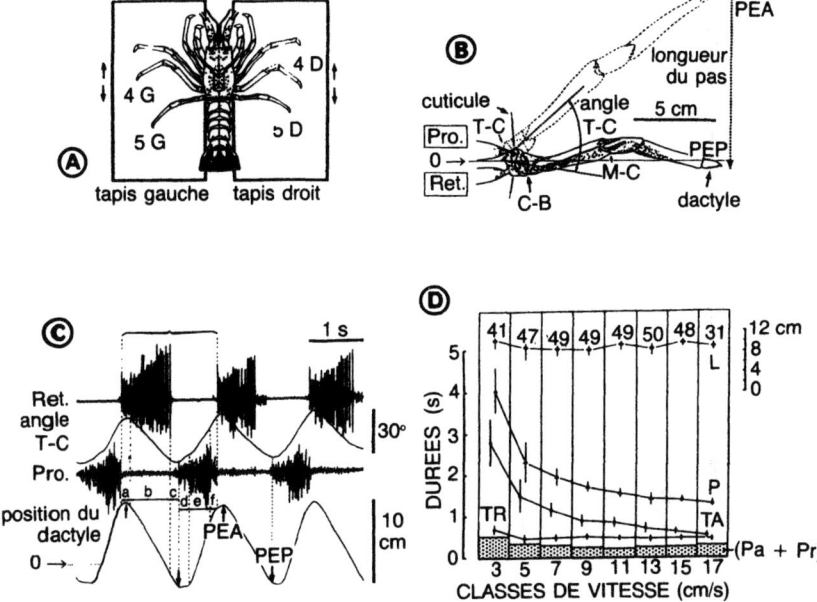

Fig. 1. Méthodes d'enregistrement et paramètres caractéristiques du pas locomoteur chez la Langouste (*Jasus lalandii*).
A. Vue dorsale d'un animal sur le double tapis roulant.
B. Cinétique d'un appendice 4 pendant la marche.
C. Acquisition des données paramétriques: relations entre les activités musculaires et les mouvements.
(Ret.: rétracteur; Pro: protracteur; T-C: articulation thoracique basale).
D. Valeurs moyennes (± 1 écart-type) de la longueur du pas (L), de la période (P), des temps d'appui (TA) et de rappel (TR) et des pauses (Pa + Pr) pour une patte 4, en fonction de la vitesse imposée.

- le temps de rappel (TR)
- les temps de pause (Pa, Pr)

Ces résultats sont valides pour toute vitesse ⩾ 3 cm/s (Fig. 1 D). Les positions extrêmes, bien que très stables, peuvent être influencées par les variations brusques de vitesse; dans ce pas, elles subissent un décalage (vers l'avant ou l'arrière) analogue pour la PEA *et* la PEP: la longueur moyenne du pas (L) est toujours respectée et apparaît comme l'élément référentiel principal des mouvements d'un appendice.

Les éléments temporels stables (TR et Pauses) permettent de simplifier l'expression de la période: $P = TA + K$ (avec $K = TR + $ Pauses).

La vitesse de déplacement du dactyle pendant l'appui est identique à celle du tapis roulant (le contact patte/substrat est permanent au cours de cette phase). La stabilité de la longueur du pas autorise l'approximation : TA = L/V, qui traduit une distribution hyperbolique des temps d'appui et de la période (P = L/V + K) en fonction de la vitesse de marche.

Cette loi simple apparaît clairement en Figure 1 D et a été vérifiée avec une sécurité hautement significative dans la quasi-totalité des animaux testés (P < $10^{-4}$).

Ces résultats sont valides pour toute vitesse ⩾ 3 cm/s (Fig. 1 D). Les positions extrêmes, bien que très stables, peuvent être influencées par les variations brusques de vitesse; dans ce pas, elles subissent un décalage (vers l'avant ou l'arrière) analogue pour la PEA et la PEP : la longueur moyenne du pas (L) est toujours respectée et apparaît comme l'élément référentiel principal des mouvements d'un appendice.

Les éléments temporels stables (TR et Pauses) permettent de simplifier l'expression de la période : P = TA + K (avec K = TR + Pauses). La vitesse de déplacement du dactyle pendant l'appui est identique à celle du tapis roulant (le contact patte/substrat est permanent au cours de cette phase). La stabilité de la longueur du pas autorise l'approximation : TA = L/V, qui traduit une distribution hyperbolique des temps d'appui et de la période (P = L/V + K) en fonction de la vitesse de marche.

Cette loi simple apparaît clairement en Figure 1 D et a été vérifiée avec une sécurité hautement significative dans la quasi-totalité des animaux testés (P < $10^{-4}$).

Une analyse de corrélations multiples permet en outre de préciser les liaisons fonctionnelles existant entre certains paramètres du pas (en particulier La et Lr apparaissent fortement interdépendants). La dispersion des PEA successives, toujours inférieure environ de moitié à celle des PEP, suggère que la phase de rappel joue un rôle régulateur crucial dans l'ajustement spatial de l'appendice.

Pour intégrer tous ces résultats analytiques au sein d'un modèle synthétique cohérent, nous avons utilisé une méthode inspirée de la théorie des phénomènes périodiques autorégressifs (Pham Dinh Tuan, 1981). Dans ce type de séries temporelles, chaque cycle élémentaire peut être calculé grâce à des fonctions linéaires simples, combinant certains paramètres du (ou des) cycle(s) précédent(s) avec des valeurs aléatoires. Dans un tel modèle, les cycles consécutifs recréés séquentiellement, présentent une certaine fluctuation permanente tout en restant conformes aux normes de référence (invariants). Les accidents isolés sont corrigés automatiquement en quelques cycles par la nature récurrente des calculs (autorégression). Ces caractéristiques sont parfaitement adaptées à l'aspect à la fois variable et stéréotypé des séquences de marche enregistrées expérimentalement.

En pratique, on donne au départ les valeurs référentielles de l'appendice dont on veut simuler les mouvements (L, TR, Pa et Pr). Ces quatre constantes sont déterminées à partir des moyennes expérimentales. Les PEP consécutives sont obtenues par un générateur de nombres pseudo aléatoires dont la distribution est limitée à une zone compatible avec la réalité biologique et anatomique. La fluctuation ainsi obtenue traduit la variabilité naturelle inhérente au système (influence des autres pattes) ou à l'environnement (accidents de terrain). A partir d'une PEA initiale arbitrairement fixée, la première valeur aléatoire de PEP donne par différence la distance d'appui (La). Le temps d'appui correspondant est obtenu par la fonction hyperbole (Ta = La/V) et la période est complétée par les invariants temporels (TR et Pauses). La distance de rappel (Lr) résulte d'un calcul simple (moyenne pondérée) faisant intervenir à la fois la distance d'appui (La), la référence de l'appendice (L) et la durée du rappel (TR). La PEA obtenue constitue l'origine spatiale du pas suivant.

Toutes ces opérations séquentielles recréent le continuum des cycles locomoteurs et satisfont aux conditions suivantes:

- Reproduire des séquences motrices fictives en tout point analogues aux séquences réelles (les périodes PEP et PEA présentent une fluctuation identique et les invariants sont respectés).

- Résister aux variations aléatoires introduites sur les PEP. (Les PEA successives générées par la simulation sont plus stables que les PEP aléatoires : le réglage positionnel correspondant au ralentissement final de la phase de rappel est ainsi indirectement simulé).

- Résister à des valeurs accidentellement «hors échelle» des PEA et PEP qui, dans les séquences réelles, sont corrigées en quelques pas par le système de contrôle.

La Figure 2 montre un tel exemple : une séquence réelle est analysée (en *A*). Les paramètres moyens sont calculés après lissage de la séquence (élimination des écarts accidentels de PEA (○) et de PEP (▽). Ces moyennes servent de base paramétrique à la simulation d'une séquence fictive régulière (en *B*). Les performances adaptatives du modèle apparaissent dans la séquence *C*, où les PEA et PEP «accidentelles» ont été réintroduites dans la simulation, dans leurs cycles respectifs.

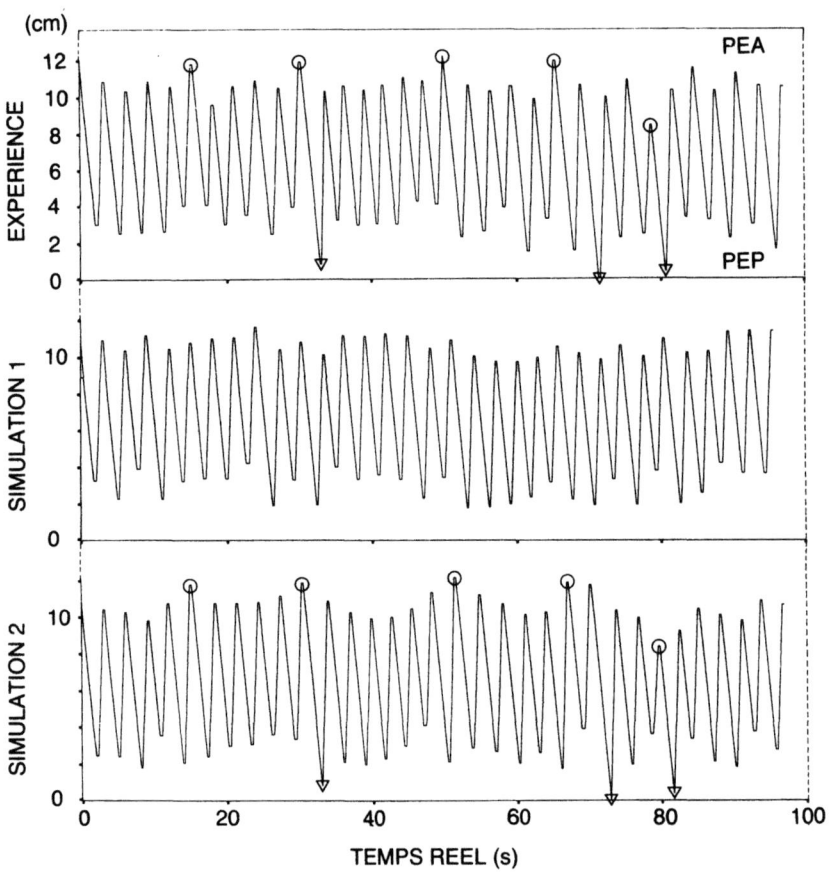

Fig. 2. Simulation des mouvements d'un appendice.
A. Représentation de 32 cycles consécutifs d'une patte 4 chez un animal marchant à vitesse imposée constante (4 cm/s). Les PEA (O) et PEP (▽) repérées sont les valeurs considérées comme accidentelles (hors de la zone de dispersion statistique moyenne).
B. Simulation d'une séquence analogue, à partir des paramètres moyens de la séquence A.
C. Simulation identique à B, où les valeurs accidentelles de PEA et PEP ont été réintroduites dans les cycles respectifs correspondant à la séquence réelle.

## 4. Modélisation des processus de coordination

On peut simuler le fonctionnement de deux pattes quelconques en intégrant deux boucles logiques identiques, correspondant chacune à l'un des appendices (X et Y), et en reprenant la méthode de calcul décrite pour une patte. Les calculs séquentiels des deux séries s'opèrent parallèlement avec un décalage temporel arbitrairement fixé à l'origine (délai X → Y par exemple). Ainsi, les paramètres *d'appui* de X sont calculés « en même temps » que les paramètres de *rappel* pour Y, et ainsi de suite.

En générant des séquences de pas fictifs sans imposer aucune relation de quelque nature entre X et Y, une très faible dissymétrie initiale (de l'ordre de 100 ms) est nécessaire entre les périodes intrinsèques de X et Y pour que le système présente l'apparence d'une forte coordination pendant un grand nombre de pas successifs (> 50) bien qu'il n'existe aucune relation fonctionnelle. Si la vitesse imposée est très lente (< 4 cm/s) ou pour des vitesses supérieures lorsque l'écart de périodes est plus important (> 100 ms), le système constitué par ces deux pattes indépendantes ne reste jamais phasiquement réglé : des dérives de phase d'apparence aléatoire apparaissent en moins de 5 pas.

### 4.1. Les concepts de coordination

Ainsi, le modèle est très insuffisant et ne peut rendre compte des caractéristiques interappendiculaires. L'expérience nous a permis de définir trois concepts caractérisant le degré de coordination du système :

*Le couplage*

Il est mesuré par la dispersion des relations de phase observée au cours des pas successifs. L'ajustement statistique des échantillons de phase à une distribution théorique de type circulaire, fournit un coefficient de concentration variant de 0 à 100 % selon que le couplage est faible ou fort (Hughes, 1972). Une paire ipsilatérale présente un couplage toujours stable et fort avec un gradient antéropostérieur croissant (d'environ 40 % pour 2-3 à 90 % pour 4-5). Les paires contralatérales sont caractérisées par un couplage globalement assez faible (40 à 50 %) mais extrêmement variable (2 pattes 4 G et 4 D) peuvent présenter un couplage variant spontanément de 20 à 90 % au cours d'une même séquence continue de quelques dizaines de cycles). Une contrainte expérimentale conflictuelle (vitesses différentes pour les tapis G et D) peut être compensée par l'animal par accroissement du couplage contralatéral.

*La hiérarchie*

C'est, dans un couple fonctionnel, la capacité pour un appendice d'imposer plus ou moins son rythme propre à l'autre patte. Dans un couple ipsilatéral, c'est généralement la patte postérieure (de rythme intrinsèquement plus lent) qui tend à ralentir la fréquence des pas de la patte antérieure. Ce phénomène induit le pattern locomoteur «métachronal», fréquemment décrit chez les arthropodes (Wilson, 1966) et caractérisé par une phase ipsilatérale de valeur croissante avec la vitesse de marche (le délai entre l'appui d'un appendice et celui de la patte adjacente antérieure est indépendant de la vitesse; Chasserat et Clarac, 1983). En contralatéral, les interactions rythmiques apparaissent réciproques et symétriques dans la plupart des cas. Il est possible, en découplant les vitesses imposées de chaque côté, de déplacer la hiérarchie en faveur de la patte placée sur le tapis le plus lent par rapport à l'autre appendice du même segment. Dans le cas où aucune patte ne domine rythmiquement l'autre, la relation de phase observée reste proche de 0,5 quelle que soit la vitesse de marche.

*Les stratégies de régulation*

La coordination observée dans un couple d'appendices peut être absolue (phase stable et correspondance de cycle à cycle) ou relative (une patte fait des pas supplémentaires par rapport à l'autre: la phase est dispersée sur toute l'échelle mais présente un mode préférentiel d'accrochage rythmique; Von Holst, 1939). L'incoordination (indépendance rythmique totale) n'est jamais observée expérimentalement. Lorsque deux pattes en coordination relative (périodes moyennes des cycles différentes) deviennent absolument coordonnées (périodes identiques), chacune d'elles voit certains de ses paramètres modifiés.

Ces altérations dont le résultat est d'obtenir un ajustement de la période, portent généralement sur les éléments invariants du pas locomoteur. La stratégie d'adaptation adoptée est dite spatiale si la longueur du pas est modifiée, ou temporelle si c'est le temps de rappel ou les pauses qui sont altérés. Le plus souvent, les appendices règlent leur période par une stratégie mixte combinant des variations discrètes à la fois de L et TR.

Ces trois données ont été intégrées au modèle sous la forme de trois paramètres ajustables:

- un paramètre *de couplage* (C) variant de 0 à 1, selon que l'interaction est nulle ou totale;

- un paramètre *de hiérarchie* (H), compris entre $-1$ si X impose son rythme totalement à Y et $+1$ dans le cas inverse; la valeur $H = 0$ traduit l'absence de relation hiérarchique dans le couple;

- un paramètre *de stratégie* (S) affecté à chaque appendice, et variant de 0 à 1 selon que l'adaptation concerne la longueur du pas (L) ou le temps de rappel (TR); la valeur S = 0,5 correspond à une stratégie mixte.

Ainsi amélioré, le programme calcule les paramètres successifs des 1/2 cycles locomoteurs d'une patte en tenant compte des paramètres calculés immédiatement avant pour le 1/2 cycle correspondant de l'autre patte. Par exemple, dès que la patte X se pose, ce début d'appui représente l'instant «idéal» pour initier le rappel de Y. On génère également une PEP «aléatoire» pour Y et la valeur de la PEP définitivement retenue (dans l'espace et dans le temps) est le résultat d'une moyenne entre ces deux extrêmes, pondéré proportionnellement par les trois coefficients (C, H, et S). Cette logique est appliquée au calcul de tous les paramètres successifs, et différentes boucles de sécurité limitent les valeurs calculées à l'intérieur des bornes physiologiques fixant les seuils d'impossibilité (valeurs négatives ou anormalement grandes).

Le coefficient simulant la force de couplage est autovariable, c'est-à-dire qu'une fonction décroissante simple règle sa valeur «actuelle» entre le maximum fixé (si le déphasage X/Y correspond à un état d'équilibre rythmique valide) et l'annulation (si le déphasage est trop éloigné des conditions naturelles: par exemple X et Y «en phase»).

En fonction des paramètres initialement fournis au programme, le modèle évolue de lui-même, à partir d'un déphasage initial quelconque, vers un état d'équilibre rythmique de X et Y plus ou moins stable et coordonné. Le temps nécessaire pour atteindre un état stable et ses caractéristiques (déphasage X/Y et modifications des paramètres propres à chacun) dépendent essentiellement de la dyssimétrie initiale, de la hiérarchie interappendiculaire fixée et de la force maximale du couplage. La stratégie adoptée pour chaque appendice n'influe pas sur le résultat final de l'état de coordination obtenu à l'équilibre. Ce paramètre modifie par contre sensiblement le caractère progressif et régulier des transformations nécessaires. Une stratégie mixte, combinant des réglages simultanés de l'espace et du temps, permet d'obtenir des séquences simulées, remarquablement fidèles à la marche réelle.

### 4.2. Reproduction d'une séquence motrice complexe

La Figure 3 permet d'apprécier les performances de ce programme de simulation dans l'imitation d'une séquence comportementale réelle.

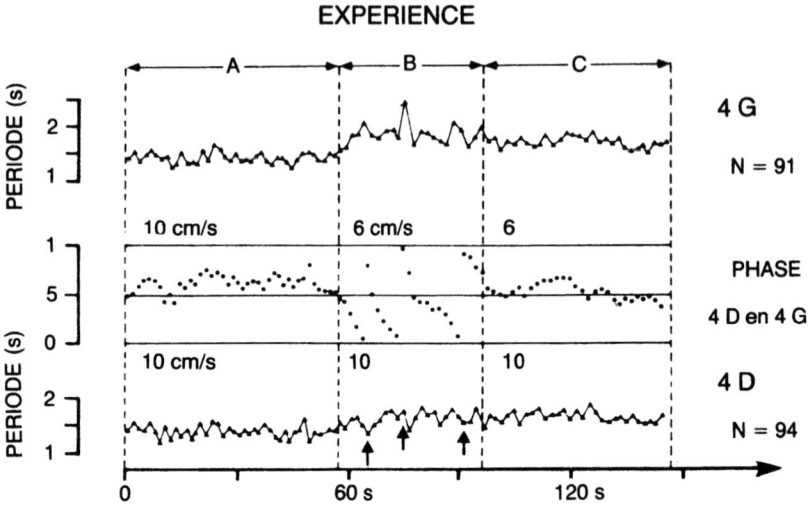
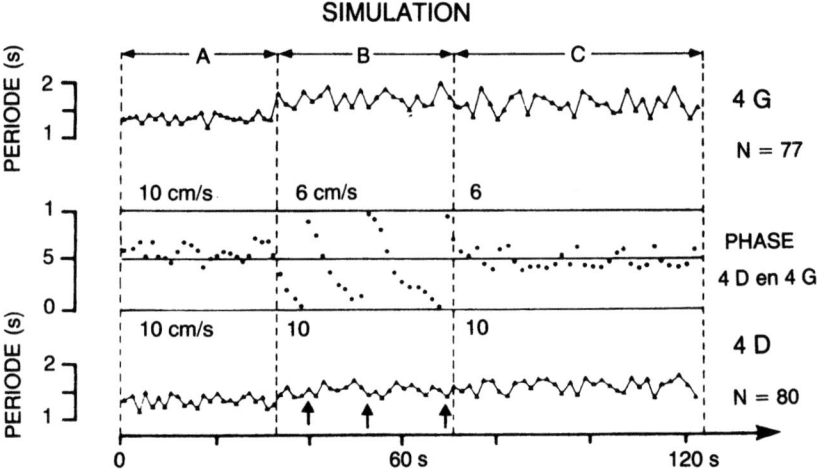

Fig. 3. Relations interappendiculaires au cours de la marche de la langouste sur tapis roulant; comparaison entre une séquence expérimentale et une séquence simulée.
A. Les tapis droit et gauche sont synchronisés à 10 cm/s : la coordination contralatérale est absolue (phase ∼ 0,6).
B. Le tapis gauche est ralenti à 6 cm/s : apparition de coordination relative; 4 D fait des doubles pas vis-à-vis de 4 G.
C. Réglage spontané sur une période intermédiaire (phase ∼ 0,5).

Le choix des divers paramètres au cours des trois épisodes A, B et C est détaillé dans le texte. La coordination relative (B) et le réglage (C) simulés par le modèle sont très comparables au comportement réel.

La séquence analysée expérimentalement (Fig. 3 en haut) est relativement complexe puisqu'elle comporte un découplage des tapis droit et gauche provoquant un passage en coordination relative du couple 4 D/4 G *(B)* suivi d'un réglage en coordination absolue *(C)* analogue à l'état initial *(A)*.

La séquence simulée (Fig. 3 en bas) reproduit ces divers épisodes à partir des valeurs référentielles moyennes extraites de l'expérience pour chaque patte (4 G: L = 7,5 cm, TR = 0,5 s; 4 D: L = 5 cm, TR = 0,7 s; pour les deux pattes: Pa = 0,1 s et Pr = 0,05 s).

Les vitesses imposées et le déphasage initial sont identiques à ceux de l'expérience. Les paramètres de coordination ont été ajustés comme suit:
- *en A:* C = 0,2 et H = 0,2 (le côté droit est légèrement dominant);
- *en B:* C = 0,2 et H = 0 (le couplage reste faible, la hiérarchie est annulée),
- *en C:* C = 0,8 et H = − 0,5 (le couplage est renforcé et le côté le plus lent devient dominant).

Les deux pattes appliquent une stratégie mixte (S = 0,5) tout au long de la séquence.

L'utilisation de ces trois coefficients en simulation démontre l'importance de ces trois concepts dans l'expression du programme moteur. Il reste à préciser le support nerveux des boucles internes et périphériques qui les sous-tendent.

Outre ces mécanismes contralatéraux de régulation, le modèle peut aussi reproduire une coordination de type ipsilatéral (phase X/Y dépendante de la vitesse imposée). Il suffit, pour obtenir ce résultat, d'imposer une dominance quasi totale d'un appendice sur l'autre (5 sur 4).

Ce type de simulation permet donc de valider a posteriori les hypothèses avancées pour expliquer les processus régulateurs. Le modèle s'étant révélé adéquat, il peut dès lors être utilisé pour «prévoir» certaines réactions comportementales, il conditionne alors les nouveaux protocoles expérimentaux.

# Conclusion
# Psychologie, intelligence artificielle et automatique, science cognitive

Jean-François LE NY et Jean-François RICHARD

Des contributions réunies dans ce volume il ressort que les apports de l'Intelligence Artificielle et de l'Automatique[1] à la psychologie sont de types très divers. Peut-être même faudrait-il dire qu'ils sont hétérogènes, au point que le lecteur aura parfois de la peine à y trouver un ordre clair; c'est aussi ce qui fait que les présents auteurs ne prétendent pas en faire une synthèse.

Cette hétérogénéité est bien explicable, et elle a quelque chose de plaisant. Il est bien naturel que les chercheurs en psychologie qui ont fait le choix de se laisser influencer par l'I.A.A. — alors que d'autres psychologues ont choisi de négliger l'I.A.A., ou même de résister à son influence — ceux-là donc qui ont, peu ou prou, exploré ce nouveau domaine qu'est l'I.A.A. n'y ont pas nécessairement rencontré les mêmes écrits, les mêmes applications, les mêmes auteurs; ces rencontres relèvent encore pour une large part des aléas de la vie scientifique. Mais en outre, ils n'y ont pas sélectionné les mêmes apports, les mêmes concepts ou les mêmes techniques, en fonction de leurs champs d'intérêt et des estimations qu'ils portent sur l'importance de tel ou tel apport. Parfois même, peut-être, il pourra s'avérer que ce qui était pris pour un apport n'était qu'un malentendu, ou une fausse piste. La vie scientifique normale est faite de cette diversité et de ce désordre.

---

[1] Désormais abrégé en I.A.A.

Si nous superposons à cela notre propre grille d'analyse, nous pourrions ajouter que, parmi les apports que nous croyons réels et importants de l'I.A.A., il faudrait distinguer ceux qui sont des apports propres, et ceux dans lesquels l'I.A.A. sert seulement, en quelque sorte, de vecteur. Ce n'est pas déprécier le champ de recherche de l'I.A.A. que de constater qu'il ne constitue pas encore une discipline unifiée : les chercheurs qui y travaillent n'en jugent pas autrement. En fait, la même observation pourrait être faite à propos de la psychologie ; il est bien clair, par exemple, que les apports de l'I.A.A. se font de façon privilégiée, jusqu'ici, en direction de la psychologie cognitive plutôt que de tout autre secteur de la psychologie. Les applications à la psychologie clinique, par exemple, sont restées assez marginales, et, en France, pratiquement ignorées.

Si nous essayons, maintenant, d'ordonner à notre manière les apports de l'I.A.A. à la psychologie, nous pouvons les ranger dans quatre catégories, au demeurant non disjointes, ni même très systématisées. Nous évoquerons ainsi :
1. des apports conceptuels généraux ;
2. des apports que nous appellerons «pédagogiques» ;
3. des apports techniques ;
4. des apports conceptuels spécifiques.

Les apports conceptuels généraux sont peut-être de ceux pour lesquels l'I.A.A. sert surtout de révélateur et de vecteur. Ils concernent au premier chef la notion d'information, et, surtout, celles de traitement et de structure de l'information. La pénétration de ces notions dans la psychologie n'est que partiellement due à l'I.A.A. ; en fait elle a commencé avec la théorie de l'information, avant que l'I.A.A., et même l'Informatique ne soient vraiment développées. Toutefois, on peut dire que sans ces notions il n'existerait pas de psychologie cognitive telle que nous la concevons aujourd'hui.

Dans ce volume, les auteurs prennent des positions contrastées quant au problème suivant : faut-il prendre «au pied de la lettre», ou «de façon métaphorique» — selon les termes de J. Mathieu — l'idée que l'individu humain est un *dispositif de traitement et de stockage de l'information ?* Tout dépend, bien entendu, de la formulation : que l'être humain soit «une machine» (au sens étroit) est une idée fausse ; qu'il soit un dispositif «calculatoire» (ou, comme on dit parfois, «computationnel») est une métaphore ; il faut au moins préciser qu'on ne prétend caractériser ainsi que la seule activité cognitive de l'homme, et que par «calcul» on désigne, de façon générale, la manipulation de symboles quelconques, y compris non numériques, et éventuellement mentaux. Toutefois, les deux présents auteurs croient qu'il est permis de prendre au pied de la lettre la formulation qu'ils ont donnée : pour une partie de son activité psychologique, l'individu humain est bel et bien un dispositif de traitement et de stockage de l'information. La partie de l'activité qui est en cause est précisément celle que l'on appelle *activité cognitive*. Elle correspond à peu près aux chapitres classiques de la psychologie : perception, attention, mémoire, langage, activités intellectuelles. Peut-être va-t-elle en réalité très au-delà, par exemple jusqu'au cœur du domaine qu'on appelle généralement celui de la personnalité; mais il est prématuré d'en parler aujourd'hui.

Dans la formulation que nous avons donnée, les psychologues familiers avec les notions de catégorisation et d'arborescence, verront bien que le terme «dispositif» est superordonné à la fois à «être humain» et à «machine» (munie de programmes). En d'autres termes, nous pensons qu'il existe, partout dans l'univers, de l'information, et sur cette terre (pour le moins) diverses sortes de dispositifs matériels qui traitent et stockent l'information. Certes, parmi ces dispositifs existent des différences importantes : par exemple, les uns sont naturels, les autres artificiels, les uns fonctionnement essentiellement à partir d'une neuro-chimie à base de carbone, les autres (jusqu'ici) essentiellement au silicium; de plus, les uns sont programmés par l'hérédité, l'apprentissage et le milieu social, les autres le sont ici et maintenant par des informaticiens, et demain peut-être, par tout un chacun. Mais ces dispositifs relèvent conceptuellement tous de la catégorie des «traiteurs et conservateurs d'information». Tel est, croyons-nous, l'apport conceptuel général, considérable, scientifiquement révolutionnaire, que l'I.A.A. a contribué à rendre familier, rassurant, crédible. Notre pari est que la crédibilité de cette idée va continûment s'accroître au fil des années. Faire de la psychologie cognitive n'oblige pas à adhérer à *telle* théorie du traitement ou de la conservation de l'information plutôt qu'à *telle autre*; mais cela équivaut, pour le temps présent, à adopter l'hypothèse de travail générale du traitement et de la conservation de l'information.

Le second apport de l'I.A.A. tient à ce que, bien employée, elle comporte une considérable efficacité «pédagogique». Cette idée n'est pas neuve; elle valait et vaut pour d'autres sortes d'activités de formalisation. Elle revient à ceci : si l'on se frotte concrètement à l'I.A.A., même sans en devenir un spécialiste, mais en en pratiquant malgré tout avec assiduité quelque application, alors on est forcé de, et l'on *s'habitue à* expliciter une quantité considérable de savoirs que l'on n'expliciterait pas spontanément. Ces savoirs peuvent être des façons de faire, des procédures, des contenus de représentations, il n'importe :

l'influence pédagogique de l'I.A.A. est foncièrement celle d'une *incitation à l'explicitation*. Cela ne signifie certes pas que tout ce qui est ainsi explicité par cette voie se trouve être *ipso facto* vrai; mais, en général, les psychologues d'obédience scientifique savent — à moins qu'ils ne se soient intégralement convertis à la simple démonstration de théorèmes — qu'il leur faudra en outre expérimenter. La pratique de l'I.A.A. est à cet égard un très précieux adjuvant à la production d'hypothèses, qui demeurent à valider ultérieurement.

Un troisième apport de l'I.A.A. réside dans les techniques qu'elle fournit, techniques dont l'usage peut être très divers. Qu'il s'agisse des systèmes de production, des systèmes experts, des réseaux de transition augmentés (ATN), des programmes de reconnaissance (nous dirions d'identification) de la parole, la psychologie peut les copier, ou se faire copier par eux; elle peut aussi les mettre en œuvre dans des applications, par exemple en Enseignement Intelligemment Assisté par Ordinateur, en réhabilitation des handicapés, etc. Ce volume présente et discute tout une gamme de telles techniques : outre leurs mérites propres, elles ont celui d'accoutumer les psychologues à ce qu'on appelle parfois l'état d'esprit «ingénieur», c'est-à-dire à une activité de l'esprit qui doit impérativement conduire à des réalisations pratiques, qui marchent, et cela dans des délais courts. C'est un apport pédagogique qui n'est pas négligeable non plus.

Enfin le quatrième apport de l'I.A.A. est celui des concepts spécifiques, propres à l'I.A.A., que la psychologie peut juger souhaitable d'importer. Leur spécificité est de degré variable. Sur ce point aussi l'I.A.A. sert souvent de vecteur pour des concepts qu'elle a elle-même empruntés ailleurs, par exemple à la logique, aux mathématiques, à la philosophie, à la linguistique, voire par un curieux mouvement tourbillonnaire, à la psychologie elle-même. C'est, de temps à autre, une intense occasion de jubilation que de voir un psychologue s'extasier sur une notion qu'il attribue à l'I.A.A.... et qui vient en fait de sa propre discipline, mais avec une ancienneté de plus de vingt ans. Il n'importe. L'I.A.A. a su parfois prendre au sérieux, ou rendre accessibles, des notions qui seraient autrement demeurées dans l'obscurité ou dans la pénombre.

Nous allons maintenant reprendre de façon un peu plus détaillée quelques-unes de ces questions. Nous examinerons d'abord la façon dont les modèles de traitement de l'information peuvent être mis en relation avec une description du fonctionnement cognitif. Puis nous montrerons, en nous appuyant sur un exemple concernant l'identification de concepts, de quelle façon les modèles de traitement de l'information peuvent recevoir un contenu psychologique, qui relève lui-même forcément d'une théorie psychologique.

Nous aborderons ensuite de façon critique l'examen de quelques notions spécifiques que la psychologie cognitive a importées, ou tenté d'importer, au cours des quinze ou vingt dernières années, à partir du domaine de l'I.A.A. Ces notions seront plus particulièrement prises parmi celles qui concernent les structures de la cognition.

**Modèles de traitement de l'information et description du fonctionnement cognitif**

Pendant longtemps la psychologie expérimentale a privilégié une attitude classificatoire, à la manière de la botanique. Elle s'est attachée à distinguer des fonctions (perception, apprentissage, mémoire, activités intellectuelles, etc.), à analyser leurs caractéristiques, sans s'interroger vraiment sur le fonctionnement cognitif, c'est-à-dire sur les conditions dans lesquelles elles s'exercent et interagissent dans le déroulement d'une activité. Cette tendance, héritée de la psychologie des facultés, s'est trouvée renforcée par le fait que la psychologie expérimentale s'est centrée sur l'étude de l'effet des facteurs en allant du simple au complexe (d'où la tendance à isoler les fonctions), et par le fait que, jusqu'à une période très récente, la psychologie différentielle s'en est tenue à une vision purement taxinomique des capacités et différences individuelles.

Depuis plusieurs décennies pourtant ce cadre apparaissait inadapté, dans la mesure où étaient mis en évidence des phénomènes qui ne peuvent se concevoir que dans une perspective de fonctionnement : concurrence entre tâches, effets attentionnels, effets de contexte, heuristiques de recherche.

Les modèles de traitement de l'information fournissent un cadre général pour l'analyse du fonctionnement cognitif : ils permettent de définir des processus de changement de l'état de l'information disponible dans la réalisation d'une activité. A ce titre, ils constituent, on l'a dit, un apport conceptuel majeur.

Ces modèles ont la même structure de base. Ils comportent :

- Des opérations de traitement, qui précisent le type d'information traitée (information provenant du stimulus ou information symbolique provenant de traitements précédents), et le type de transformation opérée (modification de l'information par filtrage, ajout, suppression, etc., ou bien commande, décision d'action). Ces opérations sont définies comme des fonctions caractéristiques du système (voir l'article de Bonnet), et sous forme de règles dont la partie condition précise quelles informations sont prises en compte et la partie action définit la transformation opérée (voir l'article de A. Nguyen-Xuan et J.F. Richard).

- Des connaissances, qui interviennent dans les opérations cognitives, notamment celles qui sont en jeu dans les activités de compréhension, de résolution de problème, d'acquisition.

Ces connaissances jouent un rôle fondamental dans un système cognitif. La mémoire a de ce fait un statut particulier, car elle intervient dans les différentes opérations : elle caractérise ce qui se conserve dans le système. D'où les changements considérables intervenus dans l'étude de la mémoire (voir l'article de G. Tiberghien) : ce qui était traité sous ce thème se trouve maintenant réparti en trois chapitres :
- la représentation des connaissances en mémoire (voir l'article de D. Brouillet),
- l'accès aux connaissances en mémoire,
- l'apprentissage.

- Une structure de contrôle, qui précise les conditions de mise en jeu des opérations de traitement et d'activation des connaissances.

Ce contrôle peut résulter directement des contraintes du système : le déclenchement des opérations est automatique et dépend seulement des informations externes ou des transformations qu'elles ont subies. Cela donne des modèles séquentiels caractérisés par une suite d'étapes : modèles de traitement du signal, modèles de préparation et de temps de réaction, modèles de filtrage. Ce type de contrôle est ce qu'on appelle un processus contrôlé par les données (bottom up).

Il peut résulter également d'opérations cognitives complexes, notamment la production de buts, la planification, les heuristiques de recherche, l'émission d'hypothèses basées sur les connaissances activées. Les résultats de ces opérations entrent dans la base de données et s'ajoutent aux informations d'origine externe. On a alors affaire à des processus contrôlés par concept (top down).

La perspective du traitement de l'information permet de parler des différentes activités cognitives à l'intérieur d'un même cadre conceptuel. Cela fait apparaître que dans ces différentes activités interviennent des processus de prise d'information, d'interprétation, d'inférence, de résolution de problème et de prise de décision. Ce point de vue, qui constitue un changement majeur dans la façon d'envisager les problèmes, est caractéristique de ce qu'on appelle maintenant la psychologie cognitive.

## Modèles de traitement de l'information et théorie psychologique

L'avènement des modèles de traitement de l'information permet d'envisager sous un jour nouveau la démarche scientifique en psychologie.

La raison en est que ces modèles ne sont pas purement formels comme les modèles mathématiques : ils permettent de définir des opérations qui sont assez directement interprétables dans les termes de la théorie psychologique. Par exemple, définir la compréhension d'un problème arithmétique comme la particularisation d'un schéma qui représente la structure du problème pour le sujet (voir l'article de M.C. Escarabajal) est une façon d'exprimer l'idée que se fait le psychologue de ce type d'opération qui n'est pas fondamentalement différente des autres expressions qu'il pourrait en donner.

Faut-il aller jusqu'à dire que les modèles de traitement de l'information sont le langage privilégié de la théorie psychologique ? Cette idée mérite un examen approfondi, même s'il est à notre avis trop tôt pour trancher.

En psychologie expérimentale classique, on procède, pour tester la théorie, à une opérationnalisation des variables intermédiaires; ceci consiste à définir des variables observables que l'on considère comme étant sous la dépendance des variables intermédiaires et à établir ainsi une correspondance entre ces deux catégories de variables. Cette correspondance permet de prédire des effets au niveau des variables observées à partir des relations entre les variables intermédiaires. L'adéquation entre effets prédits et effets observés est alors appréciée à partir du résultat de tests statistiques.

La phase d'opérationnalisation est essentielle : c'est elle qui donne du sens aux variables observables et permet d'interpréter les effets de ces variables dans les termes de la théorie. Le raisonnement qui permet d'établir la correspondance entre variables de la théorie et variables observables reste généralement implicite tant du point de vue de ses principes que de sa forme : on fait appel au bon sens des spécialistes du domaine pour juger de la plausibilité des relations invoquées. Ainsi, pour contrôler la motivation on modifie une variable supposée liée au besoin (par exemple, le temps de jeûne) ou on fait varier les enjeux de la situation (on augmente les gains et les coûts). Ou encore, pour contrôler le degré de profondeur de traitement d'un texte, on fait varier la nature de la tâche : vérification de la correction orthographique, vérification de la cohérence sémantique ou consigne de mémorisation.

L'interprétation des résultats expérimentaux dans les termes de la théorie dépend évidemment de la façon dont les variables ont été opérationnalisées et il est difficile d'apprécier la validité de cette opération dans la mesure où les principes sur lesquels elle repose ne sont pas entièrement explicites, ce qui n'est évidemment pas très satisfaisant du point de vue scientifique.

Les modèles mathématiques souffrent du même défaut. Certes, ils sont plus réfutables, du fait que les conséquences qui sont tirées des hypothèses sont incomparablement plus riches que dans la psychologie expérimentale classique. Mais le problème de l'interprétation des mécanismes formels utilisés demeure. Le modèle définit un processus (par exemple, un processus stochastique) mais il n'y a rien dans le modèle qui permet de donner une signification psychologique aux états et changements d'état de l'automate qui définit le modèle. C'est le chercheur qui interprète ces états comme des états de connaissance et les changements d'état comme des opérations qui ont un sens au niveau psychologique (voir J.F. Richard, 1985).

Cet aspect est bien mis en lumière dans un article de Gregg et Simon (1967) où ces auteurs font une analyse critique d'un modèle développé par Bower et Trabasso (1964) pour une situation d'identification de concept. La tâche formalisée par le modèle est la suivante : sur un ensemble d'objets décrits par un ensemble d'attributs binaires (couleur, forme, taille, etc.) est définie une classe caractérisée par une valeur d'un attribut (par exemple, bleu). A chaque essai le sujet se voit présenter un objet, doit indiquer si, à son avis, l'objet appartient ou non à la classe et est informé ensuite de son appartenance (ou de sa non-appartenance) à la classe.

Le processus défini par le modèle de Bower et Trabasso est le suivant :
- à chaque essai, le sujet est dans l'un des deux états : un état D et un état non-D ;
- dans l'état D, la probabilité d'une réponse correcte est 1.00. Dans l'état non-D, elle est 1-p ;
- après une réponse correcte, le sujet reste dans le même état : s'il est en D, il reste en D ; s'il est en non-D, il reste en non-D ;

- après une erreur, il passe de l'état non-D à l'état D avec une probabilité c.

Gregg et Simon font remarquer que ce modèle requiert une interprétation en termes de mécanismes de traitement de l'information pour qu'on puisse discuter de sa validité pour représenter le comportement des sujets. De fait, dans l'usage et la présentation que font Bower et Trabasso de ce modèle est sous-jacente, sans être complètement explicitée, la référence à des opérations susceptibles d'être mises en œuvre par un sujet dans ce type de tâche.

Le modèle implicite de traitement est que le sujet fait une hypothèse sur la propriété-solution. Si cette hypothèse se trouve être la bonne, le sujet est dans l'état D; si elle est incorrecte, il se trouve dans l'état non-D. Il donne sa réponse sur la base de cette hypothèse, si l'objet contient la propriété correspondant à l'hypothèse, il dit que l'objet appartient à la classe; si ce n'est pas le cas, il donne une réponse négative. Quand, au terme de l'essai, on lui dit que l'objet appartient ou non à la classe, il utilise cette information pour évaluer son hypothèse. Si celle-ci est compatible avec l'information reçue (auquel cas sa réponse était correcte), l'hypothèse est retenue. Si elle n'est pas compatible (auquel cas sa réponse était incorrecte), il choisit une autre hypothèse parmi les hypothèses possibles : il peut alors sélectionner la bonne hypothèse (ce qui correspond à la probabilité c dans le modèle).

Il y a donc un modèle de traitement de l'information sous-jacent au modèle stochastique. Pourquoi ne pas le formaliser directement en termes de processus de traitement de l'information ? C'est ce que font Gregg et Simon et, ce faisant, ils montrent qu'il y a plusieurs modèles de traitement de l'information qui sont compatibles avec le modèle stochastique. Ces modèles diffèrent par l'information prise en compte lors du choix d'une nouvelle hypothèse et donc par ce qui est conservé en mémoire de travail :

- le sujet choisit au hasard parmi l'ensemble des hypothèses possibles;
- il choisit parmi les hypothèses possibles mais en excluant celle qu'il avait juste avant (et dont il a pu se rendre compte qu'elle était incorrecte);
- il choisit une hypothèse compatible avec l'information de l'essai en cours (autrement dit, la moitié des hypothèses possibles sont d'emblée éliminées);
- il choisit une hypothèse compatible avec toute l'information reçue depuis le début du problème.

Dans le dernier cas, la valeur de c croît au cours des essais, dans les trois autres cas elle reste constante mais n'a pas la même valeur suivant l'information prise en compte.

Cela signifie donc qu'en explicitant les modèles de traitement sous-jacents, on est en mesure d'interpréter les estimations obtenues pour c. Selon la valeur que prend ce paramètre au cours des essais, on pourra trancher entre ces modèles de traitement. Bower et Trabasso n'avaient pas envisagé cette possibilité, ce qui montre bien l'intérêt d'expliciter le modèle de traitement de l'information de façon entièrement formalisée.

L'idée sur laquelle nous voulons insister c'est que la formalisation permise par les modèles de traitement de l'information (à l'aide de systèmes de productions ou de schémas par exemple) n'est pas entièrement formelle mais a un contenu psychologique. Elle a évidemment un caractère formel et donc, ce qui est capital, permet de mettre en œuvre des méthodes de déduction et de calcul automatiques, mais en même temps on peut introduire dans ce formalisme une sémantique qui permet d'exprimer des concepts psychologiques.

On trouvera dans l'article de A. Nguyen-Xuan et J.F. Richard des exemples de règles de productions qui sont une formalisation de mécanismes de résolution de problème et d'apprentissage pour une situation de classification multiple et une situation de jeu.

Ces règles sont écrites sous une forme très proche de celle qui est requise pour un programme de simulation. Elles sont par ailleurs une expression très directe d'une théorie psychologique du fonctionnement cognitif pour le type de situations étudiées. Ces règles définissent quelle représentation du problème a le sujet à un moment donné de la résolution et quelle conceptualisation est sous-jacente à la procédure de résolution. Elles permettent d'exprimer quelle est la structure du système cognitif en situation d'apprentissage. Différentes catégories de règles sont en effet distinguées :
- des règles pour choisir un mouvement,
- des règles pour mémoriser des événements significatifs,
- des règles pour apprendre (raisonner sur les états et les buts),
- des règles pour comprendre (justifier les buts),
- des règles de contrôle qui activent les règles précédentes et en assurent la gestion.

Ce type de formalisme contient une description des mécanismes qui n'est pas seulement formelle mais qui incontestablement a un contenu psychologique. Dans certains cas, il constitue même la seule expression précise de la théorie psychologique: c'est vrai notamment de la structure de contrôle de l'activité qui est un mécanisme qu'on n'a jamais su exprimer jusque-là d'une façon assez précise pour donner matière à une étude expérimentale approfondie.

Il est vraisemblable que les modèles de traitement de l'information s'enrichiront en incorporant de plus en plus d'éléments de la théorie psychologique. Iront-ils jusqu'à s'identifier à la théorie psychologique? C'est une question ouverte sur laquelle il nous paraît raisonnable d'attendre un peu avant de formuler une réponse.

*
* *

Après avoir mis l'accent sur ce qui concerne le *traitement* de l'information, nous allons examiner maintenant quelques notions qui relèvent des domaines de la mémoire, des connaissances et du langage, et plus généralement des *structures* de la cognition.

**La mémoire et les notions venues de l'informatique**

Pour tout ce qui touche à la mémoire, à sa structure et à ses contenus, les apports de l'informatique, et plus particulièrement de l'I.A.A., se sont, comme pour tout le reste, situés à différents niveaux; ils apparaissent, de ce fait, comme souvent assez hétérogènes. Bien que le recul historique soit encore faible, on peut voir que certains des emprunts survenus le plus précocement (comme celui de quantité d'information appliqué à l'homme) n'ont pas bien résisté au temps, alors que d'autres semblent se consolider. Il est donc certain, comme l'ont noté plusieurs auteurs dans ce volume (voir notamment l'article de G. Tiberghien), que de tels emprunts doivent toujours se faire de façon prudente, et seulement à titre d'hypothèses de travail.

Au plan général, toutefois, il n'est pas niable que les idées issues de la théorie de l'information et de l'I.A.A. ont aidé à lever un tabou sur tout ce qui touche non seulement au fonctionnement, mais aussi aux *structures internes* du psychisme. Une notion telle que celle de «représentation» a désormais acquis droit de cité non seulement en psychologie humaine, mais même en psychologie animale[2]. La rançon

---

[2] Voir à ce sujet le numéro spécial de Psychologie Française sur *Les représentations* (1985).

de cette libéralisation notionnelle est le caractère extrêmement polysémique pris par ce terme, et par un certain nombre d'autres. Les échanges interdisciplinaires ne se font souvent qu'au prix d'une part notable d'incompréhension.

L'analogie entre l'activité psychologique et le fonctionnement des ordinateurs a parfois revêtu d'abord, semble-t-il, au moins chez certains auteurs, un caractère trop spécifique. Un des premiers emprunts importants de la psychologie à l'informatique (après celui, mentionné plus haut, des *quantités d'information*) a concerné les types de mémoire. Il est possible que des considérations analogiques aient aidé au cheminement de la distinction, maintenant bien établie, entre «mémoire à long terme» et «mémoire à court terme». Toutefois, dans sa conception première, cette dernière était regardée comme un registre essentiellement voué à la conservation brève, et à la révision mentale, de l'information. Ce n'est que de façon progressive qu'à cette idée d'une mémoire à court terme essentiellement répétitive s'est substituée celle d'une mémoire de travail, dans laquelle s'accomplissent deux fonctions essentielles et coordonnées, celle de conservation provisoire et celle de traitement de l'information. On peut même renverser les termes, et parler aujourd'hui de traitement de l'information et de conservation *subordonnée aux exigences du traitement*. Dans cette façon de voir, bien des analogies matérielles, et même dans une certaine mesure systémiques, avec l'ordinateur, ne tiennent pas. Par exemple, une différence essentielle et qui peut sans paradoxe être considérée comme exprimant une supériorité considérable de la mémoire humaine, tient à ce que cette dernière est capable d'*oubli*. La modélisation, et s'il se peut la simulation de l'oubli, avec sa caractéristique essentielle qu'est sa fonction *sélective*, donne lieu à des recherches actuelles en matière d'apprentissage par machine, ou de modèles de «mémoires parallèles», avec une forte référence à la neurobiologie. La mise en relation des nouvelles notions venues de ces champs d'étude avec celles de la psychologie demeure encore problématique.

Pour en revenir à la distinction entre «mémoire à long terme» et «mémoire à court terme», la question demeure entière de savoir si la seconde doit être conçue comme un registre séparé (ou un ensemble de tels registres) — façon de voir qu'encouragent les analogies avec l'ordinateur — ou si elle consiste simplement dans l'activation de structures préexistantes de la mémoire à long terme; cette seconde façon de voir bénéficie, elle, de quelques analogies neurobiologiques.

Un exemple particulièrement net du rôle de ces analogies est fourni par les idées régnantes en matière d'interprétation des divers temps de réponse — temps de réaction, temps de décision, temps d'identification, temps de catégorisation, temps de lecture, etc. — dont fait un large usage la psychologie cognitive expérimentale.

Pour interpréter les régularités qu'on observe sur ces temps de réponse, on a assez longtemps utilisé des modèles *sériels*. Ils étaient inspirés par l'idée que les temps requis par des processus complexes étaient l'addition de temps correspondant à des opérations élémentaires. Cette idée était visiblement influencée par un certain état de l'informatique. Aujourd'hui, où la notion de traitements *parallèles* a pris, et probablement va prendre de plus en plus d'importance, on voit apparaître des modèles parallèles. Il est devenu clair que l'on peut, certes, encore utiliser des modèles sériels, mais il est possible qu'ils exigent un changement de niveau : ce qui s'additionnera dans ces modèles, ce ne sont plus forcément des opérations de traitement cognitif — dont l'exemple caricatural était en matière de langage, la succession : « traitement syntaxique puis traitement sémantique » — ce seront, le cas échéant, des temps d'activités neuronales. En ce qui concerne les opérations cognitives, il conviendra de soigneusement distinguer entre les cas où des traitements peuvent se dérouler de façon parallèle, et ceux où la succession est inévitable : dans ces derniers un traitement prend comme « entrée » ce qui ne peut être que la « sortie » d'un autre traitement bien déterminé.

On pourrait généraliser ces observations à tous les modèles inspirés par la programmation et l'algorithmique. Certes, comme on l'a rappelé plus haut, il y a une puissante vertu pédagogique dans l'exigence que peut se donner le psychologue d'expliciter hypothétiquement les activités mentales complexes de façon aussi détaillée que possible, par exemple à la façon d'un algorithme. Mais sans doute est-ce « expliciter » plus que « algorithme » qui a de l'importance dans cette exigence. Les développements actuels de l'I.A.A., et notamment ceux qui portent sur les systèmes experts, ont un peu modifié les poids relatifs des aspects « procéduraux » et « déclaratifs » dans les manipulations artificielles de l'information. Visiblement, le mode de pensée que la période précédente encourageait à adopter, en matière de traitement de l'information, reposait surtout sur la mise au point ou la découverte de *procédures*; aujourd'hui, les tendances de l'I.A.A. vont dans le sens d'un rôle croissant conféré aux connaissances déclaratives.

Ce changement sera-t-il durable ? Pour en juger, il ne faut pas perdre de vue les préoccupations pratiques qui animent souvent les chercheurs en I.A.A. : il est beaucoup plus commode pour l'utilisateur d'un logiciel « intelligent » de pouvoir donner « en vrac » des connaissances au système, et surtout de pouvoir en modifier le contenu sans avoir à remanier ou à restructurer complètement le travail précédemment accompli. Cette exigence pratique, liée à la pure commodité, s'impose clairement dans les systèmes experts; un certain nombre de spécialistes en I.A.A. considèrent même qu'elle se généralisera dans l'avenir en tant que démarche valable pour toute programmation; s'il en est ainsi, cela pourrait périmer plus ou moins rapidement certains des langages les plus populaires. Mais les problèmes relatifs à la psychologie sont, eux, extérieurs à ces critères de commodité.

Il est sans doute intéressant de voir comment des considérations de ce genre ont déjà joué dans le passé. Dans un certain nombre de modèles psychologiques de stockage des connaissances, dont la fameuse expérience de Collins et Quillian (1969) sur la structure de la mémoire sémantique fournit l'illustration la plus célèbre, se trouvait justement sous-jacente l'idée suivante: il serait peu économique de stocker en mémoire des informations complexes, lorsque celles-ci peuvent sans trop de peine être reconstruites par le fonctionnement d'inférences: dans cette optique, il n'est pas nécessaire, par exemple, d'avoir dans sa mémoire le savoir qu'un canari a des plumes; il suffit de savoir qu'un canari est un oiseau, qu'un oiseau a des plumes, et de faire fonctionner à partir de là une procédure d'inférence. En fait, comme on le sait bien aujourd'hui, il existe en réalité une compensation cognitive de caractère général entre la mémoire et les inférences ou raisonnements. Plus on attribue de capacité à la mémoire, et moins son possesseur a besoin d'inférer; réciproquement, plus on attribue de capacités aux raisonnements et moins il est besoin de mettre de connaissances complexes en mémoire. Pour le spécialiste en I.A.A., ce type d'équilibre est une affaire de choix, de commodité, souvent dépendante des matériels utilisés. Les ordinateurs des années 70 avaient beaucoup plus de limitations relatives concernant leur mémoire que leurs capacités de traitement; la situation s'est aujourd'hui rééquilibrée. Alors qu'il était précédemment irrationnel pour un informaticien de «gaspiller» de la mémoire, il n'y a souvent, à l'heure actuelle — même si les préoccupations d'économie informationnelle subsistent — pas d'objection de principe à introduire de la redondance dans un système, si cela est commode, et si la machine et l'application le permettent. Il est essentiel de voir que le psychologue a nécessairement sur cela un point de vue différent. Certes, il sait que les individus peuvent aussi, partiellement, *choisir* de charger plutôt soit leur mémoire, soit leurs activités d'inférence (leur «intelligence», comme on dit, parfois sans nuance). Des considérations de stratégie, variables selon les situations, ou de psychologie différentielle, tenant aux variations selon les individus, doivent donc intervenir à tout moment.

Toutefois le fait est, et les neurobiologistes nous le confirment clairement, que le cerveau est un dispositif prodigieusement redondant, dans lequel le gaspillage est naturel. Il n'y a donc pas lieu de se laisser guider par des considérations autres que celles dérivées des observations factuelles lorsque l'on a à considérer ces problèmes d'équilibre entre mémoire et inférences, entre structures et fonctionnements, ou la querelle, sans doute un peu surévaluée, du «procédural» et du «déclaratif».

**Connaissances, représentations et représentation des connaissances**

Dans le domaine des connaissances, les apports de l'I.A.A. à la psychologie semblent bien être du même genre: importants, mais susceptibles de conduire à des glissements. La notion même de «représentation de connaissances» doit être prise par le psychologue avec beaucoup de prudence. Le terme «représentation» en I.A.A. ne rejoint le terme «représentation» en psychologie[2] qu'à un niveau élevé d'abstraction: c'est l'idée qu'il peut exister, avec des supports très hétérogènes, des configurations matérielles *dont la structure correspond à la structure de l'univers*. On peut, à partir de là, mieux voir comment, pour une «représentation», le support mentionné plus haut peut être soit une mémoire humaine (ou, le cas échéant, animale), à base neuronale, soit une mémoire d'ordinateur, soit même des choses aussi familières que des livres ou des disques de musique. Dans la phrase précédente, on peut prendre «mémoire humaine» (ou animale) dans un sens suffisamment large pour qu'il recouvre aussi les schémas perceptifs, et sans doute cognitifs, héréditaires (par exemple, le schéma du visage précocement présent chez le jeune enfant). Cette façon de voir assez abstraite laisse complètement ouverts les problèmes concernant la façon spécifique dont la mémoire est matériellement constituée. Bien plus, ces problèmes deviennent à un certain niveau d'étude — celui du psychologue cognitiviste — non pertinents.

Ce qui est important, c'est d'abord la *structure* des configurations qui représentent; c'est cette structure qui porte l'information, et permet à celle-ci d'être traitée. Ce qui est ensuite important, c'est la *correspondance* entre ces structures et la structure de l'univers ou certaines parties de celle-ci. C'est cette correspondance qui fait qu'on a affaire à des connaissances, c'est-à-dire à des représentations *vraies*. Bien entendu, l'I.A.A., qui est déjà confrontée à des problèmes considérables lorsqu'elle tente de représenter les connaissances, ne s'est que de façon récente souciée de construire des représentations fausses (ou inadéquates). Or, celles-ci sont le lot quotidien des psychologues et, peut-être, leur justification professionnelle. D'une certaine façon, le psychologue qui s'est donné pour tâche de décrire des représentations cognitives n'est pas prioritairement concerné par la question de savoir si elles sont vraies ou fausses. Certes, il ne peut s'en désintéresser totalement; mais un fait important pour lui est que, du strict point de vue psychologique, il *n'y a pas de différence de nature* entre une représentation vraie et une représentation fausse. La différence apparaît seulement lorsque l'on se préoccupe de «sémantique», au sens que les logiciens et les philosophes donnent à ce mot, et que les spécialistes de l'I.A.A. leur ont emprunté : il importe de bien voir que cette sémantique-là se distingue notablement de la sémantique psychologique.

La contribution de J. Pynte — bien que nous soyons loin de pouvoir le suivre dans toutes ses prises de position (voir Le Ny, 1985a, b) — apporte à cet égard une bonne ouverture vers les problèmes de sémantique formelle : il y a, pour le psychologue, beaucoup à emprunter à ce domaine. L'idée essentielle en ce domaine est certainement celle de *«correspondance»*. La sémantique formelle concerne, et concerne seulement, les conditions de la *correspondance entre* les structures d'un langage[3] ou d'un système de représentation, *et* une structure autre — un modèle abstrait, un monde possible, ou le monde réel — qui est *extérieure* à ce langage ou à ce système de représentation.

Certainement les apports de l'I.A.A. à la psychologie sur ce point sont essentiels; toutefois, l'I.A.A. joue, ici encore, souvent le rôle de vecteur d'idées fondamentales issues d'ailleurs, essentiellement de la logique. Il y a donc tout intérêt à aller retrouver ces apports fondamentaux à leur source. Certes, les difficultés ne sont pas minces : la sémantique logique a été élaborée avec une préoccupation explicite, qui était justement de «purifier» ce domaine de toute psychologie. En vérité, il s'agissait de la psychologie subjective, ce qui laisse ouvertes toutes les chances de réconciliation avec la psychologie cognitive. En outre, la sémantique formelle, et la théorie des modèles qui en est aujourd'hui le support, répondaient primitivement à des préoccupations liées aux fondements des mathématiques, et aux conditions qui garantissent la validité des systèmes déductifs, logico-mathématiques; bien que ces préoccupations ne soient pas incompatibles avec celles d'une science empirique comme la psychologie, elles en sont à première vue éloignées. Cette situation est aggravée, dans la pratique, par les problèmes de communication qui s'établissent parfois entre les chercheurs familiers avec les systèmes formels et ceux qui le sont davantage avec les

---

[3] En disant «langage *ou* système de représentation» (y compris de représentation mentale), nous nous séparons de J. Pynte, qui a visiblement des préventions contre l'idée de représentation mentale.

observations empiriques : si l'on demande à un spécialiste de la sémantique formelle de présenter quelques exemples concrets de ce à quoi renvoie sa théorie, fréquemment il invoquera les nombres premiers, l'ensemble des réels ou telles autres entités mathématiques, comme illustration bien «concrète» de ce qu'il veut dire. Un des apports de l'I.A.A. nous paraît consister justement dans une tendance inverse : des efforts s'y accomplissent pour rapprocher un maniement bien fondé et rigoureux des formalismes et les applications très concrètes : par exemple, celles qui concernent, au pire, des cubes, des pyramides ou des sphères et, au mieux, de vrais objets matériels soumis à la perception et à la manipulation quotidienne (voir les articles de Bonnet, Botte et Molnar, et de Beaubaton).

Peut-on ajouter que, même lorsqu'il s'agit de la représentation de connaissances déjà pré-construites[4], la notion de proposition, l'usage de constantes et de variables, et celui de la notion de «prédicat» (en général en vue du «calcul» correspondant) demeurent au rang des instruments privilégiés. Il peut, certes, en exister des *notations* différentes (voir l'article de J. Mathieu), mais on pourrait montrer qu'elles sont équivalentes en profondeur : associations étiquetées, réseaux sémantiques, règles de production ne se conçoivent pas sans le support prédicatif.

### Le langage naturel et la compréhension automatique

Outre les apports importants que l'I.A.A. véhicule, ou permet, pour l'étude des langages formels, le présent ouvrage fait à juste titre une place importante à ses apports concernant le langage naturel (voir l'article de G. Denhière et S. Poitrenaud). Le plus évident de ces apports se manifeste dans les tentatives de compréhension artificielle. Si on laisse de côté les questions spécifiques abordées dans l'article précité, deux problèmes principaux se dégagent.

En premier lieu, celui de la réussite de ces tentatives : en vérité il n'existe nulle part au monde de système automatique qui soit capable de «comprendre» (en n'importe quel sens de ce mot; voir plus bas) toutes les productions, ou même simplement des productions un tant soit peu nombreuses et étendues, en langage vraiment naturel. Toutefois, il est déjà beau qu'existent certains systèmes qui, disons, «comprennent quelque chose à quelque chose». Ces réalisations permettent

---

[4] Ou, pour être plus explicite, de connaissances qui présupposent la perception et la manipulation humaine; alors on dispose déjà de catégories comme : objet, état, événement, instant ou durée, lieu, etc.

de toucher du doigt à la fois les possibilités ainsi ouvertes, et l'immensité du travail à accomplir; celui-ci tient à l'incroyable complexité des langues naturelles, et à l'extraordinaire capacité que constitue le dispositif de compréhension du langage dont est doté l'être humain. En fait, les réussites des automates existants sont, toutes, plus ou moins dépendantes d'un appauvrissement du langage naturel: ou bien on traite de domaines très standardisés (par exemple, des dépêches d'agence sur un thème unique), ou bien on a recours à des langages «quasi naturels», qui imposent des contraintes plus ou moins sévères au locuteur; ces contraintes sont particulièrement rigoureuses si on veut traiter de la parole orale, mais elles existent aussi pour le discours écrit (au clavier).

On peut ajouter deux remarques brèves à ce sujet. La première est que les tentatives de compréhension artificielle du langage ont fait apparaître avec force la nécessité d'avoir recours à la psychologie — même si c'est parfois aujourd'hui sous la forme anecdotique du «bricolage» des programmes — par contraste avec les espoirs mis dans les constructions non psychologiques des grammaires génératives de caractère purement linguistique. La seconde remarque est que ces tentatives menées par l'I.A.A., si elles ont, certes, bien mis en évidence ou confirmé le caractère calculatoire («computationnel») de la compréhension (v. Winograd, 1983), sont aussi en train de faire ressortir le formidable poids que doivent y tenir la mémoire et les apprentissages. L'étonnant retour en force récent du thème de l'apprentissage, aux confins de l'I.A.A., de la neurobiologie et de la psychologie cognitive, est un signe de l'échec des théories qui en sous-estimaient l'importance, échec qui est celui des réalisations pratiques fondées sur ces théories. Dans le domaine du langage naturel, un automate qui comprend sera inéluctablement un automate qui apprend.

Envisageons maintenant, et de façon très brève, le second problème important mentionné plus haut: construire un automate qui «comprend» du langage n'implique-t-il pas de savoir ce que c'est, d'un point de vue psychologique, que «comprendre»? A notre avis, la réponse est: peut-être pas.

Indiscutablement, «comprendre artificiellement» une portion de discours, c'est, pour un programme (complexe) d'ordinateur, être capable de construire une «représentation *matérielle*», qui est censée exhiber *quelque chose qui correspond au sens* de ce discours. Certainement cette représentation matérielle *n'est pas* du sens. Cela est vrai en général, quelle que soit la façon dont on conçoit «le sens»; cela est vrai *a fortiori* si l'on admet, comme nous, que le sens ultime est celui qui se trouve dans la tête d'un locuteur ou d'un compreneur humain. Toutefois, la représentation matérielle que fournit l'automate sur ordinateur peut *correspondre* à ce sens d'une façon qui peut être définie et fixée. Autrement dit, on peut décider par avance des exigences qu'on met sur cette représentation matérielle qui doit sortir de l'automate. Dans les applications concrètes que vise souvent l'I.A.A., ces exigences peuvent être purement pratiques: permettre à l'ordinateur de *faire* quelque chose, dans des conditions concrètes et des limites fixées elles-mêmes par avance. Dans une perspective psychologique de recherche (Le Ny, 1985c, Le Ny, Carité et Poitrenaud, 1986), ces exigences doivent naturellement être d'une autre sorte. Il serait trop long d'en parler ici en détail; mais l'«enveloppe comportementale» de ces exigences ne peut être que la suivante: simuler un sujet humain qui comprend. Or les choses deviennent d'une très grande complexité si l'on se donne pour tâche de *simuler les opérations principales et les états qui se déroulent* DANS LA TÊTE *d'un sujet humain qui comprend*. Une telle tâche est-elle réalisable? Seul l'avenir le dira. La conjecture que nous faisons est la suivante: il n'est pas fructueux de définir d'abord ce que c'est que «comprendre», ou ce que c'est que d'avoir dans sa tête une «représentation sémantique», puis de fixer cela comme stipulation pour l'I.A.A. Il est plus fructueux de travailler en commun avec l'I.A.A. sur la compréhension automatique, et de la comparer avec la compréhension naturelle; c'est de ces échanges que pourra se dégager une idée plus claire de *ce qu'est le sens*. Cette interaction doit se faire en temps réel, c'est-à-dire le temps historique de la recherche ne se mesurant pas en nano-secondes, sur des années ou des décennies.

*<br>* *

Nous espérons qu'en achevant ce volume, le lecteur aura été convaincu de la réalité des apports de l'I.A.A. à la psychologie. L'aspect réciproque de ces influences n'était pas à l'ordre du jour des débats reproduits ici; sans doute est-il plus convenable de laisser aux chercheurs en I.A.A. le soin de dire quels sont les apports de la psychologie qu'ils reconnaissent.

Ce volume est l'expression d'échanges, conceptuels, méthodologiques ou techniques, qui se sont maintenant bien établis, et qui semblent aller en s'accroissant. Certes, chacun fait passer ses jugements, sur l'I.A.A. comme sur toute chose, au travers de ses filtres personnels: cela est vrai aussi de la présente conclusion. Le meilleur vœu que nous puissions exprimer à son sujet est qu'elle se révèle vraiment provisoire, c'est-à-dire que les échanges entre la psychologie et l'I.A.A. se développent au point d'en faire éclater le cadre.

Des efforts sont faits dans une série de secteurs de recherche, qui débordent largement le couple Psychologie-Intelligence Artificielle et Automatique, pour confronter leurs résultats et leurs théories: il s'agit de la Linguistique, de là Logique, de la Philosophie du Langage, de la Neurobiologie. Ces confrontations révèlent de fortes convergences. Elles rendent possible la constitution d'un domaine d'étude intégré, qui a été prudemment appelé jusqu'ici, en France, celui de la *Recherche Cognitive*, mais qu'un certain nombre d'auteurs ne craignent pas d'appeler la *Science Cognitive*. Il s'agit, certes, d'une science qui est encore en pointillés, à la fois en ce qui concerne son unité et ses acquis: elle n'est pas comparable à ce qu'est la multi-centenaire physique, ni même à la toute jeune mais très vigoureuse biologie moderne; mais c'est un bébé qui ne demande qu'à grandir. La curiosité des psychologues à l'égard des disciplines voisines, leurs efforts pour assimiler — aux diverses acceptions de ce mot — leurs modes de pensée et leurs acquisitions peuvent contribuer notablement à ce développement d'une science cognitive, ayant pour thème le traitement et les structures de l'information, dans l'intellect ou le cerveau humain, chez les animaux, dans les ordinateurs, et finalement dans la société. Il apparaît clairement aujourd'hui que les perspectives scientifiques ainsi tracées rencontrent des besoins sociaux importants; la prise de conscience de ceux-ci se développe elle aussi rapidement. Tout cela devrait donc inciter les psychologues à apporter une contribution particulièrement active à ces échanges.

# Bibliographie

ABDI, H., BARTHELEMY, J.P., LUONG, X., Tree representations of associative structures in semantic and episodic memory research, in E. Degreef, J. Van Huggenhaut (Eds.), *New Trends in mathematical Psychology*, New York, Elsevier, 1984.
ABEND, W., BIZZI, E., MORASSO, P., Human arm trajectory formation, *Brain*, 1982, *105*, 331-348.
ABRAMOWITZ, M., STEGUN, I.A., *Handbook of mathematical functions*, Washington, National Bureau of Standards, Applied Mathematics Series, 1965, 55.
AIKINS, J.S., Prototypes and production rules: an approach to knowledge representation for hypothesis formation. *International Joint Conference on Artificial Intelligence*, 1979.
AIKINS, J.S., Prototypical knowledge for expert-systems, *Artificial Intelligence*, 1983, *20*, 163-210.
ALBA, J.W., HASHER, L., Is memory schematic?, *Psychological Bulletin*, 1983, *93*, 203-231.
ALBERT, M.L., YAMADORI, A., GARDNER, H., HOWES, D., Comprehension in alexia, *Brain*, 1973, *96*, 317-328.
ALBUS, J.S., *Brain, Behavior and Robotic*, Petterborough (N.H.), Byte, 1981.
ALVES DE OLIVEIRA, A., Etude d'un schème de résolution: l'exemple de l'organisation du produit de deux ensembles, Thèse de Doctorat de Troisième Cycle, Université de Provence, 1980.
ANDERSON, D.B., Documentation for LIB PICO.PLANNER, School of Artificial Intelligence, Edinburgh University, 1972.
ANDERSON, J.R., Verbatim and propositional representation of sentence in immediate and long term memory, *Journal of verbal Learning and verbal Behavior*, 1974, *13*, 149-162.
ANDERSON, J.R., *Language, Memory and Thought*, Hillsdale, N.J., Erlbaum, 1976.
ANDERSON, J.R., Interference in memory for pictorial information, *Cognitive Psychology*, 1978, *10*, 178-202.
ANDERSON, J.R., *Cognitive psychology and its implications*, San Francisco: Freeman, 1980.
ANDERSON, J.R., *Cognitive skills and their acquisition*, Hillsdale, N.J. Lawrence Erlbaum, 1981.
ANDERSON, J.R., *The architecture of cognition*, Cambridge, Mass., Harvard University Press, 1983.

ANDERSON, J.R., BOWER, G., *Human Associative Memory*, Washington, Winston & Sons, 1973.
ANDLER, D., L'intelligence artificielle : de qui est-ce l'affaire ? Questions de méthode, in A. Demailly et J.L. Lemoigne (Eds.), *Sciences de l'Intelligence, Sciences de l'Artificiel*, Lyon, Presses Universitaires de Lyon, 1986.
ANDREEWSKY, A., FLUHR, C., Apprentissage, analyse automatique du langage, Application à la Documentation, *Documents de Linguistique Quantitative*, N° 21, Dunod, 1973.
ANDREEWSKY, A., DEBILI, F., FLUHR, C., Apprentissage, syntaxe, sémantique lexicale, *Revue du Palais de la Découverte*, 1980, 9(83), 17-40.
ANDREEWSKY, E., SERON, X., Implicit processing of grammatical rules in a classical case of agrammatism, *Cortex*, 1975, 11, 379-390.
ANDREEWSKY, E., ROSENTHAL, V., BOURCIER, O., Understanding without mental lexicon. Outline of a preliminary system's model, *Proceeding du 6ᵉ Congrès international de Cybernétique et Systémique*, Paris, 1984.
APTER, J., WESTBY, G., *The Computer in Psychology*, Londres, Wiley, 1973.
ARBIB, M.A., Perceptual structures and distributed motor control, in V.B. Brooks (Ed.), *Handbook of Physiology*, Section 1, Volume II, *Motor control*, Bethesda, American Physiological Society, 1981.
ARBIB, M.A., IBERALL, T., LYONS, D., *Coordinated control programs for movements of the hand*. Technical Report, Department of Computer and Information Science, University of Massachusetts, 1983.
ASCHER, E., Histoire et psycho-genèse, *Cahiers de la fondation archives Jean Piaget*, 1983, 4, 247-269.
ATKINSON, R.C., SHIFFRIN, R.M., Human memory: a proposed system and its control processes, in K.M. Spence & J.T. Spence (Eds.), *The psychology of learning and motivation: advances in research and theory*, New York, Academic Press, 1968, 2.
ATTNEAVE, F., Dimensions of similarity, *American Journal of Psychology*, 1950, 63, 516-566.
ATTNEAVE, F., Some informational aspects of visual perception, *Psychological Review*, 1954, 61, 183-193.
ATTNEAVE, F., Transfer of experience with a class-schema to identification-learning of patterns and shapes, *Journal of experimental Psychology*, 1957, 54, 81-88.
AUSUBEL, D.P., *Educational psychology: a cognitive view*, New York, Holt, Rinehart and Winston, 1968.
BADDELEY, A.D., Domains of recollection, *Psychological Review*, 1982, 89, 708-729.
BANKS, C.J., The behaviour of individual coccinellid larvae on plants, *The British Journal of Animal Behaviour*, 1957, 5, 12-24.
BARCLAY, J.R., JAHN, G., Distance sémantique et «la» structure de la mémoire sémantique, *Bulletin de Psychologie, Numéro spécial: La mémoire sémantique*, 1976, 85-91.
BARCLAY, J.R., REID, M., Characteristics of memory representation of sentence sets describing linear arrays, *Journal of verbal learning and verbal Behavior*, 1974, 13, 133-137.
BAR HILLEL, Y., *Language and Information*, Addison-Wesley, 1964.
BARSALOU, L.W., Ad hoc categories, *Memory and Cognition*, 1983, 2, 3, 211-227.
BARSALOU, L.W., BOWER, G.H., Discrimination nets as psychological models, *Cognitive Science*, 1984, 8, 1-26.
BARTLETT, F., *Remembering: a study in experimental and social psychology*, London, Cambridge University Press, 1932.
BASTIEN, C., *La résolution de problèmes chez l'enfant*. Thèse de Doctorat d'Etat, Université de Provence, 1982.

BASTIEN, C., Réorganisation et construction de schèmes dans la résolution de problèmes, in J.F. Richard, *Résoudre des problèmes*, Psychologie Française, n° spécial, 1984.
BAYLOR, G., GASCON, J., An information processing theory of aspects of the development of weight seriation in children *Cognitive Psychology*, 1974, *6*, 1-40.
BEAUBATON, D., *Contrôles proactif et rétroactif de la motricité. Rôle des ganglions de la base et du cervelet dans la programmation et l'exécution du mouvement*, Thèse de Doctorat d'Etat ès Sciences, Université d'Aix-Marseille II, 1983.
BEAUBATON, D., La contribution des structures nerveuses centrales à la spécification des paramètres spatiaux du mouvement, in J. Paillard (Ed.), *La lecture sensorimotrice et cognitive de l'expérience spatiale. Comportements, 1*, Paris, Editions du CNRS, 1985.
BEAUBATON, D., HAY, L., Contribution of visual information to feedforward and feedback processes in rapid pointing movements. *Human Movement Science*, 1986, *5*, 1-16.
BELLEZZA, F.S., BOWER, G.H., The representational and processing characteristics of scripts, *Bulletin of the Psychonomic Society*, 1981, *18*, 1-14.
BENTEUX, M., *Programme de construction de symboles BLISS*, Mémoire de D.E.A. d'automatique, 1983.
BERNSTEIN, N., *The co-ordination and regulation of movements*, Oxford, Pergamon Press, 1967.
BERTALANFFY, L. von, General system theory, New York, Braziller, 1968. (*Théorie générale des systèmes*, Paris, Dunod, 1973).
BIERSCHENK, B., An ecological model for the processing of symbolic information, *Perceptual and Motor Skills*, 1982, *54*, 663-674.
BLACKMORE, W.R., Human software, *Behavior Research Methods and Instrumentation*, 1981, *13*, 553-570.
BLAKEMORE, C.B., CAMPBELL, F.W., On the existence of neurones in the human visual system selectively sensitive to the orientation and size of retinal images, *Journal of Physiology*, 1969, *203*, 237-260.
BLANCHET, A., *Etude génétique des significations et des modèles utilisés par l'enfant lors de résolutions de problèmes*, Thèse de doctorat n° 102, Université de Genève, 1980.
BLISS, C.K., *Semantography*, Semantography Blissymbolics Publications, Sydney, Australia, 1965.
BOBROW, D.G., NORMAN, D.A., Some principles of memory schemata, in D.G. Bobrow et A.M. Collins, *Representation and understanding*, New York, Academic Press, 1975.
BOBROW, D.G., WINOGRAD, T., An overview of KLR, a Knowledge Representation Language, *Cognitive Science*, 1977, *1*, 3-46.
BODEN, M., *Artificial Intelligence and natural Man*, Hassocks: Harvester Press, 1977.
BONNET, C., Psychophysiologie de la vision, *Vision*, (Revue de l'Institut d'Optique), 1980, *26*, 17-18.
BONNET, C., *Psychophysique de la perception visuelle du mouvement*. Thèse de Doctorat ès Sciences Naturelles, Université de Paris VI, 1984a.
BONNET, C., (Ed.), *La perception visuelle*. Paris Berlin, Editions Pour la Science, 1984b.
BOTTE, M.-C., CHOCHOLLE, R., *Le bruit*. Presses universitaires de France, *Que sais-je?*, 1984, *855*, Paris.
BOULDING, K.E., Human knowledge as a special system, *Behavioral science*, 1981, *26*, 93-102.
BOVET, P., Optimal randomness in foraging movement: a central place model, in M. Cosnard, J. Demongeot and A. Lebreton (Eds.), *Rhythms in biology and other fields of application*, Berlin, Springer-Verlag, 1983, 295-302.

BOVET, P., Modèles clinocinétiques, in P. Clément, R. Ramousse (Eds.), *La vision chez les invertébrés*, Paris, CNRS, 1984, 232-236.
BOVET, P., *Les déplacements au hasard chez les êtres vivants*. Thèse de Doctorat d'Etat en Lettres et Sciences Humaines, Université d'Aix-Marseille I, 1985.
BOVET, P., BENHAMOU, S., La clinocinèse : un mécanisme élémentaire de direction, in J. Paillard (Ed.), *La lecture sensorimotrice et cognitive de l'expérience spatiale. Directions et distances*, Paris, CNRS, 1985, 171-178.
BOWER, G.H., BLACK, J.B., TURNER, T.J., Scripts in memory for text, *Cognitive Psychology*, 1979, *11*, 177-220.
BOWER, G.H., TRABASSO, T.R., Concept identification, in R.C. Atkinson (Ed.), *Studies in mathematical Psychology*, Stanford University Press, 1964, 32-94.
BRADDICK, O., CAMPBELL, F.W., ATKINSON, J., Chanels in vision: basic aspects, in R. Held, H.W. Leibowitz, H.L. Teuber (Eds), *Handbook of Sensory Physiology*, Vol. VIII, Berlin, Springer-Verlag, 1978.
BRANSFORD, J.D., FRANKS, J.J., The abstraction of linguistic ideas : A review, *Cognition*, 1972, *1*, 211-249.
BRANSFORD, J.D., JOHNSON, M.K., Contextual prerequisites of understanding : some investigation of comprehension and recall, *Journal of verbal Learning and verbal Behavior*, 1972, *11*, 717-726.
BRANSFORD, J.D., Mc CARREL, N.S., NITSCH, K.E., Contexte, compréhension et flexibilité sémantique : quelques indications théoriques et méthodologiques, in S. Ehrlich et E. Tulving (Eds.), *La mémoire sémantique. Bulletin de Psychologie*, 1976, Numéro spécial, 335-344.
BROADBENT, D.E., *Perception and communication*, Londres, Pergamon Press, 1958.
BROADBENT, D.E., BROADBENT, M.H.P., The allocation of description terms by individuals in a simulated retrieval system, *Ergonomics*, 1978a, *21*, 5, 343-354.
BROADBENT, D.E., COOPER, P.J., BROADBENT, M.H.P., A comparison of hierarchical and matrix retrieval schemes in recall, *Journal of Experimental Psychology : Human Learning and Behavior*, 1978b, *4*, 5, 486-497.
BRONCKART, J.P., KAIL, M., NOIZET, G., *Psycholinguistique de l'enfant*, Neufchâtel et Paris, Delachaux et Niestle, 1983.
BROOKS, R., Toward a theory of the comprehension of computer programs, *International Journal of Man-Machine Studies*, 1983, *18(6)*, 543-554.
BROUILLET, D., Effets de la pertinence sur la mémoire des phrases, *Cahiers de l'Institut de Linguistique de Louvain*, 1980a, *3-4*, 3-30.
BROUILLET, D., *Ma mémoire des phrases : rôle de la congruence conceptuelle dans la mémorisation des phrases*, Thèse de 3ᵉ cycle, non publiée, 1980b.
BROUILLET, D., Mémoire et langage, *Langage et Société*, 1982, *21*, 47-80.
BROUILLET, D., Influence de la «valeur» de la représentation sur le rappel des mots qui la composent, *Communication présentée aux «Journées de mai» de la Société Française de Psychologie*, 1984, (à paraître).
BUNDY, A., BYRD, L., LUGER, G., MELLISH, C., MILNE, R., PALMER, M., *MECHO: A program to solve Mechanics problems*. Working Paper, Department of Artificial Intelligence, Edinburgh, 1979.
CAILLOT, M., Problem solving in electricity, *Paper presented at the annual meeting of the american educational research association* in Montréal, 1983.
CAMPBELL, F.W., GREEN, D.C., Optical and retinal factors affecting visual resolution, *Journal of Psychology*, 1965, *181*, 576-593.
CAMPBELL, F.W., ROBSON, J.G., Application of Fourier analysis to the visibility of gratings, *Journal of Physiology*, 1968, *197*, 551-556.
CAMPBELL, F.W., HOWELL, E.R., JOHNSTONE, J.R., A comparison of threshold and suprathreshold appearance of gratings with components in the low and high

spatial frequency, *Journal of Physiology*, 1978, *284*, 193-201.
CARBONEL, J.G., Learning by analogy: formulation and generalizing plans from past experience, in R.S. Michalski, J.G. Carbonel, T.M. Mitchell (Eds.), *Machine learning*, Palo Alto Ca., Tioga, 1983.
CARD, S.K., MORAN, T.P., NEWELL, A., *The psychology of human computer interaction*, Hillsdale, Erlbaum, 1983.
CARNAP, R., *Meaning and necessity*, Chicago, University of Chicago Press, 1947.
CARON, J., *Les régulations du discours: psycholinguistique et pragmatique du langage*, Paris, Presses Universitaires de France, 1983.
CARPENTER, P.A., JUST, M., Sentence comprehension: a psycholinguistic processing model of verification, *Psychological Review*, 1975, *82*, 45-73.
CARPENTER, T.P., MOSER, J., The development of addition and substraction problem solving skills, in T.P. Carpenter, J.M. Moser et T. Romberg (Eds.), *Addition and substraction: a cognitive perspective*, Hillsdale, N.J., Erlbaum, 1982.
CASE, R., Intellectual development from birth to adulthood in R.S. Siegler (Ed.) *Children's thinking: what develops*, Hillsdale, N.J. Lawrence Erlbaum, 1978.
CAUZINILLE-MARMECHE, E., *Stratégies d'identification de concept*, Paris, Monographies du CNRS, 1975.
CAUZINILLE-MARMECHE, E., MATHIEU, J., A model that builds and transforms game playing strategies, *Congress of the Psychonomic Society*, San Diego, 1983.
CAUZINILLE-MARMECHE, E., MATHIEU, J., Apprendre à jouer à l'hexapion, *Cahiers de Psychologie Cognitive*, 1985, *5* (2), 127-147.
CAUZINILLE-MARMECHE, E., MATHIEU, J., WEIL-BARAIS, A., Raisonnement analogique et résolution de problème, *L'Année Psychologique*, 1985, *85*, 49-72.
CAUZINILLE-MARMECHE, E., MATHIEU, J., DUJARDIN, C., Processus cognitifs d'acquisition de connaissances, *Cognitiva 85*, Paris, 4-5-6-7 juin 1985.
CAUZINILLE-MARMECHE, E., MATHIEU, J., RESNICK, L., La coordination des connaissances: micro-mondes et genèse des règles de réponse. Etude réalisée à propos de l'appropriation par de jeunes élèves des premiers concepts de l'algèbre élémentaire. Document ronéoté, Laboratoire de psychologie génétique, Paris V, 1985.
CHARNIAK, E., Jack and Janet in search of theory of knowledge, *International Joint Conferences on Artificial Intelligence*, 1973, *3*, 332-356.
CHARNIAK, E., Context recognition in language comprehension, in W.G. Lenhert, M.H. Ringle (Eds.), *Strategies for natural Language Processing*, Hillsdale, Erlbaum, 1982.
CHASSERAT, C., CLARAC, F., Quantitative analysis of walking in a decapod crustacean, the rock lobster *Jasus lalandii*. II. Spatial and temporal regulation of stepping in driven walking, *Journal of Experimental Biology*, 1983, *107*, 219-243.
CHI, M.T.H., FELTOVITCH, P.J., GLASER, R.G., Categorization and representation of physics problems by experts and novices, *Cognitive Science*, 1981, *5*, 121-152.
CHOMSKY, N., *Studies in semantic in generative grammar*, La Haye, Mouton, 1972.
CLANCEY, W.J., The epistemology of a rule-based — expert system — a framework for explanation, *Artificial Intelligence*, 1983, *20*, 215-251.
CLANCEY, W.J., LESTINGER, R., Neomycin: reconfiguring a rule-based expert system for application to teaching, *Seventh International Joint Conference on Artificial Intelligence*, 1981, 829-836.
CLARAC, F., CHASSERAT, C., Quantitative analysis of walking in a decapod crustacean, the rock lobster *Jasus lalandii*. I. Comparative study of free and driven walking, *Journal of Experimental Biology*, 1983, *107*, 189-217.
CLARK, H.H., HAVILAND, S.E., Comprehension and the given New Contact, in R.O. Freedle (Ed.), *Discourse production and comprehension*, Ablex Publis. Corporation, Norwood, New Jersey, 1977, 1-40.

CLARK, H.H., MURPHY, G.L., La visée vers l'auditoire dans la signification et la référence, *Bulletin de Psychologie*, 1981, *11-16*, 767-777.
COHEN, B.J., MURPHY, G.L., Models of concepts, *Cognitive Science*, 1984, *8*, 27-58.
COHEN, P.R., FEIGENBAUM, E.A., *The Handbook of Artificial Intelligence*, Pitman Books, 1982, *3*.
COLLINS, A.M., LOFTUS, E.F., A spreading activation theory of semantic processing, *Psychological Review*, 1975, *82*, 407-428.
COLLINS, A.M., QUILLIAN, M.R., Retrieval time from semantic memory, *Journal of verbal Learning and verbal Behavior*, 1969, *8*, 240-247.
COLLINS, A.M., QUILLIAN, M.R., How to make a language user, in E. Tulving, W. Donalson (Eds.), *Organization and Memory*, New York, Academic Press, 1972 a.
COLLINS, A.M., QUILLIAN, M.R., Experiments on semantic memory and language comprehension, in L.W. Gregg (Ed.), *Cognition in Learning and Memory»*, New York, Wiley and Sons, *1972 b*.
CONRAD, C., Cognitive economy in semantic memory, *Journal of Experimental Psychology*, 1972, *92*, 149-154.
CORDIER, F., DUBOIS, D., Typicalité et représentation cognitive, *Cahiers de Psychologie Cognitive*, 1981, *3*, 299-334.
CORGE, C., *Eléments d'informatique et démarche de l'esprit*, Paris, Larousse, 1975.
CORNSWEET, R.N., *Visual Perception*, New York, Academic Press, 1970.
CORSON, Y., Ergonomie des langages de requête relationnelle, *Techniques et Sciences Informatiques*, 1983, *5*, 2, 329-339.
CRAIK, F.I.M., La profondeur de traitement ocmme prédicteur des performances de la mémoire, in S. Ehrlich et T. Tulving (Eds.), *La mémoire sémantique. Bulletin de Psychologie*, 1976, Numéro spécial, 133-141.
CRAIK, F.I.M., On the transfer of information from temporary to permanent memory, *Philosophical Transactions of the Royal Society*, series B, 1983.
CRAIK, F.I.M., JACOBY, L.L., Elaboration and distinctiveness in episodic memory, in L.G. Nilsson (Ed.), *Perspectives on Memory Research*, Hillsdale, Erlbaum, 1979.
CRAIK, F.I.M., LOCKHART, R.S., Levels of processing: a framework for memory research, *Journal of verbal Learning and verbal Behavior*, 1972, *11*, 671-684.
CRAIK, F.I.M., TULVING, E., Depth of processing and the retention of words in the episodic memory, *Journal of experimental Psychology: General*: 1975, *104*, 268-294.
CRUSE, H., A quantitative model of walking incorporating central and peripheral influences. I. The control of the individual leg. II. The connections between the different legs, *Biological Cybernetics*, 1980, *47*, 131-144.
CUBICCIOTTI, D., Doppelganger: A Fortran program for simulating time-sampled spatial locations of «phantom» animals performing discrete pseudorandom walks, *Behaviour Research Methods and Instrumentation*, 1982, *14*, 485-486.
DAVIES, W.D.T., Generation and properties of maximum-length sequences, *Control*, 1966, 302-304, 364-365, 431-433.
DAVIS, R., Knowledge acquisition in rule based systems, in D. Waterman, F. Hayes, Roth (Coord.). *Pattern directed inference systems*, Academic Press, 1978.
De BEAUGRANDE, R., Design criteria for process models of reading, *Reading Research Quarterly*, 1981, *2*, 261-315.
DeJONG, G., Prediction and substantiation: a new approach to natural language processing, *Cognitive Science*, 1979, *3*, 251-273.
DELOCHE, G., ANDREEWSKY, R., DESI, M., Surface dyslexia: a case report and some theoretical implications to reading models, *Brain and Language*, 1982, *15*, 11-32.
DENHIERE, G., Mémoire sémantique, conceptuelle ou lexicale? *Langages*, 1975, *40*, 41-72.

DENHIERE, G., *Il était une fois. Comprendre et retenir un récit*. Presses Universitaires de Lille, Lille, 1984.
DENIS, M., DUBOIS, D., La représentation cognitive. Quelques modèles récents, *L'année Psychologique*, 1976, 76, 541-562.
DESPRELS-FRAYSSE, A., Le schéma de la covariation, moyen d'analyse du fonctionnement opératoire, *L'année Psychologique*, 1980, 80, 143-168.
DESPRELS-FRAYSSE, A., Une contribution expérimentale à l'étude des relations entre structures et procédures, *Archives de Psychologie*, 1983, 51, 341-354.
DESPRELS-FRAYSSE, A., The sequence of development of certain classification skills, *Genetic Psychology Monographs*, 1985, 111, 1, 65-82.
DE VALOIS, R.L., Early visual processing: feature detection or spatial filtering? in D.G. Albrecht (Ed.), *Recognition of pattern and form*, Berlin, Springer-Verlag, 1982.
DE VALOIS, R.L., DE VALOIS, K.K., Spatial vision. *Annual Review of Psychology*, 1980, 31, 309-341.
DONDERS, F.C., On the speed of mental process (1868), in W.G. Koster (Ed.), *Attention and performance*, II, *Acta psychologica*, 1969, 30, 412-431.
DOWTY, D., WALL, R., PETERS, S., *Introduction to Montague semantics*, Dordrecht, Hollande, Reidel, 1981.
DRESHER, B.E., HORNSTEIN, N., On some supposed contributions of artificial intelligence to scientific study of language, *Cognition*, 1976, 4, 321-398.
DRESHER, B.E., HORNSTEIN, N., Reply to Schank and Wilensky, *Cognition*, 1977, 5, 147-149.
DRESHER, B.E., HORNSTEIN, N., Reply to Winograd, *Cognition*, 1977, 5, 379-392.
DREYFUS, H.L., *Intelligence artificielle, mythes et réalités*. Paris, Flammarion, 1983.
DREYFUS, H.L., *Intelligence artificielle, mythes et limites*, Paris, Flammarion, 1984.
DUNCKER, K., On problem-solving, *Psychological Monographs*, 1945, 58(5), tout le numéro.
DURDING, B.M., BECKER, C.A., GOULD, J.D., « Data Organization ». *Human factors*, 1977, 19, 1-14.
DZAGOYAN, R., *Le système Aristote*, Paris, Flammarion, 1984.
EICH, J.M., A composite holographic associative recall model. *Psychological Review*, 1982, 89, 627-661.
EMERARD, F., Une voix pour un langage intérieur... La synthèse de la parole, in Informatique et Handicaps, *Les cahiers de la fondation*. F.R. Bull., 1982, 4.
ESCARABAJAL, M.C., KAYSER, D., NGUYEN-XUAN, A., POITRENAUD, S., RICHARD, J.F., Compréhension et résolution de problèmes arithmétiques additifs, in « Les modes de raisonnement », Actes du colloque de l'ARC, Orsay, 1984, 159-187.
FARGUES, *Contribution à l'étude du raisonnement*, Thèse de doctorat d'état. Paris VI, 1983.
FILLMORE, C.J., The case for case, in E. Bach, R.T. Harms (Eds.), *Universals in linguistic theory*, New York, Holt, 1968.
FLAVELL, J.H., Metacognition and cognitive monitoring, *American Psychologist*, 1979, 34, 906-911.
FLETCHER, H., Auditory patterns, *Review of Modern Physics*, 1940, 12, 47-65.
FLORES, C.F., WINOGRAD, T., *Understanding computers and Cognition*, Draft: Stanford University, 1981.
FLORES, C.F., WINOGRAD, T., *Understanding computers and Cognition*, Hillsdale, N.J. Ablex, 1985.
FODOR, J.D., *Semantics: theories of meaning in generative grammar*, Cambridge, Harvard University Press, 1980.
FODOR, J.D., *The modularity of mind*, Cambridge Mass.: M.I.T. Press, 1983.

FORSTER, K.I., Levels of processing and the structure of the language processor, in Cooper and Walker (Eds.), *Sentence processing*, Hillsdale, N.J.: Lawrence Erlbaum and Associates. 1979.
FREGE, G., Uber sinn und bedeutung. *Zeitschrift für Philosophie und Philosophische Kritik*, 1893, 100.
FRIEDMAN, A., Framing pictures, the role of knowledge in automatized encoding and memory for gist. *Journal of experimental Psychology: General*, 1979, *108*, 316-355.
FRIESEN, W.O., STENT, G.S., Neural circuits for generating rhythmic movements, *Annual Review of Biophysics and Bioengineering*, 1978, 7, 37-61.
FRIJDA, N.H., La simulation de la mémoire, in D. Bovet, A. Fessard, C. Flores, N.H. Frijda, B. Inhelder, B. Milner, J. Piaget (Eds.), *La mémoire*, Paris, Presses Universitaires de France, 1970.
FURNASS, G.W., LANDAUER, T.K., GOMEZ, M.L., DUMAIS, S.T., Statistical semantics: Analysis of the potential performance of key-word information systems, *The Bell System Technical Journal*, 1983, *62*, 1753-1805.
GALAMBOS, J.A., RIPS, L.J., Memory for routines: just one thing after another? *Journal of verbal Learning and verbal Behavior*, 1982, *21*, 260-281.
GALLISTEL, C.R., *The organization of action: a new synthesis*, Hillsdale, Lawrence Erlbaum, 1980.
GALTON, F., Composite portraits made by combining those of many different persons into a single resultant figure, *Journal of the Anthropological Institute*, 1879, *8*, 132-144.
GARFIELD, E., Artificial intelligence: using computers to think about thinking. Part 1: Representing knowledge, *Current Contents*, 1983, *15*, 49, 5-13. (a)
GARFIELD, E., Artificial intelligence, using computers to think about thinking, Part 2: Some practical applications of AI, *Current Contents*, 1983, *15*, 52, 5-17. (b)
GARNER, W.R., *Uncertainty and structure as psychological concepts*, New York, John Wiley and Sons, 1962.
GARROD, S., SANDFORD, A., Topic dependent effects in language processing, in G.B. Flores d'Arcais, R.J. Jarvella, *The Process of Language Comprehension*, New York, Wiley, 1983.
GATI, I., TVERSKY, A., Representation of qualitative and quantitative dimensions, *Journal of Experimental Psychology: Human Perception & Performance*, 1982, *8*, 325-340.
GATI, I., TVERSKY, A., Weighting commun and distinctive features in perceptual and conceptual judgements, *Cognitive Psychology*, 1984, *16*, 341-370.
GEORGE, C., Généralisation déductive et inductive dans l'apprentissage par l'action, *Preprint de l'équipe de recherche cognitive sur le développement, les apprentissages, et l'éducation*. U.E.R. de psychologie, Université Paris XIII, 93526 Saint Denis, 1985. A paraître dans l'Année Psychologique, 1986, *86*.
GIBSON, J.J., *The senses considered as perceptual systems*, Boston, Houghton Mifflin, 1966.
GILIS, D., Système d'évaluation continue de l'enseignement des mathématiques à l'école élémentaire, *INRP-3*, 1982.
GINSBURG, A.P., Visual information processing based on spatial filters constrained by biological data, Ph. D., thesis, *Reports of the Aerospace Medical Research Laboratory*, AMLR-TR-78-129, 1978.
GINSBURG, A.P., Spatial filtering and vision: implications for normal and abnormal vision, in L.M. Proenza, J.M. Enoch, A. Jampolsky (Eds.), *Clinical applications of visual psychophysics*, Cambridge, Cambridge University Press, 1981.
GLASS, A.L., HOLYOAK, K.J., Alternative conceptions of semantic theory, *Cognition*, 1975, *4*, 313-339.
GRAESSER, A.C., WOLL, S.B., KOWALSKI, G.J., SMITH, D.A., Memory for

Typical and Atypical Actions in Scripted Activities. *Journal of Experimental Psychology: Human Learning and Memory*, 1980, *5*, 503-515.

GRAHAM, D., Simulation of a model for the coordination of leg movements in free walking insects, *Biological Cybernetics*, 1977, *26*, 187-198.

GRAHAM, N., NACHMIAS, J., Detection of grating patterns containing two spatial frequencies: a comparison of single-channel and multi-channel models. *Vision Research*, 1971, *11*, 251-259.

GRAILLOT, P., EMERARD, F., Prothèse vocale à l'usage des handicapés moteurs déficients de la parole, *Bulletin de liaison de la Recherche en Informatique et Automatique*, 1981, *74*, 38-42.

GRANGER, A., *Pensée formelle et sciences de l'homme*, Paris, Editions Montaigne, 1967.

GREEN, D.M., SWETS, J.A., *Signal detection theory and psychophysics*, Huntington, Krieger, 2nd Edition, 1974.

GREEN, M., CORWIN, T., ZEMON, V., A comparison of Fourier analysis and feature analysis in pattern-specific color aftereffects, *Science*, 1976, *192*, 147-148.

GREENWOOD, D.D., Auditory masking and critical band, *Journal of the Acoustical Society of America*, 1961, *33*, 484-501.

GREEG, L.W., SIMON, H.A., Process models and stochastic theories of simple concept formation, *Journal of Mathematical Psychology*, 1967, *2*, 246-276.

GRILLNER, S., Control of locomotion in bipeds, tetrapods and fish, in *Handbook of Physiology*, section I, vol. II, V.B. Brooks (Ed.), *American Physiological Society Publisher*, 1981, 1179-1236.

de GROOT, A.D., *Thought and Choice in Chess*, La Hague, Mouton, 1965.

GRUMBACH, A., NGUYEN-XUAN, A., RICHARD, J.F., CAUZINILLE-MARMECHE, E., MATHIEU, J., Un modèle d'apprentissage par l'action: la course à 20, Orsay, *Actes du colloque de l'ARC,* 1984.

HABER, R.N., HERSHERSON, M., The psychology of visual perception, New York, Holt, Rinehart et Winston, 1973.

HABERLANDT, K., BINGHAM, G., The role of scripts in the comprehension and retention of texts, *Text*, 1982, *2*, 29-46.

HELMHOLTZ, H., von, *Die Lehre von den Tonenempfidungen als psychologische Grundlage für die Theorie des Musik*. Brauschweig, Fr. Viewing und Sohn, 1863 (4ᵉ édit. 1870).

HEINEN, J.R.K., Psychological theory: evaluation and speculations, *The Journal of Psychology*, 1980, *106*, 287-301.

HEWITT, C., *Description and theoretical analysis of Planner: a language for proving theorems and manipulating models in a robot*, Ph. D., 1971.

HIRSCH, R., The hippocampus and contextual retrieval of information from memory: a theory, *Behavioral Biology*, 1974, *12*, 421-444.

HOC, J.M., Role of mental representation in learning a programming language, *International Journal of Man-Machine Studies*, 1977, *9*, 87-105.

HOC, J.M., Etude de la formation à une méthode de programmation informatique, *Le travail humain*, 1978, *41*, 111-126.

HOC, J.M., L'articulation entre la description de la tâche et de la caractérisation de la conduite dans l'analyse du travail, *Bulletin de psychologie*, 1979 a, -80, *33*, 207-212.

HOC, J.M., Le problème de la planification dans la construction d'un programme informatique, *Le Travail Humain*, 1979 b, *42(2)*, 245-260.

HOC, J.M., Une approche diachronique dans la résolution de problème, *Psychologie Française*, 1981, *26*, 182-192.

HOC, J.M., Le rôle organisateur de la planification dans la résolution de problème, *Journal de Psychologie*, 1982, *4*, 409-432.

HOC, J.M., Analysis of beginner's problem-solving strategies in programming in T.R.C. Green, S.J. Payne, G.C. van der Veer (Eds), *The Pychology of computer use*, London, Academic Press, 1983, 143-158.
HOFFMAN, D., L'interprétation de ce qui est vu, in C. Bonnet (Ed.), *La perception visuelle*. Paris, Bibliothèque pour la Science, 1984.
HOFFMAN, G., Optimization of Brownian Search Strategies, *Biological Cybernetics*, 1983, *49*, 21-31.
HOGAN, J.P., Psychology and the technological revolution, *Canadian Psychology*, 1983, *24*, 235-241.
HOLLAN, J.D., Features and semantic memory: set theoretic or network model? *Psychological Review*, 1975, *82*, 154-155.
HOLLERBACH, J.M., Computers, brains and control of movement, *Trends in Neurosciences*, June 1982, 189-192.
HOLST von, E., Die relative Koordination als Phanomen und als Methode zentralnervoser Functionsanalyse, *Ergebnisse der Physiologie*, 1939, *42*, 228-306.
HOUTGAST, T., Auditory-filter characteristics derived from direct-masking data and pulsation-threshold data with rippled-noise masker, *Journal of the Acoustical Society of America*, 1977, *62*, 409-415.
HUGHES, G.M., The relationship between cardiac and respiratory rhythms in the dogfish *Scyliorhinus canicula* (L.), *Journal of Experimental Biology*, 1972, *57*, 415-434.
JACKENDOFF, R., *Semantic Interpretation in generative Grammar*, Cambridge, M.I.T. Press, 1972.
JACKENDOFF, R., *Semantic and Cognition*, Cambridge, M.I.T Press, 1983.
JACOBY, L.L., WITHERSPOON, D., Remembering without awareness, *Canadian Journal of Psychology*, 1982, *36*, 300-324.
JAMON, M., Modèle clinocinétique du retour au gîte. Premiers résultats sur le rôle de certains indices sensoriels, *Bulletin intérieur de la SFECA*, 1983, *2*, 181-192.
JENKINS, J.J., Remember that old theory of memory? Well forget it! *American Psychologist*, 1974, *29*, 785-795.
JOHNSON-LAIRD, J.N., Procedural semantics, *Cognition*, 1977, *5*, 189-214.
JOHNSON-LAIRD, P., Propositional representations, procedural semantics, and mental models, in J. Mehler, E. Walker, M. Garrett (Eds), *Perspectives on mental representations: Experimental and theoretical studies of cognitive processes and capacities*, Hillsdale, N.J., Erlbaum, 1982.
JOHNSON-LAIRD, P., *Mental models*, Cambridge, Mass., Harvard University Press, 1983.
JOSLIN, J.K., Rodent long distance orientation, *Advances in ecological Research*, 1977, *10*, 63-89.
JULESZ, B., SCHUMER, R., Early visual perception, *Annual Review of Psychology*, 1981, *32*, 575-627.
JUOLA, J.F., Mc FARLAND, C.E., KELLAS, G., Processus constitutifs de la catégorisation conceptuelle, *Bulletin de Psychologie*, Numéro spécial: *la mémoire sémantique*, 1976, 76-84.
KAHNEMAN, D., SLOVIC, P., TVERSKY, A., *Judgement under uncertainty: heuristics and biaises*, Cambridge, Cambridge University Press, 1982.
KAPLAN, R.M., Augmented transition networks as psychological models of sentence comprehension, *Artificial Intelligence*, 1972, *3*, 77-100.
KATK, J., *Semantic Theory*, New York: Harper, 1972.
KAYSER, D., Une méthode simple: les ATN sémantiques, AFCET, 1981, Journée d'étude.: « *Applications des programmes de compréhension des langages naturels*, 41-64.
KEELE, S.W., Movement control in skilled motor performance, *Psychological Bulletin*, 1968, *70*, 387-403.

KELEMEN, J., Cognition and computation: an essay on artificial intelligence, *Studia psychologica*, 1981, *23*, 205-213.
KELLY, D.H., Flicker, in D. Jameson, L.M. Huvich, *Handbook of Sensory Physiology: Visual Psychophysics. VII/4.* Berlin, Springer-Verlag, 1972.
KELLY, D.H., Visual contrast sensitivity, *Optica Acta*, 1977, *24*, 107-129.
KELSO, J.A.S., Contrasting perspectives on order and regulation in movement, in J. Long, A. Baddeley (Eds), *Attention and Performance IX*, 1981.
KINTSCH, W., Models for free recall and recognition, in D.A. Norman (Ed.), *Models for human memory*, New York, Academic Press, 1970.
KINTSCH, W., *The representation of meaning in memory*, Hillsdale, Erlbaum, 1974.
KINTSCH, W., Bases conceptuelles et mémoire de texte, in S. Ehrlich, E. Tulving (Eds.), *La mémoire sémantique, Bulletin de Psychologie*, Paris, 1976.
KINTSCH, W., Aspects de la compréhension de texte, *Bulletin de Psychologie*, n° spécial, Langage et Compréhension, J.F. Le Ny, W. Kintsch, (Eds.), 1981-1982, Tome XXXV, n° 356, 776-787.
KINTSCH, W., GREENO, J.G., Understanding and solving word arithmetic problems, *Psychological Review*, 1985, *92*, 109-129.
KINTSCH, W., VAN DIJK, T., Towards a model of text comprehension and production, *Psychological Review*, 1978, *85*, 363-394.
KINTSCH, W., VAN DIJK, T.A., Vers un modèle de la compréhension et de la production de textes, in Denhiere (Coord), *Il était une fois...*, Presses Universitaires de Lille, 1984.
KISS, G.R., Words, associations and networks, *Journal of verbal Learning and verbal Behavior*, 1968, *7*, 707-713.
KLAHR, D., WALLACE, J., *Cognitive development, an information processing view*, Hillsdale, N.J., Lawrence Erlbaum, 1976.
KODRATOFF, Y., Inductive learning viewed as formula generalisation, in Y. Kodratoff et J. Sallantin (Eds.), *Outils pour l'apprentissage*, CNRS, Institut de Programmation, Orsay, 1983.
KOHLER, W., *Psychologie de la forme* (1929), Paris, Gallimard, 1964.
KOLAKOWSKI, L, *La philosophie positiviste*, Paris, Denoël, 1976.
KOLODNER, J.L., *Retrieval and organizational strategies in conceptual memory: A computer model*, Technical Report 187, Yale University, Department of Computer Science, 1980. (in Schank, 1982, 207-218).
KOSSLYN, S.M., The representational-development hypothesis, in P.A. Ornstein (Ed.), *Memory and Development in Children*, Hillsdale, Erlbaum, 1978.
KULIKOWSKI, J.J., KING-SMITH, P.E., Spatial arrangement of line, edge and grating detectors revealed by subthreshold summation, *Vision Research*, 1973, *13*, 1455-1478.
LABOV, W., FANSHEL, D., *Therapeutic discourse*, New York, Academic Press, 1977.
LACHMAN, J., LACHMAN, R., Theory of memory and human organization, in C.R. Puff (Ed.), *Memory Organization Structure*, New York, Academic Press, 1979.
LACHMAN, R., LACHMAN, J.L., BUTTERFIELD, E.C., *Cognitive psychology and information processing: an introduction*, Hillsdale, Erlbaum, 1979.
LAKOFF, G., Presupposition and relative grammaticality, in Todd (Ed.), *Studies in Philosophical Linguistics*, Series One, 1969.
LANDAUER, T.K., Memory without organization: properties of a model with random storage and indirected retrieval, *Cognitive psychology*, 1975, *7*, 495-531.
LARKIN, J.H., Enriching formal knowledge: a model for learning to solve textbook Physics Problems, in *Cognitive Skills and their acquisition*, Anderson, 1981.
LARKIN, J.H., Mc DERMOTT, J., SIMON, D.P., SIMON, H.A., Expert and novice performance in solving physics problems, *Science*, 1980, 1208-1335.

LARMINAT, P., (de), THOMAS, Y., *Automatique des systèmes linéaires*, Paris, Flammarion Sciences, 1975.
LAURIERE, J.L., La représentation des connaissances dans les système-experts, *Technique et Science Informatique*, 1982, *1*, 9-30, 1982, *2*, 109-133.
LAURIERE, J.L., Le dossier actuel de l'intelligence artificielle *Sciences de l'Intelligence et Sciences de l'Artificiel*, Lyon: Presses Universitaires de Lyon, 1986.
LAURIERE, J.L., SNARK, Un moteur d'inférence pour systèmes experts en logique du 1$^{er}$ ordre, à paraître dans *T.S.I.* (techniques et sciences informatiques), 1986.
LAWLER, R.W., *Computer experience and cognitive development*, Wiley and Sons, 1985.
LEBOWITZ, M., *Generalization and memory in an integrated understanding system*, Technical Report 186, Yale University, Department of Computer Science, 1980, (in Schank, 1982, 197-207).
LECOCQ, P., Réflexions théoriques sur un moyen de communication substitutif pour I.M.C.: le système BLISS, in *Enfance*, 1985, *4*, 345-365.
LECOCQ, P., TIBERGHIEN, G., *Mémoire et décision*, Lille, Presses Universitaires de Lille, 1981.
LEHMER, D.H., Mathematical method in large scale computing units, *Annals Comp. Laboratory*, Harvard Univ., 1951, *26*, 41.
LENAT, D.B., The role of heuristics in learning by discovery: three case studies in Michalski, R.S., Carbonnel, J.G. et Mitchell, T.M., (Eds), *Machine Learning*, Tioga, 1983. (a)
LENAT, D.B., Eurisko: A program that learns new heuristics and domain concepts, *Artificial intelligence*, 1983, 6-99. (b)
LENINE, V., *Matérialisme et Empirocriticisme* (1909), Paris, Editions Sociales, 1962.
LE NY, J.F., *La sémantique psychologique*, Paris, Presses Universitaires de France, 1979.
LE NY, J.F., CARITE, L., POITRENAUD, S., Construction of individualized texts for the transmission of knowledge, in J.H. Danks, I. Kurcz, G. Shugar (Eds.), *Knowledge and Language*, North Holland, Amsterdam, 1986.
LE NY, J.F., Les significations de mots et leurs modes de variation, *Psychologie Française*, 1985, *30*, 116-122. (a)
LE NY, J.F., Comment (se) représenter les représentations, *Psychologie Française*, 1985, *30*, 231-238. (b)
LE NY, J.F., *Discourse comprehension and memory for concepts*, Communication au Symposium «in memoriam H. Ebbinghaus», Berlin, 1986, à paraître.
LINDSAY, P.H., NORMAN, D.A., *Human information processing*, New York, Academic Press, 1977.
LINDSAY, P.H., NORMAN, D.A., *Traitement de l'information et comportement humain: une introduction à la psychologie*, Saint-Laurent: Etudes vivantes, 1980.
LIVET, P., Simulation et représentation, in A. Demailly et J.L. Lemoigne (Eds.), *Sciences de l'Intelligence, Sciences de l'Artificiel*, Lyon: Presses Universitaires de Lyon, 1986.
LIU, I.M., Common and specific features in pictorial analogies, *Memory and Cognition*, 1981, *9*, 515-523.
LOCKHART, R.S., CRAIK, F.I.M., JACOBY, L.L., Depth of processing and recall, in J. Brown (Ed.), *Recall and Recognition*, New York, Wiley, 1976.
LOFTUS, E.F., *La mémoire*, Quebec: Le Jour, 1983.
MAC KAY, W.A., The motor program: back to the computer. *Trends in Neurosciences*, april 1980, 97-100.
MACLEOD, D.I.A., Visual sensitivity, *Annual Review of Psychology*, 1978, *29*, 613-645.

MAFFEI, L., FIORENTINI, A., The visual cortex as a spatial frequency analyzer, *Vision Research*, 1977, *17*, 257-264.
MANGIN, J.C., Construction d'un système expert vue par l'expert: rapports avec l'ingénieur cognitif, in *Reconnaissance des formes et intelligence artificielle*, 3ᵉ congrès AFCET, Paris, 1984.
MARCEL, T., Conscious and preconscious recognition of polysemous words: locating the selective effects of prior verbal context, in R.S. Nickerson (Ed.), *Attention and Performance VIII*, Hillsdale, N.J., Lawrence Erlbaum and Associates, 1980.
MARR, D., Early processing of visual information. *Philosophical Transactions of the Royal Society London*, 1976, *275*, 483-524.
MARR, D., *Vision: a computational investigation into the human representation and processing of visual information*, San Francisco, W.H. Freeman and company, 1982.
MARR, D., HILDRETH, E., Theory of edge detection. *Proceedings Transactions of the Royal Society London*, 1980, *207*, 187-217
MAAR, D., POGGIO, T., A computational theory of human stereo vision. *Proceedings Transactions of the Royal Society London*, 1979, *204*, 301-328.
MARSDEN, C.D., The mysterious motor function of the basal ganglia: the Robert Wartenberg lecture, *Neurology*, 1982, *32*, 514-539.
MATHIEU, J., *Mémorisation dans l'identification de concepts*, Thèse de 3ᵉ cycle. Paris VIII, 1979.
MATHIEU, J., *L'aide à l'acquisition des connaissances: apport des système-experts*, Congrès de SFP, Paris, 1983.
MATHIEU, J., Architecture Cognitive et Structure d'un système-expert, in A. Demailly, J.L., Lemoigne (Eds.), *Les sciences de l'artificiel*, Lyon, Presses Universitaires de Lyon, 1986.
MATHIEU, J., CAUZINILLE-MARMECHE, E., Apport des systèmes experts à l'étude de l'acquisition des connaissances, *Bulletin de Psychologie*, 1985, *38*, (368), 161-165.
MAURIN, J., *Simulation déterministe du hasard*, Paris, Masson, 1975.
MAX, J., *Méthodes et techniques de traitement de signal et applications aux mesures physiques*, Paris, Masson, 1981.
MAYER, R., Comprehension as affected by structure of problem representation, *Memory and cognition*, 1976, *4*, 3, 249-255.
MAYZNER, M.S., Visual information processing of alphabetic inputs, *Psychonomic Monograph Supplements*, 1972, *4*, 239-243.
Mc CARREL, N.S., BRANSFORD, J.D., JOHNSON, M.K., Problem solving components of comprehension, cité par Bransford et coll., in S. Ehrlich et E. Tulving (Eds.), *La mémoire sémantique*, Bulletin de Psychologie, 1976, nᵒ spécial.
Mc CAWLEY, J.D., The role of semantics in grammar, in Bach, Harms (Eds.), *Universals in Linguistic Theory*, New York, Holt, Rinehart, Winston, 1968.
Mc CLOSKEY, M.E., GLUCKSBERG, S., Decision processes in verifying category membership relations: Implications for models of semantic memory, *Cognitive Psychology*, 1979, *2*, 1-37.
Mc CLOSKEY, M.E., BIGLER, K., Focused memory search in fact retrieval, *Memory and cognition*, 1980, *8*, 3, 253-264.
Mc DERMOTT, D., Artificial intelligence meets natural stupidity; *SICART*, 1976, *57*, 4-8.
Mc DERMOTT, D., Learning to use analogy, *IJCAI*, 6, 1979, 556-558.
Mc FARLAND, C.E., DUCAN, E.M., KELLAS, G., Isolating the typicality effect in semantic memory, *Quarterly Journal of Experimental Psychology*, 1978, *30*, 251-262.
Mc KOON, G., RATCLIFF, R., Priming in episodic and semantic memory, *Journal of verbal Learning and verbal behavior*, 1979, *18*, 463-480.

Mc NAUGHTON, S., KATES, B., The application of blissymbolics, in R.L. Schiefelbusch (Ed.), *Non speech language and communication. Analysis and intervention*, Park Press, Baltimore, 1980.

MEDIN, D.L., SMITH, E.E., Concepts and concept formation, *Annual Review of Psychology*, 1984, *35*, 113-138.

MEHLER, J., NOIZET, G., Vers un modèle psycholinguistique du locuteur, in J. Mehler, G. Noizet (Eds.), *Textes pour une psycholinguistique*, Paris, Mouton, 1974.

MENDELSOHN, P., Analyse structurale et analyse procédurale des activités de permutations d'objets, *Archives de psychologie*, 1981, *49*, 171-197.

MENDELSOHN, P., L'analyse psychologique des activités de programmation chez l'enfant, *Enfance*, 1985, *3-5*, 213-221.

MERVIS, C.B., ROSCH, E., Categorization of natural objects, *Annual Review of Psychology*, 1981, *32*, 89-115.

MEYER, D.E., On the representation and retrieval of stored semantic information, *Cognitive Psychology*, 1970, *1*, 242-300.

MEYER, D.E., Correlated operations in searching stored semantic categories, *Journal of Experimental Psychology*, 1973, *99*, 124-133.

MEYER, D.E., Long-term memory retrieval during the comprehension of affirmative and negative sentences, in R.A. Kennedy et A.L. Wilkes (Eds), *Studies in long-Term Memory*, London, J. Wiley, 1975.

MICHALSKI, R.S., A theory and methodology of induction learning, in R.S. Michalski, J.G. Carbonell, T.M., Mitchell (Eds.), *Machine Learning*, Palo Alto, C.A., Tioga, 1983.

MILES, F.A., EVARTS, E.V., Concepts of motor organization, *Annual Review of Psychology*, 1979, *30*, 327-362.

MILGRAM, M., *Contribution aux réseaux d'automates*. Thèse de Doctorat d'Etat ès Sciences, Université de Technologie de Compiègne, 1982, 175 p.

MILLER, G.A., Semantic relations among words, in Halle, Bresnan, Miller (Eds.), *Linguistic Theory and Psychological Reality*, Cambridge, Mass., M.I.T. Press, 1978.

MILLER, G.A., Trends and debates in cognitive psychology, *Cognition*, 1981, *10*, 215-225.

MILLER, J.R., KINTSCH, W., Readability and recall of short prose passages: a theoretical analysis, *Journal of Experimental Psychology: Human Learning and Memory*, 1980, *6*, 335-354.

MILLWARD, R.B., Models of concept formation, in R.E., Snow, P.A., Frederico, W.E., Montague (Eds.), *Aptitude learning instruction: cognitive processes analysis*, Hillsdale, Erlbaum, 1980.

MINSKY, M., A framework for representing knowledge, in P. Winston (Ed.), *the Psychology of Computer Vision*, New York, Mc Graw Hill, 1975.

MOORE, B.C.J., NEWELL, A., How can Merlin understand? in L.W. Gregg (Ed.): *Knowledge and Cognition*, Potomac, Erlbaum, 1974, 201-252.

MOORE, B.C.J., Psychophysical tuning curves measured in simultaneous and forward masking, *Journal of the Acoustical Society of America*, 1978, *63*, 525-532.

MOORE, B.C.J., *An introduction to the psychology of hearing* (2ᵉ éd.), London, Academic Press, 1982.

MOORE, B.C.J., GLASBERG, B.R., Suggested formulae for calculating auditory-filter bandwidths and excitation patterns, *Journal of the Acoustical Society of America*, 1983, *74*, 750-753.

MOORE, B.C.J., GLASBERG, B.R., ROBERTS, B., Refining the measurement of psychophysical tuning curves, *Journal of the Acoustical Society of America*, 1984, *76*, 1057-1066.

MORASSO, P., Spatial control of arm movements, *Experimental Brain Research*, 1981, *42*, 223-227.
MORGAN, M.J., Computational theory of vision, *Quarterly Journal of Experimental Psychology*, 1984, *36A*, 157-165.
MORRIS, C.D., BRANSFORD, J.D., FRANKS, J.J., Levels of processing versus transfer appropriate processing, *Journal of Verbal Learning and Verbal Behavior*, 1977, *16*, 519-533.
MORTON, J., Will cognition survive? *Cognition*, 1981, *10*, 227-234.
NAKAMURA, K., *Design of a question-answering system for database interfaces using similarity knowledge bases*, Ph. D., Kyoto, 1983.
NAKAMURA, K., SAGE, S.A., IWIA, S., An intelligent database interface using psychological similarity between data, *IEEE Transactions on Systems, Man, and Cybernetics*, 1983.
NEISSER, U., *Cognitive Psychology*. New York, Appleton-Century-Crofts, 1967.
NEWELL, A., On the representation of problem, *Computer Science Research Review*, 1966, *1*, 18-33.
NEWELL, A., Physical symbol systems. La Jolla. Conference in Cognitive Science, août 1979, 1980.
NEWELL, A., SHAW, J.C., SIMON, H.A., Elements of a theory of human problem solving, *Psychological Review*, 1958, *65*, 151-166.
NEWELL, A., SHAW, J.C., SIMON, H.A., Report on a general problem-solving program, in *Proceedings of the International Conference on Information Processing*, 1959, 256-264.
NEWELL, A., SIMON, H.A., Computer simulation of human thinking. *Science*, 1961, *134*, 2011-2017.
NEWELL, A., SIMON, H.A., GPS a program that simulates human thought, in E. Feigenbaum, J. Feldman (Eds.). *Computer and Thought*. New York, Mc Graw Hill, 1963.
NEWELL, A., SIMON, H.A., *Human Problem Solving*. Englewood Cliffs, N.J., Prentice Hall, 1972.
NEWMAN, T.G., ODELL, P.L., *The generation of random variates*. London, Griffin, 1971.
NGUYEN-XUAN A., Le système de production. *Revue Française de Pédagogie*, 1982, *60*, 31-41.
NGUYEN-XUAN, A., CAUZINILLE, E., FREY, L., MATHIEU, J., ROUSSEAU, J., Fonctionnement cognitif et classification multiple chez l'enfant de 4 à 7 ans, Paris, *Monographie Française de Psychologie*, 1983, *60*.
NGUYEN-XUAN, A., HOC, J.M., Adaptation d'une procédure connue aux règles de fonctionnement d'un ordinateur : la sériation, *Rapport de recherche INRIA*, 1981, 78153/54
NGUYEN-XUAN, A., GRUMBACH, A., A model of learning by solving problems with elementary reasoning abilities, in G. d'Ydewalle (Ed.), *Cognition, information, processing, and motivation*, Amsterdam, North-Holland, 1985.
NORMAN, D.A., RUMELHART, D.E., (Eds), *Explorations in Cognition*, San Francisco, Freeman, 1975.
NOUGIER, J.P., *Méthodes de calcul numérique*, Paris, Masson, 1983.
ODEN, G.C., Fuzziness in semantic memory : choosing exemplars of subjective categories, *Memory and Cognition*, 1977, *5*, 198-204.
OLERON, P., Psycholinguistique, *Bulletin de Psychologie*, 1972-1973, Numéro spécial, Psycholinguistique, XXVI, 241-245.
ORTONY, A., Beyond literal similarity, *Psychological Review*, 1979, *86*, 161-180.
PACKARD, V., *L'homme remodelé*, Paris, Calmann-Levy, 1978.

PAILLARD, J., The patterning of skilled movement, in *Handbook of Physiology*, Section I, Vol. III, *Neurophysiology*, Washington, American Physiological Society, 1960.
PAILLARD, J., Nouveaux objectifs pour l'étude neurobiologique de la performance motrice intégrée: les niveaux de contrôle, in C.H. Nadeau, W.R. Halliwell, K.M. Newell, G.C. Roberts (Eds.), *Psychology of Motor Behavior and Sport*. Champaign, Human Kinetics Publishers, 1980.
PAILLARD, J., Apraxia and the neurophysiology of motor control. *Philosophical Transactions of the Royal Society*, London, 1982, *8298*, 111-134.
PAILLARD, J., Système nerveux et fonction d'organisation, in Piaget, J., Bronckart, J.P., Mounoud, P., *La psychologie*, Paris, Gallimard (à paraître).
PAILLARD, J., BEAUBATON, D., De la coordination visuomotrice à l'organisation de la saisie manuelle, in H. Hecaen, M. Jeannerod (Eds.), *Du contrôle moteur à l'organisation du geste*, Paris, Masson, 1978.
PAIVIO, A., *Imagery and verbal processes*, New York, Holt, Rinehart and Winston, 1971.
PAIVIO, A., Imagery in recall and recognition, in J. Brown (Ed.), *Recall and recognition*, London, Wiley, 1976.
PALIES, O., Organisation et contrôle des connaissances: application à la simulation de l'homme en situation d'apprentissage, *Reconnaissance des formes et Intelligence Artificielle*, AFCET, 1985, 1073-1084.
PALIES, O., CAUZINILLE-MARMECHE, E., CAILLOT, M., MATHIEU, J., Simulation par système-expert du fonctionnement cognitif; application à l'E.A.O., *Cognitiva 1985*, Paris, 4-5-6-7- juin 1985.
PATTERSON, R.D., NIMMO-SMITH, I., WEBER, D.L., MILROY, R., The deterioration of hearing with age: frequency selectivity, the critical ratio, the audiogram and speech threshold, *Journal of the Acoustical Society of America*, 1982, 72, 1788-1803.
PAZ, A., *Introduction to Probabilistic Automata*. New York, Academic Press, 1971.
PEA, R.D., KURLAND, D.M., On the cognitive effects of learning computer programming, *New Ideas in Psychology*, 1984, 2, 137-168.
PELLIONISZ, A., LLINAS, R., Space-time representation in the brain. The cerebellum as a predictive space-time metric tensor. *Neuroscience*, 1982, 7, 2949-2970.
PERKEL, D.H., A computer program for simulating a network of interacting neurons. I. Organization and physiological assumptions. *Computer Biomedical Research*, 1976a, 9, 31-43.
PERKEL, D.H., A computer program for simulating a network of interactive neurons. III. Applications. *Computer Biomedical Research*, 1976 b, 67-74.
PERKEL, D.H., SMITH, M.S., A computer program for simulating a network of interacting neurons. II. Programming aspects. *Computer Biomedical Research*, 1976, 9, 45-66.
PETERSON, L.R., Verbal learning and memory, *Annual Review of Psychology*, 1977, 28, 393-415.
PHAM-DINH-TUAN, Time series analysis and biology, in: *Rhythms in Biology and other Fields of Application*, Lecture note in biomathematics, 1981, *49*, 368-387.
PIAGET, J., *Le jugement et le raisonnement chez l'enfant*, Neuchâtel, Delachaux et Niestlé, 1924 (6ᵉ édition, 1967).
PIAGET, J., *La prise de conscience*, Paris, Presses Universitaires de France, 1974.
PIAGET, J., *L'équilibration des structures cognitives*, Paris, Presses Universitaires de France, 1975.
PIAGET, J., INHELDER, B., *La genèse des structures logiques élémentaires*, Neuchatel, Delachaux et Niestlé, 1959.

PIAGET, J., INHELDER, B., *Mémoire et intelligence*, Paris, Presses Universitaires de France, 1968.

PIAGET, J., GRIZE, J.B., SEMINSKA, A., VINH-BANG, Epistémologie et psychologie de la fonction, *Epistémologie génétique XXIII*, Paris, PUF, 1968.

PIERAULT-LE BONNIEC, G., Recherche sur l'évolution génétique des opérations de classification, *Archives de Psychologique*, 1972, *41*, 87-117.

PIERAULT-LE BONNIEC, G., VAN METER, K., *Etude de la construction d'une propriété relationnelle de relation de passage*, Paris, CNRS: Monographies Françaises de Psychologie, 1976.

PIGANIOL, C., L'ergonomie du logiciel, *L'informatique professionnelle*, 1984, *22*, 103-114.

PINELLI, P.M., *Le produit cartésien et les enfants du cours préparatoire*, Thèse de Doctorat de Troisième Cycle, Université de Provence, 1978.

PITRAT, J., Les connaissances nécessaires au programme. Le dictionnaire — La grammaire. ARCET, Journées d'étude: «*Applications des programmes de compréhension des langages naturels*», 1981, 9-23.

PITRAT, J., Les méta-connaissances in *Connaissances et Méta-connaissances*, Publication du Laboratoire C.F. Picard, Université Paris VI, 1983.

PITT, R.B., Development of a general problem-solving schema in adolescence and early adulthood, *Journal of Experimental Psychology: General*, 1983, *112*, 4, 547-584.

PLOMP, R., *Aspects of tone sensation*, London, Academic Press, 1976.

POGGIO, T., Vision humaine et vision par ordinateur, in C. Bonnet (Ed.), *La Perception Visuelle*, Paris, Bibliothèque Pour la Science, 1984.

PYLYSHYN, Z.W., Computation and cognition, issues in the foundations of cognitive science, *The Behavioral and Brain Sciences*, 1980, *3*, 111-169.

PYLYSHYN, Z.W., Litterature from cognitive psychology, *Artificial Intelligence*, 1982, *19*, 251-255.

POSNER, M.L., KEELE, S.W., On the genesis of abstract ideas, *Journal of Experimental Psychology*, 1968, *77*, 353-363.

QUILLIAN, M.R., Word concepts: a theory and simulation of some basic semantic capabilities, *Behavioral Science*, 1967, *12*, 410-430.

QUILLIAN, M.R., Semantic Memory, in M. Minsky (Ed.), *Semantic Information Processing*, Cambridge, MIT Press, 1968.

QUILLIAN, M.R., The teachable language comprehender: a simulation program and theory of language, *Communication of the ACM*, 1969, *12*, 459-476.

RABINER, L.R., GOLD, B., *Theory and application of digital signal processing*, Englewood Cliffs, Prentice-hall, 1975.

RAVEN, J.C., *Progressive matrices: a perceptual test of intelligence, individual form*, London, Lewis, 1938.

RECANATI, F., *Les énoncés performatifs*, Paris, Minuit, 1981.

REDDINGIUS, J., SCHILSTRA, A.J., THOMAS, G., The grid method in estimating the path length of a moving animal, *Journal of animal Ecology*, 1983, *52*, 199-208.

REISNER, P., Human factors studies of database query language: a survey and assessment, *ACM*, 1981, *13, 10*, 13-31.

RESNICK, L., CAUZINILLE-MARMECHE, E., MATHIEU, J., *Understanding algebra*, International Symposium on Mathematic Learning, KEELE, mars 1985.

RESNICK, L., NECHES, R., Factors affecting individual differences in learning ability in R.J. Sternberg (Eds.), *Advances in the Psychology of Human Intelligence* (vol. 2), Lawrence Erlbaum Associates, 1983.

REUCHLIN, M., *Psychologie*, Paris, Presses Universitaires de France, 1981 (4$^e$ Edition).

RICHARD, J.F., Planification et organisation des actions dans la résolution du problème de la tour de Hanoï par des enfants de 7 ans, *L'Année Psychologique*, 1982, *32*, 307-336.
RICHARD, J.F., *Logique du fonctionnement et logique de l'utilisation*, Rapport de recherche, INRIA, Rocquencourt, avril 1983.
RICHARD, J.F., CAUZINILLE-MARMECHE, R., MATHIEU, J., Logical and memory process in a concept identification task, *Acta Psychologica*, 1973, *37*, 315-331.
RICHARD, J.F., Modèles de traitement de l'information et modèles stochastiques, in *Autour de l'œuvre de H. Simon: le paradigme STI*, sous presse.
RILEY, M.S., Instructional methods that make a difference: structural understanding and the acquisition of problem-solving skill, paper presented at the *Meeting of the American Educational Research Association*, Montreal, avril 1983.
RILEY, M.S., GREENO, J.G., HELLER, J., Development of children's problem solving ability in arithmetic, in Ginsburg (Ed.), *The Development of Mathematical Thinking*, New York, Academic Press, 1983.
RINGLE, M., Psychological studies and artificial intelligence, *The A.I. Magazine*, 1983, *4*, 1, 37-43.
RIPS, L.J., SHOBEN, E.J., SMITH, E.E., Semantic distances and the verification of semantic relations, *Journal of verbal Learning and verbal Behavior*, 1973, *12*, 1-20.
RITCHIE, G.D., HANNA, F.K., Semantic networks — a general definition and a survey, *Information Technology: Research and Development*, 1983, *2*, 187-231.
ROBERTS, A., DALE, F., SOFFE, S.R., Sustained responses to brief stimuli: Swimming in xenopus embryos, in *Mechanism of Integration in the Nervous System. Journal of Experimental Biology*, 1984, *112*, 321-335.
RODIECK, R.W., Visual pathways. *Annual Review of Neurosciences*, 1979, *2*, 193-225.
ROEDIGER III, H.L., Memory metaphors in cognitive psychology, *Memory and Cognition*, 1980, *8*, 231-246.
ROSCH, E., Natural Categories, *Cognitive Psychology*, 1973, *4*, 328-350.
ROSCH, E., Cognitive reference points, *Journal of Experimental Psychology: General*, 1975, *104*, 192-233.
ROSCH, E., Prototype classification and logical classification: the two systems, in E. Scholnick (Ed.), *New Trends in Conceptual Representation*, Hillsdale, Erlbaum, 1983.
ROUANET, H., *Les modèles stochastiques d'apprentissage*, Paris, Gauthier-Villars et Mouton, 1967.
ROZENDAL, R.H., *Biodynamics of locomotion, forty years later*. H.T.A. Whitting. Human Motor Actions. Bernstein Reassessed, (ed.). *Elsevier Scientific Publication B.V.* (North-Holland), chapter III b: 1984, 263-340.
RUCH, T.C., Motor systems, in S.S. Stevens (Eds), *Handbook of Experimental Psychology*, New York, John Wiley and Sons, 1951.
RUMELHART, D.E., ORTONY, A., The representation of knowledge in memory, in R.C. Anderson, R.I., Spiro, W.E. Montague (Coord), *Schooling and the acquisition of Knowledge*, Hillsdale, N.J. Erlbaum, 1977.
RYCHENER, M.D., *Production systems as a programming language for artificial intelligence applications*, Computer Science Department, Carnegie Mellon University, 1976.
SACERDOTI, E.D., *A structure for plans and behavior*, New York, Elsevier, 1977.
SANTA, J.L., Spatial transformations of words and pictures, *Journal of Experimental Psychology: Human learning and Memory*, 1977, *3*, 418-427.
SCHAEFFER, B., WALLACE, R., Semantic similarity and the comparison of word meanings, *Journal of Experimental Psychology*, 1969, *86*, 343-346.
SCHAEFFER, B., WALLACE, R., The comparison of word meanings, *Journal of Experimental Psychology*, 1970, *86*, 144-152.

SCHANK, R.C., Conceptual dependency: A theory of natural language understanding: *Cognitive Psychology*, 1972, *3*, 552-631.
SCHANK, R.C., *Conceptual information processing*, Amsterdam, North Holland, 1975.
SCHANK, R.C., Language and Memory, *Cognitive Science*, 1980, *4*, 243-284.
SCHANK, R.C., *Dynamic memory: a theory of reminding and learning in computers and people*, Cambridge, Cambridge University Press, 1982a.
SCHANK, R.C., *Reading and understanding: teaching from the perspective of artificial intelligence*, Hillsdale, 1982b.
SCHANK, R.C., ALBELSON, R.P., *Scripts, plans, goals and understanding*, Hillsdale, N.J., Erlbaum, 1977.
SCHANK, R.C., WILENSKY, R., Response to Dresher and Hornstein, *Cognition*, 1977, *5*, 133-145.
SCHARF, B., Critical bands, in J.V. Tobias and E.D. Schubert (Eds), *Foundations of Modern Auditory Theory*, New York, Academic Press, 1970.
SCHWARTZ, S.H., Modes of representation and problem solving. Well evolved is half solved, *Journal of Experimental Psychology*, 1971, *91*, 347-350.
SEARLE, J.A., Minds, brains and programs, *Behavioral and Brain Sciences*, 1980, *3*, 417-457.
SEKULER, R., Spatial vision. *Annual Review of Psychology*, 1974, *25*, 195-232.
SELZ, O., *Die Gesetze der produktiven und reproduktiven Geistestätigkeit kuzgefasste Darstellung*, Bonn, Cohen, 1924.
SEMANZA, C., BISIACCHI, P., ROSENTHAL, V., A function for cognitive neuropsychology, in F. Denes, C. Semenza, P. Bisiacchi, E. Andreewsky (Eds.), *Perspectives on Cognitive Neuropsychology*, London, Lawrence Erlbaum and Associates (sous presse).
SERGENT, J., Configural processing of faces in the left and the right cerebral hemispheres, *Journal of Experimental Psychology: Human Perception & Performance*, 1984, *10*, 554-572.
SHANNON, C.E., WEAVER, W., *The mathematical theory of communication*, Urbana, University of Illinois Press, 1949.
SIEGLER, R.S., The origins of scientific reasoning, in R.S. Siegler (Eds.), *Children's Thinking: What Develops*, N.J. Erlbaum, 1978.
SIMON, H.A., *The sciences of artificial*, Cambridge, Mass.: M.I.T. Press, 1969.
SIMON, H.A., *La science des systèmes: science de l'artificiel*, Paris, Epi, 1974.
SINGER, M., Verifying the assertions and the implications of language, *Journal of verbal Learning and verbal Behavior*, 1981, *20*, 46-60.
SINGER, M., Mental processes of question answering, in A. Graesser, J. Black (Eds), *The Psychology of Questions*, Hillsdale, Erlbaum, 1984.
SMITH, E.E., Theories of semantic memory, in W.K. Estes (Ed.), *Handbook of learning and cognitive Processes (vol. 6)*, Hillsdale, Erlbaum, 1978.
SMITH, E.E., MEDIN, D.L., *Categories and concepts*, Cambridge, Harvard University Press, 1981.
SMITH, E.E., SHOBEN, E.J., RIPS, L.J., Structure and process in semantic memory: a featural model for semantic decisions, *Psychological Review*, 1974, *81*, 214-241.
SMITH, L.C., Representation issues in information retrieval system design, *ACM*, 1981, 100-105.
SOECHTING, J.F., LACQUANITI, F., Invariant characteristics of a pointing movement in man, *Journal of Neuroscience*, 1981, *1*, 710-720.
SOLOWAY, E., EHRLICH, K., BONAR, J., GREENSPAN, J., What do novices know about programming? in A. Badre, B. Shneiderman (Eds), *Directions in Human Computer Interactions*, Norwood, N.J., Ablex, 1982, 27-54.

SPEARMAN, C., *The nature of intelligence and the principles of cognition*, London, Macmillan, 1923.
SPERLING, G., The information available in brief presentations, *Psychological Monographs*, 1960, *74*, (II, n° 498).
STEEDMAN, M.J., JOHNSON-LAIRD, P.L., A programmatic theory of linguistic performances, in P. Smith, R. Campbell (Eds), *Proceedings of the Conference on Psycholinguistics*, London, Plenum Press, 1977.
STEFIX, M.J. Planning with constraints, (Molgen: Part 1), *Artificial Intelligence*, 1981, *16*, 111-140.
STERN, L.D., A review of theories of human amnesia, *Memory and Cognition*, 1981, *2*, 247-262.
STERNBERG, S., Memory scanning: mental processes revealed by reaction-time experiments, *American Scientist*, 1969, *57*, 421-457.
STERNBERG, S., Memory scanning: new findinds and current controversies, *Quarterly Journal of Experimental Psychology*, 1975, *27*, 1-32.
SWINNEY, D.A., Lexical access during sentence comprehension: (Re) consideration of context effects, *Journal of verbal Learning and verbal Behavior*, 1979, *18*, 645-660.
TAKANE, Y., SERGENT, J., Multidimensional scaling models for reaction times and same different judgments, *Psychometrika*, 1983, *48*, 393-423.
THOMAS, J.C., Psychological issues in database management, *Proceedings of the third conference on very large database*, Tokyo, 1977, 169-185.
TIBERGHIEN, G., La mémoire des visages, *L'Année Psychologique*, 1983, *83*, 153-198.
TIBERGHIEN, G., Psychologie cognitive, Science cognitive et cognitivisme, in A. Demailly et J.L. Lemoigne (Eds), *Sciences de l'Intelligence, Sciences de l'Artificiel*, Lyon: Presses Universitaires de Lyon, 1986.
TIBERGHIEN, G., Just how does ecphory work? *The Behavioral and Brain Sciences*, 1984, *7*, 255-256.
TIBERGHIEN, G., CAUZINILLE-MARMECHE, E., MATHIEU, J., Predecision and conditional search in long term recognition memory, *Acta Psychologica*, 1979, *43*, 329-343.
TIBERGHIEN, J.M., LECOCQ, P., *Rappel et reconnaissance*, Lille, Presses Universitaires de Lille, 1983.
TOULOTTE, J.M., CIKOWLAS, J.M., La préédition dans l'aide à la communication, Miméo, Communication à Readapt, 1983.
TROGNON, A., Analyse interlocutoire, *Connexions*, 1982, *38*, 39-59.
TULVING, E., Synergistic ecphory in recall and recognition, *Canadian Journal of Psychology*, 1982, *36*, 130-147.
TULVING, E., *Elements of episodic memory*, Oxford, Oxford University Press, 1983.
TURING, A.M., On computable numbers, *Proceedings of the London Mathematics Society*, 1936, *42*, 230-265.
TVERSKY, A., Features of similary, *Psychological Review*, 1977, *84*, 327-352.
TVERSKY, A., GATI, I., Studies of similarity, in E. Rosch, B.B. Lloyd (Eds), *Cognition and categorization*, Hillsdale, Erlbaum, 1978.
TVERSKY, A., GATI, I., Similarity, separability and the triangle inequality, *Psychological Review*, 1982, *89*, 123-134.
ULLMAN, S., *The interpretation of visual motion*, Cambridge, Mass., MIT Press, 1979.
UNDERWOOD, B.J., Individual differences as a crucible in theory construction, *American Psychologist*, 1975, *30*, 123-134.
VAINA, L., Towards a computational theory of semantic memory, in L. Vaina, J. Hintikka, *Cognitive Constraints on Communication: Representations and Processes*, Dordrecht, Reidel, 1984.

VANLEHN, K., BROWN, J.S., Planning nets: a representation for formalizing analogies and semantic models of procedural skills, in R.E. Snow, P.A. Fredenco, W.E. Montague (Ed.), *Aptitude, Learning and Instruction*, Hillsdale, N.J., Erlbaum, 1980.
VAN NES, F.L., *Experimental studies in spatiotemporal contrast transfer by the human eye*. Rotterdam, Bronder-Offset, 1968.
VERGNAUD, G., Cognitive and developmental psychology and research in mathematics education: some theoretical and methodological issues, *For the Learning of Mathematics*, 1982, *3*, 31-41. (a)
VERGNAUD, G., A classification of cognitive tasks and operations of thought involved in addition and substraction problems, in T.P. Carpenter, J.M. Moser et T. Romberg (Eds), *Addition and Substraction: a Cognitive Perspective*, Hillsdale, N.J. Erlbaum, 1982. (b)
VERGNAUD, G., DURAND, C., Structures additives et complexité psychogénétique, *Revue Française de Pédagogie*, 1976, *36*, 28-43.
VOGTEN, L.L.M., Low-level pure tone masking: a comparison of «tuning curves» obtained with simultaneous and forward masking, *Journal of Acoustical Society of America*, 1978, *63*, 1520-1527.
WALLON, H., *L'évolution psychologique de l'enfant*, Paris, A. Colin, 1941.
WALTZ, D.L., The state of art in natural language understanding, in W.G. Lehnert, M.H. Ringle, *Strategies for Natural Language Processing*, Hillsdale: Erlbaum, 1982.
WATERMAN, D., Generalisation learning technics for automatising the learning of heuristics, *Artificial Intelligence*, 1970, *1*, 121-170.
WATERMAN, D., HAYES-ROTH, F., *Pattern directed inference systems*, New York, Academic Press, 1978.
WATKINS, M.J., Human memory and the information-processing metaphor, *Cognition*, 1981, *10*, 331-336.
WECKER, S., The role of early experience in habitat selection by the prairie dear mouse, *Peromyscus maniculatus, Ecological Monography*, 1963, *33*, 307-325.
WEIR, S., LOGO: An information prosthetic for communication and control, *Proceedings of the international joint conference on artificial intelligence*, Vancouver, BC, 1981.
WELLS, M.C., BEKOFF, M., An observational study of scent marking in coyotes *Canis latrans. Animal Behaviour*, 1981, *29*, 382-350.
WHITE, M.L., Prominent publications in cognitive psychology, *Memory and Cognition*, 1983, *11*, 423-427.
WICKELGREN, W.A., Human learning and memory, *Annual Review of Psychology*, 1981, *32*, 21-52.
WIENER, N., *The human use of human being (Cybernetics and Society)*. Boston, Houghton Mifflin, 1954. Trad. Française: Cybernétique et Societé, Paris, collection 10/18.
WILKINS, A.J., Conjoint Frequency, Category Size and Categorization Time. *Journal of verbal Learning and verbal Behavior*, 1971, *10*, 382-385.
WILKS, Y., An Artificial Intelligence approach to Machine Translation, in R. Schank, K.M. Colby (Eds), *Computer Models of Thought and Language*, San Francisco, Freeman, 1973.
WILSON, D.M., Insect walking, *Annual Review of Entomology*, 1966, *11*, 103-122.
WILSON, H.R., BERGEN, J.R., A four mechanism model for spatial vision, *Vision Research*, 1979, *19*, 19-32.
WILSON, D., SPERBER, D., Ordered entailments: an alternative to presuppositionnal theories, *Syntax and Semantics*, 1979a, *11*, 299-323.

WILSON, D., SPERBER, D., Remarques sur l'interprétation des énoncés selon Paul Grice, *Communication*, 1979b. *30*, 80-94.
WINOGRAD, T., *Understanding natural language*, New York, Academic Press, 1972.
WINOGRAD, T., A survey on natural language, Third International Joint Conference in Artificial Intelligence, Stanford, Ca., 1973.
WINOGRAD, T., Frame representation and the declarative/procedural controversy, in D.G. Bobrow et A. Collins (Eds), *Representations and understanding: studies in Cognitive Science*, New York, Academic Press, 1975, 185-210.
WINOGRAD, T., On some contested suppositions of generative linguistics about the scientific study of language, *Cognition*, 1977, *5*, 161-179.
WINOGRAD, T., A framework for understanding discourse, in P.A. Carpenter, M.A. Just (Eds), *Cognitive Processes in Comprehension*, Hillsdale, Erlbaum, 1978.
WINOGRAD, T., Des machines savantes mais incultes, *Science et vie*, n° special hors série: *La science des robots*, mars 1982.
WINOGRAD, T., Language as a cognitive process, *Syntax*, Addison-Wesley, 1983.
WINSTON, P.M., *Artificial Intelligence*, Reading (Mass.), Addison Wesley, 1977.
WINSTON, P.H., *Learning and reasoning by analogy*, Communication of the A.C.M., 1980, *23*, 689-703.
WITTGENSTEIN, L., *Philosophische Untersuchungen*, Oxford, Blackwell, 1953.
WITTGENSTEIN, L., *Tractatus logico-philosophicus* (1921), Paris, Gallimard, 1961.
WOODS, W., Transition network grammars for natural language analysis, *Comm. ACM*, 1970, 591-602.
WOODS, W., An experimental parsing system for transition network grammars, in R. Rustin (Ed.), *Natural Language Processing*, Algorithms Press, New York, 1973.
WOODS, W., Generalization of ATN grammars, in: W. Woods, R. Brachman, *Research in Natural Language Understanding*, Cambridge, Mass., Bolt, Beraner, Newman, Technical Report 3963, 1978.
YOUNG, D., Strategies and the structures of a cognitive skill, in G. Underwood, *Strategies of Information Processing*. London. Academic Press. 1978.
ZADEH, L. Test-score semantic for natural languages and meaning representation via PRUF, in B.B. Rieger (Ed.), *Empirical semantics: a collection of new approaches in the field*. Bochum, Brockmeyer, 1981.
ZURIF, E., BLUMSTEIN, S., Language and the brain: evidence from aphasia, in M. Halle, J. Bresnan, G.A., Miller (Eds.), *Linguistic Theory and Psychological Reality*, Cambridge, Mass., M.I.T. Press, 1978.
ZWICKER, E., Die Verdeckung von Schmalbangeeraüschen durch Sinustöne, *Acoustica*, 1954, *4*, 415-420.
ZWICKER, E., On a psychoacoustical equivalent of tuning curves, in E. Zwicker, E. Terhardt (Eds), *Facts and Models in Hearing*, Springer-Verlag, Berlin, 1974, 132-141.
ZWICKER, E., FELDTKELLER, R., *Psychoacoustique. L'oreille récepteur d'information*, Paris, Masson, 1981.

# Index

ACT, 44
Activation (propagation de l'), 145
Algorithme, 10
Arborescence, 118, 129, 140
Automatique, 10, 225

Bande
  critique, 231
  passante, 231
Base
  de connaissances, 30
  de données, 154
  de faits, 30

Cadre (frame), 25, 39
Calculatoire (computational), 116, 239
Canal, 230
Chaînage, 30
Connaissances
  base de, 30
  notation des, 24
  représentation des, 24
Combinatoire, 10
«Computationnel», voir calculatoire
Contrôle
  niveau de, 244
  par un programme procédural, 27
  par un système de productions, 28
  proactif, 244
  rétroactif, 244
  structure de, 27, 284
Courbe d'accord (tuning curve), 232

Déclaratif, 42
Démons, 26
Diphone, 215

Espace-problème, 75
Esquisse primaire (primal sketch), 240
Explosion combinatoire, 120

Filtrage, 29
Filtre, 223
Fourier, 226
«Frame», voir cadre

Grammaire sémantique, 120

Héritage des propriétés, 25
Heuristique, 11
«Implémentation», voir mise en œuvre
Information
  Système de Traitement de l', 21

Informatique, 10
«Instanciation», voir particularisation
Intelligence artificielle, 10

LISP, 118
LOGO, 61
Logique
　des prédicats, 118
　propositionnelle, 118, 121

Marque (token), 240
Méta-connaissance, 30, 88
Méta-règle, 31, 80
Mise en œuvre (implementation), 10
Modèle
　componentiel, 130
　du contraste, 149
　parallèle, 291
　sériel, 290
Modularité, 112
Moteur d'inférence, 30
MOP (memory organization packet), 42, 175

Particularisation (instanciation), 25, 53
Plan, 33, 44
PLANE, 120
PLANNER, 174
Procédural, 42
Procéduralisation, 44
Procédure, 11

Production
　règle de, 27, 73
　système de, 74
Programmation, 61

Réseau, 24
　de transition augmenté, 172
　sémantique, 118, 129
Résolution de conflit, 29, 74
Rétroaction, 246

SAHARA II, 212
SHRDLU, 174
Scénario (script), 26, 41, 175
Schéma, 37, 47
　particularisation de, 53
　sélection de, 52
Sciences cognitives, 11
«Script», voir scénario
Sémantique
　générative, 180
　interprétative, 180
　procédurale, 174
Simulation, 9, 22
Système
　expert, 30
　de Traitement de l'Information, 21

TOUBIB, 25
Transmittance, 227

# Table des matières

Avant-propos ............................................. 5
Herbert A. Simon

Introduction ............................................. 9
Claude Bonnet, Jean-Michel Hoc, Guy Tiberghien

PARTIE I: RESOLUTION DE PROBLEME .................... 17

Chapitre 1: Résolution de problème et acquisition des connaissances ...... 19
Jacques Mathieu

Chapitre 2: L'organisation des connaissances pour la résolution de problèmes:
vers une formalisation du concept de schéma ..................... 37
Jean-Michel Hoc

Chapitre 3: Utilisation de la notion de schéma dans un modèle de résolution
de problèmes, additifs ....................................... 47
Marie-Claude Escarabajal

Chapitre 4: La transposition de schèmes familiers dans un langage de programmation chez l'enfant ......................................... 61
Patrick Mendelsohn

Chapitre 5: L'apprentissage par l'action: l'intérêt des systèmes de production
pour formaliser les niveaux de contrôle et l'interaction avec l'environnement . 73
Anh Nguyen-Xuan et Jean-François Richard

Chapitre 6: La simulation du fonctionnement cognitif à l'aide de systèmes-experts   87
Evelyne Cauzinille-Marmèche et Jacques Mathieu

Chapitre 7: Qu'apportent des modèles de simulation à la compréhension des problèmes de partition chez l'enfant de 4 à 7 ans?   99
Claude Bastien, Annie Desprels-Fraysse, Aline Pelissier, Paule-Marie Pinelli

PARTIE II: MEMOIRES ARTIFICIELLES ET MEMOIRE NATURELLE .   107

Chapitre 8: Intelligence, mémoire et artifice   109
Guy Tiberghien

Chapitre 9: Souvenir et représentation   127
Denis Brouillet

Chapitre 10: La mémoire sémantique   139
Hervé Abdi

Chapitre 11: Mémoire, catégorisation et récupération   153
Yves Corson

PARTIE III: LANGAGE   165

Chapitre 12: Les apports de l'intelligence artificielle à la psychologie du langage: quelques exemples   167
Guy Denhière et Sébastien Poitrenaud

Chapitre 13: La notion de signification dans les sciences cognitives   179
Joël Pynthe

Chapitre 14: Les avions ne sont pas des modèles des oiseaux, cependant...   191
Evelyne Andreewsky et Victor Rosenthal

Chaptire 15: L'intelligence artificielle: un outil pour l'étude des conversations .   203
Alain Trognon et Yves Gueniffrey

Chapitre 16: L'apprentissage d'un langage idéographique par des enfants infirmes moteurs cérébraux dépourvus de l'usage de la parole   211
Pierre Lecocq

PARTIE IV: PERCEPTION ET SYSTEMES SENSORI-MOTEURS   221

Chapitre 17: De l'automatique à l'intelligence artificielle en perception   223
Claude Bonnet, Marie-Claire Botte et François Molnar

Chapitre 18: Plans et programmes moteurs: Quelques principes communs dans le contrôle des systèmes artificiels et biologiques   243
Daniel Beaubatou

Chapitre 19: Simulation pseudo-aléatoire de déplacements animaux ....... 255
Pierre Bovet, Marc Jamon et Simon Benhamou

Chapitre 20: Apports de la simulation dans l'étude du comportement locomoteur: exemples d'utilisation chez un Crustacé ..................... 265
Christian Chasserat, Daniel Cattaert et François Clarac

Conclusion: Psychologie, intelligence artificielle et automatique, Science cognitive . 279
Jean-François Le Ny et Jean-François Richard

Bibliographie .................................................. 299

Index ........................................................ 321

# PSYCHOLOGIE ET SCIENCES HUMAINES
*collection publiée sous la direction de MARC RICHELLE*

1 Dr Paul Chauchard: LA MAITRISE DE SOI, 9ᵉ éd.
5 François Duyckaerts: LA FORMATION DU LIEN SEXUEL, 9ᵉ éd.
7 Paul-A. Osterrieth: FAIRE DES ADULTES, 16ᵉ éd.
9 Daniel Widlöcher: L'INTERPRETATION DES DESSINS D'ENFANTS, 9ᵉ éd.
11 Berthe Reymond-Rivier: LE DEVELOPPEMENT SOCIAL DE L'ENFANT ET DE L'ADOLESCENT, 9ᵉ éd.
12 Maurice Dongier: NEVROSES ET TROUBLES PSYCHOSOMATIQUES, 7ᵉ éd.
15 Roger Mucchielli: INTRODUCTION A LA PSYCHOLOGIE STRUCTURALE, 3ᵉ éd.
16 Claude Köhler: JEUNES DEFICIENTS MENTAUX, 4ᵉ éd.
21 Dr P. Geissmann et Dr R. Durand: LES METHODES DE RELAXATION, 4ᵉ éd.
22 H. T. Klinkhamer-Steketée: PSYCHOTHERAPIE PAR LE JEU, 3ᵉ éd.
23 Louis Corman: L'EXAMEN PSYCHOLOGIQUE D'UN ENFANT, 3ᵉ éd.
24 Marc Richelle: POURQUOI LES PSYCHOLOGUES?, 6ᵉ éd.
25 Lucien Israel: LE MEDECIN FACE AU MALADE, 5ᵉ éd.
26 Francine Robaye-Geelen: L'ENFANT AU CERVEAU BLESSE, 2ᵉ éd.
27 B.F. Skinner: LA REVOLUTION SCIENTIFIQUE DE L'ENSEIGNEMENT, 3ᵉ éd.
28 Colette Durieu: LA REEDUCATION DES APHASIQUES
29 J.C. Ruwet: ETHOLOGIE: BIOLOGIE DU COMPORTEMENT, 3ᵉ éd.
30 Eugénie De Keyser: ART ET MESURE DE L'ESPACE
32 Ernest Natalis: CARREFOURS PSYCHOPEDAGOGIQUES
33 E. Hartmann: BIOLOGIE DU REVE
34 Georges Bastin: DICTIONNAIRE DE LA PSYCHOLOGIE SEXUELLE
35 Louis Corman: PSYCHO-PATHOLOGIE DE LA RIVALITE FRATERNELLE
36 Dr G. Varenne: L'ABUS DES DROGUES
37 Christian Debuyst, Julienne Joos: L'ENFANT ET L'ADOLESCENT VOLEURS
38 B.-F. Skinner: L'ANALYSE EXPERIMENTALE DU COMPORTEMENT, 2ᵉ éd.
39 D.J. West: HOMOSEXUALITE
40 R. Droz et M. Rahmy: LIRE PIAGET, 3ᵉ éd.
41 José M.R. Delgado: LE CONDITIONNEMENT DU CERVEAU ET LA LIBERTE DE L'ESPRIT
42 Denis Szabo, Denis Gagné, Alice Parizeau: L'ADOLESCENT ET LA SOCIETE, 2ᵉ éd.
43 Pierre Oléron: LANGAGE ET DEVELOPPEMENT MENTAL, 2ᵉ éd.
44 Roger Mucchielli: ANALYSE EXISTENTIELLE ET PSYCHOTHERAPIE PHENOMENO-STRUCTURALE
45 Gertrud L. Wyatt: LA RELATION MERE-ENFANT ET L'ACQUISITION DU LANGAGE, 2ᵉ éd.
46 Dr Etienne De Greeff: AMOUR ET CRIMES D'AMOUR
47 Louis Corman: L'EDUCATION ECLAIREE PAR LA PSYCHANALYSE
48 Jean-Claude Benoit et Mario Berta: L'ACTIVATION PSYCHOTHERAPIQUE
49 T. Ayllon et N. Azrin: TRAITEMENT COMPORTEMENTAL EN INSTITUTION PSYCHIATRIQUE
50 G. Rucquoy: LA CONSULTATION CONJUGALE
51 R. Titone: LE BILINGUISME PRECOCE
52 G. Kellens: BANQUEROUTE ET BANQUEROUTIERS
53 François Duyckaerts: CONSCIENCE ET PRISE DE CONSCIENCE
54 Jacques Launay, Jacques Levine et Gilbert Maurey: LE REVE EVEILLE-DIRIGE ET L'INCONSCIENT
55 Alain Lieury: LA MEMOIRE
56 Louis Corman: NARCISSISME ET FRUSTRATION D'AMOUR
57 E. Hartmann: LES FONCTIONS DU SOMMEIL
58 Jean-Marie Paisse: L'UNIVERS SYMBOLIQUE DE L'ENFANT ARRIERE MENTAL
59 Jacques Van Rillaer: L'AGRESSIVITE HUMAINE
60 Georges Mounin: LINGUISTIQUE ET TRADUCTION
61 Jérôme Kagan: COMPRENDRE L'ENFANT
62 Michael S. Gazzaniga: LE CERVEAU DEDOUBLE
63 Paul Cazayus: L'APHASIE
64 X. Seron, J.L. Lambert, M. Van der Linden: LA MODIFICATION DU COMPORTEMENT
65 W. Huber: INTRODUCTION A LA PSYCHOLOGIE DE LA PERSONNALITE, 2ᵉ éd.
66 Emile Meurice: PSYCHIATRIE ET VIE SOCIALE
67 J. Château, H. Gratiot-Alphandéry, R. Doron et P. Cazayus: LES GRANDES PSYCHOLOGIES MODERNES
68 P. Sifnéos: PSYCHOTHERAPIE BREVE ET CRISE EMOTIONNELLE
69 Marc Richelle: B.F. SKINNER OU LE PERIL BEHAVIORISTE
70 J.P. Bronckart: THEORIES DU LANGAGE
71 Anika Lemaire: JACQUES LACAN, 2ᵉ éd. revue et augmentée
72 J.L. Lambert: INTRODUCTION A L'ARRIERATION MENTALE
73 T.G.R. Bower: DEVELOPPEMENT PSYCHOLOGIQUE DE LA PREMIERE ENFANCE
74 J. Rondal: LANGAGE ET EDUCATION
75 Sheila Kitzinger: PREPARER A L'ACCOUCHEMENT
76 Ovide Fontaine: INTRODUCTION AUX THERAPIES COMPORTEMENTALES
77 Jacques-Philippe Leyens: PSYCHOLOGIE SOCIALE, 2ᵉ éd.
78 Jean Rondal: VOTRE ENFANT APPREND A PARLER
79 Michel Legrand: LE TEST DE SZONDI
80 H.J. Eysenck: LA NEVROSE ET VOUS
81 Albert Demaret: ETHOLOGIE ET PSYCHIATRIE
82 Jean-Luc Lambert et Jean A. Rondal: LE MONGOLISME

83 Albert Bandura: L'APPRENTISSAGE SOCIAL
84 Xavier Seron: APHASIE ET NEUROPSYCHOLOGIE
85 Roger Rondeau: LES GROUPES EN CRISE?
86 J. Danset-Léger: L'ENFANT ET LES IMAGES DE LA LITTERATURE ENFANTINE
87 Herbert S. Terrace: NIM, UN CHIMPANZE QUI A APPRIS LE LANGAGE GESTUEL
88 Roger Gilbert: BON POUR ENSEIGNER?
89 Wing, Cooper et Sartorius: GUIDE POUR UN EXAMEN PSYCHIATRIQUE
90 Jean Costermans: PSYCHOLOGIE DU LANGAGE
91 Françoise Macar: LE TEMPS, PERSPECTIVES PSYCHOPHYSIOLOGIQUES
92 Jacques Van Rillaer: LES ILLUSIONS DE LA PSYCHANALYSE, 2ᵉ éd.
93 Alain Lieury: LES PROCEDES MNEMOTECHNIQUES
94 Georges Thinès: PHENOMENOLOGIE ET SCIENCE DU COMPORTEMENT
95 Rudolph Schaffer: COMPORTEMENT MATERNEL
96 Daniel Stern: MERE ET ENFANT, LES PREMIERES RELATIONS
97 R. Kempe & C. Kempe: L'ENFANCE TORTUREE
98 Jean-Luc Lambert: ENSEIGNEMENT SPECIAL ET HANDICAP MENTAL
99 Jean Morval: INTRODUCTION A LA PSYCHOLOGIE DE L'ENVIRONNEMENT
100 Pierre Oleron et al.: SAVOIRS ET SAVOIR-FAIRE PSYCHOLOGIQUES CHEZ L'ENFANT
101 Bernard I. Murstein: STYLES DE VIE INTIME
102 Rondal/Lambert/Chipman: PSYCHOLINGUISTIQUE ET HANDICAP MENTAL
103 Brédart/Rondal: L'ANALYSE DU LANGAGE CHEZ L'ENFANT
104 David Malan: PSYCHODYNAMIQUE ET PSYCHOTHERAPIE INDIVIDUELLE
105 Philippe Muller: WAGNER PAR SES REVES
106 John Eccles: LE MYSTERE HUMAIN
107 Xavier Seron: REEDUQUER LE CERVEAU
108 Moreau/Richelle: L'ACQUISITION DU LANGAGE
109 Georges Nizard: ANALYSE TRANSACTIONNELLE ET SOIN INFIRMIER
110 Howard Gardner: GRIBOUILLAGES ET DESSINS D'ENFANTS, LEUR SIGNIFICATION
111 Wilson/Otto: LA FEMME MODERNE ET L'ALCOOL
112 Edwards: DESSINER GRACE AU CERVEAU DROIT
113 Rondal: L'INTERACTION ADULTE-ENFANT
114 Blancheteau: L'APPRENTISSAGE CHEZ L'ANIMAL
115 Boutin: FORMATION ET DEVELOPPEMENTS
116 Húsen: L'ECOLE EN QUESTION
117 Ferrero/Besse: L'ENFANT ET SES COMPLEXES
118 R. Bruyer: LE VISAGE ET L'EXPRESSION FACIALE
119 J.P. Leyens: SOMMES-NOUS TOUS DES PSYCHOLOGUES?
120 J. Château: L'INTELLIGENCE OU LES INTELLIGENCES?
121 M. Claes: L'EXPERIENCE ADOLESCENTE
122 J. Hayes et P. Nutman: COMPRENDRE LES CHOMEURS
123 S. Sturdivant: LES FEMMES ET LA PSYCHOTHERAPIE
124 A. Pomerleau et G. Malcuit: L'ENFANT ET SON ENVIRONNEMENT
125 A. Van Hout et X. Seron: L'APHASIE DE L'ENFANT
126 A. Vergote: RELIGION, FOI, INCROYANCE
127 Sivadon/Fernandez-Zoïla: TEMPS DE TRAVAIL, TEMPS DE VIVRE
128 Born: JEUNES DEVIANTS OU DELINQUANTS JUVENILES?
129 Hamers/Blanc: BILINGUALITE ET BILINGUISME
130 Legrand: PSYCHANALYSE, SCIENCE, SOCIETE
131 Le Camus: PRATIQUES PSYCHOMOTRICES
132 Lars Fredén: ASPECTS PSYCHOSOCIAUX DE LA DEPRESSION
133 Mount: LA FAMILLE SUBVERSIVE
134 Magerotte: MANUEL D'EDUCATION COMPORTEMENTALE CLINIQUE
135 Dailly / Moscato: LATERALISATION ET LATERALITE CHEZ L'ENFANT
136 Bonnet / Tamine-Gardes: QUAND L'ENFANT PARLE DU LANGAGE
137 Bruyer: LES SCIENCES HUMAINES ET LES DROITS DE L'HOMME
138 Taulelle: L'ENFANT A LA RENCONTRE DU LANGAGE
139 de Boucaud: PSYCHOLOGIE DE L'ENFANT ASTHMATIQUE
140 Duruz: NARCISSE EN QUETE DE SOI
141 Feyereisen / de Lannoy: PSYCHOLOGIE DU GESTE
142 Florin et Al.: LE LANGAGE A L'ECOLE MATERNELLE
143 Debuyst: MODELE ETHOLOGIQUE ET CRIMINOLOGIE
144 Ashton / Stepney: FUMER
145 Winkel et Al.: L'IMAGE DE LA FEMME DANS LES LIVRES SCOLAIRES
146 Bideaud / Richelle: PSYCHOLOGIE DEVELOPPEMENTALE
147 Schmid-Kitsikis: THEORIE CLINIQUE ET FONCTIONNEMENT MENTAL
148 Guggenbühl / Craig: POUVOIR ET RELATION D'AIDE
149 Rondal: LANGAGE ET COMMUNICATION CHEZ LES HANDICAPES MENTAUX
150 Moscato et Al.: FONCTIONNEMENT COGNITIF ET INDIVIDUALITE
151 Château: L'HUMANISATION OU LES PREMIERS PAS DES VALEURS HUMAINES
152 Avery / Litwack: NEE TROP TOT
153 Rondal: LE DEVELOPPEMENT DU LANGAGE CHEZ L'ENFANT TRISOMIQUE 21
154 Kellens: DEVIANCES, DELINQUANCES

*Hors collection*

Paisse : PSYCHOPEDAGOGIE DE LA LUCIDITE
Paisse : ESSENCE DU PLATONISME
Collectif : SYSTEME AMDP
Boulangé/Lambert : LES AUTRES, L'EXPRESSION ARTISTIQUE CHEZ LES HANDICAPES MENTAUX

*Manuels et Traités*

2 Thinès : PSYCHOLOGIE DES ANIMAUX
3 Paulus : LA FONCTION SYMBOLIQUE ET LE LANGAGE
4 Richelle : L'ACQUISITION DU LANGAGE
5 Paulus : REFLEXES-EMOTIONS-INSTINCTS
Droz-Richelle : MANUEL DE PSYCHOLOGIE
Hurtig-Rondal : MANUEL DE PSYCHOLOGIE DE L'ENFANT (Tome 1)
Hurtig-Rondal : MANUEL DE PSYCHOLOGIE DE L'ENFANT (Tome 2)
Hurtig-Rondal : MANUEL DE PSYCHOLOGIE DE L'ENFANT (Tome 3)
Rondal-Seron : LES TROUBLES DU LANGAGE (DIAGNOSTIC ET REEDUCATION)
Fontaine/Cottraux/Ladouceur : CLINIQUES DE THERAPIE COMPORTEMENTALE